普通高等教育“十一五”国家级规划教材

商业银行营销管理学

（第二版）

主　审　胡怀邦
主　编　郝渊晓
副主编　李雪茹　潘平子　秦响应
　　　　郭　永　杨丹霞　赵雪曼

科学出版社
北　京

内 容 简 介

本书从全球的视角将现代营销理论和商业银行的营销实践对接，主要阐述在新的国际金融环境背景下，商业银行营销的主要内容。包括：商业银行营销理念、环境分析、营销战略、营销调研、目标市场选择及定位、商业银行营销4P组合策略（产品策略、价格策略、分销渠道策略、促销策略）、客户关系管理，以及商业银行营销新理论，如：全方位的营销观念、金融生态环境、体验营销、创意营销、信息沟通展示与价格展示等。

本书可作为高等学校金融学专业本科、专科的教学用书，也可做为研究生的参考教材，同时也可作为商业银行对客户经理、营销人才进行岗位培训的参考教材。

图书在版编目(CIP)数据

商业银行营销管理学／郝渊晓主编．—2版．—北京：科学出版社，2009
普通高等教育“十一五”国家级规划教材
ISBN 978-7-03-024382-9

Ⅰ.商… Ⅱ.郝… Ⅲ.商业银行－市场营销学－高等学校－教材 Ⅳ.F830.33

中国版本图书馆CIP数据核字（2009）第053867号

责任编辑：王伟娟 赵静荣 胡志强 卜 新／责任校对：陈丽珠
责任印制：徐晓晨／封面设计：耕者设计工作室

科学出版社出版
北京东黄城根北街16号
邮政编码：100717
http://www.sciencep.com
北京虎彩文化传播有限公司印刷
科学出版社发行 各地新华书店经销
*
2004年8月第 一 版 开本：B5（720×1000）
2009年4月第 二 版 印张：26 1/2
2019年2月第八次印刷 字数：522 000

定价：58.00元

（如有印装质量问题，我社负责调换）

第二版前言

2008 年由美国次贷危机引发的全球金融危机已经开始向实体经济蔓延。在1929～1933 年大萧条后，全球经济再次陷入大衰退。次贷危机对全球金融体系和金融监管提出了新的挑战。人们对美国金融产品的创新和风险管理产生了质疑。金融危机引起了理论界和金融界的反思。各国政府纷纷出台救市的行政性措施，希望全球经济能够迅速摆脱危机，走向新的繁荣。

商业银行在这次危机中受冲击最大。2008 年以来，仅美国就有 12 家银行破产倒闭。反思商业银行倒闭的重要原因：金融创新工具过度开发，金融全球化加剧了危机的传播，资金流动性严重不足加深了危机的程度。这些都与商业银行的营销战略目标定位及营销观念、营销行为有一定的关系。因此，商业银行如何树立正确的营销观念，就成为影响商业银行稳健经营、可持续发展的重要因素，应引起商业银行的高度重视。

《商业银行营销管理学》（第一版）于 2004 年出版以来，在多所高校的金融学专业使用，被多家商业银行作为客户经理的培训教材。从不同的渠道反馈的信息来看，总体上，本书在营销学基本理论和商业银行营销实践结合方面进行了有益的探索，对完善我国高等学校金融学专业教材体系、加快商业银行营销人才队伍建设、提高商业银行营销人员整体素质发挥了重要作用。但也存在一些重要问题，如在体系结构安排、资料数据、各章内容衔接、文字内容等方面都有待进一步完善。

为进一步提高本书的质量，以便更好地为教学和商业银行营销服务，我们借本书列入“普通高等教育‘十一五’国家级规划教材”之机，组织编写人员，对第一版进行了全面的审视和修改，主要修改如下：

（1）结构调整。将第一版第十四章“商业银行营销的国际化与本土化”删除。2001 年，中国加入 WTO，现在应将重点放在商业银行营销策略的实际应用上。因此，新增第十三章“商业银行交叉销售策略”，第一版第十三章调整为第二版第十四章。

（2）内容调整。依据营销理论发展和我国商业银行实践，在第二版中，主要做了以下修改：第一章增加了第三节“全方位的商业银行营销观念”；第二章第二节“影响商业银行营销的宏观环境”增加了“金融生态环境”分析；第十章“商业银行促销策略”增加了第五节“商业银行体验营销策略”；第十一章突出了名牌战略，第三节增加了“信息沟通展示”和“价格展示”，增加了第四节“商业银行创意营销”。对于如何将这些营销理论的最新内容与商业银行的营销实践结合，我们做了初步的探索。

(3) 全书形式调整。删除各章“本章小结”，代之以“关键概念”。

(4) 在第二版中对一些数据资料进行了更新，对重要概念进行了重新界定。

本书的修订（第二版）能够列入“普通高等教育‘十一五’国家级规划教材”，得益于国内外营销界专家、教授的大力支持，他们的理论研究成果及出版的教材是本书内容的重要支撑，对此我们表示衷心感谢。对本书进行指导的专家有：西安交通大学贾生鑫教授、上海海事大学李连寿教授、北京大学光华管理学院杨岳全教授、广东金融学院周建民教授、西安邮电学院张鸿教授、山东大学威海分校闫涛蔚教授、云南大学胡其辉教授、兰州商学院董原教授、重庆工商大学靳俊喜教授、中国工商银行内蒙古分行行长郝彬、华夏银行西安分行副行长马源平教授、宁夏银监局副局长薛晓雷、新华人寿保险股份有限公司马键平博士。在此，表示诚挚的谢意。

本书由交通银行股份有限公司董事长胡怀邦教授主审。

本书由西安交通大学经济与金融学院郝渊晓教授任主编，西安外国语大学李雪茹教授、暨南大学经济学院潘平子副教授、河北金融学院秦响应、西安理工大学管理学院郭永、交通银行北京分行杨丹霞、西安工程大学赵雪曼任副主编。各章编写分工如下：郝渊晓，第一章；西安工程大学管理学院教授周镭，第二章；赵雪曼，第三、五章；李雪茹，第四章；西安外国语大学庞加兰，第六章；潘平子，第七、九章；暨南大学商学系副教授姚琼，第八章；秦响应，第十章；杨丹霞，第十一章；西安财经学院副教授刘晓红，第十二章；郭永，第十三章；西安财经学院赵源，第十四章。西安交通大学经济与金融学院研究生周美莉、赵彦、范加富、张洁为本书的修改收集了大量研究资料。全书由郝渊晓教授总纂、审阅定稿。

在这次修改过程中，由于本书是全国第一本列入“普通高等教育‘十一五’国家级规划教材”的金融类营销学本科教材，我们深感责任重大，投入大量时间和精力，收集大量资料，并进行理论的提升，力争最大限度地提高本书的质量。但是由于编写人员水平有限，本书还存在许多不尽如人意之处。我们诚恳地欢迎读者提出宝贵意见，也真诚地希望国内营销界和金融界的专家、教授、银行家不吝赐教，以供本书再次修订时参考。

郝渊晓

2009 年 1 月于西安交通大学经济与金融学院

第一版前言

21 世纪是一个充满着挑战与机遇的时代，经济全球化得到迅速发展。随着贸易自由化与国际化的进一步发展，世界性金融发展和国际金融自由化将成为一种必然趋势。我国在加入 WTO 后如何抓住金融全球化带来的机遇，规避金融风险，加速金融全球化，提高金融监督的有效性，将成为影响经济全局的重大问题。

为了适应这种新的金融环境变化，增强我国商业银行的竞争能力，同时为了适应高等院校金融专业课程体系改革的需要，我们组织对商业银行营销有研究的高等院校教师编写了《商业银行营销管理学》一书，既满足高等院校教学需要，又满足商业银行培训客户经理营销知识的需要，以推动我国商业银行营销管理的理论研究和实践应用。

本书主要由西安交通大学经济与金融学院营销学教授郝渊晓，西安外国语学院商学院副院长、副教授李雪茹，暨南大学经济学院副教授潘平子，西安工程科技大学管理系副教授周镭编著。参加编著的人员如下：郝渊晓（第一章）、周镭（第二、三、五章）、李雪茹（第四、十一章）、庞加兰（第六章，西安外国语学院）、潘平子（第七、九、十章）、姚琼（第八章，暨南大学商学系）、刘晓红（第十二章，西安财经学院）、赵源（第十三章，西安财经学院）、孙华（第十四章，西安财经学院）。在分工编著基础上，郝渊晓教授总纂，审阅定稿。

在结构安排上，我们进行了创新设计，使本书更加符合商业银行营销实践的需要。在编著过程中，我们参考了国内外许多专家、教授的最新研究成果，在此表示感谢。同时，西安交通大学经济与金融学院金融系主任李成教授为本书的编著及出版付出了艰辛的劳动，在此表示谢意。科学出版社责任编辑为本书的出版辛勤工作，精心修改，为提高本书的质量付出了很大的辛劳。西安邮电学院张鸿教授、兰州商学院秦陇一教授、广东金融学院周建民教授对本书提出指导性建议，在此表示诚挚的谢意。

在编写过程中，我们尽心尽力，但由于各种原因，本书在某些方面还存在不足，希望读者提出宝贵意见，也真诚欢迎各位营销界的专家、教授不吝赐教，使本书在再版时得以修正。

郝渊晓

2004 年 5 月 8 日

目 录

第一章

商业银行营销管理导论

中国加入 WTO 后，经济全球化趋势进一步扩大，金融贸易自由化成为一种主导趋势。外资银行的进入，促使中国金融市场进一步活跃，国外银行超前的营销理念也随之进入我国。在这样的大背景下，我国银行界形成一个共识：要在激烈的市场竞争中获胜，就必须系统地学习研究国外银行营销的成功经验，并结合中国国情进行商业银行的创新营销，以全面提升我国商业银行的形象。

第一节　商业银行营销的产生及发展

一、市场营销及其功能

市场营销是从“marketing”翻译而来，在我国一般有两种译法：一是译为“市场营销”；二是译为“市场营销学”（或市场营销管理学），即作为一门学科的名称。在这里，我们主要研究“市场营销”的基本含义及功能。

（一）市场营销的含义

目前，对市场营销的定义有百余种不同的表述，下面主要介绍几种有代表性的定义：

定义 1：美国市场营销协会（AMA）定义委员会 1960 年的定义：市场营销是引导产品和服务从生产者到消费者或用户过程中的一切企业活动。这一定义，将“营销”等同于“销售”，它是产品生产出来后的一种企业营销活动。

定义 2：杰罗姆麦卡锡（E. Jerome McCarthy）认为：“市场营销是引导货物

及劳务从生产者至消费者或使用者的企业活动，以满足顾客需求并实现企业的目标。”在此基础上，他提出了著名的“市场营销组合理论”（4P 组合）。

定义 3：美国市场营销协会（2004）定义：“营销既是一种组织职能，也是为了组织自身及利益相关者的利益而创造、传播、传递客户价值，管理客户关系的一系列过程”。这一定义突出了“客户价值和关系”。

定义 4：美国彼得·F. 德鲁克（Peter F. Drucker ）认为：“市场营销是整个企业活动，营销的目的在于深刻地认识和了解顾客，从而使产品或服务完全适合顾客的需要，而形成产品或服务的自我销售”。这一定义，充分体现了以顾客需求为中心的现代营销理念。

在这里，我们采用美国著名营销学教授菲利普·科特勒（Philip Kotler）在《营销管理》（新千年版，第十版）一书中的定义：市场营销是指个人或组织通过创造产品和价值，并同他人进行交换，以获得其所需所欲之物的一种社会及管理过程。为了准确地理解市场营销，他同时提出了一组营销的核心概念。

市场营销概念反映的内涵主要有：

（1）营销是一种创造性行为。营销人员不仅寻找已存在的需要并使之得到满足，而且发现顾客没有提出的要求，使他们热情响应企业的营销行为。正像索尼公司的创始人盛田昭宣称的，他不是服务于市场，而是创造市场。

（2）营销是一种自愿的交换行为。买卖双方自由交换，使各方通过提供某种东西并取得回报。营销的基础是交换。

（3）营销是一种人们需要的行为。消费者的各种欲望是企业营销工作的出发点。因此，企业必须对市场进行调研，寻求、了解、识别并研究和掌握消费者的需要和欲望，从而确定需求量的大小。

（4）营销是一种系统的管理过程。它不仅包括生产、经营之前的具体经济活动，如收集市场环境信息、市场调研、分析市场机会、进行市场细分、选择目标市场、设计开发新产品等，而且包括生产过程完成之后进入销售过程的一系列具体的经济活动，如产品定价、选择分销渠道、开展促销活动、提供销售服务等，还包括销售过程之后的售后服务、信息反馈等一系列活动。可见，市场营销过程远远超出流通范围而涉及生产、分配、交换和消费的总循环过程。

（5）营销是联结企业与社会的纽带。营销人员在制定营销政策时必须权衡企业利益、客户需要和社会利益。只有满足社会利益的企业才能长久不衰地取得经营成功。

（二）市场营销的核心概念

市场营销的核心概念如图 1-1 所示。

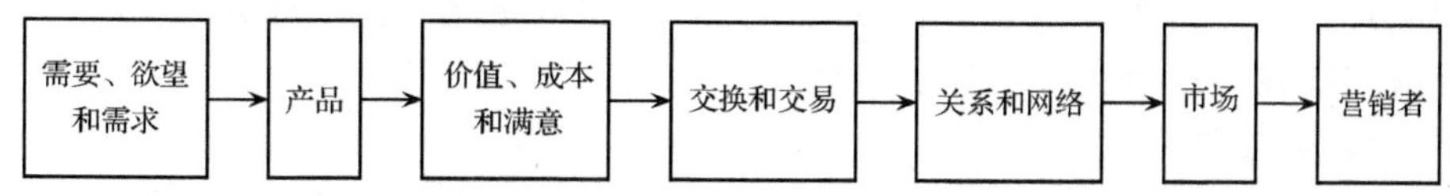

图 1-1　市场营销的核心概念

1. 需要、欲望和需求

人类的各种需要和欲望是市场营销思想的出发点。需要、欲望和需求是一组相互联系、十分相近但存在一定差异的概念。

需要（need）是指个人或组织没有得到某些基本满足的一种感受状态。例如，人们为了生存，对衣、食、住、行、安全和其他方面产生需要。这种需要是人的一种生理需要，营销者可以用不同的方式满足它，但不能凭空创造它。欲望（want）指由需要引起的，对某种产品的期望、渴望和追求。它是个人受不同文化及社会环境的影响而表现出的对某种需要的特定追求。例如，当一个人“饥饿”时，他会产生对“饮食”的需求，进而会产生对面包、米饭、面条或其他某类食物的不同需求从而形成对“食物”的欲望。市场营销者的任务就是了解人们的需要，影响欲望，通过开发特定产品或服务满足人们的欲望。需求（demands）是在一定购买力条件下，欲望的一种具体转化，即欲望在一定购买力条件下可以转化为对某种具体产品的市场需求。

2. 产品

产品（product）是指能够满足人们某种需要和欲望的一切有形物品与无形服务。实体产品的价值在于能够满足人们的欲望。例如，人们购买小汽车，不是用来欣赏的，而是要用它为人们提供便利的交通。因此，实体产品实际上是一种传递服务的工具。但是，服务的传递还可以通过其他途径，如地点、活动、组织机构和思想观念等。所以产品包括了一切能够满足需要或欲望的传递工具，有时也使用供应物、满意物或资源等来泛指产品。在理解产品时，应导入“产品整体概念”。

3. 价值、成本和满意

顾客对产品“价值”的评价会直接影响顾客的购买决策。价值（value）指顾客从购买和使用某种产品中所获得的总价值与为此所付出的总成本（total cost）之间的差额。顾客价值包括产品功能价值、服务价值、人员价值和形象价值；顾客成本（customer cost）主要包括：货币成本、时间成本、体力成本和精力成本。

企业在营销活动中，可通过提高总价值和降低总成本两条途径提高顾客价值。而顾客满意（customer satisfaction，CS）是指顾客对产品的实际价值（效能）与对该产品的期望价值比较的结果。如果产品实际价值大于期望价值，则顾客就满意；反之，则不满意。企业应尽力培养满意顾客，使之成为忠实顾客，才能获得持续发展的基础——顾客资源。

4. 交换和交易

交换（exchange）是指通过用自己的一种物品从他人处换取自己所需要的另一种物品的行为。人们为了满足自己的需要，可以通过自己生产、强行获得、乞讨、交换来实现，但“交换”是最主要的实现手段。交换是一个过程，它的实现应该具备的条件为：①买卖双方；②任一方都有被对方认为有价值的东西；③任一方都能沟通信息和传递货物；④任一方都可自由接受或拒绝对方的产品；⑤任一方都认为与对方交换是划算的。

交易（transaction）是市场营销交换的度量单位，即买卖双方在价值上的交换。交易一般有两种形式，即货币交易和易货交易。完善的交易制度需要一套法律制度来保证。交易与转让（transfer）不同，在物品转让过程中，转让方以不接受任何实物作为回报。例如，甲将一台旧电脑转让给乙。近年来，营销者也开始关注研究转让行为。

5. 关系和网络

以交易为目的的营销可以称为“交易营销”，交易营销的目标是迅速促成一次交易活动的实现。企业为了巩固长期顾客，就需要实现从“交易营销”向“关系营销”的转变。所谓关系营销（relationship marketing）指企业与顾客、分销商、供应商等建立、保持与加强合作关系，通过互利交换及共同履行诺言，以实现各自目标的一种营销方式。关系营销的核心是与顾客建立并维持长期的、友好的合作关系。实现关系营销的主要途径为：高质量的产品、优质高效的服务和公平合理的价格。实施关系营销可以节约交易的成本和时间，实现交易的持续惯例化。

关系营销的最终目标是建立起公司完善的营销网络。营销网络（marketing network）是由公司与所有的利益关系方建立起的一种互利业务关系。未来的竞争，不是在公司之间进行，而是在整个网络供应链之间进行的竞争。

6. 市场

市场（market）是指进行商品交换的场所，它反映了商品交易过程中各种交换关系。要形成市场，必须具备基本的条件：①交换的对象；②交换的双方；③有购买力的需求；④交易的设施等。因此，可由如下公式表示市场，即市场=购买者+购买力+购买意向。

7. 营销者

市场营销者是指愿意以自己的有形物品作为交换，从而得到他人资源的人。营销者通常在积极寻找对方的反应，即是否愿意购买某种物品。营销者既可以是卖方，也可以是买方，关键在于谁处在主动寻找的角色，主动者称为营销者，反之称为潜在的购买者。一般情况下，人们习惯于把卖方称为营销者，但也有买方为营销者的情况。例如，几个人都想买同一幢别墅，通过竞争最后只有一个人被卖方选中，这时，他们就在进行营销。如果买卖双方都在积极寻找，即买卖双方都可称为营销者，并把这种营销称为相互市场营销。

（三）市场营销的功能

市场营销在社会经济生活中的基本作用就是解决产品、服务在生产和消费之间的矛盾，以满足顾客的生活消费和企业的生产性消费的需要。市场营销通过执行其营销功能创造经济效用。一般来说，市场营销的功能主要表现在三个方面：交换功能、物流功能和便利功能。

（1）交换功能。交换功能是市场营销的基本功能，它包括两方面的含义，即购买和销售。二者都将发生商品所有权的转移。消费者的购买活动包括购买什么、向谁购买、购买多少、何时购买和在什么地方购买等决策；销售的功能主要包括寻找目标市场、开展销售、提供何种售后服务等决策。购买和销售都与价格有着密切的关系，价格就成为交换的核心。

（2）物流功能。又称供给功能，主要包括商品的运输和储存。运输是通过实现产品在空间位置的转移，以解决产品的生产和消费在空间上不一致的矛盾；储存是通过保护商品的使用价值，调节产品的生产和消费在时间上不一致的矛盾。因此，物流功能是实现交换功能的必要前提条件。

（3）便利功能。便利功能是指便利交换、便利物流，促使交换、物流顺利进行。主要包括资金融通、风险承担、信息沟通、产品分级和标准化等。

①资金融通。通过资金融通和商业信用能够控制或改变产品的流向和流量，在一定条件下给买卖双方带来交易上的方便和利益。

②风险承担。这是指在商品交易和储运中必然要承担的部分市场风险，如因积压而降价，商品霉烂变质、丢失、碰撞破坏，运输中的意外事故等。

③信息沟通。市场营销信息的收集、加工与传递，对于生产企业、市场营销者、消费者或用户，都是非常重要的。没有信息的沟通，交换功能和物流功能都无法实现。

④产品分级和标准化。分级和标准化，可以简化和加快交换过程，既方便运输和储存，又方便顾客购买。

发挥市场营销功能，创造出产品的时间效用、地点效用和所有权效用，并实现产品功能满足消费者某种需要的使用价值的形态效用。

二、商业银行营销管理的起源

（一）商业银行营销管理起源

商业银行是市场经济的产物，是随着商品经济和信用制度的发展而发展。商业银行的产生适应了社会化大生产和市场经济发展的需要。所谓商业银行，是指以获取利润为经营目标、以多种金融资产和金融负债为金融对象，具有综合性服务功能的金融企业。[①] 从这一定义可以看出，商业银行是一个金融企业，并且可以认为是一个特殊的企业，其所提供的产品是一种金融服务产品。

商业银行市场营销行为的出现，比一般工商企业营销行为要晚很多，它是营销理念及营销策略随着环境的变化而逐步向金融领域的延伸，它反映了金融企业发展对营销的需要。传统的商业银行由于长期以来金融市场产品的供不应求，缺乏服务意识，而不可能产生对营销的需求。美国营销大师菲利普·科特勒曾描述如此景象："主管贷款的银行高级员工，面无笑容地把借款人安排在大写字台前比自己低得多的凳子上，居高临下，颐指气使，阳光透过窗子照在了孤立无援的客户身上，他正努力诉说着借款的理由，而冰冷的银行大楼则宛如希腊的神殿"。

20 世纪 50 年代后，随着金融市场环境的变化，银行之间开始出现争夺客户的竞争现象，并且这种竞争越来越激烈，在这种背景下，面临经营困境的银行开始逐步地意识到，商业银行也需要借助营销理念及营销策略为银行开拓市场，争取客户服务，便开始应用广告及促销手段，对营销理论在商业银行的应用达成共识。

营销概念应用于商业银行最早可以追溯到 1958 年美国银行学会（ABA）年会。在这次会议上，提出了"银行营销"的概念，但仅仅把银行营销简单地认为是"广告与公共关系"的代名词。直到 20 世纪 70 年代，银行界人士才真正认识到了营销在商业银行发展中的重要性，才真正从事以银行营销为中心的商业银行的经营管理。

（二）商业银行营销管理概念

什么是商业银行营销管理呢？1972 年 8 月 1 日英国《银行家杂志》（The Bankers）对商业银行营销管理定义为："所谓商业银行营销管理是指把可盈利的银行服务引向经过选择的客户的一种管理活动"。这一定义反映了商业银行营销管理的基本流程。

参照上面的定义，依据市场营销定义及银行营销环境，我们将商业银行营销管理定义为：商业银行营销管理是以金融市场客户需求为导向，利用银行自身的资源优势，通过营销组合手段，把银行产品和服务提供给客户，以满足客户的需求并实现商业银行盈利目标的一种社会管理过程。

正确理解商业银行营销管理概念，需注意如下几点：

(1) 商业银行营销不等于银行推销、广告、公共关系；

---

① 戴相龙．商业银行经营管理．北京：中国金融出版社，1998．1

（2）商业银行营销随着环境变化，它是不断发展的；

（3）商业银行营销的中心是客户开发和维护；

（4）商业银行营销管理是一项综合性的管理活动。

西方学者布里恩（R. H. Brien）和斯塔福德（J. E. Stafford）在《银行营销秘密》一文中认为：商业银行管理中的营销活动具有两重作用：一是依据市场调研收集信息资料，把握和寻求能为银行提供最好盈利机会的各个市场，在此基础上形成商业银行的营销策略的组合；二是商业银行营销是一种理念，即所有的银行活动都必须相互协调，以便能满足客户的需求。[①]

三、西方商业银行营销管理的发展过程

纵观西方国家商业银行营销发展的历史，美国著名的营销学教授科特勒在其《营销管理：分析、计划、执行和控制》一书中指出，西方商业银行市场营销发展经历了 5 个阶段：

（1）广告与销售促进阶段（20 世纪 50 年代后期）。营销进入银行界并不是以"营销观念"为导向的。20 世纪 50 年代末，美国的一些金融企业开始借鉴工商企业的做法，在个别竞争激烈的业务上采用广告与促销手段。他们通过赠送雨伞、收音机等小礼品来吸引更多的顾客。面对日益加剧的竞争，许多对手也纷纷开始效仿，加大了广告和促销的力度，这一时期的手段主要是广告促销。这时银行家们还只是把市场营销管理人员的工作看做是从事创造性活动、设计招贴广告与手册，策划精美的创意，也就是说，他们眼中的市场营销更接近于艺术，而非科学。

（2）"友好服务"阶段（20 世纪 60 年代中后期）。商业银行发现自己靠广告促销带来的优势很快为竞争者效仿所抵消，他们感到除了吸引客户以外，更重要的是使客户变得忠诚。因此，银行开始注意服务，许多商业银行开始对职员进行服务培训。银行的环境也开始得到改变，很多银行改变了建筑外观，服务柜台前面的栏杆也被移走了。这对商业银行的影响是迅速而有效的，结果是绝大多数银行都改变了以前冷漠、高高在上的态度，以至于人们很难以服务态度来选择银行了。

（3）金融创新阶段（20 世纪 60 年代后期）。20 世纪 60 年代后期，许多金融企业开始意识到经营业务的本质是满足客户不断发展的金融需要，于是不断从创新的角度向顾客提供新的金融产品，如信用卡业务、共同基金（forfeiting）、货币互换（currency swap）、利息互换（interest swap）等。应该说，这时银行家已意识到了金融企业与一般商业企业一样，只有不断满足客户的需要才是生存发

---

① R. H. Brien，J. E. Stafford. The Myth of Marketing in Banking. Business Horizons，1967，10：71～78

展之道，这已接近了现代市场营销的本质。但银行家并未从更深层次认识到市场营销是一个系统工程。它不仅仅是一两次创新，更是探求营造银行自身竞争优势的战略措施。

(4) 金融服务定位阶段 (20 世纪 70 年代)。当所有商业银行都注重广告促销、微笑服务和创新时，他们又回到了竞争“原点”，这时银行家们开始认识到竞争优势应是一个企业自身独有的、不易被其他银行模仿复制的特殊优势。他们发现没有一家银行可成为全能银行，能满足所有客户的要求。管理先进的金融企业应当在本行业中寻找适合自己的目标市场，把自己与其他银行区分开来。这一时期，许多商业银行纷纷确立自己的形象与服务重点，或定位于大客户、大公司，或定位于中小企业，或注意停留在战术层次上。明确市场定位，表明银行营销已经进入战略竞争阶段。

(5) 系统营销管理阶段 (20 世纪 80 年代以后)。随着金融市场竞争的日趋激烈，前沿的市场营销理论开始被运用于商业银行经营管理。最先进的商业银行发现，如果一家商业银行在广告、服务、创新、定位等方面都很完善，但整体缺乏一个健全的计划、控制管理体系，那么银行只能获得短暂的成功。长期的成功是建立在制度、组织和人力资源管理之上的。因此，要从制度入手，进行一整套营销分析、计划、执行和控制，使营销成为管理导向而非战术导向或策划导向的活动，使银行营销管理贯彻于经营活动的全过程。

第二节　商业银行营销观念的演变

一、商业银行营销观念及其发展

企业营销观念是指企业从事营销活动的指导思想或经营哲学。其核心是企业“以什么为中心”从事营销活动。任何企业或组织的营销，都是在一定的营销观念指导下进行的。企业面临的营销环境的差异导致企业在不同的环境下产生不同的营销观念，不同的营销观念会导致不同的营销行为，不同的营销行为又会导致不同的营销结果，最终导致企业营销的成败。

商业银行营销活动自从产生以后，在其发展的每个阶段，都与商业银行营销观念的转变存在着密切的关系。因此，商业银行要在激烈的市场竞争中获胜，关键在于能否树立正确的营销观念。

商业银行的营销观念指商业银行建立的以市场为导向，以客户需求为中心的营销活动的指导思想。这种以客户为中心的营销观念把创造客户关系资产作为商业银行营销的基本使命，一方面，要求商业银行的营销活动要以满足客户需求为重点，最大限度地提高客户的满意度；另一方面，商业银行通过有效的客户关系策略来提升客户关系价值。

商业银行以客户需求为中心的营销观念的基本内涵表现为：①充分尊重客户。通过扩展与客户的关系，建立稳定互动的关系，稳定客户资源，以实现商业银行的营销效益为目标，全面提高竞争能力。②发现、研究客户需求。这是商业银行营销的重要任务，发现不了客户需求，营销就会失去方向，不全面分析研究客户需求，营销就会缺乏针对性，商业银行对反映客户需求的信息资料，应进行全面、系统而深入的分析与研究，对客户的需求、欲望及各种市场信息保持高度的敏感性。③全面满足并超越客户需求。促使客户价值最大化，能够不断为客户提供超值服务和享受，不断提升客户关系价值。④商业银行营销需要内部各职能部门的通力协作、和谐配合，以建立一个“面向客户”的高效的组织机构，保证银行营销目标的实现。⑤建立以客户需求为中心的商业银行的资源配置机构，使资金计划、人员配置和机构设置，都能根据客户需求的变化而进行调整，优化资源配置，降低营销成本，提高营销绩效。⑥构建一流商业银行的服务营销文化，激励银行员工自觉接受，并推行商业银行的管理哲学和营销理念。

商业银行的营销观念的发展，主要经历了以下阶段：

（一）商业银行的生产观念

生产观念是20世纪30年代以前的工商企业普遍推行的一种“以生产为中心”的营销观念。当时，市场态势表现为严重的“卖方市场”，其主要矛盾是产品供不应求，企业的主要任务是提高劳动生产率，扩大生产，降低成本。在这种环境下，无论是工商企业，还是金融服务企业，都在推行“以生产为中心”的生产观念，即我能生产什么就卖什么。

商业银行的“生产观念”主要表现为：不重视对客户需求的了解和认识，金融产品单一，金融网点偏少，市场不存在竞争，客户都有求于银行。商业银行的员工缺乏客户服务意识，把自己的本职工作当做一种“权力”，有极强的优越感。商业银行的硬件设施豪华，使客户产生一种“神秘感”而对它望而却步。在“生产观念”指导下的商业银行营销活动，仅仅重视产品开发，却忽视了服务质量的改善，形成了商业银行以自我为中心的营销模式。

（二）商业银行的推销观念

20世纪30～40年代，由于经济环境的变化，特别是经历1929～1933年的经济大萧条，产品过剩已经成为影响企业发展的关键问题，市场形态已转为“买方市场”。因此，西方工商企业普遍推行“以产品推销为中心”的营销观念，企业的主要精力是进行产品推销，以扩大销售。其代表性口号是：“我卖什么，人们就会买什么。”这种营销观念是生产观念的延伸，区别在于重视产品的推销，其实质仍然是“以产定销”。

西方商业银行在20世纪50年代末至60年代，也在普遍实行推销观念，重视金融产品的开发和推销，特别是在金融服务产品方面。例如，重视员工推销知识的培训和银行建筑物结构的改善。银行员工的微笑服务，漂亮、醒目、大方的办公环境，增强了客户对银行的信任感，有助于商业银行产品推广。商业银行在这种推销观念指导下的营销行为，具有高仿效性的特点。这种无差异性营销不利于商业银行的持续发展和长期经济效益的获取。

（三）商业银行的市场营销观念

20 世纪 60 年代，美国营销学教授西奥多·莱维特提出了“顾客导向”概念。这不仅是企业营销观念的创新，而且是企业营销实践的指南。由于市场竞争激烈，消费者需求的多变，企业要吸引顾客，就必然会确立“以市场为导向，以客户需求为中心”的营销观念，即企业营销活动的出发点是满足客户对某一产品的全部需求，满足客户对不同产品的需求，满足客户不断变化的需求。这就要求企业重视客户需求的调研分析，能够及时地发现客户需求，并积极地满足客户需求，提高客户需求满足的程度，实现稳固客户的目标。

20 世纪 70 年代，西方金融界也开始接受以客户为导向的营销观念，成为指导金融企业从事营销活动的指导思想。商业银行推行营销观念的关键是如何发现客户的金融需求，通过提供能够满足客户需求的金融产品，实现商业银行的长期利润最优化。

商业银行在推行市场营销观念时，应对以下三个方面高度重视，以便将营销观念落到实处。

(1) 重视客户需求。商业银行营销中，不仅要研究客户的现实需求，更应重视其潜在需求，从整体上满足客户的需求；不仅把客户需求的满足作为商业银行营销的出发点，而且应把它贯穿于商业银行营销的全过程，渗透于银行营销的各部门，围绕营销进行商业银行组织机构及业务流程重组，以适应市场环境的变化，为银行的生存与发展创造良好条件。

(2) 实行整体营销。市场营销观念要求商业银行的营销活动要以实现银行营销的总体目标为基础，综合地协调运用一切营销要素，全方位满足商业银行不同客户的整体需求。这既有利于不断开发新客户，也有利于进一步稳定和巩固老客户。

(3) 为客户谋求长远利益。营销观念要求商业银行的营销活动既要立足当前，又要着眼于未来长远目标。要做到这一点，商业银行营销不仅要满足客户需求，而且要使客户满意，以树立银行的良好形象，激励客户重复购买，培养真诚客户，掌握客户资源，优化提升客户资源结构。这一观念应贯穿于商业银行营销的全过程。

（四）商业银行的社会市场营销观念

社会市场营销产生于 20 世纪 70 年代。企业推行市场营销观念，满足了客户需求，但也带来一些问题，如生态平衡破坏、资源浪费、人口爆炸、世界性的饥饿与贫困、社会责任被忽视等。这种营销观念忽视社会及公众整体利益及长期利益。企业要取得社会公众的价值认可，就必须寻找新的出路。社会市场营销观念在这种背景下应运而生。

社会市场营销观念认为，任何企业（包括商业银行）的任务是确定目标市场客户的需求、欲望和利益，并以保护或者提高客户社会福利的方式，比竞争对手更有力地向目标市场提供顾客所期望的价值满足。同时，社会市场营销观念要求商业银行在营销活动中重视社会与道德问题，正确处理银行利润、客户需求的满足和社会公众长远整体利益三者的关系。社会市场营销观念追求的是银行长期稳定的利润，并不要求每笔交易都获利。银行营销在于拥有满意度高的忠诚客户，向客户提供理财服务金融机构服务。社会市场营销观念的内涵如图 1-2 所示。

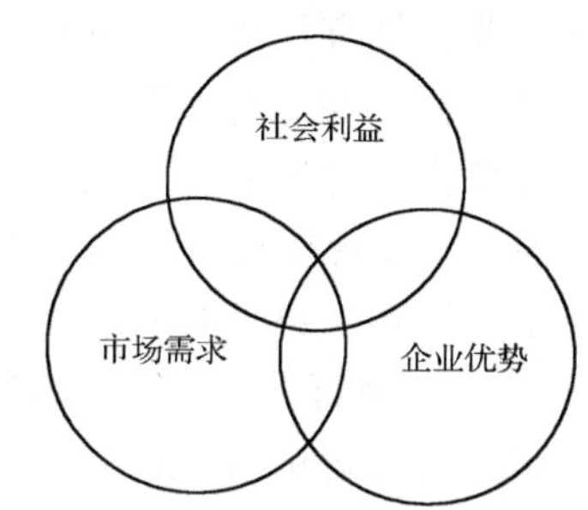

图 1-2　社会市场营销观念示意图

在上述四种营销观念中，生产观念和推销观念的实质都是先生产，后销售，即“以产定销”，我们称之为营销旧观念；市场营销观念和社会市场营销观念的实质都是首先要了解市场，依据客户需求，开发金融产品，满足客户需求，即“以需定产”，我们称之为营销新观念。新旧营销观念在营销活动出发点、营销活动的重点、营销活动的手段和营销活动的目标上都存在一定的差异性。两者之间的差异，如表 1-1所示。

表 1-1　新旧营销观念对照表

营销观念		营销顺序	重点	手段	营销目标
旧观念	生产观念	产品—市场	产品	生产作业效率	销售量、利润
	销售观念	产品—市场	产品	销售与推广	销售量、利润
新观念	市场营销观念	市场—产品	顾客需求	整体市场营销	通过满足需求获得利润
	社会市场营销观念	市场—产品	顾客需求 社会福利	整体市场营销	通过满足需求，增进社会福利，企业获得效益

二、商业银行营销的基本理论

商业银行营销的基本理论框架以工商企业长期营销从实践经验上升到 10P 理论为基础。

（一）商业银行营销的 P 理论

1. 商业银行营销战略的 4P 理论

商业银行营销战略的 4P 理论指探查（probing）、分割（partitioning）、优先（prioritizing）和定位（positioning）。

（1）探查主要指商业银行应重视市场调研与预测，全面了解市场客户，掌握市场总体态势，这是一切营销的前提；

（2）分割指商业银行能够在市场客户需求分析的基础上，选择最适合于本行业务拓展、具有发展潜力和吸引力的市场，即能够进行科学的市场细分；

（3）优先即在市场细分的基础上综合分析本行的总体实力，确定对本行发展最具有价值的可优先进入的细分市场，即选择有利的目标市场；

（4）定位指在目标市场选择后，在目标客户心目中为本行的金融产品和服务塑造某一特殊形象的过程。

2. 商业银行营销战术的 4P 策略

商业银行营销战术的 4P 策略，即产品策略（product）、价格策略（price）、分销策略（place）和促销策略（promotion）。这四种营销策略是麦卡锡在 20 世纪 50 年代末提出来的，是一种对全球营销理论和实践产生了革命性影响的营销理论，属于经典营销学的理论基础。其含义为：将以上四种策略加以综合应用就称为营销组合，即“合适的产品、合适的价格、合适的分销渠道、合适的促销策略”的有效配合，实现整体功能优化，就能为银行营销成功奠定良好基础。

4P 策略尽管受到新理论的挑战，但目前依然是营销学内容体系的主体内容，本书商业银行营销架构仍然以 4P 策略为基础构建，在后面各章将就 4P 策略进行全面分析，为商业银行从事营销实践活动提供理论指导。

3. 大市场营销理论中的 2P 理论

1986 年，全球著名营销权威——美国西北大学教授科特勒在《哈佛商业评论》第 2 期发表了《大市场营销》一文，系统地论述了大市场营销理论，使之成为 20 世纪 80 年代市场营销战略思想的新发展。

在 4P 策略的基础上，增加政治权力（power）和公共关系（public relation），形成大市场营销理论。所谓大市场营销是指企业（包括各种类型金融机构）为了成功地进入某一特定市场从事业务活动，在策略上协调地运用经济的、心理的、政治的和公关的手段，以博得外国或当地有关方面的合作与支持，从而打开市场之门，以便顺利地进入目标市场。

大市场营销理论的意义表现为：

（1）发展了市场营销组合理论；

（2）突破了营销组合中不可控因素和可控因素的分界限；

（3）强化了营销功能，扩大了营销活动的范畴。

(二) 商业银行营销的4C理论

1990年，美国营销学家R. 劳特伯恩（R. Lauterborn）从顾客的角度提出了新的营销观念与理论，即“4C”营销理论。“4C”理论指出：在“买方市场”条件下，市场营销应从买方的观点或立场出发，将营销组合变数从“4P”转向“4C”：从卖方的产品（product）转向买方的需求和欲望（customer needs and wants），从卖方的价格（price）转向买方的成本（cost to customer），从卖方的地点（place）转向买方的便利（convenience），从卖方的促销（promotion）转向买卖双方间的沟通（communication）。在此，“4C”即顾客（consumer）、成本（cost）、便利（convenience）、沟通（communication）4个营销变数。“4C”理论一经提出就成为营销学界的新宠，得到了理论界和企业界的普遍认同。商业银行以提供金融服务产品为主，4C理论对商业银行的营销具有重要的指导作用。

“4C”理论所持的主要观点是：站在买方的立场、观点和利益上思考营销，倡导真正意义上的“买方市场”营销，与传统的4P营销相比，4C营销把交易的控制权由卖方市场完全转移至了买方。对此，企业在激烈的市场竞争中，首先，必须真正以顾客需求为导向，更加深入地研究和捕捉顾客的需要，通过提供优质的产品和服务，以满足顾客的需要，提升顾客价值；其次，努力降低企业的生产成本和顾客的费用，降低顾客购物成本、使用成本和购买风险；再次，为顾客提供最大的购物和使用便利，增加顾客获得信息的便利，便利是客户价值不可或缺的部分；最后，加强同客户积极、有利的双向沟通，建立基于共同利益的新型企业顾客关系，通过与顾客达成很好的沟通来促进产品的持续销售。

与“4P”以厂商理论为基础不同，“4C”理论的基本出发点不是企业的利润，而是顾客。“4C”理论出现，并得到广泛接受和传播，标志着一个真正“以顾客为导向”的新时代的来临。

第三节 全方位的商业银行营销观念

一、数字时代商业银行塑造市场的三大要素

人类进入数字时代后，商业银行要获得竞争优势，取得营销的成功，就必须在业务发展和营销思维上实现重大的转变，即：从资讯的不对称性转变为资讯的民主化；从替少数人制造商品转变为替每个人制造商品；从先产后销转变为“先感应后回应”；从本土经济转变为全球经济；从报酬递减的经济转变为报酬递增的经济；从拥有资产转变为有渠道取得即可；从公司治理转变为由市场控制一切；从大众市场转变为专属个人的市场；从“及时生产”转变为“即时生产”。在这样的环境下，一方面，消费者的购买能力出现了新的变化，例如，购买方购

买能力的大幅增加；网上可以为消费者提供更多的可供选择的商品和服务；消费者可以随时随地获得所需的信息；买方可以和销售方进行互动沟通；买方之间可以通过网络进行沟通交流。另一方面，网络给商业银行的营销也带来了新的能力，例如，网络成为商业银行不受时空限制的重要信息传播渠道；商业银行与客户及潜在客户的双向沟通更加便捷，提高了交易的效益；商业银行可以利用网络客户数据库，为客户进行量身打造、定制产品和服务；网络能够改善商业银行内外部沟通的流程。

数字经济改变了市场的结构，实体市场及虚拟市场成为商业银行营销的主要平台。塑造数字经济时代的市场并获得成功，需要借助三大推动要素：客户价值、核心能力、合作网络（表 1-2）。

表 1-2 数字经济背景中塑造价值流的推动要素

价值的推动要素	商业银行要务
客户价值	经营一家“以客户为中心”的公司 把重心放在客户价值和客户满意度之上 发展出能回应客户偏好的通道 以营销记分卡来发展并管理商业银行 以客户的终生价值来获取利润
核心能力	将他人能做得更好、更快或成本更低的活动外包出去，以全世界的最佳实务作为标杆来学习
合作网络	不断创造出新的竞争优势 以管理各种流程的跨部门团队来经营商业银行 同时涉足“市集”和“市场空间” 把重心放在力求各种利害关系人利益的平衡之上 慷慨地酬谢商业银行的合作伙伴 只与较少数的供应商往来，并把他们转变为合作伙伴

资料来源：菲利浦·科特勒等．科特勒营销新论．北京：中信出版社，2002

二、数字经济环境下商业银行全新的营销范式

客户价值、核心能力及合作网络的发展，带来了商业银行营销范式质的变革，它已经超越了销售观念和市场营销观念，而进入了全方位营销观念阶段（表 1-3）。

表 1-3 新营销范式的三个阶段

阶段	起点	重心	手段	结果
销售观念	工厂	产品	推销和推广	通过销售量取得利润
市场营销观念	客户不同的需求	适当的产品服务和营销组合	市场区隔、选择目标市场和定位	通过客户满意度取得利润
全方位营销观念	个别客户的需求	客户价值、商业银行的核心能力和合作网络	资料库管理、可联结协力厂商的价值链整合	通过掌握客户占有率、客户忠诚度和客户终生价值来达到获利性的成长

资料来源：菲利浦·科特勒等．科特勒营销新论．北京：中信出版社，2002

全方位的营销观念是数字革命的结果，代表了新经济环境下商业银行的一种全新的营销观念，将给商业银行的营销架构带来新的变化。全方位的营销（holistic marketing，也称整体营销）是指由于商业银行和客户、协作厂商之间通过网络进行沟通和互动而形成的一种动态营销观念。全方位的营销观念通过整合商业银行的价值探索、价值创造和价值传递，实现在关键利害关系人之间双赢战略的长期关系，实现利益共享的目标。

全方位的营销观念重视个别客户需求的开发与管理，其营销的主要任务是满足个别客户的需求，它超越了“客户关系管理”的业务营销观念，走向商业银行营销的“全面关系管理”的营销观念，即重视建立和客户、协作厂商、员工及相关组织的关系，并维护这种关系的长期性。

第四节 我国商业银行营销管理

我国商业银行营销管理行为的出现，是我国改革开放和金融体制改革深化的结果，特别是 2001 年 12 月 11 日中国正式加入 WTO 后，商业银行对营销管理的需求更加迫切，营销管理理论在我国商业银行中的应用，也将得到进一步优化和完善。

一、我国商业银行营销管理的演变

我国商业银行营销管理的演变过程，同我国银行体制和银行体系改革基本同步，大致可以划分为如下五个阶段：

（1）无市场营销阶段（1979 年前）。主要是指计划经济的“大一统”阶段，人民银行仅仅是国家财政的出纳，银行功能非常单一，不存在经营问题。

（2）市场分割阶段（1979～1984）。我国相继成立了中国农业银行、中国银行、中国建设银行、中国工商银行四大国有银行，对金融市场进行了行政性分割。这一阶段，金融市场属于严重的“卖方市场”，银行之间不存在任何形式的竞争，仅仅是划分地盘。银行还不是商业银行，实质是带有浓厚行政色彩的权力机构。因此，银行也就不存在营销问题。

（3）改善服务与促销竞争阶段（1984～1992）。1984年以后，我国银行体系和管理体制进行了突破性改革，商业银行与中国人民银行职能开始分离，四大国有银行出现了“工行下乡、农行进城、建行脱土、中行上岸”的格局，交通银行、中信银行、招商银行、广东发展银行、深圳发展银行等新型商业银行相继成立，中国银行业的竞争开始出现。在这种背景下，银行开始具备了一定的商业性质，开始出现竞争。商业银行开始重视服务，并进行促销活动。例如，改善经营环境，加强员工服务意识培训，印制宣传品，赠送小礼品，开展一些公共关系活动，以扩大银行的业务范围和规模。

（4）商业银行创新阶段（1992～2001）。1992年后，我国经济体制改革的目标确定为建立社会主义市场经济体制，使四大国有银行真正商业化，并将其逐步推向市场。这时，商业银行开始重视金融产品创新和服务创新，以提高商业银行的竞争能力。在这一阶段，各商业银行都进行了营销管理理论在经营管理中的探索实践，从塑造银行形象、服务品牌的构建、业务功能的推广，到运用CIS战略、整合营销传播、品牌营销、直效营销、关系营销和文化营销等，都在我国商业银行开始不同程度的应用，也取得了一定的成效。

（5）商业银行营销的国际化阶段（2001年至今）。随着2001年中国加入WTO，中国商业银行的国际化营销已非常迫切。一方面，面临跨国金融机构进入中国营销本土化的挑战，另一方面，我国商业银行进入国际金融市场营销。因此，商业银行一定要树立全球营销观念，在国际金融市场舞台上获得一席之地。

二、我国商业银行营销的必然性

伴随着我国加入WTO和金融体制改革的深化，我国商业银行正逐步走向市场，在激烈的同业竞争面前，改变原来“朝南坐”的形象，借鉴国际经验，开展市场营销，已经成为必然的选择。

（1）金融体制改革是促使商业银行开展市场营销的根本。金融体制改革使政策性金融与商业性金融相分离，商业银行将成为“自主经营、自负盈亏、自担风险”的金融企业。因此，商业银行就必然要面向市场，按市场规律办事，从市场需要出发，树立现代“市场营销”观念，为顾客提供适销对路的金融产品和服务，在满足客户金融需求的基础上，获得最大限度的利润。

（2）金融业竞争的加剧是迫使商业银行开展营销活动的外在动力。随着国有银行的转轨，非国有商业银行、非银行金融机构的发展壮大，以及外资银行的进入，我国商业银行的竞争日益激烈，银行服务正由“卖方市场”向“买方市场”

转变，这无疑唤起了银行经营者的营销意识。商业银行必须运用多种营销手段，积极地去发现顾客，并采取有效策略争取顾客、占领市场，否则将在竞争中处于不利地位。

（3）科学技术的应用为商业银行的营销活动提供了有利的物质条件。现代科学技术，特别是网络、通信、信息技术的广泛应用，为商业银行开发、研制金融产品、推出各种深层、高质的服务项目提供了物质保证。同时，电子技术的应用也改变了商业银行传统的业务范围，使商业银行更具有条件参与市场竞争，积极开拓目标市场。

（4）市场需求的多样化是推动商业银行市场营销活动的催化剂。伴随着经济的发展，金融客户对金融产品和服务的需求呈现出多样化的趋势。他们越来越不能满足于存款等传统的金融业务方式，而是希望商业银行能提供兼具安全性、流动性和盈利性的金融产品和形式多样的优质服务。为了适应金融客户需求的多样化，商业银行不得不以“金融百货公司”、“金融超市”的身份出现，积极展开同业竞争，推行以满足客户需求为中心的营销活动。

三、营销管理在商业银行运营中的功能

商业银行的营销管理是国际、国内金融市场竞争的结果，商业银行是适应社会化大生产和市场经济发展需要而形成的一种金融组织，在金融已成为现代经济核心的新经济时代，商业银行营销的质量和效率，已经成为影响商业银行发展的重要因素。

商业银行营销具有自身的特殊性，一方面，需要借鉴工商企业营销的基本原理；另一方面，又需要依据商业银行营销目标，进行营销策略的创新。商业银行营销功能体现在两方面。

（一）面向储户的营销功能

商业银行正常运行的重要条件之一，就是能够吸引客户前来银行存款，获得资金来源。目前我国商业银行在吸引储蓄存款营销中，竞争激烈，如价格折扣策略、广告宣传、客户服务、开发新产品等，取得了初步的效果。

（二）面向借款人的营销功能

商业银行吸收到存款后，只有能发现、寻找到优质项目，获得优质的借款客户，并且能够将存款借出去，这才完成真正意义上的一个营销循环，而且在这个营销循环中，商业银行承担的风险要高于工商企业。这也就要求商业银行在营销中，要有强烈的风险控制意识。

商业银行营销的双重目标，导致了商业银行的营销要制定一套能够满足双重目标市场客户需求的一整套的服务营销策略，以便能对客户有巨大的吸引力，激励其金融消费行为。商业银行营销功能如图 1-3 所示。

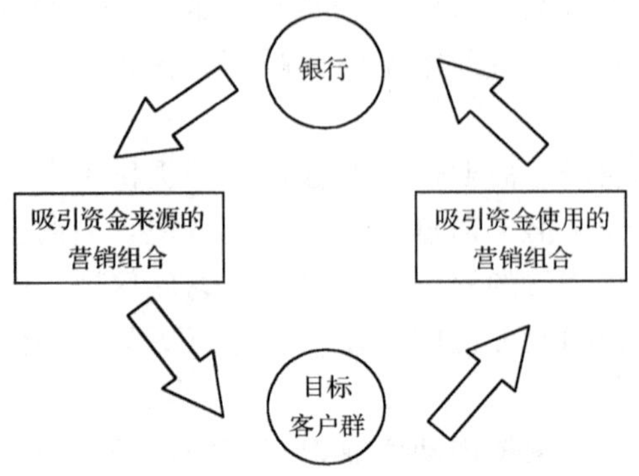

图 1-3　商业银行营销的双重功能

四、商业银行营销管理体系

我国商业银行营销管理，尽管时间不长，经验不多，但作为金融服务企业，借鉴工商企业营销的成功经验，结合商业银行自身特点，构建科学、合理的商业银行的营销管理体系，对指导商业银行营销实践具有重大的意义。

（一）商业银行管理系统

我国商业银行的管理系统主要由银行目标、可控变量、不可控变量、银行组织和控制变量四个子系统构成。作为银行整体管理系统中的影响因素，它们相互联系，共同发生作用，如图 1-4 所示。

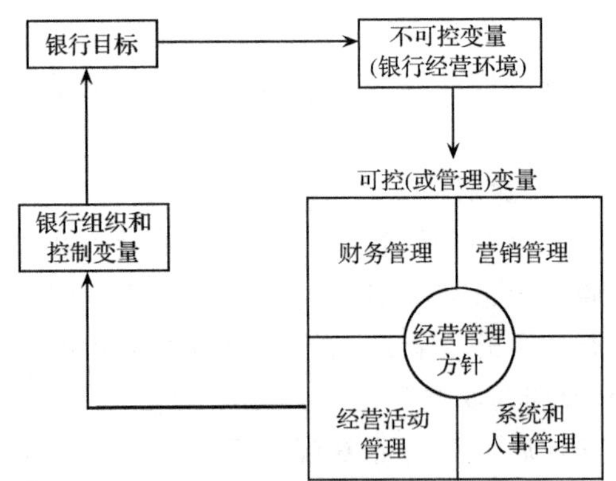

图 1-4　银行管理系统

资料来源：奚君羊．银行营销管理．上海：立信会计出版社，2003

（二）商业银行营销管理体系基本框架

商业银行管理的重心在于营销管理，因为营销管理过程是一个开发客户、了解客户、满足客户需求、维系巩固客户的循环过程，真正体现了商业银行“以客户为中心”的现代营销理念，客户资源的多少和优劣，关系到商业银行的生存和发展。商业银行的循环营销过程，构成一个完整的营销体系，其过程如图 1-5 所示。

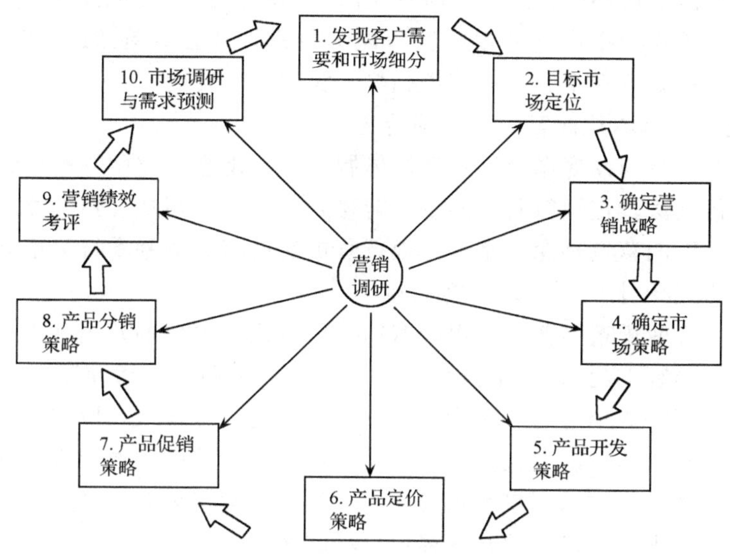

图 1-5　商业银行营销过程

资料来源：奚君羊．银行营销管理．上海：立信会计出版社，2003

从图 1-5 可以看出：第 1～4 阶段：商业银行营销起始于发现客户需求和市场细分，经过目标市场定位，到确定营销战略、确定市场策略，这 4 个阶段可看做一个子系统。第 5～8 阶段：这是营销组合理论在商业银行的应用，即 4P 组合。第 9 阶段：这是对营销绩效的考评，以检验是否实现了银行的营销目标。第 10 阶段：调研市场，预测需求，起着承前启后的作用，为下轮营销提供决策的依据。

在商业银行的营销循环过程中，营销调研处于关键地位。营销调研的主要职能是为商业银行的营销决策提供科学的依据，利用真实、可靠的信息资源为决策服务。因此，商业银行的营销人员应该系统学习有关营销调研的理论和方法，掌握进行营销调研的各种工具，能够独立完成调研的整个流程，为商业银行的营销决策提供信息支持，以提高银行营销决策的科学性。

五、我国商业银行营销发展趋势

随着金融市场竞争的加剧，特别是在我国加入 WTO 后的今天，金融服务业开放已成为一种必然趋势。一方面，商业银行的营销由早期的自动柜员机（ATM，又叫自动取款机）、呼叫中心、电话银行发展到目前的网络银行、数据库营销、数据库建设及数据挖掘等。这些现代营销手段的应用，充分说明营销管理在商业银行决策中的地位日益重要。加入WTO后，我国商业银行竞争主体增加。外资银行竞争实力强大，表现在体制优势、产品优势、技术优势、人才优势等方面，给我国商业银行带来了严峻的挑战。另一方面，要重视营销战略的制定和应用，把营销作为提高商业银行竞争能力的重要手段。在21世纪的发展中，商业银行应把握如下六个方面的营销趋势，实现六个转变。

1. 实现从银行本位向客户本位的转变

我国商业银行应彻底抛弃计划经济体制的传统观念，克服银行营销就是“拉存款”的庸俗做法，把银行营销的重点转移到客户，一切从客户的需求出发，坚持“客户为本”的营销理念，是保证银行营销活动有效的基本行为准则。

2. 实现从等客上门到主动访客的转变

在传统的商业银行经营中，银行营销推行以银行本位的营销观念，在营销行为中表现为“等客上门”，甚至拒绝为上门客户提供服务。近年来，由于银行竞争的加剧，以“客户经理制”为代表的主动访客制已经被银行所接受，这是我国商业银行营销模式的一次重大变革，也是商业银行营销的一次根本性的、深层次的革命，真正体现了“以客户需求为中心”的现代营销理念。商业银行应为客户提供高效、优质服务，以实现开发客户、巩固客户的目标。

3. 实现从大众营销向差异营销的转变

我国商业银行早期实行的是一种大众营销，不进行市场细分，用同一种产品满足不同客户需求。随着市场环境变化，金融市场上的“买方市场”逐步形成，商业银行开始实施差异化营销战略，通过细分银行客户，发现优质客户，实施有针对性的营销策略，牢牢地占领客户。在加入WTO后，在传统的存贷差额愈来愈少的情况下，商业银行应加大差异化中间业务产品的开发，形成自身特色，建立完善的金融产品创新机制，促进银行差异化产品的开发，全面提升商业银行的竞争力。

4. 实现从产品营销向品牌营销的转变

商业银行向顾客提供的是一种服务产品，由于服务产品的无形特点，它体现的是一种银行对顾客的承诺。因此，品牌营销比产品营销更重要，商业银行更要重视品牌建设，树立银行在客户心目中安全、稳定的良好形象，提高品牌竞争力。

5. 实现从单一渠道向多元渠道的转变

银行产品的特性决定了银行产品（服务）的分销具有特殊性。银行分销渠道主要是自有的分行、分理处、储蓄所这单一的垂直渠道。随着信息、通信技术的发展，银行的分销渠道将呈现多元渠道发展的趋势。例如，电话银行、ATM、网上银行等将大量应用，为客户提供高效、快捷的金融服务。

6. 实现从部门营销向全员营销的转变

商业银行的营销决不是营销部门的工作，也不是“推销”、“销售”某种金融产品。商业银行必须动员全体员工参与营销，转换营销观念。银行的一切工作应以营销为导向，以满足客户需求为中心，进行银行内部业务流程重组和组织机构调整，以适应商业银行营销的需要。只有完成这种转变，才能真正实现商业银行追求客户满意，提高市场核心竞争力的目标，也只有牢牢地占领了客户资源，商业银行才能获得持续增长的动力源泉。

第五节　商业银行营销管理学研究对象与方法

一、商业银行营销管理学的研究对象

商业银行营销管理学是一门建立在经济学、行为科学、金融学基础上的应用型管理科学。不同于商业银行营销，商业银行营销管理学研究商业银行的一种营销活动过程或营销行为。作为一门学科，商业银行营销管理学必然有其特定的研究对象。分析商业银行营销过程，借鉴工商企业营销理论及实践经验，商业银行营销管理学的研究对象为以满足客户（公司客户和个人客户）对金融产品需求为中心的商业银行营销活动过程及其规律性，即在特定的金融营销条件下，商业银行以市场营销调研为基础，为满足银行客户现实和潜在的需求而实施的以产品、定价、分销、促销为主要内容的市场营销活动过程及其客观规律性。商业银行的营销活动具有综合性、实践性、风险性、应用性、全球化的特点。

商业银行是营销主体，商业银行是以获取利润为营销目标，以多种金融资产和金融负债为营销对象，具有综合性服务功能的金融企业。商业银行的职能有：信用中介职能、支付中介职能、信用创新职能、金融服务职能。从现代营销的角度分析，商业银行上述四大职能的实现，都必须借助营销这一现代工具。

二、商业银行营销管理学的研究方法

任何一门学科都有自己的研究方法。商业银行营销管理学作为一门研究商业银行营销活动及规律的应用经济学科，其最基本的研究方法仍然是马克思主义的唯物辩证法。这是人们认识客观世界、分析事物运动规律的基本方法论，能够帮助人们揭示商业银行营销活动的本质及其发展规律，把握未来发展趋势，帮助商业银行制定有效的营销战略和策略，提高整体竞争力。

商业银行营销管理学的研究方法主要有以下几方面：

1. 系统分析法

它是把研究对象（市场）看做一个系统，分析其内部各种因素的组合方式及

相互关系。金融市场是一个由多要素、多层次组合的系统。既要研究银行内部系统中各子系统如何协调、配合地进行市场营销活动，又要研究银行的营销活动与外部各种组织系统的关系。运用系统分析的方法研究商业银行的市场营销，便于经营者从整体上考虑银行的营销战略，从而做出正确的营销决策。

2. 案例分析法

它是以典型银行营销成功或失败的个案作为例证，从而找出规律性的东西。运用案例分析法，一方面，可以加深对理论的理解，总结营销实践经验，发展营销理论；另一方面，又能指导银行的市场营销活动，从整体上提高商业银行的营销管理水平。

3. 定性与定量分析相结合的方法

商业银行的市场营销活动，是质与量的统一。研究市场，一方面，要进行市场分析，以确定问题的性质；另一方面，要进行定量分析，以确定市场活动中的各种数量关系。定性和定量分析的有机结合，不仅能做到对问题性质看得准，而且又能使市场营销活动数量化，提高其精确度，使其具体化。

4. 宏观分析与微观分析相结合的方法

市场营销是从企业的角度研究市场营销的一般规律，属于微观的范围。企业是国民经济宏观系统的一个组成部分，宏观经济环境（如经济发展重点、投资方向等）的变化对企业营销会产生一定影响。这就要求我们把宏观分析和微观分析结合起来，促进市场营销理论发展、繁荣，使其在指导企业的市场营销活动中发挥更大作用。

关键概念

市场营销、需要、产品、价值、交换、商业银行营销管理、市场营销观念

❖ 思考题

1. 何谓商业银行市场营销？
2. 市场营销的主要功能是什么？
3. 简述商业银行营销观念及其发展。
4. 商业银行营销理论包括哪些内容？
5. 简述我国商业银行营销的发展过程。
6. 简述商业银行营销的功能。
7. 商业银行管理系统由哪些子系统构成？
8. 分析我国商业银行营销的发展趋势。
9. 简述全方位营销观念。

☞ 案例

储户2万元钱存到哪儿去了?

赵先生反映，2004年5月4日，他向银行卡里存了2万元钱。近期取钱时，却发现卡上根本没有这笔钱。由于他当时疏忽，忘了向银行索要回单，银行方面不予承认。索要关键能证明当天赵先生是否来此存钱的录像，银行方面又推三阻四地不让看。赵先生不禁犯了愁。银行如此不配合储户，这笔钱难道就不明不白地没了?

2万元蹊跷失踪

赵先生说，5月4日去某银行电子城储蓄所存钱。据赵先生说，当天下午4点左右，他从西郊某信用合作社取了2万元钱。由于这些钱全是成捆未拆封的5元票面新钞，携带很不方便，因此他开车路过电子城储蓄所时，决定还是先把钱存到卡上。当时为他办理业务的是一位20岁左右的男工作人员，他看到这几捆钱还未拆封，便向旁边两位年纪大一些的女工作人员咨询后，未开封条数钱，就把卡在机子上刷了一下，说存对了。由于当时着急接孩子放学，赵先生拿着卡没多想就走了。

6月10日，赵先生准备从卡上取钱买台新电脑，没想到在ATM上取钱时却吓了一跳，卡上的余额仍是3000元，5月4日存的2万元钱根本没有加上。焦急的赵先生找到银行电子城储蓄所，一位姓李的主任让其拿出存钱时签过字的回单，赵先生这时才想起自己当时根本就没签回单。于是，这位李主任查了5月4日那天所有的转票，却未见一笔2万元钱的业务。“只有存上了钱，才会打印出回单，会不会这笔钱就没存上呢?”赵先生很疑惑地问。

储户：看了录像就一目了然

对此，李主任予以否认，她建议赵先生去其他银行找找，也许是记错存款银行了。“这是个办法，但是银行直接看一下当天的录像，我是否在此存过钱不是一目了然吗?”可是赵先生提出的建议被银行以“储户没资格看银行录像”为由拒绝了。无可奈何的赵先生只得一家一家地对市内近60家银行的储蓄所进行了排除。“到今天（6月14日），我花了5天时间，查遍了市内的银行，可是没有一家有电子城储蓄所这样L形的柜台，这点我不会弄错。”倔强的赵先生说。

银行：当天的录像已被覆盖

在这5天里，赵先生没有放弃看银行录像的念头，他多次找到电子城储蓄所和其主管行——银行高新支行，但银行方面总找出种种理由拒绝。

目前，赵先生和记者再次来到银行高新支行时，主管业务的行长孙某却说，5月4日当天的录像已经被覆盖了。“我最担心的事还是发生了。”赵先生气愤地说，从刚开始“储户没资格看录像”到“银行自己看过录像后，通知他结果”，再到“录像坏了没看成”“没有录像密码”，银行每天一个说法。由于听说银行的录像每月清除一次，他还曾向银行提出过自己的担心。但孙行长曾亲口向他保证，录像能保存45天。可是现在录像还是被覆盖了！对此，孙某也深表遗憾。他说，45 天指的是录像带保存日期，但是电子城储蓄所是少有的几家采用硬盘录像的银行，这就存在自动覆盖的问题。“硬盘录像虽会自动覆盖，但也应有保存期，是多长时间呢?”“这我就不知道了!”孙行长回答道。

这期间，银行方面和赵先生一起排除了 2 万元钱失踪的其他可能。赵先生又提出想见当时为他办业务的那位工作人员。银行却说，那是一个实习生，已回安康老家了。至于其姓名、工号，银行拒不提供。

本是一件挺容易弄清的事，现在却变得越来越蹊跷。为此花费了大量时间和精力的赵先生现已决定请律师为自己打这场官司。

资料来源：华商报，2004-6-16（根据记者张琪报道改写而成）

案例讨论题

1. 如果你是这家银行的行长，怎么处理这件事?
2. 分析该银行的营销观念。

第二章

商业银行营销环境

市场营销环境是商业银行营销职能外部的不可控制的因素和力量，这些因素和力量是与银行营销活动有关的影响银行生存和发展的外部条件。任何一家银行都是在不断变化的社会经济环境中运营的，商业银行的管理活动受到周围环境的影响和制约。只有与环境的变化相适应、相协调，商业银行才能顺利开展营销活动，准确把握各种机会，实现科学的预测，并最终达到预期的目标。商业银行营销环境包括微观环境和宏观环境。而这些环境因素始终处于不断变化和相互影响之中，直接或间接地制约着商业银行的营销活动。商业银行只有密切关注环境因素的变化，才能抓住商机、避开威胁、减少损失，获得营销活动的成功。

第一节 商业银行营销环境分析

一、环境与营销环境

1. 环境

环境是指企业生存和发展所需的那种立于企业之外的，并约束和影响企业行为的各种外界客观因素的总和。企业环境的最关键部分是企业投入竞争的行业环境和市场环境。环境是企业不可控制的因素，企业的活动要以环境为依据，企业要主动地去适应环境。

2. 环境的分类

企业环境是一个多主体的、多层次的、发展变化的多维结构系统，由于研究环境的目的、任务、要求各不相同，因此对环境的划分方法也各不相同。以时间为坐标，可以分为过去环境、当前环境与未来环境；以空间为坐标，可以分为微观环境、宏观环境；以企业与环境的关系来划分，可分为战略环境与策略环境等。在此，我们以空间为坐标，按微观环境、宏观环境来划分。

3. 营销环境

营销环境是企业营销职能外部的不可控制的因素和力量，这些因素和力量是与企业营销活动有关的影响企业生存和发展的外部条件。

任何企业都如同生物有机体一样，生存在一定的环境之中，企业必须密切注意市场环境的变化，随着环境的变化不断做出适应各种环境的反应，即调整自身的组织、战略和策略等一切可以控制的变数，使之与不断变化着的环境因素——不可控制的因素相适应，达到与周围的环境平衡。

4. 营销环境的分类

市场营销环境分为微观环境和宏观环境。微观环境直接影响与制约企业的营销活动，而宏观环境一般以微观环境为媒介去影响和制约企业的营销活动。宏观环境因素与微观环境因素共同构成多因素、多层次、多变的企业市场营销的综合体。

二、商业银行营销环境及特点

（一）商业银行营销环境

商业银行营销环境是指对银行营销及经营绩效有潜在影响的各种外部因素或力量的总和。它是银行的生存空间，也是银行开展营销活动的基本条件。

商业银行营销环境可以分为宏观环境和微观环境。微观环境指与商业银行紧密相连，直接影响商业银行营销能力的各种参与者，包括银行本身、银行客户和竞争对手。宏观环境指影响微观环境的一系列巨大的社会力量，主要包括人口、经济、政治、法律、社会文化、科技、自然等。微观环境直接影响与制约商业银行的营销活动，与银行企业具有或多或少的经济联系。宏观环境一般以微观环境为媒介去影响和制约商业银行的营销活动，在特定场合下也可直接影响商业银行的营销活动。

（二）商业银行营销环境的特点

1. 差异性

在不同国家和地区之间，商业银行所面临的宏观环境存在着广泛的差异，不同的商业银行，微观环境也千差万别。正因为营销环境的差异，商业银行应从自身的特点出发，根据市场营销环境的变化，采取不同的营销策略。

环境的差异性也表现为同一环境的变化对不同银行的不同影响。例如，中国加入世界贸易组织，意味着中国金融企业进入国际市场，进行“国际性竞争”，而这一经济环境的变化对不同的银行所造成的冲击并不相同。

2. 多变性

市场营销环境是一个动态系统。构成营销环境的诸因素都受众多因素的影响，每一环境因素都随着社会、经济的发展而不断变化。环境的不确定性程度是由环境因素的变化程度和复杂程度决定的。环境的变化既给商业银行提供机会，也给商业银行带来威胁。从对环境变化程度的分析，可以知道商业银行是处于一个相对稳定还是动荡的环境中；从对复杂程度的分析，可以了解构成环境因素的数量和广度。虽然商业银行难以准确无误地预见未来环境的变化，但可以通过设立预警系统，追踪不断变化的环境，及时调整营销策略。

3. 相关性

商业银行营销环境诸因素间是相互影响、相互制约的。某一因素的变化，会带动其他因素的相互变化，形成新的营销环境。例如，商业银行产品的价格，不但要受到客户需求及商业银行供给的影响，而且还要受到经济发展与国家货币财政政策的制约。因此商业银行应尽量对影响营销环境的各种因素进行全面分析与预测，以便尽可能地把握环境因素之间的相互作用。

4. 客观性

商业银行营销环境作为营销部门外在的不以营销意志为转移的因素，决定了其不可控制的特点，特别是宏观环境。例如，资源的分布状况、国家的大政方针、政策法令、人们的意识形态、价值观和社会行为准则、社会风俗习惯等因素都对商业银行市场营销活动产生影响，但商业银行又难以按自身的要求和意愿改变它。因此，商业银行可以主动适应环境的变化和要求，制定并不断调整其市场营销战略。

三、WTO对我国商业银行的影响

2001年12月11日，结束了十几年的谈判，中国正式加入了世界贸易组织。根据中国对外开放的时间表，入世后，大量的外资金融机构涌入，对国内商业银行业务将产生巨大的影响。商业银行将面临新的机遇和前所未有的挑战。

入世后中国商业银行业对外开放的时间表见表2-1。

表2-1　入世后中国商业银行业对外开放的时间表

时间	取消限制的地域	取消限制客户
加入时	深圳、上海、大连、天津	
1年内	广州、青岛、南京、武汉	
2年内	济南、福州、成都、重庆	中国企业
3年内	昆明、珠海、北京、厦门	
4年内	汕头、宁波、沈阳、西安	
5年内	所有地域	所有中国客户

（一）面临的机遇

1. 有利于推动金融监管与国际标准的接轨

在金融经营国际化过程中，金融监管也必然要遵循国际统一规则和标准。这样可以引入竞争机制，打破国内银行体系原有的均衡与垄断格局，扩大客户的选择余地，促使我国商业银行业全面加强风险管理，完善内部控制制度，改进信息披露制度，推动金融监管的规范化和国际化，保证监管的持续性和有效性。

2. 有利于商业银行体系的完善

外资银行的介入为国内商业银行产生了示范效应。以国外银行在实践中积累的经验与先进的经营管理方法为参照体系和竞争对象，会加快国内商业银行技术改进、金融创新、业务发展的步伐。

3. 有利于国内银行拓宽经营活动的领域

根据WTO的互惠原则，我国商业银行也可以进入其他缔约国金融市场，并享受该国银行业的国民待遇，这可帮助国内银行业开拓海外业务，增设国外分支机构，加强在国际市场上的竞争力。

4. 有利于培养金融营销人才

随着金融服务意识的深化，入世必将推动我国银行从业人员营销素质与各方面水平的提高，并为推动我国银行业的改革提供坚实的基础。

（二）迎接的挑战

1. 银行经营理念的挑战

外资银行的先进经营理念，如顾客满意（customer satisfaction，CS）和顾客忠诚（customer loyalty，CL）与我国商业银行原有的那套片面、狭隘的观念形成了鲜明的对比。

2. 技术的挑战

外资银行采用先进的服务理念和技术手段实现了电子化、信息化、网络化的经营。它们进入我国后，必然会以技术为依托，与国内商业银行开展业务争夺。

3. 客户资源竞争的挑战

客户从来都是商业银行争夺的首选目标，外资银行进入国内市场后，会充分利用经营手段、先进技术、服务方式上的灵活性挖国内银行的客户资源，可能会使国内中资银行原有的一批优质客户被挖走，而有风险的、效益不好的甚至亏损的客户留在了中资银行。此外，当中国跨国性的公司出现时，外资银行在竞争中可能会更有利，他们会利用其全球的专家为中国的新兴跨国公司提供全球支付业务和多货币运作支持。

4. 人力资源竞争的挑战

外资银行在中国拓展业务，一般都采用管理人员“本土化”政策，以高薪、出国培训及优越的工作环境等条件，吸引大量国内银行业的优秀人才。因此，受到外资银行的冲击，国内商业银行优秀人才流失，冗员、下岗现象将会更加明显。

5. 业务资源方面的挑战

外资银行在公司业务和国际银行业务中都有国际经验，会跟随跨国公司客户进入中国，通过给这些公司提供本地贷款及贸易融资业务而在公司业务领域站稳脚跟。此外，进入中国市场后，外资银行会在风险小的业务中立足。在逐步了解和熟悉中国市场后，会有目的地占领市场，开发多样化的金融产品。国内中资银行公司业务中的国际结算、融资授信、资金业务等将明显受到冲击。

同时外资银行在零售业务中也具有明显的优势。我国商业银行零售业务起步较晚，发展相对落后，主要表现在我国商业银行零售业务的重点仍以消费信贷业务为主，个人理财等中间业务经营较为单一，要实现以资产业务为主攻、以中间业务为主的转型，还有很长的路要走。

四、商业银行营销环境机会与威胁分析

商业银行营销行为受自身条件的制约，也受外部条件的制约。关注并研究商业银行内外营销环境的变化，把握环境变化的趋势，识别由于环境变化而造成的机会和威胁，是营销人员的主要职责之一。在营销活动中，环境既是不可控制的，又是不可超越的因素。商业银行必须根据环境的实际和发展趋势，相应地制定并不断调整营销策略，自觉地利用市场机会，防范可能出现的威胁，扬长避短，才能确保在竞争中立于不败之地。

（一）市场机会与环境威胁

商业银行市场营销环境的变化主要有机会、中性（无影响）和威胁三种影响。

机会，即市场环境变化的结果有利于商业银行的市场营销活动。

中性，即市场环境变化的结果对商业银行的市场营销活动无影响。

威胁，即市场环境变化的结果不利于商业银行的市场营销活动。

商业银行在明确目前营销形势和未来发展趋势的基础上，要分析形势发展给自己带来的机会和威胁，并在估计自己优劣势的基础上，总结和提出自己所面对的基本问题和主要问题，并努力解决。

（二）市场机会和环境威胁分析、评价

任何一个商业银行始终面临着不同的市场机会和环境威胁的组合。机会和威胁的影响程度有强弱、大小之分，可以按机会和威胁概率的高低评价营销环境，可能出现四种不同的结果，如图 2-1 所示。

市场威胁概率

		高	低
机会概率	高	A. 威胁性环境状态	B. 理想环境状态
	低	C. 恶化环境状态	D. 老化环境状态

图 2-1 机会与威胁组合环境类型

（三）商业银行市场营销对策

在市场机会与环境威胁分析、评价的基础上，商业银行对威胁与机会所产生的各种营销环境类型要分别采取不同的策略。

（1）A 区是威胁性环境状态区。在这种环境状态下，机会和威胁的概率都大。商业银行既不宜盲目冒进，也不应迟疑不决，坐失良机，应进行充分调查、预测和评估，全面分析自身的优势和劣势，扬长避短，创造条件，尽最大努力抓住市场机会，及时做出正确的营销决策。

（2）B 区是理想环境状态区。在这种环境条件下，机会概率大而威胁概率小。商业银行应看到机会难得，甚至转瞬即逝，商业银行应抓住机遇，扩大经营规模，调整业务结构，不失时机地推出创新产品和服务，提高市场占有率。否则，丧失战机，将后悔莫及。

（3）C 区是恶化环境状态区。在这种环境条件下，机会概率小而威胁概率大，对商业银行是十分不利的。面对这种环境，商业银行要么是努力改变环境，走出困境或减轻威胁；要么是立即转移，摆脱困境。

（4）D 区是老化环境状态区。在这种环境条件状态下，机会概率和威胁概率都小。对于这种环境状态，应加强控制，不能按此长期发展下去。商业银行在维持其正常运转的同时，应为开发理想环境状态和威胁性环境状态准备必要的条件。

第二节 影响商业银行营销的宏观环境

一、宏观环境及分析模型（PEST）

宏观营销环境指对商业银行企业营销活动造成市场机会和环境威胁的主要社会力量。对于商业银行来说，影响最大的是政治、经济、社会和技术四大因素。银行企业的宏观营销环境分析主要是从这四大方面分析的，通常称为 PEST 分析，如图 2-2 所示。

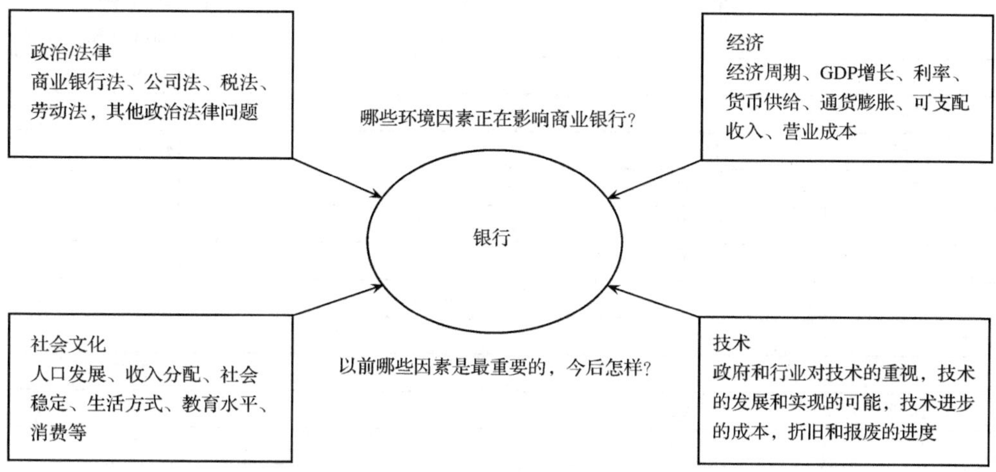

图 2-2　宏观环境影响的 PEST 分析

这些分析有助于了解影响商业银行经营的各种因素及其可能产生的变化，为制定营销战略提供可靠的依据。

二、宏观环境分析的主要内容

（一）人口环境及结构

人口是构成市场的第一位因素。商业银行市场是由有购买欲望同时又有支付能力的人口构成，人口的多少直接影响市场的现行容量。

1. 人口总量

2002 年我国人口变动情况抽查是以全国为总体，以各省、自治区、直辖市为次体，采用分层、等距、概率抽样方法。经加权后汇总，2002 年，全国人口出生率为 12.86‰，死亡率为 6.41‰，自然增长率为 6.45‰。表 2-2 列出了中国改革开放以来的人口出生率（birth rate）、死亡率（death rate）、自然增长率（natural growth rate）。

表 2-2　人口出生率、死亡率、自然增长率　　（单位：‰）

年份	出生率（birth rate）	死亡率（death rate）	自然增长率（natural growth rate）
1978	18.25	6.25	12
1980	18.21	6.34	11.87
1981	20.91	6.36	14.55
1982	22.28	6.6	15.68

续表

年份	出生率 (birth rate)	死亡率 (death rate)	自然增长率 (natural growth rate)
1983	20.19	6.9	13.29
1984	19.9	6.82	13.08
1985	21.04	6.78	14.26
1986	22.43	6.86	15.57
1987	23.33	6.72	16.61
1988	22.37	6.64	15.73
1989	21.58	6.54	15.04
1990	21.06	6.67	14.39
1991	19.68	6.7	12.98
1992	18.24	6.64	11.6
1993	18.09	6.64	11.45
1994	17.7	6.49	11.21
1995	17.12	6.57	10.55
1996	16.98	6.59	10.42
1997	16.57	6.51	10.06
1998	15.64	6.5	9.14
1999	14.64	6.46	8.18
2000	14.03	6.45	7.58
2001	13.38	6.43	6.95
2002	12.86	6.41	6.45
2003	12.41	6.40	6.01
2004	12.29	6.42	5.87
2005	12.40	6.51	5.89
2006	12.09	6.81	5.28
2007	12.10	6.93	5.17

资料来源：中华人民共和国国家统计局．中国统计年鉴．北京：中国统计出版社，2008

根据表 2-2 绘出曲线图，如图 2-3 所示。

从表 2-2 可以看出，人口出生率与自然增长率在 1987 年前后均达到高峰。自 1988 年以来，人口出生率与自然增长率均处于下降趋势。随着我国人民生活水平的提高，人们的生活观念发生了转变。健康水准大幅度提升，20 世纪 90 年代以来，中老年人口死亡率呈明显下降趋势。50～64 岁年龄段的死亡率由 1990 年的 11.47‰下降到 2001 年的 8.72‰，下降了 2.75‰。65 岁以上老年人口死亡率由 1990 年的 56.73‰下降到 2001 年的 46.42‰，下降了 10.31‰；此外少儿人口比例得到控制。到 2001 年，0～14 岁少儿人口比例已经下降到 22.5%。出生率的下降和中老年人口死亡率的下降，使得我国老年人口在总人口中所占比例加大。

表 2-3 中国人口年龄结构变化

年份	0～14岁人口比例/%	65岁以上人口比例/%	老少比/%	年龄中位数/岁
1953	36.28	4.41	12.6	22.7
1964	40.70	3.56	8.15	20.2
1982	33.59	4.91	14.62	22.9
1990	27.70	5.58	20.14	25.3
2001	22.50	7.10	31.60	32.3

资料来源：第一、二、三、四、五次人口普查资料和人口变动调查资料

各年龄段人口比例及变化趋势见表 2-4。

表 2-4 各年龄段人口比例及变化趋势

年龄/岁	1953年	1964年	1982年	1990年	2000年	趋势
0～14	36.28	40.69	33.59	27.69	22.89	↗↘
15～64	59.31	55.75	61.50	66.74	70.15	↘↗
65以上	4.41	3.65	4.91	5.57	6.96	↘↗

资料来源：第一、二、三、四、五次人口普查资料

从表 2-3 和表 2-4 可以看出，按国际通行的标准衡量。我国已进入老年型社会。不同的年龄结构呈现不同的客户行为，从而决定了不同的市场结构。商业银行在进行市场人口环境因素分析时，必须关注我国年龄结构变化的趋势。一般来说，老年人口作为一个特殊群体，对高风险金融产品相对趋于回避，而对储蓄、养老保险等方面的投入较多。商业银行应针对老年客户群体的特征，设计不同的服务和产品。

2. 人口受教育水平

人口受教育水平决定着商业银行市场的具体性质以及客户的行为特点。2001年我国各种文化程度的人口占总人口的比重，如表 2-5 所示。

表 2-5 2001 年我国各种文化程度的人口占总人口的比重（单位：%）

地域 \ 文化程度	文盲	小学	初中	高中	大专	大学本科	研究生
全国	8.99	33.83	34.34	11.53	2.88	1.17	0.04
市	4.85	19.66	34.35	23.60	7.52	3.94	0.17
镇	6.17	25.03	35.24	19.58	5.51	1.53	0.02
县	11.16	41.10	34.17	5.22	0.54	0.06	0.00

资料来源：武超．2001 年中国人口发展状况．市场与人口分析，2002，9

从表 2-5 中可以看出，与以前相比较，虽然全国人口总体受教育水平有了很大的提高，但是受教育水平较高的人口主要集中在城市地区，而镇和县级地区人口受教育水平与城市相比仍存在很大差距。这就迫使商业银行的营销活动必须根据我国各地区受教育水平的情况，制定相应的营销战略。在城市地区，由于商业银行的客户受教育程度比较高，有较强的投资理财意识，所以商业银行新开发的产品能够得到很快的推广，也能够较快地被客户接受并显现经济效益，但商业银行必须提高其客户服务人员的业务水平，以便能更好地提供服务；而在县级地区，受到知识层次的制约，商业银行客户的金融意识相对淡薄，理财知识相对贫乏，观念相对保守，储蓄多于投资，因此，商业银行的产品和服务应当充分体现简单、直接、实用、易于操作的特点①。

3. 家庭规模

家庭是社会的细胞，也是商业银行产品和服务消费的基本单位，一个市场拥有家庭单位和家庭平均成员的多少，以及家庭组成状况等，对商业银行市场消费需求的潜量和需求结构都有十分重要的影响。我国家庭规模变化如表 2-6 所示。

表 2-6 全国家庭规模变化 （单位：人）

年份	1953	1964	1982	1990	2000
户均人口	4.33	4.43	4.41	3.96	3.44

资料来源：五次全国人口普查

从表 2-6 可以看出，我国家庭规模不断下降，因此商业银行应该开发适合小规模家庭的金融产品。

（二）政治/法律环境

政治/法律环境是指商业银行市场营销活动的外部政治/法律形式和状况，以及国家方针、政策、法规的变化对商业银行营销活动带来的影响。一般分为国内政治环境和国际政治环境两大类，包括政治局势、方针和国际关系。政治环境稳定与否是商业银行市场营销成败的保障性条件。

1. 政治环境

政治环境是指商业银行市场营销的外部政治形势。政府的方针、政策规定了国民经济的发展方向和速度，安定团结的政治局面不仅有利于经济发展和人民收入的增加，刺激消费，扩大内需，而且直接关系到社会购买力的提高和消费需求的增长。

国家关系是指国家之间的政治、经济、文化、军事等关系。商业银行的市场营销环境离不开国际政治环境的变化，包括世界和平所处的具体状态、本国与其

① 孙国辉，王海妹．商业银行战略营销．济南：山东人民出版社，2003

他国家政治经济和商贸往来的密切程度等。政治权力影响商业银行市场营销，主要表现为：政府机构采取措施，约束外来金融机构，如外汇控制等。政治冲突指国际上的重大事件和突发性政治事件，对商业银行市场营销工作影响或大或小，有时带来机会，有时带来威胁。例如，政治动乱和突发政治事件，往往造成股票市场大起大落，商业银行遭受巨大的违约风险和挤兑风险。

2. 法律环境

法律环境是指国家或地方政府颁布的各项法规、法令和条例等。法律环境对商业银行市场需求的形成和实现，具有一定的调节作用。商业银行企业研究并熟悉法律环境。一方面，在开展市场营销活动的过程中，保证自身严格依法管理和经营；另一方面，运用国家制定的各项法律、法规来维护商业银行企业自身的正当权益。随着党中央依法治国方针的贯彻，金融法律建设的步伐加快。目前，我国的金融法律、法规包括由全国人大颁布的《人民银行法》，全国人大常委会颁布的《商业银行法》等，由国务院颁布的金融法规 140 多部，由国务院各机构颁布的各类规章 3000 多部，最高人民法院、最高人民检察院制定的各类解释近 50 部。同时，我国的银行法律、法规环境处在不断的健全和完善之中，其改革方向和最新动向直接影响着商业银行的经营领域、业务范围、管理方式、风险环境等诸多方面，对我国银行业的依法经营、规范发展具有重要作用。

加入世界贸易组织后，我国银行企业面对更加开放的市场环境和更大的竞争压力，在国内外市场开展营销活动，更需要了解、熟悉相应的法律环境，遵循相关国家的法律、法规。

（三）经济环境

经济环境是商业银行市场营销活动所处的宏观经济背景。包括经济增长速度、发展周期、市场现状和潜力、物价水平、投资和消费趋向、进出口贸易以及政府的各项经济政策，如财政税收政策、产业政策等。经济环境是对商业银行市场营销影响最大的环境因素，是其整个经营活动的基础。

1. 经济发展阶段

经济发展阶段的高低，直接影响商业银行市场营销活动。不同阶段经济发展水平不同，居民的收入不同，对未来的预期也存在较大的差异。通过金融企业所进行的融投资活动的频度和规模是不一样的。例如，居民收入的增长，扣除税负、非税负担，就会显示为储蓄与消费支出的增长。一方面，城乡居民作为银行产品与服务的直接消费者，随着收入的增加，其在银行的储蓄额、消费信贷总量也会随之增加，即带来商业银行负债性、资产性业务的增长；另一方面，居民收入的增多会带动商品市场销售额的增加，使生产企业的利润提升，顺利返还银行贷款，并申请新的贷款投资，从而间接地对银行的资产性业务产生推动作用。

美国经济学家罗斯托（W. W. Rostow）的经济成长阶段理论，把世界各国的经济发展归纳为五种类型：①传统经济社会；②经济起飞前的准备阶段；③经济起飞阶段；④迈向经济成熟阶段；⑤大量消费阶段。凡属前三个阶段的国家为发展中国家，而处于后两个阶段的国家为发达国家。各个国家的经济发展水平不同，其商业银行营销的策略也有所不同。因此，商业银行应注意经济发展不同阶段的市场变化，把握时机，主动迎接市场挑战。

2. 居民收入水平和结构的变化

居民收入是指居民个人从各种来源中所得的全部收入，包括工资、奖金、红利、租金、赠与等。居民收入作为国民经济发展的重要变量，直接影响着客户的购买力水平，也是商业银行开展市场营销活动必须要考虑的因素之一。居民收入可从宏观和微观两个不同层次来分析。宏观方面，主要分析国民收入和人均国民收入的变化，它们反映了一个国家的经济发展水平；微观方面，主要分析居民的个人收入、个人可支配收入、可任意支配收入及其变化水平，它们是决定居民有效需求的重要因素。当国民经济处于发展阶段，国民收入与居民个人收入也处于增长时期，则居民的储蓄、消费、投资活动十分活跃。支出，主要指消费者支出模式和消费结构。随着居民收入的变化，支出模式与消费结构也发生相应变化。城乡居民将可任意支配收入的一部分储存待用，这就是储蓄。储蓄的形式可以是银行存款，可以是购买债券，也可以是手持现金。随着居民收入的增加和生活水平的提高，不但居民储蓄增加，而且消费信贷的规模也不断扩大，主要形式有短期赊销、分期付款、信用卡结算等。

（四）科学技术环境

科学技术是第一生产力，科学技术的发展对于社会的进步、经济的增长和人类社会生活方式的改变都起着巨大的推动作用。科技的发展不仅直接影响商业银行的经营，而且还和其他环境因素相互依赖、相互作用给商业银行的营销活动带来有利或不利的影响。这主要表现在以下三个方面：

(1) 科学技术的迅速发展，不仅提高了生产效率，也提高了交换效率，给商业银行市场营销工作提供了突破性机会。商业银行能够以更多样、更便捷的手段向客户提供金融服务。例如，ATM、商店里的终端机、电话银行、网络银行等在极大方便了银行客户的同时，也使商业银行扩大了业务的延伸范围，提高了商业银行的营销力度，降低了营销成本，也使人们接受了新的营销观念。

(2) 科学技术的发展，改变了人们的生活观念和生活方式，对人们的消费模式产生的冲击，给商业银行带来了新的市场营销机会。例如，消费者使用消费信贷来购买住宅、汽车及其他昂贵的消费品和劳务。这样，不仅为社会提供了更多的就业机会，而且带来了更多的收入和需求。

(3) 由于信息技术及信息处理技术的快速发展，银行业务创新有了更可靠的保证。随着多媒体技术的发展，银行产品的设计及销售有了更多可供选择的途径。并且，随着信息技术的发展，使客户的类型发生了新的变化，这也对商业银行市场营销工作提出了新的要求。一方面，新的产品、新的服务项目的推出，需要根据不同的营销对象，采用不同的营销方法，这要求营销部门和营销人员不断调整和改变营销策略和营销手段。另一方面，在新的形势下，银行市场营销工作也面临越来越大的风险。

（五）社会文化环境

社会文化环境是指一个国家、地区的民族特征、生活方式、教育程度、语言文字、风俗习惯、宗教信仰、伦理道德、价值观念、消费模式与习惯等的总和。文化对商业银行营销的影响是多层次、全方位、渗透性的，并深入影响到银行营销的每一个层面。

1. 价值观念

价值观念是指人们对社会生活中的各种事物的态度、评价和看法。它包括财富观念、时间观念、对待生活的态度等。同样的事物或问题，在不同的社会或不同的人群中会有不同的评价标准，从而对人们的消费行为、消费方式等产生重大影响。不同价值观念的人群对商业银行所提供的产品和服务的要求也是千差万别的，这就要求商业银行营销人员针对不同的客户采取差异化营销策略，提高营销效率。例如，为了推行差异化服务，我国各银行柜面设计也开始人性化，注重给客户带来轻松、愉悦感，实施开放式金融服务区，进一步拉近与客户的距离，使客户办理业务时更轻松、愉快；为了方便客户，营业厅置放了点钞机、验钞机、复点机等金融专用工具等。

2. 风俗习惯

风俗习惯是人们在长期的生活中自发形成的行为模式，包括消费习俗、婚丧习俗、节日习俗、经商习俗等。不同的国家、不同的民族有着自己特有的风俗习惯，而不同的风俗习惯对人们的投资行为和消费行为都带来很大的影响。商业银行营销人员对此应有足够的研究和了解，设计和推广适合特定客户需求的金融产品和服务。

3. 宗教信仰

人类的生存活动充满了对幸福、安全的向往和追求。在生产力低下的时期，人们对自然现象和社会现象迷惑不解，这种追求容易带有盲目崇拜的宗教色彩。沿袭下来的宗教色彩，逐渐形成一种形式，影响着人们的消费行为。

（六）金融生态和环境

良好的金融生态和环境是商业银行营销的重要前提条件。商业银行的运行犹如自然界中任何生物的生存与发展，都需要一个良好的生态和环境。环境的变化促进或制约生物体的生存和发展。商业银行的金融生态和环境，既包括宏观金融环境，也包括微观金融环境。这些环境因素构成了商业银行生存与发展的环境系统。商业银行只有保持和环境系统的和谐相处，才能提高商业银行对环境变化的适应及应变能力。

仿生学理论认为，在金融生态和环境中，生物群体之间存在着相互依存和相互影响的关系，这种关系是动态的、相互影响的并且互为生存条件的关系。所谓金融生态和环境，是指由居民、企业、政府、国有企业等部门构成的金融产品和金融服务的消费群体和金融主体及其生成、运行和发展的经济、社会、法治、文化、习俗等体制、制度和传统环境。同自然生态系统一样，在金融生态系统中，金融主体和金融生态环境也是相互依存和彼此影响的。所以，金融生态和环境包含银行工作环境，但不等于银行的工作环境。改善金融生态和环境，不仅仅要改善银行的工作环境，更要改善个人和企业的融资环境、社会金融服务环境。

金融生态和环境的主要内容包括金融信用环境、金融市场环境和金融工作环境。

1. 金融信用环境

2008年，由美国次贷危机而导致的全球金融危机愈演愈烈，并逐步向实体经济转移，给全球经济的发展带来了严重的灾难。这一危机爆发的根本原因是金融信用生态和环境的恶化。因此，构建良好的信用生态和环境是金融生态环境有效运行的前提和基础。目前我国社会信用缺失，导致金融生态和环境脆弱，影响了商业银行营销活动的正常进行。

改革开放以来，我国商业银行面临的金融生态和环境有了很大的改善，社会信用体系建设取得了重大进展，一个有着良好金融生态和环境的信用社会基础逐步建立。但是，各种信用缺失现象仍大量存在，主要表现为：商业银行的市场化程度不高，股票等资本市场信息不透明，企业逃避银行债务现象严重，每年造成直接经济损失高达1800多亿元，信用中介机构运作不规范等。这些问题的存在，严重地影响了金融生态和环境的改善。金融生态和环境信用缺失产生的主要原因有：①社会发展的现实因素的影响；②我国传统历史文化因素的影响；③法律制度不健全；④金融生态市场的信息不对称；⑤信用中介机构缺乏独立性。

2. 金融市场环境

和谐的金融环境对于提高资源配置效率、降低金融交易成本、促进经济又好又快发展具有重要的促进作用。改善金融市场生态和环境的途径是：①加快社会担保体系的建设；②强化对信用中介机构的管理。

3. 金融工作环境

良好的金融工作环境是指商业银行运行的宏观环境、微观环境、金融生态和环境相互协调有序。商业银行的行为能够促进地方经济的发展，地方政府大力支持商业银行的工作。双方共同构建一个良好的工作环境，实现利益，规避风险，完善法律法规，深化客户企业改革，构建社会信用体系，完善会计、审计和信用评估体系。

第三节 影响商业银行营销的微观环境

商业银行市场营销微观环境是指与商业银行市场营销活动直接发生关系的具体环境，是决定其生存和发展的基本环境。主要包括客户环境、竞争环境和商业银行本身。

一、银行客户需求与行为

银行客户包括现实的客户与潜在的客户。我们可以把银行的客户分为两类：一类是公司客户，包括国内与国外的工商企事业单位、金融机构、政府及政府部门；另一类是个人客户，主要是个人消费者或投资者。客户是商业银行营销活动的中心，其需求是商业银行开展营销活动的根本出发点。银行客户的需求与购买行为并非一成不变，而是经常变化。这种变化对于公司客户受到行业、规模、所有制性质和经营状况不同而不同。与个人客户相比，公司客户所需资金额大，涉及的服务项目多，业务选择较稳定，需求具有衍生性，在其特定生命周期下有其特定的需求。

居民客户受到收入水平、生活方式、消费观念与文化程度等影响。近年来，随着我国居民收入水平的提高，金融消费观念也随之更新，资产投资、资产增值的意识日益加强。一是追求更大的资产增值，在追求更大资产增值的动机下，客户为了达到不同时期的资产增值目标，努力寻求不同时期最为理想和合适的资产增值渠道，如选择股票投资、外汇买卖、开办企业、炒房地产等。二是寻求可靠的保值渠道。例如，选择购买国债、保险和一定额度的股票，购买用于出租的保值前景看好的街面房等。可见，商业银行单一的吸存功能已不能顺应客户资产多元化的发展趋势，而这也正是国内商业银行十分薄弱的环节。

不同的客户对银行服务有着不同的要求，银行必须从客户（包括现实的客户与潜在的客户）的角度出发，对他们的需求进行认真分析研究，才能制定出与市场相符的营销战略，提供让客户满意的服务，最终实现商业银行的营销目标。

二、商业银行竞争者分析

对于竞争者的分析主要从竞争者的数量、竞争者的市场份额、竞争者的营销活动三方面进行。竞争者的多少及其活动是制约商业银行营销活动的一个因素。一定时期内，当市场需求相对稳定时，提供同类产品或服务的金融企业越多，其市场份额就越少。竞争者的营销手段较先进，客户就可能转向他们，对银行产品的需求会下降。因此，分析研究竞争对手状况，直接关系到银行营销策略的选择和运用。

随着金融管治的放松与金融业务的发展，银行的数量不断增加，分支机构的设立也日趋增多，而银行业务范围的扩大使得各家银行都努力朝综合型、多功能型金融企业的方向发展。为了在激烈的竞争中求得生存与发展，各银行不得不大力开展营销活动，吸引更多的客户，争取更大的市场份额。与西方国家相比，我国商业银行营销在发展历程和现状方面都存在明显差距。

商业银行的竞争者是多方面的，在这个竞争圈子里有：国有四大股份制商业银行、股份制商业银行、中小商业银行、外资银行和非金融机构，它们之间存在着相互交错的竞争。

三、银行与非银行金融机构竞争分析

非银行金融机构是指不通过吸收存款筹集资金的金融机构，主要包括信托投资机构、保险机构、证券机构及合作金融机构。20 世纪 70 年代以后，各种非金融机构的业务规模不断扩大，他们推出了一系列颇具吸引力的金融工具，如货币市场共同基金（money market mutual fund，MMMF）、现金管理账户（CMA）等，从银行业中夺走大量客户。以美国为例，银行和其他参加存款保险的机构总资产占全部金融资产的份额从 1982 年的 56%下降到 1991 年的 42%，现在美国至少有 1/4 的家庭拥有共同基金，由此可看出，第二次世界大战后银行的市场份额在不断下降。另外，1979～1984 年美国金融机构金融资产增长率中，银行的增幅为 57%，储蓄银行、信用组合、储蓄贷款协会为 65%，而各种非银行金融机构则达到 92%。由此可见，银行的发展速度在大大放慢。

目前我国的非银行金融机构也有了广泛的发展，构成了我国金融机构体系的重要方面。

1. 信托投资机构

信托投资机构是指经营金融委托代理业务的非银行金融机构，其主要业务包括信托存款、信托贷款、委托贷款、委托投资、经济咨询等。目前我国的金融信托投资公司已达到 300 多家，总资产达 2000 亿元以上，其发展呈多元化趋势，有政府创办的信托投资公司，有部门兴办的信托投资公司，也有银行投资兴办的附属公司。其业务活动范围有全国性的，如中国投资银行、中国国际信托投资公司等，也有地方开办的信托投资公司及国际信托投资公司。1994 年以后，银行投资兴办的信托投资公司根据银行业与信托业经营原则，进行了清理与撤并，有些机构与银行脱钩，变成独立的机构。

2. 保险机构

保险机构也是属于非银行金融机构，主要经办各种保险业务，并通过保险业务筹集资金开展金融业务。

我国保险业务开展始于改革开放后的20世纪70年代末，现在已形成了国内三大保险业务与国外保险业务公司并存发展的格局。主要有中国人寿保险公司、中国平安保险公司、中国太平洋保险公司等。截至2007年底，全国共有保险公司110家，全年保费收入7035亿元。

3. 合作金融机构

合作金融机构主要是我国的信用合作组织，包括农村信用社与城市信用社。信用合作社在我国的组织形态是集体合作制的，其不属于银行业，但从企业性质看，它与存款类商业银行机构是相同的。

4. 邮政储蓄机构

邮政储蓄机构是由邮政机构开办的一个储蓄存款业务组织。邮政机构具有发展储蓄业务的有利条件，在发达国家，其办理储蓄已有数百年的历史。我国在建国前也有邮政储金汇业局。改革开放以后，随着经济的发展，城乡居民的收入不断增长，邮政储蓄的发展日益重要，1986年，我国正式成立了邮政储汇局，在全国开办邮政储蓄业务，邮政储蓄存款全部积存人民银行统一使用，如果当时人民银行承受能力有限，也可转让给资金缺乏的其他金融机构。

5. 融资、租赁、财务公司

融资、租赁公司是专营或兼营融资、租赁业务的金融机构，财务公司是以融通企业内部各个成员企业单位之间资金为主的金融企业。这三类非银行金融机构，也是现代金融体系的有机组成部分。

在我国改革开放以后，我国的租赁公司由金融信托组织独资或国外法人组织合资创办；融资公司则由银行组织在人民银行领导下兴办；财务公司是在企业集团发展的基础上由其内部结算中心发展转化而来，这三类公司在金融业改革开放的条件下都得到了迅速的发展。

6. 证券公司

证券公司是专门经营有价证券发行、转让及代理买卖业务的金融机构。属于非银行的金融组织。在国外，证券公司又称投资银行。

我国证券公司是在金融市场迅速发展、证券业不断扩张的条件下产生的。早期的证券业务，如国债的兑付，都由银行或财政机构代理。1987年以后，随着企业股份化改革的展开与证券市场的发展，我国开始出现专业化的证券公司，在此后的几年里证券公司得到了迅猛的发展，形成了全国性的证券公司、地方性证券公司两个层次。它既有金融信托机构出资兴办的，也有财政机构创办的；既有独资的公司，也有股份制的公司，在其业务方面，要接受国家证监委的监督。

以上就是我国的主要非金融机构，它的发展是迅速的，对商业银行的竞争也是不可忽视的，商业银行必须认真研究其特点，分析优势与劣势，在激烈的竞争中取得有利地位。

四、商业银行内部因素分析

商业银行开展营销活动不是孤立的，它面对着银行众多的其他职能部门，如高层管理者（董事会、总裁等）、财务、会计、研究与开发、业务等部门，这些部门的业务状况如何，它们与营销部门的合作以及它们之间是否协调发展，对商业银行市场营销决策的制定与实施影响极大。高层管理者负责确定商业银行的任务、目标、方针政策和发展战略。营销部门在高层管理部门规定的职责范围内做出营销决策，市场营销目标是从属于商业银行总目标，并为总目标服务的次级目标，营销部门所制定的计划也必须在高层管理部门批准后实施。在进行商业银行内部因素分析时，主要采用实证分析和规范分析相结合、整体分析与局部分析相结合的办法。商业银行内部因素的实证性分析在于说明现实中银行内部条件的客观状况，回答银行内部条件是什么的问题，而规范化分析则要说明银行内部条件是否合理，回答银行内部条件应该是什么的问题。银行企业是一个整体，因此在进行其内部实力研究时要有整体观念，重视其整体分析，刻画其总体特征。但整体又是由互相关联的局部构成，局部分析将局部从整体中游离出来，进行较为深入细致的研究，因此，局部分析是将整体分析引向深入必不可少的途径。

商业银行分析的主要内容有：银行素质与活动分析，银行经济效益分析，银行的产品市场营销能力分析，银行的资源分析，银行组织效能与管理现状分析及其他内部因素分析。

关键概念

营销环境、宏观营销环境、金融生态环境

❖ 思考题

1. 商业银行营销环境有哪些特点，分析其营销环境有何意义？

2. 微观环境包括哪些方面，客户、竞争者对商业银行营销活动会产生哪些影响？

3. 宏观环境包括哪些因素，各有什么特点？

4. 我国加入 WTO 后，国内商业银行市场营销环境发生了哪些变化？

5. 商业银行的竞争者主要有哪些？

6. 商业银行市场营销环境分析的过程和主要方法有哪些？试用其中一种方

法分析一个营销实例。

☞ 案例

“个人理财”盛宴为谁准备

商业银行就是存款、取款的地方，这一观念曾在老百姓心目中根深蒂固，不要说是理财业务，就是贷款业务，这项商业银行最基本的业务老百姓也很少涉足。现在随着商业银行中间业务的开展，老百姓的这一观念逐渐得到了改变，先是代缴业务品种多了起来，从开始的收水、电费，扩大到电话、手机费、税、续期保险费等多个品种；近年来，随着银证通、开放式基金、国债业务、汇款、代售火车票、炒外汇业务等的推出，老百姓确实感受到了商业银行的变化，在他们的心目中，商业银行更像一个金融“百货公司”，而这些业务也给商业银行带来了可观的收入。

随着中国正式加入了世界贸易组织，大量外资金融机构的进入，对国内商业银行零售业务将产生重大影响。国际商业银行历来都将为中小客户办理业务作为金融服务的一种手段。花旗集团 50%以上的营业收入来自对个人客户的服务，香港恒生银行的零售金融业务对全行利润的贡献率也在 48%以上，零售金融业务逐渐成为商业银行盈利的重要渠道。而中资银行与这些国际商业银行的差距还比较大，对银行的贡献率不超过 10%，零售金融业务还处于起步阶段。这就迫使中资商业银行不得不重新审视银行零售业务领域，从中寻找新的效益增长点。

零售业务与公司业务相比，风险相对分散，头绪多、工作量大。但像中间业务，对于银行来讲，没有任何风险，而针对个人的消费信贷业务的质量也明显高于对公司贷款业务。

2002 年底，国内居民的储蓄存款创造了近 9 万亿元的纪录，个人财富的增长速度高于 GDP 的增长，客户对金融服务的需求也进一步提升，为商业银行可持续发展提供了稳定的市场和收益基础。网络信息技术被广泛地运用于商业银行业务，商业银行与保险业、证券业、基金公司以及其他行业的联系更加紧密，缩短了时空距离，老百姓通过银行与这些行业接触成为可能。随着商业银行市场的进一步开放，中资银行如不在零售业务上有所突破，很可能会被擅长此道的外资银行打得落花流水。

“二八理论”一直被银行挂在嘴边，而咨询公司的资料似乎也证明了这一点。2001 年我国中高收入家庭仅占城市家庭数的 16%，但他们在金融服务市场（存款）中所占的比例高达 80%，其余家庭拥有存款总量不到 20%，因此，高收入客户无一例外成为中外银行锁定的重点客户群。如果你有幸成为外资银行的客户，就可以享用全球个人电话理财业务，无论在中国还是在世界各地，都可享受专柜服务，同时可享受预订体育赛事、音乐会、舞台剧门票，预定机位、住宿、汽车、高尔夫球场地等服务，在文件、护照、行李丢失后得到紧急支援服务。为客户代缴各项费用、代理保险、代为兑换债券，向客户提供银行交易账单，定期提供国内外经济形势及金融政策、股市行情信息、理财建议书等，只是入门级的标准。然而，要享受这些服务，首先得迈过资金的“门槛”，中资银行对此规定不同，存款余额为 20 万～50 万元。

只有优质的客户才可以为商业银行带来稳定、可观的存款和收益，而各商业银行对优质客户的争夺，可以用惨烈来形容。在市场经济条件下，本无可厚非，然而另外80%的客户需求商业银行是否可以忽略呢？

其实存款余额能迈入30万元以上的客户并不多，而这部分人有可能有自己的实业或其他盈利手段，在目前金融市场分业经营的条件下，很难产生他们要求的收益率，而最让人心跳的股票市场，即使理财专家，在目前条件下也很难把握。因此，那些持款额度在20万元左右的小客户被挡在了门外。

资料来源：华商报，2002-11（有删改）

案例讨论题

1. 与外资银行相比，中资银行在个人理财业务上存在哪些差距？中资银行亟待解决的问题是什么？

2. 做出特色，并不是一味地提高门槛，对此，中资银行应采取哪些措施？

第三章

商业银行营销战略规划

在分析商业银行的营销战略时，必须了解银行自身所处的战略群体。

第一节　商业银行战略与战略管理

商业银行为了在不断变化的市场上求得一席之地，必须提高经营管理的效益，使它与内外环境相适应，其中一个很重要的环节就是制定战略。有了战略，商业银行就可以确定经营活动的中心与重心，把握经营方向，增强应变能力。

目前，国内许多大商业银行都成立了专门机构研究战略问题，以至于人们把当今时代称为“战略制胜”和“智力经营”的时代。可以说，在今后的时代，一个没有战略管理的商业银行，就没有灵魂，就不能聚合、造就一支优秀的商业银行劲旅，就没有前途。

一、战略与战略管理概述

（一）战略

“战略”（strategy）一词在古希腊时便已开始使用，但在拿破仑之前，它只具有军事含义，用来指打败敌人或减轻失败后果的艺术与科学。后来，它的使用得到推广，扩展到各个领域，尤其在企业经营过程中，战略被认为是影响企业实际利润多少的一个重要因素。

商业银行的经营战略是指商业银行在复杂的、变化的市场环境中，为了实现特定的经营目标以求得生存发展而制定的全局性、决定性、长期性的规划与决策。它必须以客观经济规律为基础，有效地利用银行现有的与潜在的资源能力，综合市场上已经发生的及可能发生的各种情况，并兼顾银行经营活动的各个阶段，即它们之间的联系而制定。

企业战略的要点是：

- 企业战略的目标是确定并坚持企业正确的长远发展方向、发展范围和任务，保持企业的活力，实现企业的发展目标、使命和宗旨，使企业长期、持续、稳定发展，实现所有者的期望。
- 企业战略的基础是实事求是地调查、研究、分析企业的外部环境和内部条件，使企业的资源与环境的变化相匹配，进而保证决策的科学性。
- 企业战略的性质是实现长期目标的方法。企业从自身的优势和劣势出发，在日益激烈的竞争环境中迎接挑战，抓住机遇，避开风险，减少威胁，选择正确的管理与营销的方法，以取得长期生存发展的全局性、根本性、合理性谋划。这是企业高级管理层的重大决策。
- 企业战略的原则是以发展为重心，以竞争为导向，扬长避短、发挥优势。
- 企业战略的作用是为企业重要决策和全面管理提供基准、目标、规划、方向。

总之，企业战略是关系企业全局的长远谋略，必须综合思谋，系统安排，全面实施。

（二）战略的特征

战略具有以下五大特征。

1. 全局性

所谓战略，简单地说就是“在经营活动的进行中，做什么才能指导企业经营活动的全局，使企业得以生存与发展”。因此，企业经营战略是以企业全局的发展规律为研究对象，是指导整个企业经营活动的总谋划。它的这种全局性不仅表现在企业自身，而且表现在企业经营战略要与国家的经济、技术、社会发展战略协调一致，要与国家发展的总目标相适应；否则，企业经营战略就不会取得成功。同时，它还要与世界经济、技术发展相适应；否则，外向型企业经营战略也不会取得成功。

2. 预见性

俗话说：“人无远虑，必有近忧”。就中国的商业银行来说，自从加入 WTO 以来，外资银行将进一步加大在中国的投资力度，增设商业银行网点，给中国的商业银行业带来更为激烈的竞争。如果各商业银行没有很好的预见性，在未来激烈的竞争中将处于劣势，不利于商业银行的发展。当然，未来要以当前作为出发点，未来发展趋势的预测也要以过去和现在作为依据。作为商业银行的领导者，中国人民银行要高瞻远瞩，面向未来。只有这样，才能使我国商业银行的经营战略具有未来性。

3. 系统性

我国的商业银行包括国有商业银行和股份制商业银行等多种形式，统一由中国人民银行来领导，可以说是一个大型的企业系统。而大型企业的经营战略是一个庞大复杂的大系统。可以分解为不同层次的子系统。这里将商业银行的营销战略分为三个层次：第一层次是总行（中国人民银行）的战略；第二层次是各商业银行的战略；第三层次是职能级战略，又称职能级策略。它们之间的关系，如图 3-1所示。

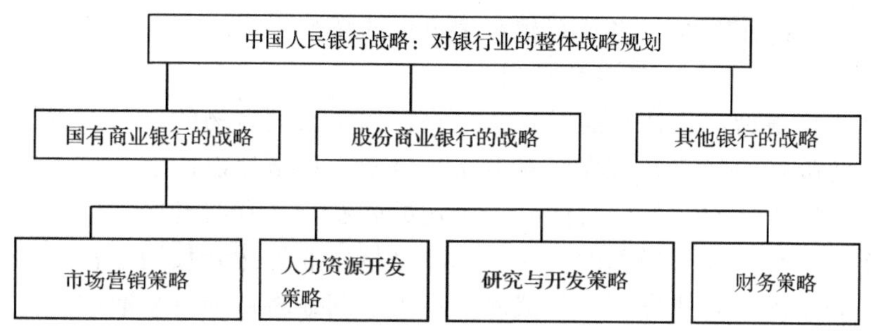

图 3-1　商业银行战略系统

企业总的战略主要是决定企业从事哪些事业，重点发展哪些事业，决定企业长期发展的目标，建立何种竞争优势，以及如何发挥这些优势等。它是战略体系的主体和基础，起着统率全局的作用。事业部级战略是企业某一独立核算单位或具有相对独立的经济利益的经营单位，对自己的生存和发展做出谋划，把公司经营战略中规定的方向和意图具体化，成为更加明确的针对各项经营事业的目标和战略。在事业部级战略中，最根本的是产品——市场战略，即要具体确定占领哪些市场层面，在该层中如何开展竞争，取得优势。职能级策略则是在事业部级战略指导下，按职能进行落实和具体化，一般包括研究与开发策略、生产策略、营销策略、财务策略与人力资源开发策略等，主要是确定在各自职能领域内如何形成特定的竞争优势，以支持实施公司和事业部的职能。总之，下一级战略是上一级战略的具体化和展开。它要保证上一级战略目标的实现，同时要根据自身条件和要求确定目标和措施，有其相对独立性。

各级战略都要充分调动人、财、物、信息、时间等一切资源优势，同时把计划、组织、领导、协调、控制、激励等各种管理职能综合运用起来，达到企业总体优势，以实现公司级的战略。

4. 竞争性

制定企业经营战略的目的就是要在激烈的竞争中壮大自己的实力，使本企业在与对手争夺市场和资源的竞争中占有相对优势。未来几年，外资银行将加大在中国投资的力度，增设网点，其对中国商业银行的冲击是人们无法预计的，再者，中国的商业银行目前不管是在制度还是业务方面都还不完善、不成熟，想要在激烈的竞争中取得有利地位，必须在外资银行全面进入中国以前做出具有竞争性的战略规划。

5. 相对稳定性

经营战略必须在一定时期内具有稳定性，才能使企业经营实践具有指导意义，如果朝令夕改，就会使企业经营混乱，从而给企业带来损失。当然企业经营实践是一个动态的过程，指导企业经营实践的战略也应是动态的，以适应外部环境的多变性，因而企业战略具有相对稳定性的特征。

（三）战略与战术、策略的区别

人们认识事物，往往是通过这一事物区别于其他事物的特点来进行。为了更清楚地了解战略的特点，首先应对战略与战术、策略加以区别。

战略不同于战术，他们之间有着密切的联系，又有明显区别。一般来说，战略与战术主要是全局与局部的关系，战略是指企业为达到长期经营目标及达到目标的途径和手段的总体谋划，而战术是指为达到战略目标所采取的具体行动。

战略与策略主要是目的与手段的关系。一般来讲，先有战略，后有策略，策略必须服从和服务于战略。

（四）战略与规划、计划的区别

从广义上讲，战略、规划、计划都是对未来的筹划，也可通称计划。国外也往往采用广义的计划概念，只是从时间的长短来划分为短期计划（一年以下）、中期计划（3～5 年）和长期计划（5 年以上）。

从狭义上讲，战略、规划、计划既有联系又有区别。战略是规划和计划的灵魂，规划和计划必须体现既定的战略，因此战略是规划的基础，规划又是计划的基础，应当先有规划，再有计划，使其成为可以布置、可以检查的具体行动方案。从这个意义上讲，规划和计划又是战略的继续、深化和细化。

从实施的范围看，战略是全面的；规划和计划既可以是全面的，也可以是局部的。从实施的时间看，战略是长期的；规划一般是中期的，也可以是长期的；计划多是短期的。从实施的特点看，战略是原则性的，规划是轮廓性（粗线条）的，计划是细线条的。从实施的方法看，战略是以定性为主，规划是定性与定量并重，计划是以定量为主。以商业银行企业为例，战略、规划与计划的关系见图 3-2。

有效的经营战略应该使目标与手段完美结合。既要围绕商业银行的发展目标，又要纵观全局，合理地规划实现目标所要采取的手段，还要确定商业银行经营所要解决的重要问题（如需经历的阶段、总体力量如何及其他重要决策）。只

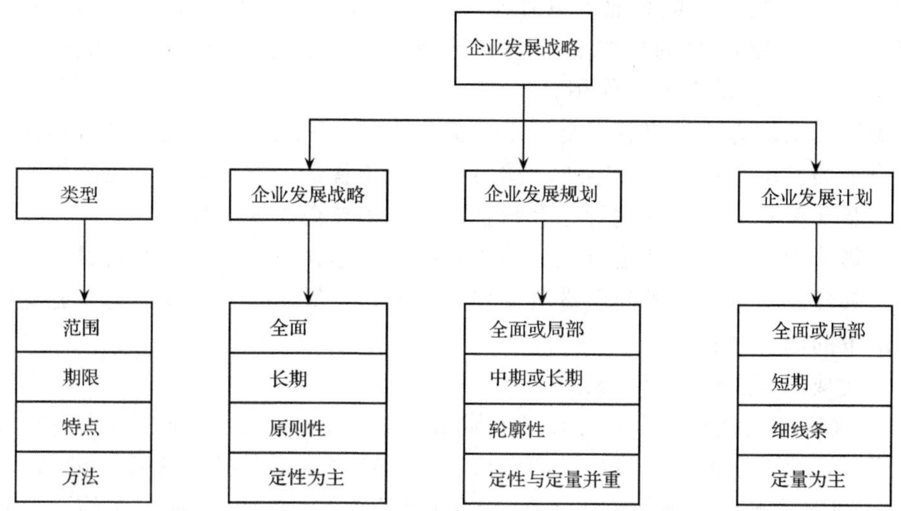

图 3-2 企业发展战略、规划与计划的关系

有将目标与手段有机地结合起来，商业银行才能对变化的市场环境做出一系列有效的反应，保证其经营活动不断发展。可以这样认为，商业银行经营战略的活力就在于其应变性，其对市场环境的发展做出一个正确的预计和评价，以便超前地决定商业银行如何更好地适应这种发展，从中谋取更多的利益。

（五）战略管理

1. 企业战略管理的定义

何为企业战略管理？

战略管理一词最初由美国学者安洛夫在其 1976 年出版的《从战略计划走向战略管理》一书提出，并于 1979 年又出版《战略管理论》一书。他认为，企业战略管理是将企业日常业务决策与长期计划决策相结合而形成的一系列管理业务。

美国斯坦纳在其 1982 年出版的《管理政策与战略》一书中认为，企业战略管理是确立企业使命，根据外部环境和内部要素设定企业组织目标，并保证正确落实该目标和最终实现企业使命的动态过程。

美国 L. L. 拜亚斯在其 1984 年出版的《战略管理》一书中指出，战略管理是指对一个企业组织的未来方向做出决策，以及实施这些决策。包括战略、长期规划、经营方针的制定和实施。

英国 C. 鲍曼认为，企业战略管理是指企业的各种重要决策。它不可避免地给企业业绩带来重要影响，贯穿如何做出和如何实施的全部过程。

英国格里·约翰逊（Gerry Johnson）与 Kevin Schools 在其《公司战略教程》（1993，第三版）一书提出，战略管理包含三个要素：战略分析（strategic analysis）——用以了解企业组织的战略地位；战略选择（strategic choice）——涉及对行为可能过程的模拟、评估、选择；战略实施（strategic implementation）——如何使战略发挥作用。

美国戴维认为，战略管理是制定、实施和评价使组织能够达到其目标的、跨功能决策的艺术和科学。战略管理致力于对市场营销、财务会计、生产作业、研究开发及计算机信息系统进行综合的管理，以实现企业的成功。

张华认为，战略管理是企业从整体利益和长远利益出发，就经营目标、内部资源及其环境积极适应等问题进行谋划和决策，并依靠企业内部能力实施这些谋划和决策的动态过程。

企业战略管理的主要含义是：

· 战略管理就是依据内外环境和资源的深入分析，以创新的方式进行战略规划设计，对企业的未来发展方向做出决策，确立使命，明确战略目标。

· 战略管理就是把战略决策落实到具体业务和行动上并加以实施，即有切实的组织、管理措施。

· 战略管理就是在一个相对稳定的较长时间内，对可以有利于实现企业目标的战略决策进行分析、制定、选择、实施、评估、修订的积极谋划的全部动态过程。

· 战略管理就是从企业整体效能、长远利益出发，对企业的全部战略要素进行全局谋划，系统整合，突出重点，通过有效管理实现企业根本的重大发展目标。战略管理是具有综合功能的艺术和科学。

作为特殊企业商业银行的战略管理，其含义如下：商业银行最高决策者在分析其环境、组织、资源、战略、所有者及与其相互关系的基础上，集中对商业银行的全部因素进行系统整合与管理，提出、评估、鉴别、选择、确定合理的战略模式，通过有效的全面规划与计划、组织结构与人才安排、资源开发与合理配置，切实加以实施，以实现商业银行组织目标的管理活动过程。

2. 企业战略管理的要素

托马斯·J. 彼得斯（Thomas J. Peters）曾创立了“7S”（战略、组织结构、首要目标、组织系统、员工技能、公司人才、组织文化）战略要素模型。强调战略必须融入组织之中。如果战略需要大幅度调整现有组织，称为组织重构（re-engineering）；若是一般调整，称为组织调整（organizational tinkering）。实际上，综合起来看，企业的战略管理要素主要有下列几项：

战略主体即企业组织。主要分析研究清楚其综合实力，包括优势和劣势。

战略环境即企业制定、实施战略时的外部环境。主要研究分析其可能给企业带来的机会和风险，同时掌握其开放性、复杂性、动态性、多样性和不确定性等特征。

企业战略家即企业的最高级领导层、最高决策者、企业首席执行官、战略设计师、战略分析人员、计划职能人员、各级管理者等。他们的经验、直觉、战略意识、信仰、价值观、认识、学习、积极性、灵活性、权利、权威、洞察力、专业技能、创新力等都很重要。

战略（方案）即通过科学论证而形成的战略决策结果。

战略管理活动即在战略准备、制定、实施、评估过程中所进行的一系列学习、思考、创意、分析、调研、设计计算、编制、评价、判断、选择、控制、组织、协调等活动。

战略资源即战略管理所必需的各种重要资源。

战略目标即战略及战略管理所要解决的问题、达到的结果及其标准①。

二、商业银行战略管理的特点

作为一种以利润为主要经营目的的特殊企业，商业银行的活动不可能脱离战略，而营销作为银行增强竞争力的一种有效手段，它更离不开经营战略。商业银行战略管理一般由商业银行总行的战略规划部负责。商业银行战略管理有下列特点。

（一）全局性

全局性是指商业银行制定的战略必须以商业银行大局为对象，统筹兼顾。营销活动只是商业银行整体经营的一个方面，它对其他工作有着巨大的推动作用，但是它要受制于其他工作。因此，商业银行高层管理人员应树立整体意识和全局观念，分清主次，区别轻重，使制定的战略能有利于解决商业银行经营中的主要矛盾以及矛盾的主要方面。特别是在当前激烈的市场竞争中，为了求得生存与发展，战略管理必须纵观全局，谋求商业银行的整体利益，否则就可能导致商业银行经营活动的失败。

（二）长远性

商业银行战略管理既是银行企业谋取长远发展要求的反映，又是银行企业对未来较长时期内生存和发展的通盘考虑。经营管理重在日常性、现实性的小范围变化，以现有资源为动力；而战略管理则重在长远性、非日常性的全组织范围内的复杂、重大事项，以环境、资源期望为动力。

商业银行要想在日益激烈的竞争中始终立于不败之地，保持领先地位、赢得挑战、不断发展，就必须立足现实、着眼未来，在对现在进行分析和日常管理的同时，对未来进行科学预测，使商业银行战略管理具有适应长期竞争的需要。

（三）社会性

社会性是指商业银行的战略管理必须符合社会、国家和客户的利益，满足公众日益增长的金融服务需求。社会利益是商业银行存在与发展的根本原因和根本

① 王先玉．现代商业银行战略管理与营销管理．北京：中国金融出版社，1999

使命。在任何一个社会中，商业银行的管理活动都要受到政府宏观政策调控和客户消费需求这两个条件制约，如果商业银行的战略管理与国家的宏观政策相悖，就无法享受国家政策上的支持，甚至还会受到国家在税收、资源等方面的限制，直至法律的制裁，从而使商业银行的发展受到抑制。如果商业银行的战略管理不符合客户的利益，或对社会公众带来损害，就会导致商业银行产品没有需求，甚至引起公众对该商业银行的厌恶和不满，这对商业银行的生存是极为不利的。所以，社会性是商业银行战略管理必须体现的特征，这也是出于商业银行自身的生存和发展所提出的一个要求。

（四）抗争性

商业银行战略管理是关于商业银行在激烈的竞争中如何与对手抗衡的一系列管理活动，即战略的准备、制定、实施、评估过程，也是针对来自各方的冲击、压力、威胁和困难，迎接这些挑战的一系列基本活动。与那些不考虑竞争、挑战、单纯为了改善商业银行经营状态，增加经济效益、提高经营管理水平等的计划、打算、管理活动不同，只有当这些工作与强化商业银行竞争能力和迎接挑战直接相关、具有战略意义时，才构成商业银行战略管理的内容。

（五）灵活性

灵活性是指商业银行战略管理要体现商业银行自身的特点，扬长避短，审时度势，随时从战略考虑商业银行如何从适应原来的环境转变为适应未来的新环境。商业银行应根据本银行人、才、物的变化发展，机动灵活的管理自身的发展。战略管理不仅是对变化的管理，更是由变化而产生的管理活动。在战略制定中留有一定的余地，并在战略实施过程中随机应变，及时调整自己的战略，才能立于不败之地，否则就很容易被竞争对手淘汰。

三、商业银行战略管理的内容

战略管理的内容是指战略管理在不同阶段战略管理所要做的一系列工作的总称。在不同阶段战略管理的重点不同，下面就针对不同的阶段来分析战略管理的内容。

（一）战略（分析）准备阶段

该阶段主要是要明确银行的宗旨、任务和目标，并进行 PEST 分析和 SWOT 分析。

1. 银行自身分析

（1）银行宗旨。重点规定银行组织的目的，从而确定银行的产品和服务范围。宗旨陈述包括：顾客、产品与服务、市场、技术、生存、增长与盈利、哲学、自我、意识、对公共事业的关注、对内部员工的重视。

（2）银行任务。即银行的业务是什么？

（3）长期目标（long- term objectives）。即通过实施特定的战略所希望达到的2～5年的结果。其特征包括：数量化、现实化、挑战性、体系性、协调性、易理解性等。

（4）安全分析。重点是全面地分析银行自身的安全状况、安全措施（风险防范、化解、避免、降低、转移等措施）以及环境因素的不确定性对银行安全的威胁，以研究其全面风险管理水平。其中，尤其要注意战略变革的内外阻力对银行安全的影响和对竞争对手优势的损害。

（5）核心能力（core competence）分析。银行的核心能力的集中表现是核心竞争力，它是银行竞争优势之源。其含义包括：①知识和能力。②体制与机制——银行特有的管理体制。③技术系统——如计算机网络系统、技术创新系统等。④业务系统——业务运作系统、产品服务结构。

核心能力具有三大特点：①可为进入各种市场提供潜在通道；②为客户创造价值；③竞争者难以模仿。

（6）战略能力（strategic capability）分析。战略能力（SC）分析包括：资源评估、价值链分析、比较研究、运营分析。

（7）利益相关者分析。一是分析银行内部的利润相关者（股东、董事、经理、员工等）的素质、文化背景，与银行的利益关系及其对银行的影响、要求、期望，以确定这些因素对战略的影响。

二是分析银行外部的利益相关者（客户、政府、中央银行、其他金融机构等）与银行的全面关系及它对银行战略的影响。

2. 外部环境分析

（1）PEST分析，重点在准确把握宏观环境因素PEST。其中，要重点分析关键影响因素，例如，经济形势、国家金融政策、资本市场发展状况、企业经营状况、居民收入水平等。

（2）行业机构分析，重点分析行业壁垒和“波特五要素”。

（3）市场竞争机构分析，重点分析竞争格局（本银行、竞争者、客户战略三角）变化、战略集团及其结盟状况、发展趋势及其对本银行的影响（机会与威胁），以及市场份额和竞争对手的战略、主要产品的生命力、技术与人才优势、银行各级决策者的心理素质与行为等。

3. SWOT分析

一旦营销调研数据收集完毕，银行就有必要估计与它特殊优势和弱势相关的行业内的地位，并与外部环境现有的机会和威胁相比较。这个分析是SWOT，即优势（strengths）弱势（weaknesses）机会（opportunities）和威胁（threats）分析。其目的是通过营销评审把有意义的数据分出来，并发现必须怎样加强管理才能最佳的满足在其所选择的每个细分市场内客户的需求。

优势和弱势SW是针对银行企业内部的条件而言的，机会和威胁OT是针对市场外部环境而言的。但在具体的工作中不能只注意到S、W、O、T单个的因素起到的作用，而应该把各因素结合起来选择不同的策略。为了使这些选择系统化，建议在道斯矩阵里，用“T”代表危险，“O”代表良机，“S”代表优点，“W”代表弱点。道斯矩阵从危险开始，在很多情况下，银行由于看到危机、问题或危险而进行策略性计划工作。在道斯矩阵中，有四种可供选择的策略，如图3-3所示。

（1）WT策略要把弱点和危险减到最少。

（2）WO策略力图使缺点减到最少，使良机增加到最大。这样，在某些领域有弱点的银行，或可能在银行内发展那些领域，或者可能从外界获得那些需要的能力，从而利用外部环境中存在的良机。

（3）ST策略是根据组织的优点，去对付环境中的危险，目的是将组织优点扩大到最大限度，把危险减到最低限度。这样，一家银行可能利用技术的、财政的、管理的优点，来解决竞争者上市的新产品所带来的威胁。

（4）最理想的局面是公司能够运用它的优点去利用良机（SO）策略。的确，商业银行的目的是从矩阵的其他位置转移到这样的环境。如果有缺点，就要去克服，并使缺点转变成优点。如果他们面临危险，就要对付这样的危险，以便能够集中精力，抓住良机。

内部因素 外部因素	内部优点（S）：如在管理、经营、财政、营销、研究与开发和设计等各方面的优势	内部弱点（W）：如在“内部优点”一栏内各个方面的弱点
外部良机（O）：（也考虑到风险）如目前和将来的经济条件、政治和社会变化、新产品、服务和技术等	SO策略：极大-极大 可能是最成功的策略，发挥组织的优势，利用机会	WO策略：极小-极大 如为充分利用机会而采取克服弱点的发展策略
外部的威胁因素（T）：如缺少能源、竞争激烈已积累适于上述“良机”范围内各因素的影响	ST策略：极大-极小 如利用公司的优势解决或避免威胁因素	WT策略：极小-极小 如紧缩开支、清理或建立合资企业等

图3-3 道斯矩阵的策略方程式

（二）战略制定（strategy formulation）阶段

该阶段的主要内容包括确定战略层次，即认定是在银行的哪个层次上或部门中确定战略；确定参与战略制定的机构和人，应考虑各方面的相关利益及制定战略人员的文化背景、个人素质；确定制定战略的程序。

（三）战略选择（strategy choice）阶段

该阶段的主要内容包括：拓展战略选择的思路，确定优选战略方案的选择标准和选择技术方法，以客观确定最佳战略，列出按重要程度排序的战略方案清单，按标准挑选出可供实行的最佳方案，董事会审批。

（四）战略实施（strategy implementation）阶段

战略实施阶段即战略行动阶段，包括确立年度目标、制定政策、激励员工、配置资源，以保证战略的贯彻执行。要解决培育组织文化、建立高效的组织机构、调整经营方向、制定预算、健全和使用信息系统、按绩计酬等问题。

战略实施是商业银行战略管理的关键一步，是竞争的主战场。战略实施具有以下特征：

——战略实施本质上是行动、执行、落实；

——在实际行动中合理利用资源、注重效率；

——在实施中强调领导能力、领导艺术和激励机制等。

商业银行的战略一旦确定，就要坚定不移地加以实施，并做好以下工作：

调整组织机构，组建战略执行队伍；抓好战略结盟；合理配置战略资源；认真编制战略计划；关注战略变化与创新。

（五）战略评估（strategy evaluation）阶段

重新审视外部环境和内部因素，以评价战略基础；科学考核，度量业绩；采取措施，纠正偏差。主要包括：

（1）战略评估的五项基本活动，即考察战略的基础；进行战略评价；采取纠正措施；度量、评价绩效；风险评估。

（2）战略评估标准。主要有四个评估标准，即一致性、可能性、协调性、优越性。

（3）战略评估的困难。其困难主要在于：环境的复杂程度急剧提高，宏观环境对商业银行的影响日益加大；由于环境变化得太快，准确地预测未来更加困难，战略规划与计划能够有效控制的时间跨度日益变短；战略管理涉及的相关因素增加，使得计划跟不上环境的变化。商业银行高层管理人员各方面的素质难以适应环境的变化。

第二节　商业银行营销战略规划过程

商业银行营销战略就是在一定时期内，用以指导银行的营销活动，包括营销活动的水平，营销组合及资源分配的总体思路和基本准则。商业银行能否根据自己的特点选择合适的营销战略将直接关系到营销的效果。

一、商业银行营销战略因素整合

营销战略涉及众多因素，必须进行整合，才能保证营销战略制定的成功。

首先，商业银行营销战略必须要与银行资源相适应，这是银行营销战略与资源之间最基本的关系，银行在战略实施上应该有必要的资源作保证。这些资源包括：人力资源、信息资源、金融资源、物质资源、时间资源、空间资源、环境资源、形象资源、客户资源等，以人力资源为中心进行整合。

其次，对营销组合要素以服务为中心进行更为合理地组合。即要求银行整个服务过程和服务质量都要与营销的手段和方法保持一致和协调，通过合理的营销组合，满足客户需要，提高效益，否则就可能出现矛盾和冲突，使营销的效能受到削弱。

二、商业银行营销战略规划过程

商业银行营销战略是银行在特定时期内为实现其目标，尤其是数量指标，从而对其所拥有的全部资源所做出的安排。商业银行营销管理的一个基本要求是对其整体运作有一个客观、全面的考察，并严格执行正确的准则。商业银行营销战略规划的制定是为了满足这一要求，这就需要在采取具体的行动之前应该考虑周密的决策。其基本要素有三个：经济使命、竞争战略、行动步骤。商业银行营销战略规划包括以下内容。

（一）营销战略任务分析

营销战略的规划过程，始于明确的任务。营销任务规定了商业银行的业务和发展方向。商业银行总体战略要求各个职能战略部门共同努力去实现，因此，明确营销任务首先要考虑总体战略的要求，即明确银行的总任务。参照P. F. 德鲁克的观点：我们的银行是干什么的；顾客是谁；顾客的价值是什么；银行的业务应该是什么，将是什么。在此基础上，要确定业务活动的范围。业务活动范围可以从行业范围、市场范围、纵向范围和地理范围引申，但是，必须重点说明三个问题：①需求，即本银行准备满足哪些需求；②客户，即本银行重点面向哪些客户；③技术或产品，即本银行打算依靠哪些技术，提供什么样的产品——从事什么业务，达到什么目的。

（二）营销战略环境分析

商业银行企业的生存和发展，与环境以及环境的变化存在着密切的关系，把握环境的现状和趋势，利用机会，避开威胁，是商业银行企业完成营销目标的基本前提。构成营销战略环境的因素很多，一方面，是与商业银行业务经营有直接利益关系的个人、集团，如股东、客户，其他金融机构，交易关系单位、竞争者以及其他有关机构、团体；另一方面，是社会经济、政治法律、文化和科学技术等因素，此处还有地理环境因素。

对一个商业银行企业来说，从时间、费用和必要性看，它不可能、也没有必要对所有的环境因素进行分析。可根据其任务的性质和要求，确定特定的环境内容，然后集中人力和费用，对影响较大的因素进行调查和分析。应密切注视并预测有关因素将来发生突变的时间和变化方向。这是营销战略环境分析需要提供的结论。营销战略环境有关因素变化的结果，或者对商业银行活动形成有利的条件，或者产生某些不利影响，即市场机会或环境威胁。营销战略环境分析就是为了准确判断可能出现的威胁，进而寻求到最佳解决途径，充分挖掘可能的机会。

（三）营销战略条件分析

分析外部环境是为了从中辨认有吸引力的机会。利用机会要具备一定的内部条件，商业银行要分析自己的优势和劣势，预测现有市场营销能力与将来环境的适应程度。

市场营销能力包括：市场占有率、产品质量、商业银行基本的成本构成、利润增长、服务、研究与开发、创新能力、地理优势、销售能力等。能力分析的重点是将现有的能力与将来所要求的能力进行比较，找出差距，并制定提高相应能力的措施。

（四）营销战略目标选择

通过营销战略环境和条件分析，任务应当转化为特定目标。营销战略的制定和实施，要以特定目标为依据。商业银行可能同时追求几个目标。若干目标项目组成了一个目标体系，从不同角度多侧面地反映战略追求业务活动所要达到的状况。

1. 营销目标可分为合乎逻辑的层级

广泛性目标——即与银行的组织目标、长期利润密切相关、对员工具有激励作用的、范围广泛的目标。一般包括银行发展与贡献目标、股东与员工的利益目标、利润目标（以利润/总资产比率为指标）、信贷额增长目标、市场份额占有率目标、风险分散目标、金融创新目标等。各目标之间具有层次化、数量化、现实性、协调性的特征。

关键性目标——即上级行或总行要明确应该在特定的关键领域为其分支机构设置目标：市场地位、创新、生产率、资源、利润率、所有者收益、管理者业绩与发展、员工业绩与态度、公共责任等。

支持性目标——即对上述目标发挥支持作用的目标。如信贷业务量、地理区域扩展、服务与服务价值的延伸等。

2. 营销目标要满足的几个标准

相关性标准——即营销目标与银行任务书、战略目标相关性或一致。

明确性标准——即营销目标是清楚的、可辨认的、定量化的，时间上具有约束性。

挑战性目标——即营销目标只有经过努力才能实现。

集中性标准——即营销目标要专注于银行的目标市场和相关的产品与服

务上。

（五）市场进入策略

以什么方式及如何占领目标市场，主要有三种策略：

（1）内部发展。依靠自身力量发展产品和服务，进入市场。这要有相应的技术、资源、知识和声誉作保证。

（2）联合经营。通过与其他银行的合作、合资等，共同开发市场。这样可以分散一家单干的风险，合营各方在技术、资源、知识和声誉等方面取长补短，优势互补。

（3）企业并购。通过掌握相关银行的控制权，比如兼并、控股等进入市场。它可以避免内部发展中的一些麻烦。

（六）市场营销组合策略

市场营销战略是商业银行期望在目标市场实现其目标所遵循的重要原则。营销战略的重点是制定正确的营销组合策略，营销战略目标是为顾客创出超过其成本的价值。

1. 商业银行市场营销组合的含义

商业银行营销组合是指商业银行企业为满足目标市场客户的需要，对可控制的各种市场营销手段的综合运用。也就是说，商业银行企业营销人员采用系统的方法，根据商业银行内外环境的特点，把影响市场营销的各项要素包括产品、分销渠道、定价促销等进行最佳配合，使之综合协调，以实现整体营销战略目标。

1）产品

银行产品是指商业银行为其目标市场开发提供合适的产品及相关的服务。产品是商业银行营销活动的对象，有了产品才能通过营销活动而获取利润，因而产品战略被列为银行营销战略的首要内容。产品包括核心产品、形式产品、附加产品、期望产品和潜在产品五个基本层次。

2）分销渠道

分销渠道策略是指银行企业将产品转移给客户的方式和途径的战略决策。好的产品、合适的定价还要有好的分销渠道相配合，才能使产品为客户所接受。分销渠道的优劣，一方面，影响的是商业银行企业的营销效率，尤其是新产品的开发，新市场的拓展，其影响十分明显。另一方面，会影响到商业银行企业的经营成本和效益。如银行可以增设分支机构直接向客户提供产品，也可以利用ATM、POS、电话银行、网络银行等设备及中间商向客户出售产品。但不同的分销渠道会影响到客户的接受程度，银行的成本费用控制，效率和安全性等各个方面。因此银行必须根据自身的能力来决定分销渠道，通过渠道的选择，调整与中间商的协调活动，在合适的地点，恰当的时间向客户提供银行产品和服务，并不断进行完善和创新。

3）定价

价格策略是指商业银行企业为增强产品的竞争力而对银行产品进行定价的战略决策。尽管商业银行产品中有部分是免费的，也就不存在定价问题，但是绝大部分产品仍是要收费的。因此，价格是银行营销战略中必须考虑的一个重要内容。产品定价是影响利润和销售量目标的主要因素，市场力量、成本结构及促销活动均影响最终价格水平。产品定价的最终任务是弥补成本支出，吸引足够的销售量，取得预定的利润与销售量目标。此外，在价格策略中还必须正确分析目标市场的产品竞争、法律限制、客户需求、所提供的产品与服务的性质及银行的成本等因素。如果价格得不到客户的认同，营销活动必然无法进一步开展。

4）促销

促销是把有关产品、地点和价格的信息通过一定的途径和手段通知给目标客户，并通过一定的工作促使客户购买产品。促销的手段就是帮助和说服客户和使用者产生欲望，形成购买的信息传递方式。以达到用较少的经营费用取得较好的营销效果。促销包括人员推销、广告宣传、公共关系和营业推广。

促销是商业银行企业的一项艺术性、技巧性很强的工作，不仅要有优秀的促销人员，还要有优秀的促销方案及手段。例如，商业银行为了与顾客沟通，可以利用各种电子载体，如电话、电视、互联网络，可使新客户了解银行产品与服务，使老客户节省时间，营销人员也可以与请来的或自己主动来银行的客户直接面谈等。促销作为营销战略的一个重要组成部分近几年得到极大的关注。正确地制定合理的促销策略，掌握灵活的促销技巧是商业银行的经营活动取得成功的重要因素之一。

2. 商业银行营销组合的特点

1）可控性

构成商业银行市场营销组合的各要素是商业银行企业可以调节、控制和运用的因素。例如，银行可根据目标市场的情况，能够自主决定推出什么样的产品，制定什么价格，选择什么销售渠道，采用什么促销方式。市场营销手段的这一特性，决定了市场营销组合的可控性。市场营销管理过程的核心，正是商业银行企业通过艺术地运用可控制因素，在动态适应市场营销中的不可能控制因素的过程中，实现预期的目标。

2）复合性

商业银行市场营销组合由产品、价格、渠道、促销四大要素组成，每一要素又包括了多个次一级或更次一级的要素，如促销，包括人员促销、广告、公共关系促销和营业推广，其中，广告又有报纸广告、杂志广告、广播广告、电视广告、网络广告等多种方式，每一种还可以继续细分。市场营销组合不仅要求四大要素的协调配合，而且每种要素的组合因素之间，每个组合因素的更次一级组成单位之间，都必须协调配合。

3）动态性

商业银行市场营销组合不是固定不变的静态组合，而是变化无穷的动态组合，每一要素又受到内部条件、外部环境的影响。因此，商业银行市场营销人员必须从动态的角度去把握其构成要素，用动态的眼光去看问题，适时地调整营销组合策略。

4）整体性

商业银行市场营销组合的各种因素不是简单的相加或拼凑集合，而是通过各要素的协调融合，形成一个有机的整体。在统一目标的指导下，彼此配合、相互补充，能够求得大于局部功能之和的整体效应。

三、商业银行营销战略分析

营销战略分析包括战略能力分析和 SWOT 分析。

1. 战略能力分析

战略能力分析即对商业银行参与竞争所具有的资源和核心能力的分析，包括：

资源评估。对银行各种资源的量、质、可获得性、战略性、配置状况、整体均衡性、可维持战略需要的状况以及各项资源要素间的互补性和每一要素中各元素间的互补性进行分析，分析资源能力与潜力面对市场不确定性的灵活性和适应性。

价值链分析。重点关注各项价值活动之间的联系与整合以及资源在各个价值活动环节的利用、配置、控制，以保持在行业中的竞争优势。

比较研究。将银行现有情况与历史进行纵向比较，了解变化与进步；与同业进行横向比较，认识本行在行业内的地位；与最好的银行比较，明确自己的差距和努力方向。

运营分析。即利用组合分析（portfolio analysis）方法，分析本行的业务组合（如产品、市场组合等）及其相关活动的互补性、均衡性，分析各种人员的个性、知识、技能在价值链中的联系方式、作用方式。它往往是竞争优势的来源之一，又称银行的“不可交易资产”（non-tradable assets）；分析银行各种要素、活动的柔和性，即面对环境的不确定性的灵活性、适应性，也叫柔和性分析（flexibility）。

2. SWOT 分析

SWOT 分析即商业银行通过分析自身的内部因素和实力，掌握其优势、劣势；通过分析外部环境，捕捉机会，破除威胁，得出 SWOT 分析结论。例如，我国某中小商业银行通过 SWOT 分析，得出 SWOT 矩阵，如图 3-4 所示。

<table>
<tr><td rowspan="2">内部条件</td><td>优势（S）</td><td>劣势（W）</td></tr>
<tr><td>·资产总额的上升趋势
·财务状况的上升趋势
·定位明确，经营灵活，富于创新精神
·较注重科技发展，有较合理的组织架构</td><td>·资金实力和市场份额不足
·规模相对不大
·客户基础较差</td></tr>
<tr><td rowspan="2">外部条件</td><td>机会（O）</td><td>威胁（T）</td></tr>
<tr><td>·个人零售业务市场的崛起
·金融服务需求的多样化
·业务经验的累积
·宏观政策的支持</td><td>·竞争的加剧
·不公平竞争的形成
·监管政策的不平衡</td></tr>
</table>

图 3-4 我国某中小商业银行 SWOT 矩阵

SWOT 分析的基本目标是识别那些对银行企业营销战略形成和事实有潜在影响的趋势、力量和条件。这个分析是一个最重要的步骤。一方面，任何外部环境的变化对银行的市场都会有深远的影响。通过预测和采取行动，银行可以很好地利用这些变化，使自己的环境更好。另一方面，它提供了评估什么是最重要方面的机会。在银行评审中可以收集的环境信息总量是非常大的，因此，银行必须识别那些关键的因素，并对哪些信息需要进行详细而准确的分析做出决策。这个阶段是识别关键的营销目标和战略的基础。在银行企业内总有既可以看做优势又可以看做弱点的某些因素。在这种情况下，我们需要进一步分析：我们提出更多的问题以求准确地寻找到什么是我们的优势和劣势。如果确定一个因素是优势还是弱点不算困难的话，那么这个因素可以再分成一系列与优势相关和劣势有关的一系列的问题点。

第三节 商业银行竞争战略

竞争是市场经济的基本特征。市场竞争是长期存在的，商业银行唯有以正确的竞争战略参与市场竞争，别无他途。而竞争战略是商业银行企业营销战略中的一个子战略。商业银行企业要想在日益激烈的市场竞争中生存与发展，必须认真研究竞争者的优势与劣势，竞争者的战略和策略，明确自己在竞争中的地位，有的放矢地制定竞争战略。

一、竞争战略形态分析

“知己知彼，百战不殆”。当商业银行要制定正确的竞争战略和策略时，要根据自己所处的竞争环境来确定谁是竞争者，他们的战略和目标是什么，他们的优势和劣势是什么，他们的反应模式是什么。

（一）竞争力量分析

对于商业银行而言，来自于行业内外的任何一种竞争力量都是一种挑战和威胁。商业银行要在市场上确立并维持自己的市场地位，并要应付各种竞争力量，就必须在分析研究每一种力量的来源及其作用方式的基础上，制定相应的对策，抵御这些竞争力量或影响这些竞争力量，使其对商业银行有利。这正是确定竞争战略的关键与目的所在，也是商业银行发挥和提高其市场竞争力的直接动因和起点。根据迈克尔·波特的分析，影响商业银行竞争状态的基本力量可分为五个方面。

1. 同业间的竞争

同业间的竞争主要是指现有竞争对手通过价格竞争、广告战、产品创新和开发、增加客户服务等来争夺市场。入世以来，外资银行对我国商业银行发动了强大攻势。其中，入主股份制商业银行是外资银行扩大其零售业务市场份额的主要手段之一。从这一方面而言，入世对中小商业银行的冲击要远远大于国有商业银行。外资银行凭借其完备的硬件环境、丰富的资金运作经验、良好的人才优势、强大的资本实力和盈利能力以及享有盛名的品牌效应，对中小商业银行发动强有力的攻势。

2. 潜在竞争者的进入

在行业内，潜在的新参加竞争者的进入会导致原有商业银行市场份额的减少和利润率的降低，而这种进入威胁的大小取决于市场进入的壁垒和市场已有商业银行对新竞争者进入所采取的反击措施。例如，我国汽车金融公司的成立，将对中国汽车消费信贷市场产生积极而又深远的影响。但这对商业银行的汽车消费信贷市场将带来重大的冲击，可能会大幅度减少商业银行汽车消费信贷的市场份额。

3. 替代产品开发者

由于替代产品的存在，市场中商业银行企业利润的谋取和价格的制定受到一定的限制。例如，网络公司利用互联网为客户提供股票交易服务，工商企业可绕过金融机构直接通过互联网自行发行股票。

4. 资金需求者的议价能力

如果资金需求者的议价能力较强，则银行业内的企业间的竞争主要是价格竞争，或者在一定价格条件下，更高质量或提供更多服务的竞争，这种竞争都使行业利润降低。

5. 资金供应者的议价能力

资金供应者可以通过提价或降低产品和服务质量来削弱商业银行企业的竞争力。

五种竞争力量的综合决定着商业银行的最终利润水平和利润趋势。这是决定行业竞争强度和行业获利能力的基本力量，也为商业银行企业选择竞争对手提供了分析思路。对于不同企业、不同行业而言，这五种竞争力量的影响力是不同的，每个企业、每个行业都有其最主要的影响力。因此银行企业在制定竞争战略时，必须首先进行行业竞争结构分析，以认清影响商业银行企业竞争的各种力量以及这些力量对银行企业的作用程度，以此为出发点确立的竞争战略，才会大大加强商业银行企业市场竞争力，使其在利用一切可利用的市场机会的同时，也能从容应付可能出现的挑战与威胁，在竞争中获得成功。

（二）竞争者分析

分析和了解业内的竞争情况，是商业银行制定竞争战略的基础。商业银行必须明确：谁是自己的竞争者？竞争者的经营目标是什么？他们的优势和劣势何在？在分析竞争者时，可以从以下几个方面入手。

1. 识别竞争者

商业银行的有形产品和无形服务都是没有差别的，也不享有专利权。一家银行办理的业务，到了另一家银行照样可以办理，一家银行提供的服务，另一家银行照样可以效仿。因此，银行为客户提供的产品和服务，其功能没有质的差别。金融产品的这种特点，使商业银行的同业竞争更加激烈。任何一家银行都面临大量现实的和潜在的竞争对手。正确识别竞争对手，是商业银行制定竞争战略的基础。广义的竞争者包含了提供同类产品或服务的金融机构，但具体分析时应结合产品细分和市场细分，分析的范围过大，既无必要，也会浪费大量人力物力。

2. 判定竞争者的战略

商业银行最直接的竞争者是那些有着相同的客户群体即目标市场并推行相同战略的其他银行。战略群体是指在某一目标市场上采取相同或类似战略的一组银行企业。虽然在同一战略群体内部的竞争非常激烈，不同的战略群体通常也成为竞争对手。商业银行必须持续不断地监控其竞争者的战略，拥有资源的竞争者会随着时间的推移修正他们的战略。商业银行企业要以竞争者战略的变化不断调整自身战略，银行企业选择不同的战略群体，其竞争优势则不同，因为不同的战略群体影响着资金供应者、需求者的议价能力，影响所受替代产品威胁的程度。银行企业必须针对竞争者所处的战略群体，确认其主要竞争者的战略。

3. 判定竞争者的目标

商业银行以利润最大化为最终目标，但在具体经营管理上，往往在追求利润最大化、市场占有率、存贷款规模增长等目标时各有偏重，导致经营决策和竞争战略大相径庭。如有的银行以最大限度增加短期利润为目标，而有的银行则主要以最大限度扩大市场占有率为目标。只有掌握了竞争对手的主攻目标，才能有针对性地竞争。另外，商业银行还应随时了解竞争对手进入新的细分市场或开发新产品的目标，以便预先有所防备或制定相应措施。

竞争者的目标由多种因素确定，包括银行的规模、历史、财务状况、现在的经营管理状况等。对竞争者目标的了解可以判别竞争者的动力及其未来，以及它对战略变化的反应。

4. 分析竞争者的营销活动

竞争对手的营销活动会直接影响其对客户的吸引力。商业银行需要对竞争对手的营销组合策略（如定价策略、产品策略）等进行分析。例如，竞争对手采用何种价格竞争方式，提供产品和服务的品种，运用何种促销手段，通过何种渠道进入市场及其在客户中的形象、信誉等。在对竞争对手的营销活动进行全面分析的基础上，银行可根据自身的特点和优势，选择和实施营销策略。

5. 评估竞争者的优势和劣势

竞争者的优势和劣势决定了竞争者执行和实现战略的能力，以及对其他竞争对手的反击能力。商业银行对竞争对手的分析应包括他的资产负债和损益分析、人员素质分析、经营水平和技术决策力量分析等。商业银行可通过收集竞争者过去的重要业务数据。例如，存贷款规模、市场占有率、投资收益率等来分析其优势和不足；也可通过向客户调查了解竞争的实力；还可跟踪调查竞争者的各项财务指标的变化情况。

6. 竞争者的反应模式

确认竞争者的战略目标及优势和劣势分析，可以预测他对各种竞争行为的反应模式。竞争中常见的反应模式有以下四种：

（1）冷漠型竞争者。竞争者对对手的举措并不迅速或有力地做出反应。对竞争对手的举措缺乏响应的原因有许多。冷漠型竞争者可能认为他们的客户高度忠诚；他们可能在该业务领域挤取利润；他们可能对对手的移动缺乏注意；他们可能缺乏相应的资金支持。对手必须评估竞争者冷漠行为的原因。

（2）选择型竞争者。竞争者只对某些攻击做出响应，而忽视其他攻击。例如，可能对降价进行反应而对广告费用增加置之不理。了解竞争者会在哪些方面做出反应，有利于商业银行企业选择最为可行的攻击类型。

（3）强硬型竞争者。竞争者对其领域受到的任何打击均做出迅速和强有力的响应。其他商业银行最好不要攻击强硬型竞争者，因为它会战斗到底。这类竞争者意在警告其他商业银行最好停止任何进攻。

（4）随机型竞争者。竞争者并不展示出可预见的竞争模式。这种竞争者根据特定的环境可能会也可能不会做出反应，紧紧依靠所处的经济地位、历史和其他信息并不能够预计它会如何反应。许多中小型的银行企业是随机型竞争者。如果竞争行动的成本过高，他们就会放弃反应。

（三）市场竞争状况分析

市场竞争状况即市场的竞争格局。按竞争程度的不同，可以将市场竞争分为四种类型：完全竞争、垄断竞争、寡头垄断和完全垄断。

（1）完全竞争。完全竞争是指银行产品的供给、需求、购买完全不受任何限制和干预的市场结构。它主要有以下特点：第一，市场上有许多商业银行与消费者，任何一个人的销售量或购买量都只占有很小的市场份额，以至于无法通过自己的买卖行为来影响市场价格，市场价格是由整个行业的供求关系自发决定的；第二，产品的同一性使得任何一个银行企业都无法通过自己产品的差异之处影响价格；第三，银行企业可以自由的进入或退出市场，不受任何法令和社会力量的限制；第四，没有人为的限制，买卖完全公开。

（2）完全垄断。完全垄断与完全竞争相反，是指在一定地理范围内整个行业只有一家银行供应产品或服务。完全垄断可能有规章法令、专利权、许可证、规模经济或其他因素造成。在这种市场结构下，垄断者可根据自己的经营目标在法律允许的限度内自由定价。

（3）垄断竞争。垄断竞争是指生产具有差异性产品的许多企业既拥有对自己产品的垄断权，又与可替代的同类产品的经营者之间进行竞争的市场结构。它的特点在于市场的经营者多，且比较分散，产品有差异性，消费者偏好很多，进入或退出这一行业比较自由。商业银行竞争的焦点在于扩大本银行品牌与竞争品牌的差异、突出特色。

（4）寡头垄断。寡头垄断是指介于垄断竞争与完全垄断之间的一种市场结构。它是为数不多的几家大企业控制一个行业的市场结构。这几家企业都不具有绝对优势，并且相互依存，但它们总的市场占有率在60%～80%以上。为保持竞争地位，任何一家企业的任何竞争行为都会为其他几家效仿和做出反应。

需要指出的是真正的完全竞争和完全垄断在日益开放的商业银行业是不存在的。目前中国各商业银行之间的竞争和垄断格局基本上是这样的，四大国有商业银行的贷款总额为58.5%，存款总额为62%，其他各种中小商业银行贷款总额为10.3%，存款总额为11.9%（数据来自《金融时报》及各银行网站）。从银行产品上看，产品的差异性很小，几乎没有产品差异性，从而，各个商业银行在产品上不具有垄断实力。从服务质量上看，国有商业银行由于机构庞大，服务人员多，管理过于松散，服务质量相对低于中小股份制商业银行。由以上分析得出：中国商业银行的市场结构属于寡头垄断。

二、市场领导者竞争战略

市场领导者指占有最大的市场份额，在定价、服务方式、促销方式、渠道网点等方面，对整个市场具有决定性的影响。它是市场竞争的先导者，也是其他银行挑战、效仿或回避的对象。处于市场领导地位的商业银行所采取的巩固、增强其主导地位的决策即为市场领导者战略。

商业银行市场领导者表现在以下几方面：①资产规模最大，因为银行资产规模是其实力的象征，规模大的银行能给公众以安全感和信赖感。2008 年，中国工商银行资产总额为 10 万亿元，在全球商业银行市值中排名第一。中国工商银行是中国目前商业银行的市场领导者。②资本规模最大。银行资本是银行经营的最后一道防线，资本越雄厚的银行，其经营也越稳健。资本已成为目前衡量银行信誉的标准，客户越来越喜欢资本大的银行。③金融产品创新。④多样化经营。商业银行自身经营的金融产品（或服务）的种类广泛而处于市场领导者地位。

在激烈的市场竞争过程中，领导者的地位并不是固定不变的。占据市场领导者地位的商业银行常常成为众矢之的，要击退其他银行的挑战，保持第一位的优势，必须从三个方面努力：扩大总需求、保护现有市场、扩大市场份额。

（一）扩大总需求

在广度和深度上扩大市场总需求。市场领导者占有的市场份额最大，在市场总需求扩大时受益也最多。扩大总需求的途径是：

（1）开发新用户，即吸引那些未使用本行产品的人开始使用，把潜在客户转变为现实客户，或对现有银行产品变更或创新从而扩大总需求量。

（2）进入新的细分市场。推出新产品或服务，以满足新客户的需求。

（3）地理扩展，通过增加新的网点和分支机构，来占领新的区域市场，甚至实行海外市场扩张。

（二）保护市场份额

占据市场领导者地位的商业银行在力图扩大市场总需求的同时，还必须时刻注意保护自己的现有业务免遭竞争者入侵。最好的防御方法是发动最有效的进攻。即使不发动主动进攻，至少也要加强防御，堵塞漏洞，不给挑战者可乘之机。防御战略主要有 6 种：

（1）阵地防御。指围绕银行目前的主要产品和服务建立牢固的防线，根据竞争者在产品、价格、渠道和促销方面可能采取的进攻战略而制定自己的预防性营销战略。这是防御的基本形式，具有静态、保守、被动的特点，如果只依赖这种防御则是一种“市场营销近视症”。

（2）侧翼防御。指市场领导者在自己主阵地的侧翼建立辅助阵地以保卫自己的周边和前沿，并在必要时作为反攻基地。

（3）攻击性防御。指在竞争对手尚未构成严重威胁或在向本银行采取进攻行动前，抢先发起攻击以削弱或挫败竞争对手。这是一种先发制人的防御，市场领导者应密切关注竞争者的行为，以便在最佳时机发起进攻。

（4）反击性防御。指市场领导者受到竞争者攻击后，采取反击措施。应弄清楚竞争者发动攻击的意图、战略、效果和其薄弱环节后再实施反击，应注意反击的时机。反击战略主要有：正面反击、侧面反击、钳形攻势、退却反攻、围魏救赵等。

(5) 运动防御。指市场领导者不仅要防御目前的阵地，而且还要扩展到新的市场阵地，作为未来防御和进攻的中心。

(6) 收缩防御。指市场领导者主动从实力较弱的领域撤出，将力量集中于实力较强的领域。当商业银行无法坚守所有的市场领域，并且由于力量过于分散而降低资源效益的时候，可采取这种战略。

(三) 扩大市场份额

通常商业银行是对原有市场的渗透来扩大市场份额，而不是在整个市场中提高市场份额。一般来说，市场占有率与投资收益率有密切的关系。市场占有率越高投资收益率也越高。但切不可认为市场份额提高就会自动增加利润，还应考虑以下 3 个因素。

(1) 经营成本：为提高市场占有率所付出的成本。当市场占有率超过某一限度再要求进一步提高时，经营成本的增加速度就大于利润的增加速度，银行利润会随着市场份额的提高而降低，主要是因为用于提高市场份额的费用增加。

(2) 营销组合：有些市场营销手段对提高市场占有率很有效，却不一定能增加收益。例如，过分地降低了产品的价格，过高的公关费、广告费、渠道拓展费支出等。则市场份额的提高反而会造成利润下降。

(3) 反垄断法：为了保护自由竞争，防止出现市场垄断，许多国家的法律规定，当某一公司的市场份额超过一定限度时，就要受到指控和制裁。因此市场领导者要在市场份额接近于临界点时，主动加以控制。

三、市场挑战者竞争战略

市场挑战者是指在行业中仅次于市场领导者，位居第二及以后位次，试图超越竞争对手，甚至取代市场领导者地位的商业银行。大多数市场挑战者的目标是增加自己的市场份额和利润，减少对手的市场份额。市场挑战者往往是不满足于自身的竞争地位，为达到提高市场份额的目标而对其他银行企业发起攻击的竞争者。市场挑战者进攻的银行企业既包括市场领导者以及与其同等实力的银行企业，也包括一些小银行企业，如市场补缺者。市场挑战者根据不同的竞争对象来确定不同的战略目标。

(1) 攻击市场领导者。这一战略风险大，潜在利润也大。挑战者须仔细调查研究市场领导者银行企业的弱点和失误：有哪些未满足的需要，有哪些是客户不满意的地方，从而确定自己进攻的目标。

(2) 攻击与自己实力相当者。商业银行应该仔细调查研究竞争者是否满足了客户的需求，是否具有产品创新的能力，如果在这些方面有缺陷，就可以作为攻击对象。其目的是夺取他们的市场阵地。

(3) 攻击小银行。对一些小银行中经营不善、资金缺乏的，可夺其客户，甚至这些小银行本身。

市场挑战者要成功的发起进攻，除了根据自身的实力来决定攻击的竞争对象外，还应采取一定的攻击策略。市场挑战者战略包括：

(1) 正面进攻。正面攻击是集中全力向对手的强项而不是弱项发动进攻。如进攻者可以利用价格和服务创新攻击对手。决定正面进攻的关键是商业银行的实力，即享有较大资源（人力、物力和财力）的一方将取胜。降低价格是一种有效的正面进攻战略，要使降价竞争得以持久并且不损伤自己的元气，必须投入大量研究与开发经费，降低产品成本。

(2) 侧翼进攻。侧翼进攻就是集中优势力量寻找和攻击对手的弱点。寻找、攻击对手弱点的主要方法是①地理性侧翼进攻。寻找对手忽略或绩效较差的产品和地区加以攻击。②细分性侧翼进攻。寻找对手尚未重视或尚未覆盖的细分市场作为攻击的目标。侧翼进攻使各商业银行的业务更加完整地覆盖了各个细分市场，进攻者较易收到成效，并且避免了攻守双方为争夺同一市场而造成的两败俱伤的局面。

(3) 包围进攻。是在多个领域同时发动进攻以夺取对手的市场。向市场提供比竞争对手更多的产品和服务，并且更加质优价廉，并使客户接受。其适用条件是：①通过市场细分未能发现对手忽视或尚未覆盖的细分市场，补缺空当不存在，无法采用侧翼进攻。②与对手相比拥有更多的资源优势，制定了周密可行的作战方案，相信包围进攻能够摧毁对手的防线和抵抗意志。

(4) 迂回进攻。是避开对手的现有业务领域或市场，进攻对手尚未涉足的业务领域或市场，以扩大自己的实力。具体有三种办法：①发展与对手无关的产品，实行产品多角化。②以现有产品进入新地区的市场，实行市场多角化。③发展新技术、新产品，取代现有产品。

(5) 游击进攻。是向对手的有关领域发动小规模的、断断续续的攻击，其目的是逐渐削弱对手的市场力量，达到瓦解和骚扰的目的。游击进攻适用于小企业打击大企业。采用的主要方法是在某一局部市场上有选择地降价，开展短促的密集促销、向对方发动相应的法律行动等。

商业银行运用市场挑战者的进攻战略是多样的，一个挑战者不可能同时运用所有这些战略，但也很难单靠某一种战略取得成功。通常是设计出一套战略组合即整体战略，借以改善自己的市场地位。商业银行在做出挑战决策前必须要发现竞争对手的弱点，否则便会失败。总而言之，这种战略带有明显的进攻色彩，尤其是那些期望尽可能快速发展的雄心勃勃的商业银行会采用这种战略。

四、市场追随者竞争战略

市场追随者指那些在产品、技术、价格、渠道和促销等大多数营销战略上模仿或跟随市场领导者的银行。因为做市场挑战者需要银行有足够的实力，否则它最好追随领导者而非攻击领导者，只是试图保持其已分享到的市场份额。因为银行业中产品或服务的差异性很小，价格敏感度甚高，随时都有可能发生价格竞争，结果导致两败俱伤。因此银行业中的企业通常彼此自觉地不互相争夺客户，不以短期的市场占有率为目标，而是模仿领导者为市场提供类似的产品、常用的价格水平及营销活动努力，因而市场占有率相当稳定。

追随者的战略根据其“追随的紧密程度”可分为三大类：

(1) 紧紧跟随。指市场追随者尽可能在每一个细分市场及市场营销组合策略中模仿领导者，但又决不超过或刺激领导者，有些甚至依赖领导银行对市场或产品的开发、生存、发展而发展，所谓“跟着市场一起长大”。

(2) 距离跟随。指市场追随者也可与领导者保持一段距离，既与领导者有差别，但又在主要市场和银行产品创新、一般价格水平和分销网点上追随其后。

(3) 选择追随。是指市场追随者在有显著利润的领域追随、模仿领导者，而在其他领域中保持自己的特色，也可根据不同需要调整自己的追随步伐。这类跟随者之中有些可能发展成为市场挑战者。

五、市场补缺者竞争战略

市场补缺者是避开竞争者而选择空缺市场加以占领的银行。市场补缺者竞争战略是那些资产规模小、竞争实力较弱的小银行所采取的战略。这类银行基于自身条件，往往避免同领导者、挑战者发生冲突，充分利用大银行忽视和放弃的市场来开发新的金融产品或服务，起到拾遗补缺的作用。实施这种战略的途径是专业化经营。银行的专业化经营使其有可能开辟自己的特殊市场。这类市场的规模不大，通常是大银行不愿意从事的业务领域。对于小银行来说，这些市场不仅能带来稳定的利润而且风险较小。所以，小银行通常可以定位于这些被大银行忽视的特殊市场以避免与大银行碰撞。

对市场补缺者来说，这些小市场必须有足够的市场潜力和购买力，利润有增长的潜力，对主要竞争者不具有吸引力，同时，银行还要具有占有此市场的能力，银行已有的信誉足以对抗竞争者。

市场补缺者要完成三个任务：创造补缺市场，扩大补缺市场，保护补缺市场。企业在选择补缺市场时，多种补缺市场比单一补缺市场更能减少风险，增加保险系数。

关键概念

营销战略、SWOT 分析、商业银行营销组合、经营战略

❖ 思考题

1. 商业银行战略管理的特点有哪些？
2. 对营销战略环境应分析哪些因素？
3. 市场营销组合的内涵和特点。
4. 举例说明如何进行 SWTO 分析。
5. 如何分析竞争者，应从哪些方面着手？
6. 试述市场领导者可采用的防御战略。
7. 市场追随者可分为哪几种类型？

☞ 案例

从个人电子汇兑业务上看待工商银行的市场营销

市场营销是市场经济条件下企业经营管理的一项重要职能，商业银行市场营销始于西方。战后第三次科技革命浪潮席卷西方世界，西方经济得到了迅猛发展，银行业也由此进入自由竞争时期，银行同业竞争日益激烈，金融市场开始从买方市场向卖方市场转变，商业银行市场营销逐步被西方银行家们重视并得到了迅速发展。

随着我国经济、金融体制改革的不断深化，市场营销观念已引入到商业银行经营管理之中。这一观念在商业银行日益激烈的竞争中不断传播和渗透，冲击和改变了传统的思维方式和经营理念，给现代商业银行的改革和发展带来了生机和活力。当前，随着金融市场的进一步开放和同业竞争的持续升级，我国商业银行市场营销也快速向前发展，出现了令人惊喜的新特点：一是品牌营销战略开始向个性化发展。上海各家商业银行相继推出个性化的品牌产品。例如，工行的“信贷置家”、交行的“外汇宝”和“圆梦宝”等。二是传统文化融入营销活动内容。根据人们对传统文化的特殊情结，各行先后以多种方式将传统文化融入营销活动之中，以此来吸引客户。例如，建行推出“龙博士”生肖储蓄卡等。三是网络上营销开始全面展开。1997 年，招商银行率先在深圳推出网上银行，打出“一网通”的网上金融品牌，开辟“个人业务”、“公司业务”、“招行信息”、“投资者关系”、“分行主页”、“财富账户”、“保险”、“理财”、“商城”等栏目，实现了真正的在线金融服务。中行、工行、建行等商业银行也相继开始积极探索网上营销新概念，网上营销已在全国范围拉开。

尽管经过多年的努力和探索，我国商业银行营销取得了很大的进步，但由于时间过短，而且计划经济的痕迹还在一定范围内存在，我国的商业银行营销仍然存在着很多不足，就以工行个人电子汇兑业务的市场营销问题为例说明如下。

工商银行在成功的实现了计算机全国联网之后，基于工行统一开发的 RACE 实时汇兑系

统，于1999年6月同时向企业及个人推出了电子汇兑业务，针对个人的电子汇兑业务具有以下几个要素：

产品：通过计算机网络进行电子汇兑，实时最快只需半个小时，一般24小时内到账。(2002年8月系统升级后，全部改为实时到账。)

目标市场：需要进行异地汇款的个人，其中以个体生意人、打工仔等为主；

价格：按汇款金额收取1%的手续费，外加5.85元邮电费及0.08元的凭证工本费；

销售地点：各个分支行营业部的电子联行柜台；

促销手段：在中央电视台发布广告，口号为“方便、快捷，24小时到账”；在营业柜台发放宣传单；利用休息日在闹市区进行业务宣传；在该产品推出后不久，即吸引了不少消费者询问、办理该项业务，但在前台办理的过程中发现了以下一些不足：

(1) 价格问题。由于1%的手续费是属于人民银行的统一规定，而5.85元的邮电费及0.08元的凭证工本费（共计5.93元）则给业务的办理带来了一些麻烦：0.07元的找零延长了业务处理时间，顾客则对0.07元不屑一顾；有些行为了方便，改为收取6.00元的邮电费，但这样一来收费标准不统一，又使一些顾客感到不满；并且邮政局只收取1%的手续费，这又使一部分顾客转向邮局。

(2) 手续过于繁琐。根据工商银行业务操作规程，顾客首先需出示有效身份证件，填写“空白凭证领购单”，并在领购登记簿上签名，然后才能填写电汇单，并在电汇单背面抄写身份证号码及发证机关名称，签名并签署日期，还要交身份证复印件。这一系列烦琐的程序往往使顾客望而却步。

(3) 服务。办理个人电子汇兑时所用的凭证与单位所用的凭证相同，填写项目较多，而打工仔、个体生意人由于自身素质所限，初次办理该项业务时往往填写错误，耗时较多，前台营业人员在业务繁忙时易产生厌烦情绪，有时会借口本行不能办理此项业务而将顾客推往其他支行，这自然不能使顾客满意。

(4) 实际办理业务时往往与广告宣传的“快捷，24小时到账”不相符。由于储蓄所没有安装电子汇兑系统，汇往储蓄所的款项需经过所属分、支银行转交，若储蓄所与所属分支行的资金划转不及时，则款项不能在24小时内进账，笔者在办理业务时，经常会有往新疆、宁夏等地汇款的顾客焦急询问为何对方还没有收到款项，此时的情形往往令人尴尬。

一个很好的金融产品为何会出现如此之多的问题，无非是以下几个原因：

(1) 定价不合理。在金融产品价格尚未完全市场化的情况下，由于四大国有商业银行实力相当，在顾客心目当中都是大银行，没有什么大的区别，此时自己有权决定的部分价格绝对不能高于竞争者，而工行5.93元的附属价格使顾客认为与6.00元没有什么差别，且远高于邮政局。

(2) 营销不足。工商银行的会计、储蓄、牡丹卡等业务操作规程由总行统一制订，由省分行制订操作细目，再传达至基层行。工商银行在连续出现了几起与内部职工有关的大案要案之后，制订了非常严格的操作细目，以期从内部着手，加强监管，杜绝职工犯罪，但这样一来，手续烦琐，既加重了前台人员的业务量，又使顾客感到不方便。储蓄所与分支行的资金划转由专人负责，但由于一线人手紧张，往往身兼数职，当负责资金划转的人为其他事务所累时，资金转移有可能推迟，资金不能够及时到账。各个部门之间的协调对于产品的营销至关重要，规程的制定部门在保证有效监管的前提下，应充分考虑到前台操作的方便性。尽管一再强调“后台为前台服务，二线为一线服务”，但在实际工作中总是变为“一线为所有的人服务”，产品的营销就是“产品＋服务”，将营销的任务抛给前台人员。

工商银行作为中国商业银行的“大哥大”，以其雄厚的资金实力以及遍布全国的营业点，在广大消费者心目中有着良好的形象，但在中国已经加入 WTO 的今天，与实力雄厚、有着丰富营销经验的国际大银行的激烈竞争已迫在眉睫。如何更好地进行市场营销，争取更多的客户？

资料来源：葛晓红．从个人电子汇兑看工商银行的市场营销．中国营销传播网．2002-3-6（有删改）

案例讨论题

1. 试分析工商银行电子汇兑业务面临的战略环境。
2. 为工商银行电子汇兑业务制定相应的营销战略。

第四章

商业银行营销调研

营销管理过程的每一步都离不开调研。营销者如何获取有关银行内外部环境的信息以便进行现状分析？策划者如何制定可衡量的目标？营销者如何确定哪一个细分市场可能是目标市场以及哪些客户的需求还未得到满足，通过营销调研则能回答这些问题。本章重点阐述商业银行实施营销调研的五个步骤，商业银行营销调研方法和调查问卷设计技术。

第一节　商业银行营销调研的地位及功能

一、营销调研

（一）营销调研的定义

美国营销协会对营销调研的定义如下：

营销调研是指将消费者、客户和公众通过信息与营销者联系起来的活动。信息用于明确和确定营销机会并发现问题；发起、完善和评估营销行动；监控营销的实施并提高对营销过程的理解。

菲利普·科特勒曾将市场营销调研定义为“市场营销调研就是对公司所面临的特定营销环境有关资料及研究结果作系统的设计、收集、分析和报告的活动”。

由于决策所需的大量信息必须通过收集、加工整理、解释和发现等环节才能获得，因而市场营销调研包括紧密联系的两个组成部分——市场营销调查和研究。一般来说，市场营销调查是指利用某种调查方式与方法，系统地收集有关市场、商品、顾客行为、销售等方面的数据与资料并加以整理，以便通过这些数据和资料如实地反映市场营销环境的客观情况；而市场营销研究则是根据调查所得的数据与资料，经过“去粗取精，去伪存真，由此及彼，由表及里”的分析与研究，得到解释、发现和预测合乎市场营销背景客观发展规律的知识。

市场营销调查和研究是两个互相包含、不可分割的过程。进行市场营销研究必须以市场营销调查为前提，在市场营销调查中又通常包括分析和研究。通过市场营销调查，市场营销者获得有关市场营销环境历史与现状的数据和资料；通过市场营销研究，市场营销者获得有关市场营销环境中机会与威胁的信息。两者的有机结合，使市场营销调研成为一个完整的概念；也是由于两者的有机结合，才赋予市场营销调研以对市场营销决策的支持功能——市场营销决策才能够设法趋利避害，实现企业的营销目标（图 4-1）。

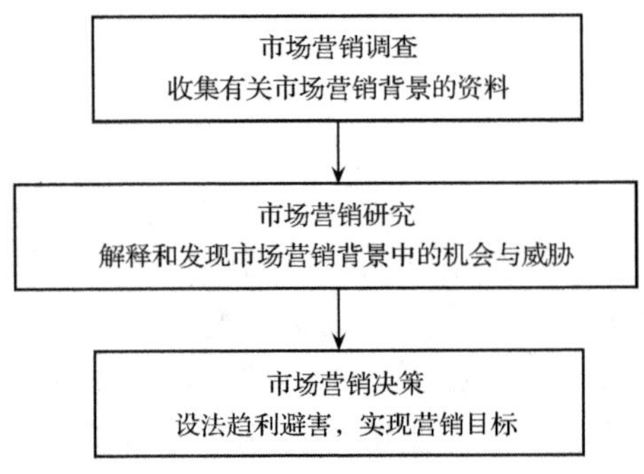

图 4-1　市场营销调研与决策的过程

总之，营销调研（marketing research），是指为获得制定市场营销决策所需的可靠信息而进行的企业活动。

（二）营销调研的要求

有效的市场营销调研必须是有针对性的、有计划的、科学的和能解决问题的。“针对性”就是要符合市场营销决策的需要，能够回答和解决市场营销者在决策制定过程中关于市场环境或营销背景的“盲点”问题；“计划性”就是要周密设计，合理组织调研力量，以便圆满地、成本最小地完成调研任务；“科学性”就是要采用符合调研对象特征又能够获得所需数据资料的调研方式和方法；“能解决问题”则是对市场营销调研结果的要求，与调研活动过程的针对性、计划性和科学性有密切的关系。因此，为了取得良好的市场营销调研结果，应当努力做好市场营销调研的计划组织管理工作。

菲利普·科特勒在《市场营销管理》一书中对如何提高营销调研的有效性问题进行了研究，提出了有效市场营销调研的五个特征，即：

（1）调研方法的科学性。有效的市场营销研究，要利用科学的方法，其原则是：细心观察、提出假设、预测和证实。

（2）研究艺术的创新性。这是指研究要有创造力，不断吸收新技术、新方法，运用创新性的手段去解决问题。

（3）多维考证的综合性。要避免过分依赖某一种方法。最好根据问题的性质来选择方法，而不是反过来以现成的方法套用到不同的问题上。在信息来源上，最好从多个来源去收集信息，采用多种方法，这样可以增加信息的可信度，增强营销管理人员做出决策时的信心。

（4）模式与资料的关联性。模式与资料之间应具有相互的依存性。研究问题的模式，一般是从众多的事实中归纳出来的，而模式提出后，又能引导所需寻找的信息类型。

（5）信息价值与成本的合理性。这是指信息的价值与其成本的比较。价值与成本的对比分析能帮助研究部门决定采用哪个研究方案，使用哪个研究计划，有初步结果后是否还需收集更多信息。

（三）营销调研的原则

营销调研除了运用科学的方法进行调查、整理和分析外，还应遵循以下基本原则：

（1）客观性。营销调研的基本出发点，是用数据和实证资料反映市场背景的客观情况。因此，在进行营销调研时，必须是脚踏实地地收集反映客观事实的数据和资料，实事求是地进行整理和分析，切忌主观武断、以偏概全。

（2）目的性。营销调研要根据决策需要来进行。在每一项具体的决策制定中，应当收集什么资料，弄清楚哪些问题，都形成对相应的市场营销调研任务和目标的具体规定。只有有的放矢，有针对性地进行，市场营销调研才具有实践价值。

（3）系统性。世界上的一切事物都不是孤立的和静止的，而是相互联系和发展变化着的。社会的经济活动也是如此，市场是不断变化的，影响市场变化的诸因素也是在不断变化和相互影响的。市场调查的系统性原则，就是要全面分析和掌握市场经济现象之间的内在联系，要注意信息追踪，不能一劳永逸。

（4）效益性。营销调研需要动用一定的人力、物力、财力。在营销调研中要做到费时最少、费用最省、效果最佳，就要有周密的调研计划，制定科学的调研方案，采用适当的调研方法，充分利用第二手资料。

二、商业银行营销调研

营销调研在银行业的历史并不悠久，直到20世纪60年代早期，英国才有少数几家银行意识到营销调研对于它们的未来计划和当前经营决策都很重要。到1973年，所有主要的英联邦银行都设立了营销部，大部分都具有营销调研职能。

应该指出，上述机构的营销研究人员不是专业的市场调研人员，而是业务研究人员和统计人员。20 世纪 70 年代以后，欧美主要银行的营销部门都具备了规范的营销调研功能。随着金融企业外部环境的迅速变化和行业竞争的日益激烈，银行需要更多地通过营销调研来掌握、分析金融服务领域的市场信息，诸如客户的数量和构成、开立活期账户和定期账户的种类、影响客户选择银行的因素、企业形象比较、金融产品和服务如何更好地吸引客户、申请贷款者的情况及其贷款用途等，并以此为基础进行营销决策。营销调研受到了金融业前所未有的重视。

（一）商业银行营销调研的定义

商业银行营销调研是指商业银行系统地设计、收集、分析和提供关于银行服务领域的相关信息，掌握和理解商业银行所面临的特定营销状况，从而为其经营管理和营销决策提供依据的活动。

商业银行营销调研的目的是为了更好地满足金融市场和客户的需要。商业银行对营销调研的重视是银行营销成熟的标志，因为营销调研是商业银行开始系统采用营销手段以促进业务发展的起点。

（二）商业银行营销调研的必要性

长期以来，商业银行习惯于把注意力集中在资金、设备和人才管理等方面，而在经济一体化、金融全球化的今天，信息资源至关重要。为了更好地实现经营目标，商业银行必须注意监测市场环境的变化，通过收集整理和研究分析信息，来了解客户需求、竞争者优势、分销渠道等方面的变化。中国加入 WTO 之后，银行业不断开放，使得商业银行对信息的需要比以往任何时候都更为强烈。

(1) 营销空间的扩大。当商业银行扩大了市场的地域范围时，市场业务由本地发展到全国乃至国际。银行经营者就需要比以往更多的市场信息，特别是商业银行在一个新的地域开展业务时，要了解当地市场状况，就要借助于营销调研。

(2) 客户需要的变化。商业银行不仅要能够满足客户的既有需求，更重要的是能够引导客户的需求。在现代社会中客户的需求越来越多，精神需求成分加大，这就要求商业银行能及时掌握最新的、合乎心理学规律、能真实反映客户特征的需求信息，而对这些信息的发现和掌握有赖于营销调研。

(3) 金融竞争的激烈化。当银行营销者更多地运用品牌、产品服务差异化、广告或促销等营销工具时，就需要迅速掌握更多、更准确的市场信息。只有进行营销调研，才能准确判断客户对银行产品与服务的反应和竞争者态势，及时调整营销计划，从而进行有效竞争。

(4) 经营日益复杂化。从集中的、单一的经营发展到分权化的多种经营，诸如连锁经营、特许经营、集团化经营、控股经营、战略联盟等已成为许多企业的生存模式，为了把分散各处的信息及时迅速地收集起来，并能及早注意警告信号，有效地控制营销计划，必然要更多地依靠营销调研所发挥的作用。

三、商业银行营销调研的功能

（一）了解商业银行营销环境

商业银行市场营销环境是一个多因素、多层次与动态发展变化的多维结构系统。营销调研的主要内容包括经济政策走向、国民生产总值、消费者情况、科技新动向以及竞争环境等宏观环境和微观环境。准确掌握营销环境的变化是商业银行营销决策的前提。

（二）发现金融市场需求

市场需求调研包括现实需求和潜在需求的调研，是商业银行营销调研的核心内容。主要包括市场需求容量调研、消费结构及发展趋势调研、消费者购买动机和购买行为调研等。通过调研商业银行正在服务的市场，以及目前众多投资者关注的热点，指出消费者所需要的服务，找出目标市场，针对性地提供更优的金融产品和服务，提出商业银行企业形象、区域划分等战略决策。

（三）评估营销方案

为了明确商业银行营销部门所制定的营销方案是否符合市场实际，在方案实施之前，需对金融产品和服务以及营销方略等进行充分评估，并根据金融市场和企业自身的具体情况来判定营销方案的正误，以便加以调整或修改，从而确定最终营销方案。这样可以使商业银行及早发现问题，采取有效措施，减少或避免风险。

（四）测评营销效果

通过营销调研，可衡量商业银行营销计划的成果，它包含三部分任务：

(1) 追踪各种使用内部数据的账目，如账号、开户账名、清户及资产负债情况等，通过分析这些数据，可知现有产品和服务的效果究竟如何。

(2) 追踪外部表现因素，如银行知名度、广告渗透力、账户转换、银行的优先权等，通过这些信息可以确定市场与所有因素之间的关系，以确定最佳的营销组合。例如，广告策划是应当针对整个市场，还是只瞄准其中特殊部分。

(3) 定期对市场形象和市场份额进行研究，对确定市场结构是否已经改变，以及市场份额是否还继续保持具有深远意义。同时也可以通过这一方法了解商业银行是否在按照自己的长期目标进行安全运营。

（五）提供营销决策指导

通过分析市场结构、产品生命周期、消费者习惯以及宏观经济环境等，对未来发展趋势进行预测，为商业银行的营销决策提出建议。

四、商业银行营销调研的作用

为了了解营销调研的作用，我们首先应该考察营销调研能为商业银行做些什么。每天商业银行都要面对客户，这就意味着银行不得不提供一定质量的服务以使顾客满意，保持高标准的服务意味着要花费较高的成本，相反，低水平的服务则会导致失去顾客。那么，商业银行怎样才能知道应保持何种水准的服务呢？这就需要依靠有关金融服务的营销调研。营销调研可收集到更多的与企业经营相关的信息，通过这些信息，商业银行才能有的放矢，制定更好的营销计划，提供相应的产品和服务，达到吸引顾客的目的。

综上所述，营销调研可有效地解决存在的问题。其实，大部分问题源于商业银行不能正确把握市场的运行规律，营销调研则可在市场和商业银行之间建立一个沟通渠道。

（一）营销调研是商业银行认识环境、降低风险的重要手段

银行营销是一个“认识环境——进行决策——实行反馈”的循环往复的过程。例如，一些银行产品和服务可能到达其生命周期的尽头，而另一些新的产品和服务则在不断地进入市场。对于新产品和服务，其是否符合目标市场客户的需求，能否为商业银行带来一定的经济效益，必须在商业银行进行系统的营销调研后才能最终确定。在开发新产品和服务之前，也必须对市场状况进行深入的调查分析。营销调研可以帮助商业银行比较全面地取得与其营销活动直接或间接相关的、真实的、系统的信息资料，通过对这些信息资料的比较、分析与研究，商业银行可以迅速、客观地认识环境状况，更好地适应环境，更好地把握营销机会，从而减少决策的盲目性，降低经营风险。

（二）营销调研是商业银行营销管理的基础

现代企业管理的重心在经营，经营的重点在决策。信息是企业经营管理决策的前提，也是经营管理的组成部分。通过营销调研，可以使商业银行认知营销环境，了解目标市场，发现市场机会，测试营销组合方案；营销调研还是商业银行评估和控制营销计划执行情况的重要手段；通过营销调研，还可对商业银行未来的市场发展趋势进行分析、研究，进而做出科学的预测。由此可见，营销调研为商业银行正确进行各种经营决策奠定了基础。

（三）营销调研是提高商业银行现代化营销水平的重要工具

随着我国金融体制改革的深入，商业银行作为独立的市场经济主体，要自主经营、自负盈亏、自担风险、自我发展。作为货币这种特殊商品的经营者，商业银行必须考虑如何使自己的营销活动适应市场变化的需要并争取引导市场需求的变化。通过市场调研，商业银行可以运用大量的信息资料，分析与研究其营销状况、优势与劣势，对比竞争对手的营销经验与教训，及时调整、改进自身的经营管理水平，为提高效益、增强竞争能力创造良好的条件。

（四）营销调研是调整和矫正计划的重要依据

通过营销调研收集市场营销信息，了解商业银行产品和服务的供求情况，可

以检查企业的战略计划是否正确，在哪些方面存在不足甚至失误，认识客观环境是否发生了变化，出现了哪些新情况和新问题等，为商业银行提供修改或矫正计划的依据。

如图 4-2 所示，这一完整的流程图可以显示出营销调研的作用。

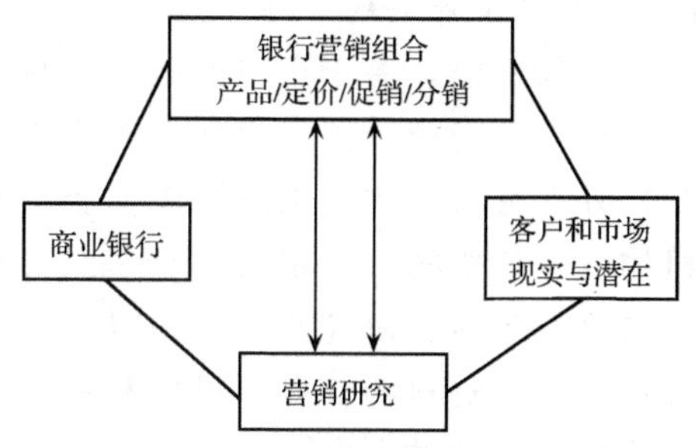

图 4-2 商业银行营销调研的作用

第二节 商业银行客户信息资料

一、客户资料及其分类

客户资料是指有关商业银行客户的各种数据信息。它包括：①客户的基本资料，如个人客户的姓名、性别、地址、收入、电话等，单位客户的单位名称、所有制性质、地址、经营领域、生产规模等；②客户的业务资料，如交易时间、金额、频率、信誉等。

客户资料分为三类：

（1）谈话性资料：通过企业员工与各种客户之间相互交谈获得的信息；

（2）观察性资料：通过观察客户接受企业产品与服务的全面活动获得的信息；

（3）预测性资料：通过分析、预测获得的信息。

二、客户资料的来源

（一）第一手资料与第二手资料

营销调研人能够得到的客户资料有第一手资料和第二手资料。

第一手资料：也称原始资料，是市场营销研究人员通过现场实地调查所收集的客户资料，在此之前尚无人获得。第一手资料是专门为特定的研究目的而收集的，许多营销调研必须依靠第一手资料才能最终解决问题。

第二手资料：是在研究开始之前已经存在的，该项目营销调研人员以外的其他人收集或整理分析的客户资料。相对于第一手资料而言，运用第二手资料是再次利用其价值。运用第二手资料的研究方法也称为案头研究法或办公室研究法，是研究人员在写字台上对第二手资料进行收集、分析、研究和利用。案头研究法应遵循的原则：先易后难；先近期后远期；先内部后外部。

（二）第二手资料的来源

（1）内部资料：关于客户的很多信息已存在于企业内部，可以从银行的各种记录、统计表、营销计划、报告、用户来函中找到。

（2）外部资料：政府部门、工商金融研究部门、各行业主管部门、市场营销研究机构或咨询机构、消费者协会等公布的有关资料，各种期刊、文献、报纸、书籍、名录、年鉴、研究论文和报告等。

寻找第二手资料的信息源可以利用各种检索工具、计算机查询系统、图书馆或询问该研究领域的专家。

（三）第二手资料的作用

（1）为实地调查提供背景；

（2）在某些情况下代替第一手资料；

（3）某些研究和预测方法主要依靠第二手资料进行。

（四）第二手资料的利弊分析

优点：方便，时间短，费用省。因此，市场营销研究始于第二手资料。

缺点：其内容与本研究课题可能有差异，数量上大多不能满足本课题要求。因此，多数营销调研课题必须依靠第一手资料来解决问题。

（五）收集第二手资料的步骤

（1）判别所需信息；

（2）寻找信息源；

（3）判断信息的价值并设法取得：查阅、购买、交换、索取，通过情报网收集或复制；

（4）辨别所收集资料与所需资料的差别，不足部分由第一手资料补充。

三、商业银行客户资料

商业银行客户资料是指与商业银行客户有关的所有信息，包括客户个人基本信息、客户单位基本信息和他们的业务资料（各类账户），具体内容有以下几个方面：

（一）账号

包含客户号、货币代号、业务产品代号等。

（二）个人客户资料

（1）基本资料，如姓名、性别、出生年月、出生地、工作单位、职务、收入来源、年薪、身份证号、通信地址、联系电话、家庭情况、开户时间、签字、指纹、照片、音频等。

（2）账户资料，包括①开户时间、账面余额、可使用余额、应付利息、应收利息、信用等级、信用额度、贷款、透支利息关联账户、对账单邮寄周期等；

②账户目录，如本外币存款账户、本外币贷款账户、信用卡账户、消费贷款账户等；③各账户细单，如交易发生日期、交易内容、交易编码、交易发生金额、交易余额、历史交易等；④每笔交易细单，如交易编码、借方账户、贷方账户、定期（上一定期、本定期）编号、本金、利息、利率、起存日、到期日等。

（三）单位客户资料

（1）基本资料，如单位名称、所有制性质、地址、合法性、行业领域、经营方向、主导产品、生产规模、市场规模、固定资产余额、技术水平与结构、人力资源结构、首席经理情况、管理体制与制度等。

（2）业务资料，如历史信用记录、管理水平、资金运作情况、科研开发与创新、市场发展前景、盈利水平与增长率等。

（四）客户分析资料

（1）根据客户需求筛选的客户群资料，如不同的年龄、职业，存款余额和存款时间不同的具体信息等；

（2）根据产品需求筛选的客户群资料，如各类存款、信用卡、消费信贷等客户信息；

（3）根据信用分析筛选的客户群资料，如信用好（AAA级、AA＋）风险较小等客户信息；

（4）根据客户贡献（利差、费收等）筛选的客户群资料，如高价值客户和低价值客户信息等。

四、商业银行客户数据库建立

（一）商业银行客户数据库的概念

商业银行客户数据库（customer information facility，CIF）是在西方商业银行面临着从产品到客户的战略转型背景中产生的。商业银行由于其行业的特殊性，它是一个具有信息优势的部门，它每时每刻都在收集和处理大量的客户信息，包括公司和个人账户信息、公司和个人贷款信息、客户使用历史或不良记录信息等等。客户数据库就是存储商业银行有关客户的各种数据的客户信息档案。建立客户数据库，可以使分散的孤立的信息变成集中的有关联信息，使一些潜在的原始信息变成现实的经过加工的信息，使无价值的信息变成有价值的信息。建立客户数据库的目的，是把商业银行有关客户的内部数据（主要来自面向交易的综合业务系统和其他业务部门、管理部门自行维护的数据）和外部数据（如有关部门的国家宏观经济信息和互联网的有关信息等）进行有效的集成和分析，提供给商业银行的决策者和管理者使用，以科学地判别客户的优劣和对银行的贡献度，有效地控制关联企业的信贷风险，形成以客户管理为框架的成本控制体系，从而实现银行经营资源的优化配置。

（二）建立银行客户数据库的重要性

我国银行在20世纪90年代加大了电子化建设力度，银行电子化建设取得了突飞猛进的发展，信息技术已广泛用于银行经营管理的各个方面。不可否认，银行电子化建设存在着服务产品的开发和管理信息的应用滞后于信息基础设施的建设和业务的快速发展的现象。一方面，计算机应用系统偏重于柜面业务的处理，难以满足对高层次客户宽领域、个性化的增值金融服务的需要。另一方面，缺乏对大量的管理信息、客户信息、产业信息的收集、储存、挖掘、分析和利用。因信息不对称而导致的银行风险管理的失控或丧失业务机遇等问题越来越突出。信息技术在银行管理领域的应用层次较低，许多业务领域的管理和控制还处在半自动化或半信息化的阶段。数据库技术对于商业银行具有重要的作用，是银行成功进行市场营销的关键。它能帮助银行准确地发现目前为银行创造效益的客户和具有创造效益潜力的客户，能支持银行前台网点预测和分析客户的消费倾向及避免或降低风险，并能帮助银行开发适应消费者需求的新产品，为银行留住客户提供有效手段。

1. 建立客户数据库有利于研究客户个性特征，提供个性化服务

分析银行利润的来源可以发现，银行80%的利润来源于20%的客户。在金融发展水平居于世界领先的美国，银行就是通过建立数据库，利用数据挖掘技术，找出自己这20%的优质客户群，并以各种方式提供优质服务，留住他们，提高他们的忠诚度，进而提高自身的经济效益。在数据库和数据挖掘技术的帮助下，利用数据库的客户信息资源可以帮助银行细分客户群体。针对不同客户的不同需求，提供个性化服务，并通过客户喜好的渠道完成交易，这是增强商业银行竞争能力最有效的手段。商业银行还可以按照客户为银行创造盈利的多少和盈利潜在可能性的大小将自己的客户进行分类，进而根据不同客户以往的消费习惯，预测其未来的消费倾向，并结合外部经济、人口统计等相关数据预测未来的市场发展趋势。

2. 建立客户数据库有利于加强银行的风险管理

客户数据库的建立和数据挖掘的开展能帮助商业银行随时调用与自己有业务往来的客户的历史和现实业务数据，并能据此推断出客户信用情况，为商业银行减少内部经营风险创造了条件。

3. 建立客户数据库有利于银行业务创新和新产品开发

利用数据库的客户信息资源有助于银行进行市场细分，进而开发新产品，拓展新市场，获得“深度效益”。银行只有通过以客户为中心的决策支持系统，才能使用科学的方法实现个性化服务。数据库系统存放每一位客户同银行往来的详细的历史交易明细数据，对客户有统一的规划，能帮助银行以科学的手段快速地分析、模拟和预测客户的个性化需求，进而设计符合客户需求的产品或服务。

（三）建立客户数据库应注意的问题

（1）要建立统一的客户数据库。把商业银行内部不同部门、分支机构、网点的关于客户的数据统一起来，实现资源共享。而且对于任何一个接触点的客户信息，每一次交互都要有详细的记录，全程跟踪客户的态度、行为，从而使商业银行对每一个客户都有全面、完整的了解，以期真正把握客户需求。

（2）重视数据库维护。客户信息资料是动态的，商业银行必须经常检查数据库资料的有效性，并及时更新、补充客户信息，特别注意增加潜在新客户资料。

（3）把自己的数据库与合作伙伴的数据库合并，以共享资源。

第三节　商业银行营销调研方法

一、商业银行营销调研目标

商业银行营销调研的第一步要求确立营销调研目标。营销调研目标是由确定的营销问题决定的，它和营销问题不同，是与问题紧密相连的，更具体、明确地帮助商业银行获得解决问题所必需的信息。即“解决问题需要什么信息”，调研目标即是获得这些信息。

商业银行应根据本企业当前面临的重要问题或将会面临的问题来确立营销调研的目标。例如，某银行想了解其各项服务是否符合客户的需要，则合理的调研目标应包括：确定银行的每一项服务对客户是否重要；评估客户对银行每一项服务的满意程度。因此该银行的调研目标应确立为：确定银行每项服务的平均重要程度，确立银行每项服务的平均满意程度。显然调研问题和调研目标是有区别的。如果按调研目标执行调研并获得相应的信息，问题便能得以解决。该银行针对这两个调研目标所收集到的信息，能够将其服务按对客户的重要程度进行排序，并且能确认出那些重要程度很高但客户满意程度却很低的服务。同样，也能确认出那些重要程度很高且客户满意程度也很高的服务。可见，确立调研目标的根本目的是为管理者确立解决当前问题所需要的特定信息。

调研目标按问题不同分为三类：

（1）探测性调研目标。即收集初步的数据，借以启示某一问题的发展趋势，并可能提出若干假设或新思路，如调查国际信用卡在未来几年的接受程度。再如某银行连续 3 个月存款储蓄额下降，是什么原因呢？是宏观经济走弱，收入水平下降、还是企业信誉危机？原因可能很多，不能一一进行深入调查、就可通过调研寻找最可能的、最重要的原因，确立调研重点和方向。

（2）描述性调研目标。即对某一问题做出定量的描述，借以发现该问题的实质。如调查不同年限的定期存款在所有存款中所占的比例，信用卡销售增加与广告支出增加的关系等。描述性调研只说明“是什么”，不说明“为什么”。

（3）因果关系调研目标。即测试某一问题产生的原因。得出不同因素之间的因果关系。如银行新开发的消费信贷业务不受欢迎的原因。因果关系调研回答一些有关“为什么”的问题。

二、商业银行营销调研程序

营销调研是一个复杂而细致的工作过程，建立一套系统、科学的程序，是保证营销调研工作顺利进行，提高调研效率和质量的重要保证。通常情况下，商业银行实施营销调研有五个步骤：确定问题；设计调研方案；搜集信息；分析数据；报告调研结果。下面对此作具体阐述。

（一）确定问题

确定调研问题是营销调研流程中首要的一步。对问题清晰、简洁的陈述是营销调研成功的关键。如果不能清楚准确地确立要调研的问题，就无法确立营销调研目标，造成资源浪费。

确定问题要求管理者明确“被否定或肯定的情形或问题的实质和界限”。没有清楚地理解调研的原因及调研要揭示的问题，随后的努力将会导致错误的结论。

营销调研问题受许多因素影响，因时因地而不同。当银行营销者感到某个环节出现问题时，就会对引起该问题的原因进行非正式研究。即通过经验调查、案例分析和座谈会等方式对银行出现的问题和打算解决的问题进行初步的情况分析，确立征兆，并详细列出征兆的各种可能原因，再经过排序、筛选，使调研问题逐步明朗化，并得到最终确定。

下面以A银行为例分析“确定问题”这一步骤。

A银行连续五个经营季度存款储蓄额下降，银行管理者对此情况十分担忧，想通过实行有效的营销战略摆脱这一局面，于是决定首先进行一次市场调研。该银行通过查询相关新闻印刷品和其他期刊等有效途径收集了相应的五个季度内该区域总的存款储蓄额，并制成图表。如果银行业都以同样的趋势下降，那么该银行储蓄额的下降可能是经济原因，如收入水平下降等。但实际情况是该区域整个银行的储蓄额基本保持稳定，说明问题出在该银行自身。因此，A银行进一步分析了其内部有关客户储蓄的数据，发现机构客户尤其是几家主要机构客户的储蓄存款基本保持稳定，没有较大变动。显然，是由于个人客户的储蓄情况发生了较大变化才导致银行储蓄连续下降，这也同时表明该银行失去了或正在逐年失去一部分个人客户。为此，A银行召集了一个由内部相关人员和老客户参加的座谈会，了解到该银行由于经营管理不善，企业形象已在个人客户心中大打折扣。于是，A银行确定了调研问题，即银行的既有形象是怎样的？如何重塑银行形象以吸引个人客户？

资料来源：孙国辉，王海姝．商业银行战略营销．济南：山东人民出版社，2003.122

（二）设计调研方案

清楚地界定了需要调研的问题之后，下一步是策划如何搜集信息。基础工作是策划和设计项目。

（1）确定调研内容。即根据调研问题来确定本次调研的具体内容。例如，上述A银行的案例中，对银行个人客户进行的“银行形象”概念研究，将帮助A银行确定该银行在个人客户心中是否具有吸引力。根据调研问题，该项调研的主要内容包括：客户对银行地理位置的便利性是否满意、贷款的有效性如何、客户对银行员工服务态度和亲切度的评价如何、营业区内环境如何等等。调研内容是调研问题的进一步的细化，它的确定就是明确向被调查者了解一些什么问题。

（2）决定资料类型。即为了达到调查目标选择第一手资料还是第二手资料。第二手资料收集简便，且成本低、耗时少，有些还非常可靠，如国家统计局提供的资料。一手资料针对性强，能随市场环境、时间等因素变化而变化，但耗时长，费用高。因此，商业银行营销者在搜集原始资料之前应彻底搜集现有资料。

（3）选择调研方法。根据调研目的、经费和时间，选择合适的调研方式和方法。搜集原始资料有三种方法：访问法、观察法、实验法，后面将进一步阐述这些方法。

（4）设计样本。营销调研者必须在调研对象整体（如所有的支票存款客户、60岁以上客户或销售额在0.2～1.25亿元的企业）中选择一定比例的客户进行调查，这一比例的客户称为样本。样本设计包括样本容量、样本结构及样本抽取方法等的确定，它决定了调查误差的大小和调查结果的可靠性。科学合理地设计样本要求有扎实的概率数理统计知识，在此不详细论述。

（5）确定调查时间和调查期限。调查时间是指调查资料所属时点或时期。调查期限是指调查工作进行的起止时间，包括搜集资料和报送资料的整个工作所需的时间。为了保证资料的及时性，必须尽可能缩短调查期限。

（6）制定营销调研的组织实施计划。严密细致的组织工作，是营销调研顺利进行的保证。营销调研的组织计划包括：调研机构、人员及培训、经营预算、进度安排等。

（三）收集资料

这一阶段就是正式调查阶段，是指商业银行组织调查人员，按照调研方案的具体要求，深入现场，全面、系统收集有关资料的过程，这是营销调研工作的重点。搜集资料有很多要素，但最重要的有设计调查问卷和实地调查。收集的资料力求准确、及时和完整。

（四）分析数据

该阶段是商业银行根据营销调研的目标，运用统计技术和方法，对收集到的大量的原始资料进行加工汇总，使其系统化、条理化、科学化，以得出反映商业

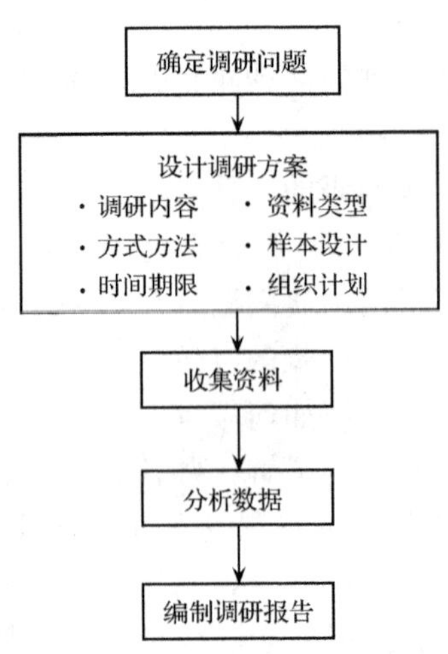

图 4-3 商业银行营销调研程序

银行某一特定问题的资料。

（五）编制调研报告

营销调研的最后一步是根据调查资料和分析结果，写出调研报告，提出问题的解决方案和建设性意见，为制定营销计划提供参考。调研报告一般包括以下内容：调研目的、调研方法、调研结果及资料分析、对策建议和附录，附录包括整理后的有关资料、技术分析图表等，以备决策者查用。

商业银行营销调研的整个流程可用图 4-3 表示：

三、商业银行营销调研方法

银行营销调查按照是否与调查对象发生信息交流可分为访问调查、观察调查和实验调查。

（一）访问法（questioning survey）

访问法，就是将拟调查的事项，以当面、电话、网络或书面形式向被调查者提出询问，以获得所需资料的调查方法。这是银行营销调查中最常用的方法，其优点是可以调查许多有关银行内外在的问题，银行与客户或社会公众可以直接或间接进行信息交流和沟通，并且耗时较短。缺点是易产生主观偏差。

访问调查按问题传递方式不同分为面谈调查、电话调查、邮送调查、留置调查及网上调查 5 种。

（1）面谈调查：分个人面谈，包括一对一面谈（personal interview）与小组面谈（group interview），即与一小群人或焦点群体交谈，焦点群体指 10～12 人的讨论，这些人代表目标受众；一次面谈（single interview）与多次面谈（multiple interview）；还有动机调查所用之深层面谈（depth interview）等调查方法，均为商业银行营销调查所常用。

面谈调查之优点：当面听取被调查者之意见，并观察其反应，问题回收率甚高，如彻底执行可达 100%。调查员还可以从被调查者的着装、住所及其家居格调，推测其经济情况。

其缺点：不能访问足够多的人群，且调查成本较高；调查结果正确与否，受调查员技术熟练程度及调查对象诚实与否的影响甚大。

（2）电话调查：由访问员根据抽样规定或样本范围，以电话询问对方意见。其优点：可以短时间内调查多数样本，成本甚低。缺点：不易获得对方合作，不能询问较为复杂的内容。

(3) 邮寄调查：将设计好的问卷利用邮政寄达被调查者，请其自行填答并寄回。优点：调查成本低，抽样时可以完全依据随机抽样法抽取样本，因此抽样误差低。缺点：回收率通常偏低，影响调查之代表性；因无调查者在场，被调查者可能误解问卷意思。

(4) 留置问卷调查：将问卷由调查员当面交给被调查人，说明回答方法后，留置于被调查者家中，令其自行填写，再由调查员定期收回。本法系面谈调查和邮送调查两种方法之折中，因此，其优点及缺点也介于两种调查法之间。

(5) 网上调查：将设计好的问题通过互联网发送给被调查者，请其回答。自1994年中国正式接入国际互联网以来，互联网用户的数量一直以半年翻一番的速度增长，因特网调查成为一种全新的资料收集方法。在网上进行问卷调查，省略了印刷、邮寄和数据录入过程，节约了相关费用，同时，问卷的制作、发放及数据的回收速度均提高。营销调研人员还可通过因特网在团队成员与客户之间进行更快捷的沟通，也可在网上找到一些与调研项目有关的讨论区或特殊兴趣团体。因特网问卷调研还有一个独一无二的优点，即它在视觉效果上有极强的吸引力。

因特网虽有许多的优点，但其局限性也是不容忽视的。因特网的使用者偏重年轻人、男性、教育水平较高及有相关技术的人，在线调研对象的人群不是整体人群中随机选出的样本，结果上就会有一定的偏差。很多情况下难以阻止人们对同一次调研只回答一次。同时，其保密性受到挑战，竞争对手可能得到有关信息。

总之，效果最好的访问调查方法是直接面谈，其回收率颇高，但由于这种方法容易受到调查人员和调查对象的偏见影响，因此有可能会完全脱离调查主体的控制。访问调查的效果在很大程度上取决于调查的技术处理，如访问的方式、调查人员和调查对象的选择、问卷表的设计等。在通常情况下，调查对象面对匿名的问卷往往能做出较真实的回答。

(二) 观察法 (observational survey)

这是通过对调查对象的言行进行观察与记录从而得到信息的方式。调查人员对观察到的情况要以一种事先确定的格式做出记录，且不能试图对观察对象的行为加以修正、改变或引导，以保证观察结果的客观性和可靠性。例如通过观察记录银行柜台上每个柜员向客户提供服务的平均时间、顾客动作、表情变化等，以判断业务是否令客户满意。

观察调查由于只观察、记录调查对象的言行，所以不受调查人员的主观影响，结果比较客观。其缺点是只能观察被调查者外在行为，无法测知调查对象内在的反应和变化，如态度、偏好等，也无法知道调查对象的社会经济地位和家庭状况及其表现出某种特定行为时是否受到情感因素影响等。此外，观察调查耗时较长，有时须做长时间的观察才能求得结果。

观察调查除了可以直接由调查人员独立完成外，也可以借助机械设备，如闭路电视、摄像机等作为辅助手段。

观察法的用途：所得资料用于说明“是什么”，而不说明为什么。观察法的使用场合：对研究结果的准确性要求较高；核对已有信息的准确性；有些信息的性质决定了只能采用观察法，如营业厅客户的流量调查。

（三）实验调查法（experimental survey）

实验调查起源于自然科学的实验求证法。此处所谓“实验”，指先进行某项服务方法的小规模实验，然后再通过市场调查分析这种实验性的服务方法是否值得大规模推行。

实验调查法的应用范围甚广，凡是某一商品或服务在改变品质、设计、价格、广告、陈列方式等因素时，都可用本调查法，先做一小规模实验性改变，以调查客户的反应。

实验调查之优点：使用的方法比较科学，具有客观性价值。但实验的时间过长，成本高，较实施其他方法的困难多一些。

上述营销调研方法各有其不同的特点和作用，但同时也各有局限性和不足之处。在实际工作中，我们应根据不同的调研对象和营销调研任务，灵活运用，也可以把各种调研方法结合使用，取长补短，这样才能搜集到准确、全面的资料。

第四节　商业银行调查问卷设计技术

问卷又称调查表或询问表，是以问题的形式系统地记载调查内容的一种表式。它是商业银行营销调研人员询问和应答者回答问题的依据。通过问卷调查可使调查研究规范化和科学化，因此，调查表是现代营销调查中最为普遍使用的搜集资料的工具。商业银行要做好营销调研，完美的问卷设计，为其要件之一。

营销调查问卷一般由三部分组成：①前言。是给应答者的简短信息，内容包括调查者的自我介绍、调查目的及重要性、请求合作并致谢等。一般写在问卷的首项。②问题和备选答案。是问题的核心内容，也就是调查的具体内容。③编码和登录地址。便于分类处理和检索。

完美的问卷必须具备两个功能，即能将问题准确地传达给被调查者和使被调查者乐于回答。要完成这两个功能，问卷设计时应遵循一定的原则和程序，运用一定的技巧。

一、问卷设计原则

（1）主题明确。根据调研问题和目标，从实际出发，主题明确、简洁。

（2）结构合理，逻辑性强。问题的排列应有一定的逻辑顺序，符合应答者的思维程序。一般由近及远，先易后难，先简后繁，先具体后抽象。

（3）语言贴切，通俗易懂。问卷应使应答者一目了然，并愿意如实回答。问卷中语句要通俗易懂，符合应答者的理解能力和认识能力，避免使用专业术语；语气要亲切诚恳，易于沟通。对敏感性问题采取一定的技巧提问，以避免尴尬。

（4）长短适度。问卷之长短，因被调查者对调查主题之关心程度、询问场所、调查对象类型、调查员熟练程度等而不同。一般而言，问卷以简短者为佳。美国调查机构大都限制调查访问时间为 15 分钟，但此项限定并非绝对。

（5）便于资料的校验、整理和统计。设计问题时一定要考虑在分析研究时应计算什么指标以及怎样计算等。如果设计不妥，一些问题就无法进行统计整理和分析，或使处理过程变得更为复杂，这样就可能会增大误差。

二、问卷设计程序

（1）确定主题，拟定调查项目。根据商业银行调查目的，确定调查主题，即所要调查的问题重点，并确定调查的具体项目。具体项目要少而精。

（2）分析样本特征。了解调查对象的社会阶层、社会环境、行为规范、观念习俗等社会特征；需求动机、潜在欲望等心理特征；理解能力、文化程度、知识水平等学识特征，以便针对其特征来拟题。

（3）拟定并编排问题。首先构想每项资料需要用什么样的句型来提问，尽量详尽地列出问题，然后对问题进行检查、筛选，看有无多余问题，有无遗漏问题，有无不适当的问题，以便进行删、补、换。按照问卷设计原则，编排问题的顺序。

（4）进行试访即事前试验（pre-test）。站在调查者的立场上试行提问，看看问题是否清楚明白，是否便于资料的记录、整理；站在应答者的立场上试行回答，看看是否能答和愿答所有的问题，问题的顺序是否符合思维逻辑，估计回答时间是否合理。必要时还可以在小范围进行实地试答，以检查问卷的质量。

（5）修改、付印。根据试答情况，进行修改，再试答，再修改，直到完全合格以后才定稿付印。

三、问卷设计中的提问设计

（一）提问的形式

1. 自由问题

由应答者自由申述看法和意见，不受任何拘束的提问方式，也称为“无限制回答法”。例如：“你使用××银行卡多久了?”“你为何选择××银行?”“你希望银行再开办哪些业务?”应答者可以自由回答以上问题，并不需要按某种固定格式选择答案。

优点：①拟定问题不受拘束，较其他询问方式容易。②对回答者不限制回答范围，可能收集到一些为调查者所忽略的答案和资料。

缺点：①对不能明确申述意见者，或对答案想不出者，因无强制性，大都回答“不知道”等含糊之词。②调查结果因受调查员询问方式，以及应答者表达能力的影响，容易产生偏差。③资料整理与分析困难。

2. 封闭式问题

与自由式问题相反，其答案已事先由调查者拟定，应答者只需从中选择一项或数项的提问方式，也称为“限制回答法”。

(1) 二项选择法（alternative choice questions)。本方法亦称是非法或真伪法，即回答项目分为两个，应答者选择其一。如“你用银行卡吗?”答案为“是”或“否”。

优点：态度与意见不明确时，可以求得明确的判断，并在短暂的时间内，求得回答；使中立意见者，偏向一方。缺点：不能表示意见程度的差别。

(2) 多项选择法。事先预备多个回答项目，应答者选择其中数项的方法。此法可缓和二项选择法强制选择的缺点，统计时也比自由问题简单。但要注意：①须将备选答案编号；②答案须包括所有可能情况，不重复，不遗漏；③被选答案不宜过多，以不超出10个为理想。

(二) 不同问题的提问技巧

(1) 事实性问题：事实性问题主要要求应答者回答一些有关事实的问题。例如：“你在我行开立的账户是什么类型?”事实性问题的主要目的在于求取事实资料，因此问题中的字义必须清楚，使应答者能准确理解，正确回答。

商业银行营销调研中，许多问题均属“事实性问题”，如应答者个人资料(职业、收入、家庭状况、居住环境、教育程度等)。在问卷之中，通常将此类问题放在后边，以免应答者在回答有关个人问题时有所顾忌，而影响以后的答案。

(2) 意见性问题：询问应答者一些有关意见或态度的问题。例如：“你对××银行的总体评价如何?”

意见性问题即态度问题。要考虑用什么样的语言，依怎样的次序才能使应答者愿意表达他的真实态度；态度强度亦有不同，设计答案时要注意用态度量表衡量其强弱。因此意见性问题比事实性问题的设计要困难得多。

(3) 困窘性问题：困窘性问题是指应答者不愿作答的某些问题，如隐私问题、不为一般社会道德所接纳的行为或态度、有碍声誉的问题。例如：“如果你的汽车是分期购买的，一共分多少期?”“你是否向银行抵押借款购买股票?”“除了工作收入外，尚有其他收入吗?”如果想要获得困窘性问题的答案资料，又欲避免应答者作不真实的回答，可采用间接问题法，不直接询问应答者对某事项的观点，而改问“您认为某人对该事项的看法如何?”，以套取应答者自己的观点。

（4）断定性问题：事先假定应答者已有这种态度或行为。例如“您每月在××银行办理几次个人金融业务?”。

事实上该应答者极有可能根本不去××银行办理个人金融业务，这种问题则为判定性问题。正确处理这种问题的方法是在断定问题之间加一条“过滤”问题。例如，“您去××银行办理个人金融业务吗?”如果应答者回答“是”，用断定问题继续问下去才有意义，否则在过滤问题后就应停止。

（5）假设性问题：有许多问题是先假定一种情况，然后询问应答者在这种情况下，他会采取什么行动。例如“如果简化个人消费贷款手续，你愿意办理消费贷款吗?”这种假设性问题，目的在于探测应答者未来的行为取向。

（三）提问设计应注意的问题

1．避免一般性问题

如果问题的本来目的在于求取某种特定资料，但由于提问过于一般化，使应答者难以回答或所提供的答案趋同化。例如某银行想了解客户对该行的产品和服务是否满意，而作以下询问：你对本银行是否感到满意？这样的问题，显然有欠具体，应分别就服务和产品两大类问题做具体询问。

2．用字简单与定义清楚

问句的字眼必须简单，且为常用的，避免使用冗长、复杂的语句。在商业银行营销调研中，经常会出现“家庭”、“收入”等词语，其定义必须清楚。究竟祖父母以及堂兄弟姊妹应否包括在“家庭”之内，“收入”是指缴税前的收入抑或税后收入，非经常性收入是否也应列入“收入”，对这些问题，应答者的了解或认定各不相同，这自然会影响到答案的准确性。因此问题用语的定义必须清楚明确。

3．避免用多意语字眼

有许多字眼，每个人对其理解各有不同。例如“公平”、“普通”、“时常”、“很多”及“一般来说”等，提问中应避免使用。例如：“你通常注意银行的广告宣传吗?”显然“通常”这字眼对不同的应答者来说，有不同的定义。如果将以上问题改成“您看见了××银行的电视广告了吗?”应答者更易回答。

4．避免使用引导性问题

如果问题所使用的字眼并非“中性”，而有向应答者提示答案的倾向，或者暗示出调查者自己的观点的话，这些问题都可视为“引导性问题”。例如“很多人都去××银行办理金融业务，你也去吗?”有引导应答者回答“是”的嫌疑。

总之，设计调查问卷需要有心理学和统计学两方面的知识，应该请专家设计调查问卷，至少应该有内行来协助完成这项任务。

附录 上海某银行针对个人客户的品牌调查问卷表

尊敬的先生/女士：

我行一直致力于创新品种、改善服务，以满足您的需要。为此，我们特意请您参加我们的问卷调查。

您的看法将成为我们改进工作的重要依据！

衷心感谢您的合作！

××银行

2008年10月

第一部分 产品和服务

1. 您在我行办理个人金融业务的频率是（请打“√”）：

□每月1次　□每月2次

□每月3次　□每月4次

□每月4次以上

2. 对于选择银行网点，您对下列因素的考虑是什么？请在相应数字上画圈。

因素	极其重要	很重要	重要	不重要
营业时间	4	3	2	1
网点分布是否便利	4	3	2	1
营业环境	4	3	2	1
服务效率	4	3	2	1
业务种类是否齐全	4	3	2	1
存款的安全性	4	3	2	1
存款的收益性	4	3	2	1
存款的附加服务	4	3	2	1
银行卡的功能	4	3	2	1
个人贷款申请手续的繁简	4	3	2	1
其他（请填写）＿＿＿＿＿＿	4	3	2	1

3. 对上表所列因素，您对我行的评价如何？请在相应数字上画圈。

因　　素	很满意	满　意	一　般	差
营业时间	4	3	2	1
网点分布是否便利	4	3	2	1
营业环境	4	3	2	1
服务效率	4	3	2	1
业务种类是否齐全	4	3	2	1
存款的安全性	4	3	2	1
存款的收益性	4	3	2	1
存款的附加服务	4	3	2	1
银行卡的功能	4	3	2	1
个人贷款申请手续的繁简	4	3	2	1
其他（请填写）________	4	3	2	1

4. 你认为我行提供的业务品种在哪些方面符合您的需要？（可选择多项）

□储蓄　□持卡消费

□代缴公用事业费　□意外用款时的小额贷款

□国债投资　□消费贷款

□其他（请填写）________

5. 您认为我行在服务质量上使您满意的是哪些方面？（可选择多项）

□待客态度　□服务效率

□言词礼节　□投诉处理

□营业环境　□业务水平

□其他（请填写）________

6. 您认为我行在营销上与其他银行的差距主要在哪些方面？（可选择多项）

□业务品种　□广告宣传

□银行形象　□服务态度

□服务效率　□鲜明的口号

□网点便利　□其他________

7. 对于以下业务，如果您在我行办理，请在“1”上画圈；如果您在其他银行办理，请在“2”上画圈；如果您同时在我行和其他银行办理，请同时在“1”和“2”上画圈。

业务品种	在我行办理	在其他银行办理
一本通	1	2
存本取息	1	2
银行卡	1	2
电话银行	1	2
代缴公用事业费	1	2
个人住房贷款	1	2
个人消费贷款	1	2
小额质押贷款	1	2

8. 您在我行和其他银行账户上的平均存款金额大约为多少？请在相应的数字上画圈。

	在我行的存款	在其他银行的存款
1000 元以下	1	1
1 000～2 500 元	2	2
2 500～5 000 元	3	3
5 000～10 000 元	4	4
10 000～20 000 元	5	5
20 000～50 000 元	6	6
50 000 元以上	7	7

9. 您是否愿意只在一家银行办理全部金融业务？

如果回答是，您的理由是（可选择多项）：

□方便　　□期望有一定优惠

□比其他银行功能更全　　□其他＿＿＿＿＿＿

如果回答否，您的理由是（可选择多项）：

□品种不能满足全部需求　　□服务各有特色

□其他＿＿＿＿＿＿

第二部分　对我行的整体评价

10. 您对我行的总体评价如何？

□很好　　□好

□一般　　□差

11. 您认为我行的品牌名称是否鲜明？

□很响亮，这个品牌应该能够成为银行业的代表

□一般，它容易使人们误解为任意一家银行

如果您觉得我行的名称很响亮，那么，您认为目前我行的经营管理能否把这一品牌体现出来？

□很好体现　　□有所体现，但还有较大差距

□基本不能体现出来

12. 要使我行能够成为银行业的一个代表，您认为下列因素中哪些是主要的？

□资产规模　　□品牌知名度

□银行形象　　□业务品种种类

□异地业务的完善　　□服务质量

□服务效率　　□其他______

13. 您认可我行的形象吗？

□认可　　□不认可

14. 您认为我行的定位在哪些方面上最能得到体现？

□行徽　　□业务品种

□营业网点的分布　　□营业环境

□宣传口号　　□服务效率

□其他______

15. 您认为我行人员素质是否符合我行对品牌的要求？

□符合　　□不符合

16. 如果我行在某些支行建立“精品支行”，您是否认为这与我行的大众性不符？

□符合　　□不符合

如果您认可这些“精品支行”，

A. 这是否意味着您希望我行在银行形象上应该转变为“精品银行”？

□希望　　□不希望

B. 您希望我行在哪些方面改进以进一步完善“精品银行”？

□营业环境　　□业务水平

□品种创新　　□服务效率

□便民措施　　□专项服务

□扩大电话银行和网络银行的运用

□其他______

第三部分 您的个人资料（予以保密）

17. 您的年龄段：

□18～24 岁　　□25～34 岁

□35～44 岁 □45～54 岁
□55～64 岁 □65 岁以上

18. 您的婚姻状况：
□未婚 □已婚

19. 您是否有小于 18 岁的孩子？
□有 □没有

20. 您的职业：________________

21. 您的家庭在 2001 年的总收入大致范围是：
□10 000 元以下 □10 000～20 000 元
□20 000～40 000 元 □40 000～60 000 元
□60 000～80 000 元 □80 000 元以上

再次感谢您的合作！

关键概念

商业银行、营销调研、原始资料、客户数据库、观察法

❖ 思考题

1. 什么是商业银行营销调研？试分析商业银行营销调研在银行营销中的作用？
2. 试述商业银行营销调研的程序。
3. 如何建立商业银行客户数据库？
4. 商业银行营销调研的目标有哪些？
5. 商业银行营销调研的方法有哪些？各自的特点如何？
6. 试就有关银行服务质量问题为××银行设计一份调查问卷。

☞ 案例

营销调研有助于新产品的定价决策

这是一个虚拟的案例，要求马尔顿国民银行营销调研经理审核最后一次营销调研项目所遵循的步骤，目的是测评银行是否应推出新的低成本支票账户。下面是审核的过程。

营销调研报告：定价新的低成本支票账户。

明确问题

本行（马尔顿国民银行）目前只提供了一种个人支票账户，定价如下：

· 月最低或平均余额为 500 美元或以上：

无须支付支票账户服务费。

· 月最低或平均余额未达 500 美元：

应支付维护费：3 美元。

每张支票：0.25 美元。

希望本行的产品线能为经济状况有限的客户增加低成本支票账户——即为不常签发支票且平均余额较低的客户服务。因此，银行的营销部门收集信息，帮助设计了新的支票账户。该账户可能会吸引这部分目标受众，同时不会过分减少银行的费用收入。银行认为营销调研有助于银行。

· 建立一处定价体系以吸引目标受众，包括客户与非客户，并降低银行费用的损失；

· 估计客户可能转入新账户的百分比；

· 估计本行能从竞争对手中争取新账户的数量。

由于任何定价决策肯定会导致降低从现有客户收取的服务费收入，因此需要开发一种能吸引新客户的产品，以帮助尽量抵消收入的损失。

策划和设计项目

二手数据

从银行内部得到的数据表明，个人支票账户近一半（20 000 个账户中有 9 204 个）平均月余额在 500 美元或以下。虽然，这些账户只占个人支票账户余额的 4.5%，却占银行每月 51 750美元服务费收入的 100%（示例 1）。

示例 1　个人支票账户层次

平均月余额范围	账户数量	余额/美元
0～300	6 443	604
301～500	2 761	966
501～1 000	4 276	3 094
1 001～2 500	4 238	6 549
2 501～5 000	1 387	4 763
5 001～10 000	560	3 819
10 001～20 000	212	2 883
20 001～50 000	90	2 674
50 001～100 000	21	1 436
100 001～250 000	8	1 194
250 001～500 000	2	675
500 001 或更多	2	6 548
合计	20 000	35 205

原始数据

银行希望通过调查目标受众样本测评低余额支票客户中五种可选择的定价方案。营销调研部门与外部研究机构一起工作，设计、实施和解释了这次调研。

选择调研手段

银行认为这次调研采用电话的方式可能最为有效，并设计了一张调查问卷以收集下列信息：

- 调查对象目前使用的支票账户种类；
- 每月签发支票的数量；
- 调查对象为每月节约一美元服务费转换银行账户的可能性；
- 对五种可选择的定价方案的反应；
- 关于调查对象的人口统计信息。

银行还认为，比较五种定价方案对客户最具吸引力的最佳办法当属比益分析法，即将定价方案分成若干对，采访者要求调查对象说出她/他偏重哪种定价方案。因此，需要排列出五对需要测试的定价方案：

(1) 5 美元统一收费（免费签发支票）；

(2) 1 美元维护费加签发每张支票 0.35 美元；

(3) 2 美元维护费，签发免费支票 8 张，之后每签一张 0.50 美元；

(4) 1 美元维护费，签发免费支票 8 张，之后每签一张 0.50 美元；

(5) 签发每张支票 0.50 美元（免付维护费）。

要求调查对象在下列五对方案中说明其偏好：1 或 2、2 或 5、3 或 2、4 或 2、1 或 5。根据上述信息列出五种定价方案的顺序，从而了解哪种方案对受众最具吸引力。

设计样本

银行认为可以肯定本行低余额支票客户也代表了其他银行低余额支票客户。而且，本行支票账户系统毫不费力就能编制出余额在 500 美元以下的户名和住址。因此，决定以本银行低余额支票客户为样本。

根据二手数据，银行了解到账户余额低于 500 美元、0～500 美元范围内数量的分布不均匀。余额为 300 美元或 300 美元以下的账户是 301～500 美元账户的两倍。由于这些群体可能在人口统计和购物态度上存在区别，银行决定从两类群体中得到足够的样本并加以分析。

在决定样本规模时，银行意识到样本越多统计数据越可靠，但所耗成本也越高。最后决定采访 200 位客户样本，余额 300 美元以下和 301～500 美元之间的客户各占一半。这样，银行既能达到目的又能得到充分而可靠的数据。

提取样本

银行的目的就是要从两种余额类别中进行 100 次完整的采访。提取样本时应考虑下列情况：

- 很多客户未登记电话号码；
- 有电话号码的各户，很可能在采访时家中无人；
- 有些客户可能拒绝参与或在未完成采访前中断采访。

由此推断：

- 有一半账户未登记电话号码；
- 拨打的电话可能有一半能够接通；
- 接通电话的客户有一半能够完成采访。

根据上述推断，每种余额类别需要大约 800 位户名和地址，或需要总数为 1600 个户名和地址。如果只有一半的客户登记了电话号码，就要向调研公司提供每采访一次需要的四个户名和地址。

6 443 位客户余额为 300 美元或低于这个数，2 761 位客户余额为 301～500 美元之间，银行拟告诉数据处理部门根据下述情况提取系统的样本：

· 余额 300 美元或低于这个数的客户，每八户中提取一户

6 443/800＝8.05，共有 805 户。

· 余额在 301～500 美元之间的客户，每四户提取一户

2761/800＝3.45，共有 690 个户名。基于对未登记的电话号码以及不能完成采访的客户的保守推断，银行认为按照上述方法较为恰当。由计算机提取样本，然后送有关公司查找客户的电话号码。

收集数据

银行通知调研公司在每周工作（下午 4：00～9：00）晚上和周末（中午至下午 6：00）进行采访，并组织了采访者培训班，在培训期间审核了调查问卷并回答了有关调研的问题。参与者并不知道银行组织的这次调研，但了解这是一次银行的抽样调查。如果调查对象不知道其谈话对象是银行的支票账户代表，其表现可能会更诚实，尤其是在谈到是否可能转换银行的时候。

分析数据

实际上，收集到的数据比要报告的数据更多。根据项目要求列出表格，表格涉及一些调研的主要问题，并使银行了解到低余额客户之间以及四个不同年龄客户群体之间对新产品反应的区别，同时也了解到 200 位调查对象样本的情况。在分析数据时，要特别注意下列情况：

人口统计

银行向自己提出的问题是：客户年龄与平均支票余额之间有何关系（示例 2）。发现大约有五分之一的低余额客户（余额为 300 美元或以下者）为 25 岁或低于这个年龄。余额为 301～500 美元的客户 11 位中只有 1 位（9%）25 岁或低于这个年龄。不到一半（46%）的低余额客户介于 26～45 岁之间，而这个年龄群中高余额者占 57%。实际上，低余额客户的年龄平均小于高余额客户平均年龄 3 岁。

调查对象年龄见示例 2。

示例 2 调查对象年龄

项目	调查对象数量	余额	
		0～300 美元	301～500 美元
合计	200	100	100
≤25 岁	30	21	9
26～45 岁	103	46	57
46～60 岁	50	24	26
61 岁以上	13	6	7
拒绝回答	4	3	1
平均年龄/岁	38.7	37.4	40.0

银行还探讨了平均余额与家庭收入之间的关系（示例3）总之，收入越高余额越高。20%较低余额客户收入低于15 000美元，但只有4%较高余额客户属于这一收入类别。另一方面，较高余额客户中60.0%收入介于25 000～49 999美元之间，而只有36%的较低余额客户属于这一收入范围（示例3）。

示例3 调查对象家庭收入（单位：人）

项目	总数	余额0～300美元	余额301～500美元	25岁以下	26～45岁	46～60岁	61岁以上	年龄不详
合计	200 (100.0%)	100 (100.0%)	100 (100.0%)	30 (100.0%)	103 (100.0%)	50 (100.0%)	13 (100.0%)	4 (100%)
总收入低于15 000美元	24 (12.0%)	20 (20.0%)	4 (4.0%)	9 (30.0%)	4 (3.9%)	7 (14.0%)	4 (30.8%)	
总收入15 000～24 999美元	29 (14.5%)	19 (19.0%)	10 (10.0%)	6 (20.0%)	19 (18.4%)	3 (6.0%)	1 (7.7%)	
总收入25 000～49 999美元	96 (48.0%)	36 (36.0%)	60 (60.0%)	8 (26.7%)	55 (53.4%)	25 (50.0%)	7 (53.8%)	1 (25%)
总收入50 000美元以上	24 (12.0%)	11 (11.0%)	13 (13.0%)	3 (10.0%)	12 (11.7%)	8 (16.0%)	1 (7.7%)	
拒绝回答	27 (13.5%)	14 (14.0%)	13 (13.0%)	4 (13.3%)	13 (12.6%)	7 (14.0%)	—	3 (75%)

转换银行的可能性

银行意识到向人们提出“如果……，他们会做何反应”这样的问题意义不大。这种问题实际上导致了推测和影响客户行为的因素。最好的办法通常是根据客户过去的实际行为提出问题，而不是向客户“可能”会怎样做。但回答这样的问题却有助于确定哪种客户群较有可能在考虑储蓄成本时转换银行。

银行非常关注可能转换银行的客户，因为：①在非客户群体中，他们是银行最佳的潜在客户；②在本银行的客户群中，他们是最难留住的客户，尤其是在面临产品激烈竞争之时。

需要回答的问题还有：为了节约一美元月服务费，调查对象总数中表示可能或很有可能转换银行的百分比以及哪些客户最有可能转换银行（示例4）。有三分之一（33%）被调查的客户表示可能或很有可能转换支票账户。40～60岁的年龄段中，较多的客户认为很有可能为节约一美元转换银行。60岁以上的客户，包括那些表示可能或很有可能转换银行的客户，也似乎很少为节约一美元而转换银行。而26～60岁的客户对转换银行的想法则是开诚布公的，他们占余额低于500美元客户中的四分之三。所以银行的关注不无道理。大部分低余额客户表示可能或很有可能转换银行，这种结果并未令人感到惊讶。

示例 4　为节约一美元服务费而转换银行的可能性（单位：人）

问题："如果你所在地区另一家银行的支票账户服务费比你使用的银行要低，在其他条件不变的情况下，你是否有可能将支票账户转入那家银行?"

总收入	总数	余额 0～300 美元	余额 301～500 美元	25 岁以下	26～45 岁	46～60 岁	60 岁以上	年龄不详
合计	200 (100.0%)	100 (100.0%)	100 (100.0%)	30 (100.0%)	103 (100.0%)	50 (100.0%)	13 (100.0%)	4 (100%)
很有可能	25 (12.5%)	15 (15.0%)	10 (10.0%)	2 (6.7%)	12 (11.7%)	10 (20.0%)	1 (7.7%)	
有可能	41 (20.5%)	25 (25.0%)	16 (16.0%)	6 (20.0%)	27 (26.2%)	7 (14.0%)	1 (7.7%)	
不太可能	62 (31.0%)	26 (26.0%)	36 (36.0%)	11 (36.7%)	32 (31.1%)	14 (28.0%)	2 (15.4%)	3 (75%)
完全不可能	72 (36.0%)	34 (34.0%)	38 (38.0%)	11 (36.7%)	32 (31.1%)	19 (38.0%)	9 (69.2%)	1 (25%)

支票活动

银行给自己提出的问题是：不同年龄及余额群体在签发支票这方面有何区别（示例 5）。银行计算了每位客户签发支票的平均数和中位数。但计算每组的众数值时，发现群体间很有意义的差别。四分之一强的低余额客户每月签发 4～6 张支票，这一数字仅为高余额客户的三分之一。高余额客户每月签发 10～12 张支票。再来看看平均数，余额低于 300 美元的客户平均每月签发 11 张（10.51）支票。余额在 301～500 美元之间的客户平均每月签发 14（13.78）张支票。

示例 5　每月签发支票数量

项目	总数	余额 0～300 美元	余额 301～500 美元	25 岁以下	26～45 岁	46～60 岁	60 岁以上	年龄不详
合计/人	200 (100.0%)	100 (100.0%)	100 (100.0%)	30 (100.0%)	103 (100.3%)	50 (100.0%)	13 (100.0%)	4 (100%)
签发支票 1～3 张/人	9 (4.5%)	9 (9.0%)		5 (16.7%)		3 (6.0%)	1 (7.7%)	
签发支票 4～6 张/人	37 (18.5%)	28 (28.0%)	9 (9.0%)	6 (20.0%)	20 (19.4%)	7 (14.0%)	3 (23.1%)	1 (25%)
签发支票 7～9 张/人	29 (14.5%)	12 (12.0%)	17 (17.0%)	5 (16.7%)	15 (14.6%)	6 (12.0%)	2 (15.4%)	1 (25%)
签发支票 10～12 张/人	51 (25.5%)	20 (20.0%)	31 (31.0%)	5 (16.7%)	26 (25.2%)	16 (32.0%)	2 (15.4%)	2 (50%)
签发支票 13～15 张/人	28 (14.0%)	12 (12.0%)	16 (16.0%)	2 (6.7%)	16 (15.5%)	6 (12.0%)	4 (30.8%)	

续表

项目	总数	余额0～300美元	余额301～500美元	25岁以下	26～45岁	46～60岁	60岁以上	年龄不详
签发支票16～18张/人	9 (4.5%)	5 (5.0%)	4 (4.0%)	2 (6.7%)	4 (3.7%)	3 (6.0%)		
签发支票19～24张/人	17 (8.5%)	8 (8.0%)	9 (9.0%)	3 (10.0%)	13 (12.6%)	1 (2.0%)		
签发支票25～35张/人	16 (8.0%)	4 (4.0%)	12 (12.0%)	1 (3.3%)	9 (8.7%)	5 (10.0%)	1 (7.7%)	
签发支票≥36张/人	2 (1.0%)	1 (1.0%)	1 (1.0%)	(3.3%)		2 (2.0%)		
不知道/人	2 (1.0%)	1 (1.0%)	1 (1.0%)	1 (3.3%)		1 (2.0%)		
平均数/张	12.14	10.51	13.78	9.86	12.72	13.00	10.54	
中位数/张	11	10	12	9	11	11	10	
众数/张	10～12	4～6	10～12	4～6	10～12	10～12	13～15	

注：在统计学中，众数是指一组数值中出现次数最多的数值。本表包含了每组客户细分的最大数值。中位数指中值或两个中值的平均数。在本表中，一组有100位客户，中位数是第50、51位客户的平均值。一半高于中位数，一半低于中位数

定价偏好

银行给自己提出的问题是：按照马尔顿国民银行现有定价，每种余额类别的客户现在平均为支票支付多少服务费，并且在五种被测试的定价方案中愿意支付哪一种。其结果如下。

	余额300美元	余额301～500美元
每月签发支票数：	11	14
按照现有定价收费：每月固定收费3.00美元 每张支票另收0.25美元	5.75美元	6.50美元
1. 统一收费5.00美元	5.00美元	5.00美元
2. 每月固定收费1.00美元，每张支票另收0.35美元	4.85美元	5.90美元
3. 每月固定收费2.00美元，每张支票另收0.50美元；但可免费签发8张支票	3.50美元	5.00美元

4. 每月固定收费 1.00 美元，每张支票另收 0.50 美元；但可免费签发 8 张支票	2.50 美元	4.00 美元
5. 每张支票 0.50 美元	5.50 美元	7.00 美元

银行希望据示例 6 的信息为这六组客户（很低的余额和较低余额客户加上四个年龄组）群列出定价方案。从最低余额客户群开始，排出了六组对五种定价方案（示例 7）的顺序。

银行不仅希望定价能使客户满意，而且也很关心营销概念所提及的“利润”。因此，也希望从银行的角度对五种定价方案进行排序。银行计划分两种排列：一种是每月签发 5 张支票的客户，另一种是每月签发 11 张支票的客户（每种余额类别都有众数值）。示例 7 中增加了这一部分。

示例 6　每对定价方案的比较结果（单位：人）

项目	总数	余额 0～300 美元	余额 301～500 美元	25 岁以下	26～45 岁	46～60 岁	60 岁以上
总数	200 (100.0%)	100 (100.0%)	100 (100.0%)	30 (100.0%)	103 (100.3%)	50 (100.0%)	13 (100.0%)
月服务费 5.00 美元 不支付支票费	113 (56.5%)	44 (44.0%)	69 (69.0%)	18 (60.0%)	58 (56.3%)	30 (60.0%)	13 (38.5%)
月服务费 1.00 美元 每张支票 0.35 美元	87 (43.5%)	56 (56.0%)	31 (31.0%)	12 (40.0%)	45 (43.7%)	20 (40.0%)	8 (61.5%)
月服务费 1.00 美元 每张支票 0.35 美元	147 (73.5%)	70 (70.0%)	77 (77.0%)	21 (70.0%)	76 (73.8%)	39 (78.0%)	8 (61.5%)
不支付月服务费 每张支票 0.50 美元	53 (26.5%)	30 (30.0%)	23 (23.0%)	9 (30.0%)	27 (26.2%)	11 (22.0%)	5 (38.5%)
月服务费 2.00 美元 每张支票 0.50 美元 8 张免费支票	109 (54.5%)	52 (52.0%)	57 (57.0%)	11 (36.7%)	61 (59.2%)	29 (58.0%)	7 (53.8%)
月服务费 1.00 美元 每张支票 0.35 美元	91 (45.5%)	48 (48.0%)	43 (43.0%)	19 (63.3%)	42 (40.8%)	21 (42.0%)	6 (46.2%)
月服务费 1.00 美元 每张支票 0.50 美元 8 张免费支票	120 (60.0%)	64 (64.0%)	56 (56.0%)	16 (53.3%)	66 (64.1%)	29 (58.0%)	8 (61.5%)
月服务费 1.00 美元 每张支票 0.35 美元	78 (39.0%)	35 (35.0%)	42 (43.0%)	14 (46.7%)	36 (35.0%)	20 (40.0%)	5 (38.5%)
月服务费 5.00 美元 不支付支票费	116 (58.0%)	48 (48.0%)	58 (68.0%)	16 (53.3%)	61 (59.2%)	30 (60.0%)	5 (38.5%)
不支付月服务费 每张支票 0.50 美元	82 (41.0%)	51 (51.0%)	31 (31.0%)	14 (46.7%)	41 (39.8%)	19 (38.0%)	8 (61.5%)

示例 7 定价方案排序

项目	客户排序				银行排序			
	余额		年龄		5 张支票		11 张支票	
月服务费 1.00 美元 每张支票 0.50 美元 8 张免费支票	1	1	2	2	2	1	5	5
月服务费 2.00 美元 每张支票 0.50 美元 8 张免费支票	2	1	5	3	3	2	4	4
月服务费 1.00 美元 每张支票 0.35 美元	3	3	3	4	4	3	2	3
月服务费 5.00 美元	5	4	1	1	1	5	1	2
每张支票 0.50 美元	4	5	4	5	5	4	3	1

各种定价方案的银行收入

	5 张支票	11 张支票
月服务费 1.00 美元，每张支票 0.50 美元，8 张免费支票	1.00 美元	2.50 美元
月服务费 2.00 美元，每张支票 0.50 美元，8 张免费支票	2.00 美元	3.50 美元
月服务费 1.00 美元，每张支票 0.35 美元	2.75 美元	4.85 美元
月服务费 5.00 美元	5.00 美元	5.00 美元
月服务费 0.50 美元	2.50 美元	5.50 美元

注：1 表示最愿意接受，5 表示最不愿意接受

资料来源：(美) 玛丽·安娜·佩苏略．银行家市场营销．张云，何易译．北京：中国计划出版社，2001

提出定价建议

在示例 7 八个排列坐标中，银行采用排除法缩小定价方案。银行最愿意接受的定价方案（每张支票 0.50 美元，不收维护费）恰好是大多数客户群不愿接受的方案。因此排除了这种方案。同样，银行不愿接受的方案，即每月 1 美元，8 张免费支票，其余支票每张 0.50 美元是客户最愿意接受的方案，这一方案也被排除。60 岁以上的客户不愿接受 5 美元的统一收费，而两个余额组群对此打分也不高。因此，银行建议定价集中在两个方案：①每月 2 美元，8 张免费支票，其余支票每张 0.50 美元；②每月 1 美元，每张支票 0.35 美元，无论签发多少支票。

虽然上述第二种可选择方案对银行有利，可能会带来更多的收入，但管理层为了吸引新账户还是选择了第一种方案。

汇报结果

在与员工和调研公司分析讨论上述数据及其潜在影响之后，写出了调研报告。报告格式

应按照管理层认为最能获得信息、最有效的一种方式草拟。

(1) 提要。

该报告共三页纸，概述了主要的调查结果以及提出的建议，强调重点而不要采用冗长的叙述手法。

(2) 方法。

在本段提出

- 调研的目标；
- 调查问卷的设计背景；
- 怎样设计和选择样本；
- 数据收集阶段的经验（拨打电话和完成通话的数量、采访的时间长度和完成采访的比例）；
- 有关调研结果统计的可靠性问题。

(3) 详细的调查结果。

本段是整个报告中内容最多的一部分，讨论每项主要的调查结果，并按顺序列出支持性表格和对调查结果的详细解释。

(4) 调查问卷。

调研报告之后应附上一份调查手段的复印件，让读者清楚这些提问是如何措辞的。

案例讨论题

1. 商业银行营销调研与产品定价的关系是什么？
2. 在定价中应重视哪些信息资料的收集？

第五章

商业银行客户

客户就是上帝。现代商业银行市场营销要以客户的需求为核心。那么客户是谁呢？客户到底需要什么？他们在哪购买所需银行的产品和服务？他们何时、何地、怎样购买所需的产品和服务？解决这些问题，就需要研究客户的购买心理和购买行为。是否了解自己的客户直接决定着商业银行经营的成败。

第一节　商业银行客户特征

一、商业银行客户及分类

商业银行产品和服务的消费者即为商业银行的客户。

商业银行客户可分为两大类，即个人客户和公司客户。在银行进行客户开发与管理时，还需要将个人客户和公司客户进一步细分，将有大致相同需求的客户归为一类，从中选择目标客户，并用不同的营销手段满足这些目标客户的需求。

（一）商业银行的个人客户

个人客户是指与商业银行发生业务关系的个人或家庭。商业银行对个人客户的业务主要是以合理安排客户的个人财物为手段，为之提供存取款、小额贷款、代客投资理财、信息咨询及其他各类中介服务，由此为客户取得收益并帮助其防范风险，同时提高商业银行自身效益。通常，银行将个人客户或潜在的个人客户划分为具体的群体，每一群体内部的成员在使用银行的产品和服务时可能得到相同的利益，也可能得到不同的利益。每一群体的金融需求中总有一部分是该群体的基本需求，基本需求部分是使该群体与另外的群体区别开来的标志。当然，也可以以其在社会中担当的角色来确定每一个目标消费群。这一划分是十分普遍的，是大众传播专家对社会人群的分类。

（二）商业银行的公司客户

公司客户主要指与商业银行发生业务关系的各企事业单位及政府机关，其中以企业单位为主体。公司客户的业务对于商业银行的成功至关重要，其重要性在于它不像银行个人客户业务，不属于劳动密集型。银行公司客户业务部门的少数雇员就能服务于大量的公司客户。尽管这部分客户相比银行个人客户要少得多，但却能为银行带来大量的存款、贷款和收费业务，并成为银行利润的重要来源。

二、商业银行客户需求特征

需求是指人们有能力购买并愿意购买某个产品的具体愿望。需求实际上也就是对某特定产品及服务的市场需求。市场营销者总是通过各种营销手段来影响需求，并根据对需求的预测结果决定是否进入某一产品或服务市场。

商业银行的客户需求是指银行客户由于缺乏某种银行产品而产生的一种主观状态，是客户需要的反映，通常以愿望、意向的形式反映出来。银行客户的需求是其做出购买某种银行产品决定的原动力，除了具有需求的一般特性外，还具有自身的特点：①复杂性。银行客户的任何需求总是指向和要求获得某种具体的银行产品，这就决定了银行客户需求的复杂性和多样性。由于银行客户的理念、实力、发展模式等不尽相同，其购买要求也就有所不同。②可变性。银行客户的产生和发展，与客观现象的产生有很大关系。外界环境的变化和刺激使得银行客户的需求也随之发生变化，包括需求的转移、加强或取消。③发展性。银行客户的需求总是由低到高，由简单到复杂不断向前推进。银行客户的需求都不会因为一次获得满足而终止，他总是在获得满足的基础上有发展、派生出新的需求，并且由于需求对象本身的不断发展变化，银行客户需求的内容也会不断发展变化。

公司客户除具有以上银行客户的需求特征外，还具有如下特征：

（1）公司客户的数量较少。与个人客户相比，公司客户的数量较少，但交易规模和数量较大，在公司客户市场上，购买者大多数是企业，他们的购买行为由于同经营过程相联系，其规模自然比较大。公司客户购买银行产品所要达到的目标要更为多样化，包括获取利润、降低成本、满足员工需求及承担法律义务。

（2）影响购买决策的人较多，并且过程比较复杂，尤其在一些重要项目中更是如此。银行产品的购买直接关系到企业的经营和利益，因此企业往往需要经过多人的充分讨论和论证之后才能决定。正因为这样，购买决策一旦做出，一般不会随意变更，具有相对的稳定性。所以一个公司一旦成为某银行的客户，则该银行就要为其提供最为周到的服务，增强其忠诚度。

（3）购买决策是理性的决策。公司客户购买任何一种银行产品都是出于其生产经营管理的需要，有明确的目的，由不同部门的代表，经过论证、筛选、权衡利弊之后做出的选择。因此不可能出现个人客户购买的行为类型。诸如冲动型购买、感情型购买、随意型购买等。公司购买人员必须遵守其公司所制定的各项规章、政策、限制和要求。

（4）供求双方之间的关系密切。公司业务是现代商业银行业务的重要组成部分，它构成了银行效益的基础，表现在这几个方面：①银行绝大部分授信集中在公司客户上，决定了银行绝大部分利息收入依赖于公司业务。②银行绝大部分中间业务收入同样来源于公司客户。③公司客户在银行的存款绝大部分是活期存款，成本最低，是银行利润的来源之一。因此任何一家企业对银行来说都是重要的，对企业而言，便利稳定地获得所需的银行产品往往是其经营过程不可或缺的重要条件之一。和谐稳定的合作关系对供求双方都是有利的。因此，银行与公司客户的关系较个人客户更为密切，他们之间的关系不仅仅是纯粹的银行产品的买卖关系，同时也是一种合作伙伴关系。

（5）需求具有衍生性。公司客户尤其是企业客户对银行服务的需求源于其生产、经营和管理的需要。例如，企业产品在市场上供不应求，为了抓住市场机会，扩大再生产，这时就需要从银行借贷以购买机器设备与厂房，此时企业的需求是贷款。若企业借贷后，市场情况发生了变化，销售额下降，企业还贷能力出现问题，自然又与银行发生关系。衍生需求的这一特征决定了企业客户购买行为随着企业经营内容、经营规模和经营条件的变化而变化。

（6）公司客户有其特定生命周期下的银行产品需求。企业在不同的生命周期，其对银行产品的需求也不一样，具有波动性。企业对银行产品的需求源自与企业生产和经营管理的需要，银行应该经常了解企业的情况，并评估企业的财务状况、业务性质和经营的市场状况，对处于不同阶段的企业，通过一揽子服务方案的实施，给以相应的金融支持。例如，银行可根据企业对资金发展的需求，企业经营现状及发展规划，为其编制资金融通方案。帮助企业申请政策性银行的优惠，合理搭配企业贷款品种，提供企业 IPO、配股、发行企业债券、可转换债前后的融资咨询，辅以过桥贷款。利用自身掌握的金融融资手段及业务关系、信息网络，帮助企业具体实施投资方案。

第二节　商业银行客户行为分析

一、客户行为过程分析

（一）个人客户行为分析

个人客户购买商业银行产品的过程可以被划分为五个阶段：认识需要、信息收集、比较评价、购买决策、购后行为。如图 5-1 所示。

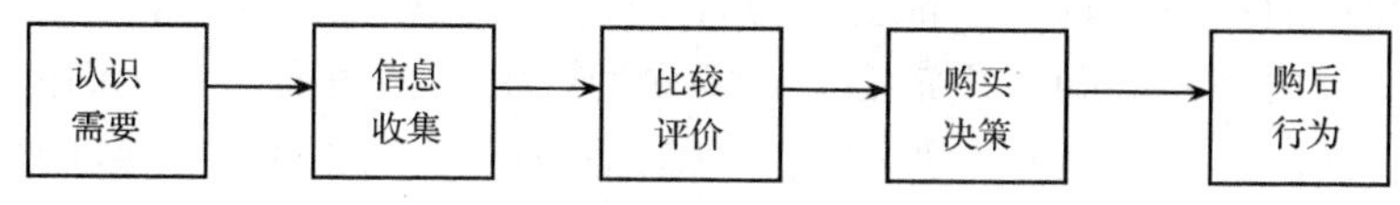

图 5-1　购买过程五阶段模式

1. 认识需要

是指客户确认自己的需要是什么。需要是购买行为的起点，升高到一定阀限时就变成一种驱动力，驱使人们采取行动去予以满足。这种需要由内在刺激和外在刺激引起并产生购买的动机。营销人员在这一阶段的任务是了解与本银行产品有关的现实和潜在的需要，了解客户需要随时间的推移以及外界刺激强弱而波动的规律性，以便有效地拟定和实施引起客户兴趣的各种营销策略。

2. 信息收集

当客户的需求被唤起后，他就会通过各种渠道收集有关的详尽信息，包括商业银行的有关资料、提供的产品和服务的性能、特征、规格、品牌、价格等。在此阶段营销人员的任务是了解客户的信息来源，了解不同信息来源对客户的影响程度，设计信息传播策略。

3. 比较评价

在广泛收集各方面信息资料的基础上，客户按一定的评价方法对同类产品的不同品牌和服务开始比较评价，并做出有关选择。这一过程的主要任务是对商业银行及其产品和服务的属性、属性权重、品牌信念、效用要求等进行全面了解和评价，根据各方面的条件，特别是自己的偏好，对购买方案做出选择。营销人员可以利用多种途径影响客户对产品的评价和偏好的形式。

4. 购买决策

客户对可供选择的产品进行评价之后，决定是否购买。购买决策可分为立即购买、暂缓购买和不购买三种。购买决策受多种因素制约，包括偏好、预期环境因素、非预期环境因素、他人态度。

5. 购后行为

客户购买产品后会通过产品使用过程检验自己购买决策的正确性，确认满意程度，作为以后类似购买活动的参考。购后行为是购买决策的反馈阶段，是本次购买行为的结果，又是下次购买行为的开始。因此，购后反应对商业银行的声誉、形象、产品、服务以及销售都有很大影响。如果客户对所购银行的产品和服务感到满意，这就增加了他们对该银行的忠诚度，而忠诚客户是商业银行的重要资产，是商业银行利润的源泉。营销人员应关注客户购买后的满意程度，采取措施尽量减少客户购买后的不满意程度，以影响他们的以后购买行为。

（二）公司客户行为过程分析

公司客户的每一次购买，都会经历若干个相互关联的不同阶段，这些相互关联的阶段对公司客户的购买决定会产生不同的影响，公司客户对他们的评价标准也不相同。因此，公司客户购买过程，也就是公司客户的购买决策过程。

通常来讲公司客户的购买过程包括认识需要、确定需要、物色银行、征求供应建议书、选择银行、确定供求关系、表现评价。

1. 认识需求

指公司客户认识自己的需要，明确所要解决的问题。认识需要是公司客户购买决策的起点，它可由内在刺激或外在刺激引起。一个公司客户选择银行的首要动机是信贷服务的要求，而其批准或拒绝贷款是公司客户建立或终止与银行关系的最主要原因。同时，公司客户也需要非信贷服务，如票据结算业务，企业结汇、售汇、付汇业务、电子印鉴业务等。

2. 确定需求

指公司客户根据自己当前的经营状况、条件及未来经济状况的预测和经营目标的要求，确定所需银行产品和服务的品种、数量、交易条件等。在这一阶段，公司客户通常会进行价值分析，以降低接受服务的成本。公司还会向银行咨询其想要购买的银行服务。因此，银行在这一阶段有必要先在律师或会计师等权利机构中建立起良好的信誉。

3. 物色银行

指公司客户根据银行产品和服务说明书的要求，寻找最佳银行。因此，银行应该扩大广告宣传，并到各种企业指导或宣传机构中心登记自己银行的名字，提高知名度，让公司各户充分地了解自己，树立起良好的信誉。

4. 征求供应建议书

指公司客户要求被选择的银行提供书面建议，公司客户对于规模较大或较为复杂的购买，会要求每一潜在银行提出详细的书面建议，经选择淘汰后，请余下的银行提出正式供应建议书。供应书的内容由于公司客户购买的产品品种不同而有所差异，但一般要求应包括如下内容：银行的资金力量、规模大小、技术水平、价格、成交条件、优惠服务内容、履约保证、操作程序和有利于购买客户充分发挥所购产品效能的合理化建议等。

5. 选择银行

指公司客户对供应建议书加以分析评价，确认银行。公司规模和公司所在行业的不同决定了公司所选择银行的标准的侧重点不同。

公司客户选择银行的标准通常包括：银行的地理位置、员工的素质、银行地位和规模、资金实力、信誉、贷款政策、非信用服务范围、产品供应的稳定性和可靠性，对忠诚客户的优惠措施，硬件设施的优劣，与购买有关的便利性、价格与安全性等。

6. 确定供应关系

完成上述几个程序后，公司客户就可同被确定的商业银行签署服务供求协议，确定供求关系，以明确双方应尽的权利和义务。

7. 表现评价

公司客户对有供求关系银行的表现加以评价，以验证银行履约程度、服务质量及其给公司客户带来的实际效益，以决定维持、修正或终止同银行的关系。

二、个人客户行为分析

（一）个人客户行为类型

1. 习惯型

指客户往往根据过去的经验，习惯选择商业银行购买其产品和服务。他们对商业银行及其产品和服务一旦产生信任或偏好，往往不考虑其他因素，会重复购买行为。由于商业银行的产品和服务差异性很小，营销策略主要是开展大量重复性广告，加深客户印象。

2. 理智型

指客户选择商业银行的过程，包括识别商业银行及其产品和服务、评价商业银行及其产品和服务、做出购买决策等，很少感情用事，一般受理智控制。他们在做出购买决策之前，常常要广泛收集商业银行及其产品和服务的信息，对所需的产品和服务进行分析和评价，权衡得失。这类客户主观性强，购买经验丰富，不易受外界因素的影响。对于理智型购买行为，营销者应制定策略帮助客户了解掌握本行的产品知识，运用各种媒体和营销人员宣传本银行产品和服务的优点。

3. 冲动型

指客户在购买商业银行的产品和服务时，易受外界因素的影响，心理反应活跃，情感变化快且不稳定，没有明确的购买计划。这类客户在外界广告宣传及创新产品宣传或其他外界影响的刺激下，以直观感觉为依据迅速做出购买决策，但购买后他们对自己的购买行为往往不甚满意。

4. 感情型

这类客户心理活动活跃，情感丰富，易兴奋，善于联想，想象力丰富，因而在购买时易受感情支配，也易受外界环境的感染诱导。这类客户往往以产品是否符合自己的感情需要来确定购买与否，因此，他们容易受购买环境和业务人员服务态度的影响，常常会心血来潮，促成购买行为。

5. 疑虑型

这类客户在购买过程中，善于捕捉产品和服务的细微差别，对事物体验深刻，购买决策犹豫不定，购买行为难以实现。对疑虑型客户商业银行的营销策略应是提供差异化产品和服务，以营业推广的方式进行促销。

6．经济型

这类客户非常有经济头脑，计划性强，善于个人理财，善于选择产品和服务，对产品的价格及其变化非常敏感。他们比较重视产品和服务的质量、功效、价格，总是希望以最小的支出获得最大的效用。商业银行的营销经理对这类客户进行促销的最好手段是包括折价、赠品等在内的营业推广。

（二）影响个人客户购买行为的因素

个人客户生活在纷繁复杂的社会之中，购买行为受到诸多因素的影响。要制定合理的营销策略，必须对影响个人客户购买行为的有关因素进行深入地分析和细致的研究。

1．文化因素

1）文化

文化指人类从生活实践中建立起来的价值观念、道德、理想和其他有意义的象征的综合体。文化不同，人们的价值观念、审美观念、民族特征、生活方式等都不相同，从而影响了人们的购买行为。

文化是影响人类欲望和行为的最基本的决定因素。由于文化对客户购买行为的重要影响，营销人员必须深刻认识为客户所认同的文化，并时刻注意其变化，通过实施营销策略，将蕴藏于银行产品和销售行为中的文化充分展示给客户，并为客户所认同。

2）亚文化

每一种文化都包含着更小的亚文化，亚文化群体由具有共同生活经历和环境成长的具有共同价值观念的人群组成。这些不同的亚文化群体，虽然都处在一个同样的社会之中，受整体社会文化的影响，但是每一种亚文化群都有其自身鲜明的文化特征。他们具有不同的价值观念、消费习惯、生活习惯和风俗习惯。我国有56个民族，31个省、市、自治区，不同民族、不同地区的人民共同遵守着中华民族的伦理道德和风俗习惯，同时又拥有本民族本地区的独特的道德观念和风俗习惯。前者即为文化，后者则为亚文化。

3）社会阶层

社会阶层是社会学家根据职业、收入来源、教育水平、价值观念和居住区域对人们进行的一种社会分类，是按层次排列的，具有同质性和持久性的社会群体。对一个社会而言，社会阶层的划分是相对稳定和有序的。不同的社会形态、不同制度的国家，其划分社会阶层的标准是不一样的。个人的社会阶层往往由其所具有的社会威望、从事的职业、所受的教育水平、个人收入水平、成就和财产数量等因素所决定。不同社会阶层的客户，其经济状况、社会地位和消费心理都不同，因而他们的购买行为必然呈现出很大的差异。例如，高收入阶层的人向商业银行申请贷款是为公司融资，而低收入阶层的人向商业银行申请贷款多是为了个人消费。

2. 社会因素

客户的购买行为也受到一系列的社会因素的影响，如相关群体、家庭、身份与地位。

1）相关群体

指的是那些直接或间接影响客户行为的个人或群体。相关群体的规范、标准、目标等往往是群体成员的行动指南。在个人活动中，人们习惯于把自己的行为与相关群体的标准进行对照比较。相关群体对客户行为的影响表现在三个方面。①相关群体为客户的消费行为和生活方式提供了可供选择的模式。②相关群体的消费行为引起客户的效仿欲望，从而影响客户的态度和行为。③由于效仿而使客户的消费行为趋于一致。营销人员深入了解不同相关群体的文化特点，充分利用相关群体对客户施加的影响，以实现自身的营销目标。

2）家庭

家庭是社会中最重要的消费者购买组织。家庭对客户购买行为的影响表现在两个方面：一是家庭类型。不同类型的家庭具有不同的消费倾向和消费行为从而对银行产品的购买产生影响。家庭成员的构成及其参与决策的程度都会影响到家庭的购买。例如丈夫支配型家庭与妻子支配型家庭对商业银行及其提供的产品和服务的兴趣、偏好是不同的，由此会产生不同的购买行为。二是家庭的不同发展阶段。由于发展阶段不同，家庭的成员及他们的购买行为也是不同的。新组建的家庭对商业银行的贷款需求较为强烈；而家庭进入成熟阶段时，对储蓄产品和服务的要求较大；而当家庭处于晚期时，对保险产品和服务的需求增多。营销人员的任务就是针对关键人物开展营销活动。

3）身份与地位

在现实生活中，每一个人都会参加许多群体，如家庭、公司或其他社会团体。一个人在群体中的位置取决于他的身份和地位。身份是周围的人对一个人的要求或一个人在各种不同场合应起的作用。每一种身份都伴随着一种地位，反映社会对他的总评价。客户在做出购买选择时往往会考虑自己的身份和地位，商业银行把自己的产品或品牌变成某种身份或地位的标志或象征，将会吸引特定目标市场的客户，如“私人银行”业务就是为高收入者定制的产品。

3. 个人因素

个人因素包括客户的经济条件、生理、个性、生活方式等。

1）经济条件

经济条件指客户的可支配收入、储蓄、资产和借贷能力。经济因素是决定客户购买能力的决定因素，决定着能否发生购买行为以及发生何种规模的购买行为，决定着购买银行产品的种类和档次。商业银行营销可以根据他们的需求特征，设计不同的金融产品。

2）生理

生理指年龄、性别、体征（高矮胖瘦）健康状况和嗜好等生理特征的差别。客户的生理特征决定着对产品和服务有不同的需求和爱好。因此，对个人客户应该根据生理特征有针对性地提供适合各年龄段需要的银行产品和服务。例如，澳大利亚联邦银行在储蓄业务上为小朋友推出儿童零用钱账户，为青年人设立移动电话银行、网上银行账户，为老年人保留最原始的储蓄存折。尽管像儿童零用钱这样的账户服务不会给银行带来多少收益，但这能使客户从小认识了解联邦银行，加之联邦银行可随着小客户的成长不断为其及时提供适当的产品和服务，使得联邦银行锁定客户的能力大大增强。目前联邦银行拥有近1000万客户，占澳大利亚人口总数的一半，其中很多客户与联邦银行终身相伴。这样不仅稳定了客户群，还能在未来较长时期内为银行带来资金流入，同时还减少了吸引新客户的成本和费用。研究表明：顾客的保留率每上升5%，企业的利润将上升75%；吸引一位新顾客所需的花费是保留一位老顾客的5倍以上。

3）个性

个性是人的心理特征和品质的总和。个性导致一个人对其所处环境的相对一致和连续不断的反应。每个人都有影响其购买行为的独特个性。个性特征有若干类，如外向与内向、细腻与粗犷、乐观与悲观、独立性与依赖性等。研究表明，使用ATM的人比不使用的人更加自立、易冲动、勇于创新、有好奇心并且积极主动，营销人员应该根据不同客户的心理特征，采取不同的营销策略，以吸引不同的客户。

4）生活方式

生活方式指一个人在生活中表现出来的活动、兴趣和看法的模式。由于价值观念、环境等因素的影响，即使处于同一社会阶层、从事相同的职业、经济收入相近，不同的人也会有不同的生活方式，从而影响其日常的活动、兴趣和爱好，影响其消费习惯。例如，对于保守型的人，由于他们在选择银行产品和服务时总是趋向于稳定、安全、可靠，对于高风险、高收益的银行产品他们难于接受。

4. 心理因素

心理因素包括动机、知觉、学习、信念和态度等方面的内容。

1）动机

动机是人们满足某种需要而产生某种活动的欲望和意念。它是人们购买行为的先导，并支配着人们的购买行为。动机能够引导人们去探求满足需要的目标。美国著名心理学家马斯洛将人的基本需要分为五类，即生理的需要、安全的需要、社会的需要、尊重的需要和自我实现的需要，如图5-2所示。这五类需要从低级到高级依次排列，只有未满足的需要才会形成动机。

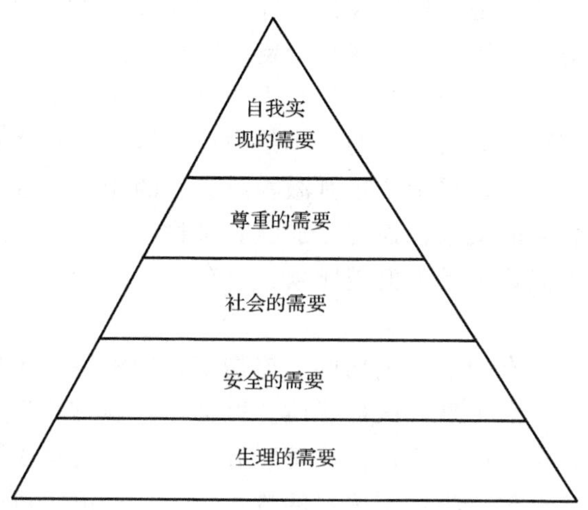

图 5-2　需要层次图

一般来说，只有低层次的需要得到相对满足之后，才会引起对高一级层次需要的需求；同一时期内，一个人可能同时存在着几种需要，但是总有一种需要是占支配地位的。因此，营销人员应深入调查研究，探索不同类型客户的不同消费动机，才能成功地设计出满足客户不同层次需要的营销组合。

2）知觉

知觉是指把感觉到的客观事物的各种个别属性联系起来，是对事物各种属性和各种部分及其相互关系的综合反应，是接受信息和评价信息的过程。知觉从感觉开始，以感觉为基础，是比感觉更高一级的反应形式。知觉是感觉的有机的整体的综合。不同的人对同一刺激物会产生不同的知觉，是因为知觉是一种有选择的心理过程，这种选择性表现在三个方面。

（1）选择性注意。指在众多信息中，人们普遍存在着剔除他们面临的大部分信息的倾向，易于接受对自己有意义的信息以及与其他信息相比有明显差别的信息。例如，不想进行信贷消费的人，不会注意商业银行关于消费信贷的业务宣传，相反，想要贷款买房或买车的人会密切注意商业银行关于贷款业务的开展及改进。

（2）选择性理解。指人们往往根据自己的经验或看法来解释其所得到的各种信息。因此，同样的外部刺激，对不同的人，将会得到不同的解释。

（3）选择性记忆。指人们易于记住与自己的态度和信念相一致的信息，忘记与自己的态度和信念不一致的信息。研究表明，客户更有可能回忆起所见过的为自己服务的商业银行所作的广告，忽略其他银行的广告。

3）学习

人们的行为除了部分是与生俱来的以外，大部分是通过学习得到的。学习作为人们适应环境的动态过程，作为影响消费者购买行为的一个心理因素，指的是由于经验而引起的个人行为的变化。一个人的学习是通过驱使力、刺激物、提示物、反应、强化的相互影响而产生的。驱使力可理解为不满之感；刺激物是指可以满足内在驱动力的物品；提示物指刺激物所具有的能吸引客户购买的因素；反应即是对提示物、刺激的反应；强化是加强刺激物——反应之间的关系，强化程度越高，客户执行类似购买行为就越频繁、持久。

4）信念和态度

信念是指人们所持有的一种确切的、深信不疑的想法。例如：某人可能认为本地银行信誉卓著、产品可靠、服务优质。这种信念会影响到他的行为。信念的形成可以基于知识，也可以基于信仰或情感等。客户的信念决定了银行和产品及服务在客户心目中的形象，决定了客户的购买行为。营销人员应当高度重视客户对银行或品牌的信念。

态度是一个人对某些事物或观念长期持有的好坏的认识评价、情感感受和行动倾向。态度带有浓厚的感情色彩，往往是思考和判断的结果，而且往往是比较难以改变的。营销人员应该使自己的产品和服务适应客户现有的态度，而不要勉强客户改变态度。

三、公司客户行为分析

（一）公司客户的行为类型

1. 直接重购

指公司客户按照过去所购的银行产品、服务和基本要求，继续向原先的银行购买产品和服务，这是最简单的购买类型。公司客户对以往有业务往来的所有银行加以评估，选择感到满意的作为直接重购的银行。被列入直接重购名单的银行应尽力保持产品和服务质量，提高公司客户的满意程度。未列入名单的银行应努力提供新产品和满意的服务，以便使公司客户转移或部分转移购买，争取更多的客户。

2. 修正重购

指公司客户改变原先所购产品品种、价格、服务内容、成交条件后再行购买。公司客户与原银行协商新的交易条件，甚至更换银行。原先选中的银行感到有一定的压力，会全力以赴地继续保持交易关系，新的银行感到是获得交易的最好机会。这种决策过程较为复杂。

3. 新购

指公司客户初次购买银行的某种产品和服务。这是最复杂的购买类型。公司客户要在一系列问题上做出决策，如产品品种、价格、成交条件、优惠服务内容、履约保证、操作程序可接受的银行和可选择的银行等。购买的规模、成本和风险越大，购买决策的参与者就越多，需要收集的信息就越多，购买过程就越复杂。

（二）影响公司客户行为的主要因素

影响公司客户购买行为的因素主要有四个方面：环境因素、组织因素、人际因素、个人因素。

1. 环境因素

环境因素即指公司客户所处的外部环境因素，包括国家的经济前景、市场的需求水平、技术发展变化、市场竞争态势、政治法律状况等。例如，国家经济前景看好或国家扶持某一产业的发展，有关生产者用户就会增加投资、增加原材料采购和库存，以备生产扩大之用。对投资需求的增加，从而引起对贷款需求的增加。当金融市场发达、融资渠道通畅时，银行若不适时地开发新产品、变换服务手段和服务方法。市场份额便将缩小。

2. 组织因素

组织因素即公司客户本身存在的各种组织因素。包括经营目标、战略、组织结构、政策、决策程序、制度等。这些因素必然会影响公司客户的购买行为。营销人员应当了解公司客户的组织因素，包括公司客户的经营目标和战略是什么；为了实现这些目标和战略，它们需要什么样的金融产品，他们的购买程序是什么；有哪些人参与购买或对购买发生影响；他们的评价标准是什么等等，以便有的放矢。

3. 人际因素

人际因素指公司客户内部参与购买过程的各种角色（使用者、影响者、决策者、批准者、购买者和信息控制者）的职务、地位、态度和相互关系对购买行为的影响。营销人员应当了解公司客户中各人地位不同、职权不同、威望不同、利益关系不同，决策过程中到底是谁在起重要作用？决策成员之间是如何相互影响的？利用这些因素促成交易。

4. 个人因素

指银行客户参与购买过程中每个人都会带有个人动机、直觉与偏好。这些因素受个人的年龄、收入、经验、教育、个性等因素的影响。决策过程是将不同个人的判断进行汇集、比较、筛选和归结的过程，也是参与者表达自身观点和性格特征的场合，因此个人因素无疑将对决策产生影响。

第三节 商业银行客户价值评估方法

对客户的分析与评价主要从财务和非财务两个方面进行。财务评价主要是借助于财务指标，非财务分析主要包括经营管理分析、行业分析等方面。鉴于有关文献对这些内容介绍的比较多，我们在此不再赘言。下面仅就在客户财务状况综合评价中应用最广的两个方法作些介绍。

一、沃尔法①

财务状况综合评价的先驱之一是亚历山大·沃尔，他在20世纪初出版的《信用晴雨表研究》、《财务报表比率分析》提出了信用能力指数的概念，把若干个财务比率用线性关系结合起来，以评价企业的信用水平。他选择了七种财务比率，分别给定了在总评价中的比重，总和为100分，然后确定标准比率，并与实际比率相比较，评出每项比率的得分，最后求出总评分。

沃尔的评分法从理论上讲有一个弱点，就是未证明为什么要选择这七个指标，而不是更多或更少些，或者选择别的财务比率，以及未能证明每个指标所占比重的合理性。这个问题至今仍然没有从理论上解决。

沃尔的评分法从技术上讲存在一个问题，就是某一个指标严重异常时，会对总评分产生不合逻辑的重大影响。这个问题就是相对比与比重相“乘”引起的。财务比率提高1倍，评分增加100%；而缩小1倍，其评分只减少50%。

尽管沃尔的方法在理论上还有待证明，在技术上也不完善，但它还是在实践中被应用。耐人寻味的是很多理论上相当完善的经济计量模型在实践中往往很难应用，但企业实际使用并行之有效的模型却又在理论上无法证明。这可能是人类对经济变量之间数量关系的认识还相当肤浅造成的。

现代社会与沃尔的时代相比已发生了很大的变化。一般认为企业财务评价的内容主要是盈利能力，其次是偿债能力，此外还有成长能力，它们之间大致可按5∶3∶2来分配比重。盈利能力的主要指标是资产净利率、销售净利率和净值报酬率。虽然净值报酬率最重要，但前两个指标已经分别使用了净资产和净利，为了减少重复影响，3个指标可按2∶2∶1安排。偿债能力有4个常用指标，成长能力有3个常用指标（都是本年增量与上年实际的比值）。如果仍以100分为总评分，则评分的标准分配如表5-1所示。

标准比率应以本行业平均数为基础，适当进行理论修正。在给每个指标评分时，应规定上限和下限，以减少个别指标异常给总分造成不合理的影响。上限可定为正常评分值的1.5倍，下限定为正常评分值的0.5倍。此外，给分时不采用“乘”的关系，而采取“加”或“减”的关系来处理，以克服沃尔评分法的缺点。例如，总资产净利率的标准值为10%，标准评分为20分；行业最高比率为20%，最高评分为30分，则每分的财务比率差为1%［（20%－10%）÷（30分－

① 徐云建，宋炳方，王鹏虎．银行客户开发与管理．北京：中国金融出版社，1999

20分)]。总资产净利率每提高1%就多给一份，但该项得分不超过30分。

表5-1 综合评分的标准

指标	评分值	标准比率/%	行业最高比率/%	最高评分	最低评分	每分比率差/%
盈利能力						
总资产净利润	20	10	20	30	10	1
销售净利润	20	4	20	30	10	1.6
净值报酬率	10	16	20	15	5	0.8
偿债能力						
自有资本比率	8	40	100	12	4	15
流动比率	8	150	450	12	4	75
应收账款周转率	8	600	1200	12	4	150
存货周转率	8	800	1200	12	4	100
成长能力						
销售增长率	6	15	30	9	3	5
净利增长率	6	10	20	9	3	3.3
人均净利增长率	6	10	20	9	3	3.3
合　计	100			150	50	

综合评价方法的关键技术是“标准分值”的确定和“标准比率”的建立。只有长期连续实践，不断修正，才能取得较好效果。

二、指标体系法

财政部于1995年公布了一套企业经济效益评价指标体系，该套体系包括以下10个指标：

1. 销售利润率

销售利润率 = 利润总额÷产品销售净额

2. 总资产报酬率

总资产报酬率 =（利润总额＋利息支出）÷ 平均资产总额

3. 资本收益率

资本收益率 = 净利润÷实收资本

4. 资本保值增值率

资本保值增值率 = 期末所有者权益总额÷期初所有者权益总额

5. 资产负债率

资产负债率 = 负债总额÷资产总额

6. 流动比率（或速动比率）

7. 应收账款周转率

应收账款周转率 ＝ 赊销净额÷平均应收账款余额

8. 存货周转率

存货周转率 ＝ 产品销售成本÷平均存货成本

其中：平均存货成本 ＝（期初存货成本 ＋ 期末存货成本）÷2

9. 社会贡献率

社会贡献率 ＝ 企业贡献总额÷平均资产总额

其中企业贡献率总额包括工资（含奖金、津贴等工资性收入）、劳保退休统筹及其他社会福利支出、利息支出净额、应缴增值税、应交产品销售税金及附加、应交所得税及其他税收、净利润等。

10. 社会积累率

社会积累率 ＝ 上缴国家财政总额 ÷ 企业社会贡献总额

其中上缴国家财政总额包括应交增值税、应交产品销售税金及附加、应交所得税及其他税收等。

该套指标体系的综合评分方法如下：

（1）以行业平均的评价值。

（2）标准值的评分为100分，其中销售利润率15分、总资产报酬率15分、资本保值增值率10分、资产负债率5分、流动比率（或速动比率）5分、应收账款周转率5分、存货周转率5分、社会贡献率10分、社会积累率15分。

（3）根据企业财务报表，分项计算10项指标的实际值，然后加权计算10项指标的综合实际评分。其计算公式如下：

综合实际分数 ＝ Σ权数×（实际值÷标准值）

下面是一个举例（表5-2）[①]。

在实际使用该方法时，遇到下列情况应按规定进行调整：

（1）资产负债率超过标准值，如表5-2，实际值为80%，标准值为50%，并不是好现象，不应当因此多评分。此时，第③栏相对比率的计算改为标准值（50%）除以实际值（80%），使相对比率小于1，实际评分（3.15）会低于给定的权数（5分）。

（2）亏损企业的销售利润率、总资产报酬率、资本收益率和资本保值增长率、实际财务比率是负数。在这种情况下，第③栏相对比率取0，该项指标得分为0，这样处理，可避免亏损时财务综合评分过分下降。

（3）资产负债率、流动比率、应收账款周转率和存货周转率的最高得分应为

① 徐云建，宋炳方，王鹏虎．银行客户开发与管理．北京：中国金融出版社，1999

10 分，即为基本权数得分的 2 倍。这样处理，可避免个别企业财务比率或行业平均财务比率异常时，引起综合评分的过度异常。

(4) 如果行业平均值为负数或 0 时，应对行业平均值进行必要的修正，使之大于 0，然后进行综合评分。

表 5-2 财务状况综合评分

指 标	标准比率①	实际比率②	③=①÷②	权数④	得分⑤=③×④
销售利润率	15	20	1.33	15	19.95
总资产报酬率	10	8	0.80	15	12.00
资本收益率	12	9	0.75	15	11.25
资本保值增值率	8	10	1.25	10	12.50
资产负债率	50	80	0.63	5	3.15
流动比率	2	2.5	1.25	5	6.25
应收账款周转率	4	5	1.25	5	6.25
存货周转率	2	1.5	0.75	5	3.75
社会贡献率	20	15	0.75	10	7.15
社会积累率	40	5	10.13	15	1.95
合 计				100	84.55

第四节 商业银行忠诚客户培育

市场竞争就是客户竞争，争取和保持客户是商业银行生存和发展的使命。商业银行既要不断的争取新客户，开辟新市场，提高市场占有率，又要努力保持现有客户，稳定市场占有率。然而，在银行的实际经营运作中，往往一方面大批新客户源源而来，另一方面许多现有客户悄然而去。这就是西方营销界所称的"漏桶"现象。据统计，有关研究表明，老客户的流失会引起客户总体的大量流失，它对银行盈利能力的影响超过经营规模、市场份额、单位成本等因素的影响。把客户流失率降低 5%，银行分行存款账户的客户价值（利润）可提高 85%、信用卡业的客户价值提高 75%、信用保险业客户价值提高 25%、保险经济业提高 50%。企业每年要流失 10%～30%的客户，平均每 5 年要流失一半的客户。商业银行要防止客户流失，堵住"漏桶"，就要充分认知忠诚客户的价值，积极培育忠诚客户群体。

一、客户流失原因

客户流失的原因主要有下面七种：

（1）价格流失：客户为了较低的产品或服务价格而转移购买。

（2）产品流失：客户找到了更好的产品而转移购买。

（3）服务流失：客户因不满意商业银行的服务而转移购买。因为与银行交往中一次或数次不愉快的经历，客户转向其他商业银行。

（4）市场流失：客户因市场的变化而退出某个市场领域。此时，客户尽管背离了本银行，却并没有转向其他竞争对手，客户的流失还有修复的可能。

（5）促销流失：当其他竞争对手针对本银行的客户实施促销活动时，本银行没有相应的活动而产生的客户转移购买。或夸大其词的广告宣传等等。

（6）技术流失：客户转向购买拥有技术设备更先进的银行产品和服务。

（7）政治流失：客户因不满意商业银行的社会行为，或认为商业银行未承担社会责任而退出购买。如抵制不关心公益事业的商业银行。

需要指出的是，客户流失的原因表面上表现为上述几种类型，但是我们仍需找出客户流失的深层原因。例如，价格流失可能是由于有多种因素导致价格过高，可能是商业银行对员工职业生涯发展不利，致使员工工作效率低下，并引起员工的频繁流失，影响了员工提供服务的熟练程度，造成过高的产品或服务成本；也可能是商业银行组织结构设计的不合理，使得银行流程低效率运转，引起成本的提高，而最终导致了过高的价格等等。

因此，一个表面上看来是由于市场和销售活动（价格因素）流失的客户，实际上可能存在很多种流失原因：不现实的利润目标、价格结构的不合理、过度复杂的业务流程、组织结构的不合理、决策工具的应用失误、信息系统的缺陷、银行不恰当的雇佣原则、培训的缺乏、落后的技术、员工职业生涯发展不利和对员工的激励不足等。所以必须用恰当的分析方法，才能找出客户流失的真正原因。

二、维系客户关系的策略

能向客户提供服务意味着双方合作关系的正式建立。如果要想使这种关系维持下去，就必须不断的加以维护，即对客户的决策者、组织机构、业务进展和银行的全部销售努力以及双方的合作进展进行全程监控。另外，现有的客户是最好的广告，其行为或口碑效益的结果是带来更多的客户。总之，应像培育客户那样重视客户关系的维护。

维护主要是对核心业务的维护，当然必须附之于附加产品及人际关系的维护。维护的目的在于保持和扩大这种合作关系，并建立对银行和客户都有益的长期稳定的合作关系，获得双方合作基础上的最大利益。

（一）维系客户关系的基本方法

1. 追踪制度

追踪工作的目标是保证并提高客户使用银行产品的满意程度，维护银行与客户关系的正常化及其稳定和发展。因而是客户管理的根本。客户经理是连接银行与客户之间的桥梁，其职能应当是推动新产品或服务的顺利实施，一旦出现问题，客户经理就应当立即解决。持续有效的追踪是所有业务中的薄弱环节。具体可采取的措施有：

（1）向客户提供有用的各种信息，包括产品的市场信息、有关的宏观信息、新的业务机会或对客户有用的其他信息。

（2）提供产品过程中讲求质量、效率，力求让客户满意。

（3）在每次追踪访问活动结束后，尽快更新原有的客户记录。

（4）推动客户经理间关于客户服务的交流活动。

（5）对客户的决策者、财务结构、运行状态进行监测，并及时做出反应。

（6）根据客户的日程安排追踪活动。

2. 产品跟进

永远忠诚的客户是不存在的，客户保留的时间越长，给银行带来的利益就越多。因此只有依靠高质量的产品服务和必要的感情维系，才能保证客户不流失。具体策略有：

（1）承诺的服务坚决履行到位。

（2）不仅向客户提供协议中规定的产品、服务，还应动用商业银行的各种资源，不断满足客户的新需求。

3. 扩大销售

扩大销售是指向现有客户提供另外的银行产品和服务，所有与银行有业务关系的客户都是扩大销售的目标。因为现有客户是扩大销售的最好来源，客户关系的维护为扩大合作提供了良好的基础。当银行推出新产品或新的服务举措时，客户经理应及时通报给现有客户。具体策略有：

（1）通过开发能提高业务一体化和客户便利程度的产品，扩大同客户的合作范围。

（2）客户经理应当了解每种新产品是如何实施的，了解哪一种新产品适用于该客户。

（3）当某种银行服务获得客户认可后，再适时推出新的服务品种。

4. 维护访问

维护访问是对现有客户的访问，它是极其重要的，因为现有客户是最好的潜在客户。维护访问的目标应当是发现需求、满足需求。具体策略有：

（1）事前进行特别准备。客户经理应当参考过去的访问报告、客户卷宗、前次访问的记录，以分析和评估与客户的现有关系程度。

（2）注意发现新的问题，因为新问题往往意味着新的机会。

（3）应征询客户对所使用的银行产品的满意程度及对前一期双方合作的

看法。

5. 机制维护

通过建立银行与客户间的双向沟通机制来维护双方的关系即为机制维护。具体策略时，客户经理在做好自身对客户维护服务的同时，应注意做好本银行高层与客户高层的协调、交流工作，由此建立一个双方关系的维护机制①。

（二）加强同客户的合作

客户经理在提供全部资源的过程中，不仅要考虑客户目前的需求，而且要考虑客户的长期需求，以便能与他们建立起长期的互利合作关系。可采取的措施有：

（1）建立客户名册表，对不同的银行客户实行差别对待。

（2）建立客户经理一日工作报告制度。

（3）善于发现影响客户关系的征兆，并及时加以修补。

（4）掌握银行同客户关系的业务往来情况。

（5）提高客户对银行服务的满意度。服务质量的高低与客户的满意度成正比。

入世5年后我国金融业全面开放，外资银行已在中国增设立分行、网点及其业务。对中国商业银行是很大的冲击。特别是在服务质量上将给中国商业银行致命的一击。据调查显示，顾客对中国的商业银行的满意度极低，说明一个问题：中国商业银行的服务质量和服务态度急需改进。提高服务质量和服务态度，这也是维护客户关系的重要手段。

（三）加强同客户的沟通

沟通创造需求。“沟通总是要求接收者成为某种人、做某些事、相信某些话”。在客户服务中如果得不到有效的沟通，即使是世界上最伟大的服务思想也会烟消云散。如何清晰而有说服力地陈述你的观点，这和商业银行如何有效进行战略规划一样重要。全方位的沟通是指与客户沟通时，不仅要会倾听，还要学会沉默；不仅要注重语言沟通，还要注重非语言的沟通。

1. 沟通的要素

沟通需要具备以下七个要素：

（1）发起者。指发起行动的人，商业银行工作人员从事服务活动，就要充当沟通活动的发起者，主动向客户传递信息，激起客户的某种反应。

（2）信息接收者。商业银行工作人员要明确自己信息的受众，了解他们为什么支持你，他们对你的态度是积极的，还是不冷不热，你面临的是一个还是几个关键听众。

---

① 宋炳方．银行客户培育与维护．北京：经济管理出版社，2000

(3) 目标。你在与客户的沟通过程中寻求的结果是什么？围绕你的目标和客户进行沟通。

(4) 背景。沟通可能是在具体的环境中进行的。他可能涉及某个人或某群人，也可能涉及特定的银行企业文化和外部的其他客户、媒体、社会团体等。因此准备沟通时，要确保了解沟通的背景。

(5) 信息。针对特定的听众，了解何种信息可以实现你的目标。了解客户需要多少信息，他们会有哪些疑惑，你的建议将会给他们带来何种利益。怎样使你的信息具有说服力，怎样组织你的观点等。

(6) 媒体。哪种媒体最有利于传递你的信息？是说，是写，发 E-mail，还是打电话？

(7) 反馈。沟通不是行为而是过程。一个信息引出一个反应，这又需要另一个信息。与客户的沟通是为了达到一定的结果而设计的动态过程。这意味着在沟通的每一个阶段都要寻求客户的支持，更重要的是给他们回应的机会。只有如此，你才会知道你的客户在想什么并且随时调整你的信息，这样客户就感觉到参与了整个过程。

2. 全方位的沟通技巧

1) 倾听客户的心声

要提高客户的满意度，银行就必须积极地倾听。米德兰银行（Midland Bank）把自己定位于“善于倾听的银行”，取得了很大的成功。认真倾听可以产生以下结果：

(1) 鼓励客户投诉。当客户知道你在以友好的方式听他们讲话时，他们会解除一部分或全部的戒心，把事情的所有状况告诉你。如果在客户投诉过程中，你一会儿看看表，一会儿看看窗外，或者你反馈的问题与客户的讲话无关，这会使客户更加恼火，甚至会拂袖而去。这样商业银行就失去了客户及改进的机会。

(2) 掌握全部的信息。为了解决问题和更有效地做出决策，你需要尽可能多地获取信息。仔细倾听有助于获取讲话者的全部信息。仔细倾听常常会促使对方继续讲下去并促使他们举出实例。你可以进一步了解：客户是如何想的？他们为什么重要？他们为什么对你说这些话？当你掌握了尽可能多的信息之后，你就可以更准确地做出决策了。

(3) 改善客户关系。认真倾听可以改善商业银行和客户的关系，因为倾听给客户提供了说出事实、想法和感情等心里话的机会。倾听的时候，银行会更好地理解客户，客户会因为得到尊重而感到愉快，因此，倾听客户的抱怨可以改善银行和客户的关系。

(4) 解决问题。倾听是解决客户异议的最好办法。当然，这并不意味着双方必须同意对方的观点，银行需要表明理解客户的观点和意见。每个人都需要理解，再没有比认真倾听更好的表达方式了。

2）问问为什么

在处理客户抱怨时，倾听是重要的前提，要完善地解决问题，必须问问“为什么?”询问为什么并不是为了认定是谁的错。提问最主要的目的在于启开话匣子，以利于沟通进行。具体来说有以下几点作用：

（1）避免和防止情况恶化，使情况得到改善。

（2）弄清楚如何避免问题的再现——即避免重蹈覆辙。

（3）使对方对问题进行思考。

（4）用问题透视对方的心理。

（5）获取更多的相关信息。

找出诸如此类问题的答案可以极大地提高客户的满意度。可以使银行获得成功，避开灾难的险境。

3）有效沟通的语言特征

语言包括书面语言和口头语言，两者都需要礼貌简洁。有效的口头表达是声音素质和其他个人素质综合作用的结果。一个人的声音素质——发音的音调、音量、口音、语言的速度、停顿及语调的不同，都会影响沟通的效果。其他个人素质包括讲话清晰、准确、真实等。

要想清晰地表达自己的想法，语言必须简洁，所讲的材料必须条理化，使用明确的词汇。清晰来源于精心的准备。为达到清晰，你必须理解和组织语言，并对它进行总结。实现清晰的要求：逻辑清晰和表达清晰。

讲话的准确性有赖于所掌握信息的全面性及词汇量的多少。在与客户沟通时，应当避免夸大其词，不要做虚假的宣传。即使客户只发现你出现一个错误，你也会陷入困境。

4）注重非语言交流

人们所做的任何一件事情都是在交流，常常在发出语言信息的同时伴有非语言信息。非语言沟通主要包括身体语言、沉默、时空等。人在交流时伴随着各种各样的身体语言，如面部表情、身体姿态、动作、姿势等。身体语言是非语言交流的主要形式，它往往是人们内心世界的真实表现，与有声语言相比，身体语言更具有可靠性和真实性，可以更好地表达情感和态度。在与客户交往时，一方面要注意把握对方的身体语言，另一方面要恰当表达自己的身体语言。

5）注重个人仪表

我们都要对别人做出评估，而评估最初主要是根据个人的仪表做出的。据说我们在与他人见面的最初 4 秒内就对所见的人做出了判断。我们每个人都有做客户的经历，你是否注意到，你的衣冠整洁和随随便便，所得到的待遇有差别？并非人们都以貌取人，只是在面对陌生人时，人们判断的最直接的依据就是仪表。

因此，你需要注重自己的仪表，因为你永远没有第二次机会给客户良好的第一印象。

3. 充分利用各种沟通工具

1）电话

电话绝对是任何一个银行的关键部分。银行工作人员接电话的声音、语气、态度、让客户等待的时间等都会影响与客户的关系。面对客户的询问电话，谦虚和快速回答会使客户对银行留下很好的印象。

2）互联网

互联网将不分国界、不分种族、不分社会制度、不分地理远近，深刻地影响每个人的工作方式、学习方式和生活方式，甚至影响一个国家的政治制度、经济政策和国家安全。

互联网的特性是“信息共享”，不论是个人的，还是银行的，社会团体的，还是政府部门的，都可以以极低的成本，将他需要发布的信息让全球每个上网的成员共享，而且这种共享是互动的，是可以互相及时交流的。这种信息共享将极大地改变银行和客户之间的信息不对称现象。客户利用互联网有了更多的选择机会和余地。

互联网在银行中最重要的应用就是“电子商务”。虚拟企业、网上广告、网上销售、网上支付结算、网上服务等，都是电子商务应用的一个侧面。而在银行内部，内联网作为互联网的一个子网，在银行的业务管理、人力资源管理、财务管理、员工培训等方面将发挥无可替代的作用。银行内联网并入互联网，和全球信息共享，将会对银行经营方式、管理方式产生强烈冲击，带来无限机遇。而这种机遇不论是大银行还是小银行，都将一律平等。

客户信息收集处理动态化、实时化，使得客户信息的发布和使用能够动态化、实时化。互联网技术的普遍应用使银行和客户的沟通更容易。通过互联网，银行可以利用文字、声音、影像等多种技术全方位地展示产品，介绍其功能，演示其使用方法，建立征询系统，向客户传达银行提供的各种服务。客户可以在网上阅读服务信息，也可在网上和银行进行一一对话，把自己的需要、感想、意见和建议直接传达给银行。银行可以直接通过电脑记录客户意见，建立客户档案。对于客户提出的问题，也可以在电脑中检索信息并把答案迅速地传达给客户。通过互联网与客户交流可以创立一种全心全意地互动式服务，银行可以随时掌握客户的满意程度，从而迅速地改进和完善自己的产品和服务，增强市场竞争力。

三、客户忠诚度评估

忠诚是一种心态、一系列态度、信念、愿望等。“忠诚”就是“比竞争者更偏爱购买某种产品或服务的心理状态或态度”，或是“对某种品牌有一种长久的忠心”。客户忠诚实际上是客户行为的持续性。商业银行得益于客户的忠诚行为，而这种行为源于他们的心态。例如客户的心态是信任你胜于你的竞争对手，则客户的行为表现为是从你处购买产品和服务；如客户的心态是想更多地了解你，对你的对手则不然，则客户的行为表现是向你提供有关自己的特点及需求方面的信息。所谓客户忠诚，是指对特定的商业银行或其某位雇员、经理、某种产品或服务产生较深厚的情感，长期地经常性地来银行办理业务，表现出特有的喜爱和惠顾，而对竞争者银行的营销活动具有免疫能力，并能主动向其周围推荐该银行及其主管、产品、服务的老客户。有的客户非常忠诚，有的则差一些，这就有个忠诚度的问题，因此就要有一套指标来对客户的忠诚度进行评估。

测量客户忠诚度的指标如下：

（1）客户基数：即与银行有业务往来关系的客户总数。

（2）新客户维持率：即在一定时期内，初次客户中第二次来银行办理业务的人数的比率。

（3）主顾型客户维持率：在某特定的不太长的时间内，连续多次来本银行办理业务的人，称为主顾。他们当中在后续的一个新的特定时间内继续连续多次来本银行办理业务的人数占比即为主顾型客户维持率。

（4）产品/客户占有率：即某一特定市场上，客户使用本银行的产品/服务占他们使用其他银行的全部同类产品/服务的比率。

（5）月平均新客户数：即根据 6 个月或 1 年期间的数据计算出的平均每个月初次来本银行办理业务的新客户数量。

（6）年均交易频率：即平均每年客户来银行办理业务的次数。

（7）平均交易额：即客户每次来银行办理的同类业务的数额。

（8）年均客户流失率：即每年客户脱离本银行或沉寂的人数占比。

（9）平均利息率：即同类业务的平均利率。

根据以上指标，可以把客户忠诚分为三个层次：忠诚、一般忠诚、不忠诚。不同的客户所具有的客户忠诚差别很大，不同行业的客户忠诚也各不相同。

关键概念

动机、生活方式、知觉、个人客户、公司客户

❖ 思考题

1. 公司客户购买行为的主要特征有哪些？
2. 文化因素对个人客户的市场购买行为会产生哪些影响？
3. 举例说明客户流失的原因？

4. 客户忠诚度评估包括哪些指标?

☞ 案例

个人理财渠道不多，误区不少

可支配的收入越来越多，让老百姓逐渐摆脱了“一分钱掰成两半花”的窘境，并开始有了理财的愿望和需求。可是如何打理个人资产，目前可供选择的渠道不算多，误区却不少。

误区一：急功近利型。眼下不少商业银行都开设了理财工作室，由资深专家为客户度身订制理财计划。可几乎每位客户上门来的第一句话都是“我的钱能增值多少”或者“你们可以给我多高的收益率”。

这显然有些太急功近利了。其实理财并不等于投资。根据美国理财师资格鉴定委员会的定义，个人理财是指如何制订合理利用财物资源、实现个人人生目标的程序。中国工商银行上海分行理财专家解释说，理财的核心是合理分配资产和收入，不仅要考虑财富的积累更要考虑财富的保障。从这个意义上来说，理财的内涵比仅仅关注“钱生钱”的个人投资更宽泛。

一般来说，理财包括生活理财和投资理财两种。在我国，绝大多数的家庭自行安排个人资产。目前可供选择的理财渠道主要是储蓄、债券、股票、保险、不动产等。普通百姓缺乏足够的理财知识，应该请理财专家来帮忙。

误区二：过于保守型。尽管股市投资者已有数千万之多，债市、汇市的投资队伍也日渐庞大，可仍有众多的百姓固守着唯一的理财方式：储蓄。“聚沙成塔”、“滴水穿石”，是他们所坚持的理财真谛。确实，在诸多投资理财方式中，储蓄是风险最小、收益最稳定的一种。但是，中央银行连续降息，加上征收利息税，已使目前的利率达到了历史最低水平，外汇存款利率更是降至“冰点”。在这种情况下，依靠存款实现个人资产增值效率太低；一旦遇到通货膨胀，存在银行的个人资产还会在无形中“缩水”。存在银行里的钱永远只是存折上一个空洞的数字，他不具备股票的投资功能或者保险的保障功能。因此，理财专家建议，根据年龄、收入状况和预期、风险承受能力合理分流存款，使之以不同形式组成个人或家庭资产，才是理财的最佳方式。

误区三：面面俱到型。买一点股票，买一点债券，外加外汇、黄金、保险，个人资产平均或大致平均地分配在每一种投资渠道中。“东方不亮西方亮”，总有一处能赚钱——这是眼下不少人奉行的理财之道。面面俱到的理财方式，确实有助于分散投资风险，但其缺陷也是显而易见的。因为没有足够的精力关注每个市场的动向，所以可能在哪儿都赚不到钱，甚至有资产减值的危险。如果所有的余钱都买了股票，或者把全部的家当都用来做房产投资，也会带来风险过于集中的隐患。所以，“不要把所有的鸡蛋都放在一个篮子里”，但也不要放在太多的篮子里。

资料来源：金融时报．2004-1-6．第九版．（有删改）

案例讨论题

1. 商业银行应该根据客户的什么情况设计理财方案并帮助客户实施?

2. 制定理财计划的关键是什么？

3. 请为一个25岁的白领设计资产组合。不动产、现金、债券、股票各占多少最佳？

4. 对于掌握资产并不太多的普通百姓来说，怎样才能使有限的资金实现最大的收益？

第六章

商业银行目标市场战略

商业银行市场营销是以经济和金融市场为导向，以满足顾客需求为条件，以市场营销为手段，将可盈利的金融产品或服务传递、提供给客户的一种经营管理活动。那么商业银行就应根据客户的不同的需求特点对金融市场进行细分，在市场细分的基础上选择目标市场，并在目标市场上提供满足客户需求的金融产品和服务即进行市场定位，三种行为缺一不可。市场细分、目标市场选择、市场定位是商业银行目标市场战略选择的主要研究内容。

第一节　商业银行营销市场细分策略

一、市场细分理论

市场细分理论是美国市场学家温德尔·史密斯（Wendell. R. Smith）于20世纪50年代中期提出来的。所谓市场细分就是指按照客户欲望与需求的差异性，把一个总体市场划分成若干个具有共同特征的子市场的过程。因此，同一细分市场的客户，他们的需要和欲望极为相似；不同细分市场的客户对同一产品的需要和欲望存在着明显的差别。具体讲市场细分就是根据客户各方面的属性，按照科学的方法把市场分割为具有不同需要、性格或行为的客户群体。这里必须指出的是，细分市场不是根据产品品种、产品系列来进行的，而是从客户的角度进行划分的，是根据市场细分的理论基础，即客户的需求、动机、购买行为的多元性和差异性来划分的。

市场细分这一理论的提出是第二次世界大战后市场营销思想的新发展，是企业在经营中贯彻市场导向这一营销观念的产物，它对市场营销理论的发展是一个重大突破。20 世纪 60 年代以后，这一理论被金融界普遍接受和应用，从而出现金融市场细分及商业银行市场细分。

二、商业银行市场细分及原则

商业银行市场细分是指商业银行把整个市场按一种或几种因素加以区别，使区分后的客户群在一个或若干个方面具有相同或相似的需求特征，以便商业银行相应采取特定的营销战略和策略来满足不同客户群的需要，以期顺利完成自己的经营目标的过程。任何一个商业银行，无论其规模如何，它所提供的产品和服务只能满足市场总体中相对有限的部分，而不可能满足全部。因此，加强对客户市场的研究，根据需求同质的特点，将企业和公众划分为若干个消费群体，针对客户的不同需要，向选定的目标客户群体提供独特的金融产品、服务和营销组合，才能使客户需求得到更为有效的满足，在维持客户忠诚度的同时，不断延伸和连锁占有新的市场。可见，与一般银行的市场细分相同，商业银行细分的核心也是区分不同客户群的需求差别。

商业银行市场细分是实施目标市场营销战略的前提，面对激烈的市场竞争，商业银行市场细分有如下的作用：

(1) 有利于选择目标市场和制定市场营销策略。市场细分后的子市场比较具体，比较容易了解客户的需求，商业银行可以根据自己经营思想、方针及生产技术和营销力量，确定自己的服务对象，即目标市场。针对较小的目标市场，便于制定特殊的营销策略。同时，在细分的市场上，信息容易了解和反馈，一旦客户的需求发生变化，商业银行可迅速改变营销策略，制定相应的对策，以适应市场需求的变化，提高商业银行的应变能力和竞争力。

(2) 有利于发掘市场机会，开拓新市场。通过市场细分，商业银行可以对每一个细分市场的购买潜力、满足程度、竞争情况等进行分析对比，探索出有利于本行的市场机会，使商业银行及时做出投产、移地销售决策或根据本行的生产技术条件编制新产品开拓计划，进行必要的产品技术储备，掌握产品更新换代的主动权，开拓新市场，以更好适应市场的需要。

(3) 有利于集中资源投入目标市场。任何一个商业银行的资源、人力、物力、资金都是有限的。通过细分市场，选择了适合自己的目标市场，商业银行可以集中人、财、物等资源，去争取局部市场上的优势，然后再占领自己的目标市场。

(4) 有利于商业银行提高经济效益。上述三个方面的作用都能使商业银行提高经济效益。除此之外，市场细分后，商业银行可以面对自己的目标市场，推出适销对路的产品，既能满足市场需要，又可增加商业银行的收入；产品适销对路可以加大生产批量，降低生产销售成本，提高员工的劳动熟练程度，提高工作效率，全面提高银行的经济效益。

商业银行市场细分必须切合实际，并且对整个市场营销工作有效。为此，商业银行市场细分必须满足“五性”原则：

（1）可进入性。可进入性是指有能力向某一细分市场提供其所需的金融产品和服务，即该细分市场的开发易于操作、便于实施。有些细分市场的开发，尽管在理论上可行，但在实践中却难以操作，商业银行无法为其提供差别性服务，因而这种市场细分就没有什么实际意义。

（2）可测量性。可测量性是指所细分的市场可以通过具体的量化指标以反映其市场规模、购买潜力等，即各个细分市场的金融产品、需求大小和交易规模可以通过测量而被掌握。测量这些市场特征要素的具体数据则要通过市场调查、专业咨询等途径获取。

（3）可成长性。可成长性是指细分市场在今后若干年内具有较好的发展空间，市场规模会不断扩大，市场容量会稳步增长，并且可以衍生出其他金融产品。因此细分市场的开发必须考虑：该细分市场近阶段的规模与容量；该细分市场未来的规模和容量。例如，在大中学生中助学贷款这一新的贷款品种投放市场初期，贷款客户并不太多，但随着人们教育消费观念的转变，教育产业化的普及，将有更多的人成为它的客户。

（4）可区分性。可区分性是指每个细分市场有明显的区分界限，让商业银行明确自己正在为谁服务、将要为谁服务以及重点服务对象是谁等问题。根据不同细分市场的需求差异，向细分市场提供个性化产品和服务，以确保金融产品开发和价格策略具有针对性。如对不同年龄阶段的客户或不同收入水平的客户提供差异化的金融产品和服务。

（5）可盈利性。可盈利性是指细分市场应具有一定的规模性，其规模至少要足以让商业银行在开发和提供差别性服务后，除去新开发金融产品或服务项目的成本及营销费用外，还能有一定的盈利。因此，市场细分后，必须要有足够的交易业务量，以保证商业银行基本的盈利水平。

三、商业银行市场细分流程

商业银行市场细分是一项具体细致的工作，需要商业银行在大量调查研究的基础上，对市场特征、客户需求等因素作全面的分析，并结合市场竞争状况以及企业资源优势等进行综合判断。从总体上说，银行服务市场不外乎有个人客户市场、机构（企业）客户市场、同业市场和政府市场四大类。一方面，就我国银行体系的现状而言，商业银行是在同业市场的体系内完成的，几乎涉及所有有条件开展这类业务的商业银行，而且从该类银行业务本身的特点及发展现状来看，商业银行重视的只是这类业务作为短期资金筹措渠道和扩大客户服务网络的功能，因此，对这一市场进行细分的可操作性相对较差且意义不大；另一方面，政府市场一直是我国商业银行，特别是四大国有商业银行存款的重要来源之一，对政府客户的争夺自商业银行市场化运作以来就硝烟不断。但是，这一市场上的营销主要集中在营销策略的制定和实施上，也就是通过关系营销等一系列营销策略，巩固老客户、争取新客户的过程，其中涉及的市场细分并不是商业银行营销的重点，对这一市场进行细分同样没有多大的必要。因此，对商业银行的市场细分，主要集中在个人客户市场和机构（企业）客户市场上。从传统市场营销理论中引申出来的市场细分标准，主要适用于对银行个人客户市场的细分，而对于银行机构客户市场的划分标准则是服务营销学进一步发展的产物。从下面的图示（图6-1）中可以看出划分个人客户和机构（企业）客户的主要标准。

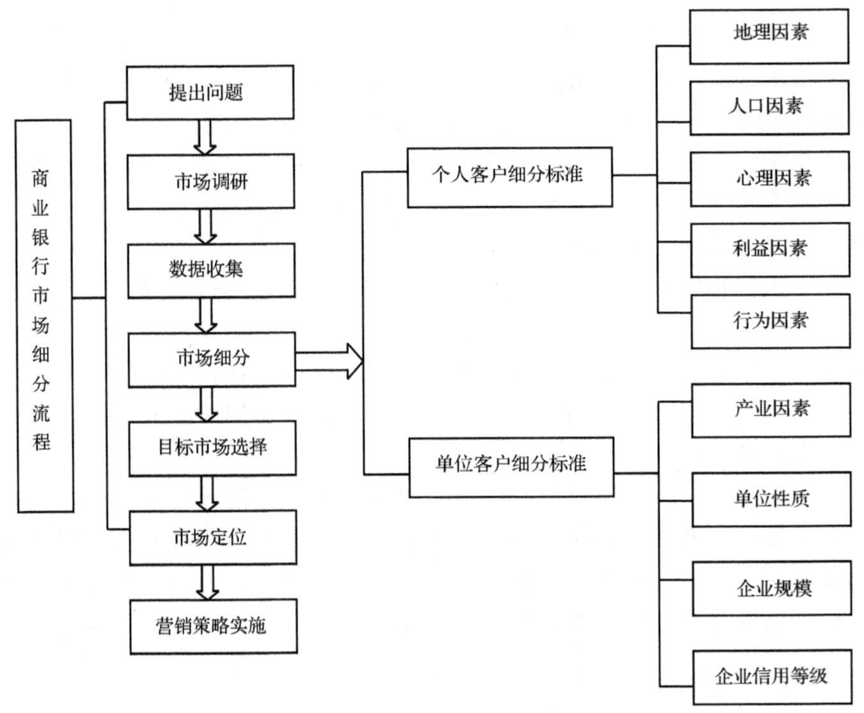

图 6-1 商业银行市场细分流程

第二节 商业银行客户市场细分标准

一、个人客户市场细分标准

个人客户是商业银行推销金融产品和服务的主要对象，满足个人客户的需求对于商业银行客户市场的开拓是非常有利的。但是，影响个人客户对金融产品需求的因素是各种各样的，归纳起来主要有地理因素、人口因素、心理因素、利益因素和行为因素五类。从表 6-1 中可以看出个人客户细分标准的特点和具体的影响因素。

表 6-1 个人客户市场细分标准

细分变量	特点	具体因素
地理因素	相对静态	区域、气候、人口密度、城市规模、交通及通信状况
人口因素	相对稳定	年龄、性别、家庭人数、职业、收入、受教育程度、社会阶层、种族、宗教
心理因素	相对动态	外向与内向、独立与依赖、乐观与悲观、保守与冒险；传统型、时髦型
利益因素	相对动态	经济、便利、声望、安全、新颖
行为因素	较为多变	认知程度不同有不同的利益追求 忠诚度不同表现为坚定、不坚定、经常变化 使用频率不同表现为高、中、低 价格的要求不同表现为高度重视、一般、无所谓 服务质量反映不同表现为高度重视、一般、无所谓

（一）按地理因素细分

按地理因素细分个人客户市场是指按客户所处的不同位置来细分市场，从而将客户区分为不同地理区域的客户群。依据地理因素，商业银行的个人客户市场大体可分为城市、乡镇和农村市场，发达地区、中等地区和落后地区市场，大、中、小城市市场，国内和国外市场等，还可以按照气候、交通条件、资源条件等进行细分。在这些不同的分类中，有些是相互渗透的，如我国商业银行按地理因素细分出的东部、中部、西部市场中，西部市场就处于相对落后的地区。而且，在第一次市场细分后，商业银行还可以根据不同的标准再进行第二次、第三次市场细分，以明确最有利的市场位置。

（1）按国别细分为：国内客户群与国外客户群。这两类客户群对于金融服务的需求有所不同，其需求分别为本币化金融产品和外币化金融产品。商业银行为其提供服务的方式与手段也有差异，尤其是交流语言、金融产品载体上的文字及办理有关业务所要履行的手续等。

（2）按地理密度细分为：城市客户群、市郊客户群和农村客户群。不同的客户群对金融产品的需求各有不同，城市客户群需要多元化的金融产品和服务，由于经营网点在城市中比比皆是，因而客户对商业银行的选择更多关注金融产品的价格、特色服务以及优质服务的程度；市郊客户群和农村客户群对于金融产品和服务的需求比较单一，其选择主要出于便利考虑，并对个人理财关注。

（3）按地理位置分为：沿海客户群、内地客户群和边远地区客户群。研究发现，个人客户金融意识的强弱是由东到西呈递减态势；而个人客户对金融产品的选择和服务的需求，则呈现出由西向东递增态势。

（二）按人口因素细分

按人口因素细分个人客户是指根据年龄、性别、收入、职业、受教育水平、社会阶层、种族、宗教等为标准将市场划分为不同的细分市场。由于这些标准易于度量、实际可操作性强，因而根据人口因素对个人客户市场细分成为商业银行常用的一种市场细分方法。

1．按年龄细分

（1）18 岁以下客户群。这部分客户在经济上不能独立，完全依赖父母，对金融产品及服务的需求主要是一些简单方便的储蓄账户。但商业银行应视他们为潜在客户，在营销过程中有意识地培养他们的认同感与亲切感，为他们成年后选择商业银行做准备。

（2）18～23 岁客户群。这部分客户处于正在接受高等教育或刚步入社会开始工作，收入水平有限，但思想活跃，较容易接受新鲜事物，因而是信用卡业务、网上银行业务和个人消费信贷业务的准客户。

（3）23～28 岁客户群。这部分人收入相对稳定，开始为各项开支制定计划并准备积累，因而储蓄账户、预算贷款、个人消费信贷等是他们主要的金融需求产品。

（4）28～45 岁客户群。这部分客户收入稳定增长，肩负培养子女的责任，开始购买耐用消费品和住房等高价消费品。他们主要关注信用卡、住房贷款、长期储蓄账户等金融产品。

（5）45～退休之前客户群。这部分客户工资收入较高，子女已经独立，他们的个人可支配收入增加，更多关注储蓄为退休后生活做准备，并且关注投资、财务咨询等服务。

（6）60 岁以上的客户群。这部分客户一般拥有较多储蓄，开始为晚年生活准备，更多关注现金管理、财务咨询及信托服务等金融产品和服务。如表 6-2 所示。

表 6-2 人口因素（年龄）市场细分表

细分市场	年龄	生活方式	金融产品及服务需求
学生	18 岁以下	经济上未独立，主要依靠父母资助	简单方便的储蓄账户
年轻人	18～23 岁	接受高等教育或开始工作，收入有限	现金传递业务 透支或信贷 简便储蓄账户 旅行贷款
年轻夫妇	23～28 岁	生活安定，为各项开支制定计划并准备积累	共同账户、预算贷款 储蓄账户、消费信贷 保险、旅行贷款
子女未独立家庭	28～45 岁	收入增长，购买耐用品、住房和高价消费品	共同账户 抵押和住房贷款 保险、消费信贷 长期储蓄账户
子女已独立家庭	45～退休之前	工资收入较高，个人可支配收入增加	储蓄与投资 非经常性贷款 财务咨询服务 重置抵押贷款
退休老人	60 岁以上	有可观的银行储蓄，为晚年生活做准备	现金收入管理 信托服务 财务咨询

资料来源：吕国胜等. 现代金融服务. 北京：中国金融出版社，1999

2. 按社会阶层细分

（1）富裕阶层客户群。这部分客户主要指具有较高经济收入和较多个人财产的社会成员的集合。该阶层人数占社会总人数的比重少，但其所拥有的财富却占社会总财富较大的比重。就我国商业银行而言，目前，富裕阶层客户是各商业银行重点争取的对象，许多银行产品创新都是围绕着这一类型的客户而展开的，中、低收入的客户群则主要是作为银行存款类产品的客户。

（2）工薪阶层客户群。这部分客户主要是指依靠工资收入作为经济来源的社会成员的集合。这个阶层比较庞大，其成员一般都有稳定的工资收入，收入略大于支出，大部分成员把自己的积蓄存入银行，这部分客户群是个人消费信贷的主要客户。

（3）贫困阶层客户群。这部分客户主要是指缺乏稳定的经济来源、生活状况较差的社会成员的集合。这个阶层主要处于农村和边远地区，是扶贫贷款、小额贷款的主要服务对象。

一般来说，不同社会阶层的客户在银行服务需求上的差异更为显著。例如，西方国家的低收入阶层较多地利用商业银行的消费信贷，他们是商业银行发放零售贷款的主要对象；而高收入阶层则热衷于高风险的投资性银行产品，商业银行可以有针对性地为其提供各种投资性的储蓄服务和投资咨询服务，甚至提供证券经纪人方面的综合服务。又如，社会地位较高或受教育程度较高的个人客户更喜欢使用信用卡，更倾向于超前消费。为此，商业银行可为其开办信用卡授信贷款业务，为其编制特殊的业务操作程序等。

3. 按家庭生命周期细分

一个家庭的生命周期，按年龄、婚姻和子女状况，可划分为六个阶段。在不同阶段，家庭购买力、家庭成员对金融产品的兴趣与偏好会有较大差别，见表 6-2。

（1）单身阶段：年轻，单身，几乎没有经济负担，新消费观念的带头人，是信用卡、网上银行等金融产品的准客户。

（2）新婚阶段：年轻夫妻，无子女，经济条件比最近的将来要好。购买力强，对耐用品大件商品的欲望、要求强烈，关注储蓄账户、消费信贷、预算贷款等金融产品。

（3）满巢阶段：年轻夫妻，有 6 岁以下子女，家庭用品购买的高峰期。不满足现有的经济状况，注意储蓄，购买较多的儿童用品。

（4）满巢阶段：年轻夫妻，有 6 岁以上未成年子女。经济状况较好。购买趋向理智型，受广告及其他市场营销刺激的影响相对减少。注重档次较高的商品及子女的教育投资。

（5）空巢阶段：年长夫妇，子女离家自立。前期收入较高。购买力达到高峰期，较多购买老年人用品，如医疗保健品。娱乐及服务性消费支出增加。后期退休收入减少。

（6）孤独阶段：单身老人独居，收入锐减。特别注重情感、关注等需要及安全保障。

除了上述方面，经常用于市场细分的人口变数还有家庭规模、国籍、种族、宗教等。实际上，大多数商业银行通常是采用两个或两个以上人口统计变量来细分市场。

（三）按心理因素细分

按心理因素细分个人客户市场是指按客户的个性特点和生活方式等因素将客户划分为不同的细分市场。个人客户心理因素包括：个人价值观念、生活方式、性格、兴趣爱好及对市场营销因素的反应程度等。这些心理因素都会对商业银行产品和服务的需求产生影响。根据心理因素的不同分类标准，商业银行可将个人客户市场分为不同类型，如表 6-3 所示，每一类别的个人客户所关注的商业银行的产品特性不尽相同，但其间也有相互关联的部分。

表 6-3　按心理因素划分的细分市场

心理因素细分标准	市场类型
生活方式	传统型、时髦型
对营销的反应程度	强、中、弱
个　性	外向和内向、保守型和冒险型

（1）根据生活方式的不同将个人客户划分为传统型和时髦型两类。传统型客户的生活方式比较保守，不追求时尚。这类客户一般在商业银行有固定的存款账户，他们是商业银行比较稳定的存款来源，但是在一般情况下，这类客户也较少采用消费信贷。相比之下，时髦型的客户对时尚有一种较强的敏感，他们崇尚借款消费，其本身的消费观念更多地受发达国家消费观念的影响。而且，这类客户一般有一定的经济基础，他们是商业银行个人资产业务的主要客户，也是商业银行的利润来源之一。就我国商业银行的个人客户市场来说，传统型客户主要是老年人市场和低收入人群，包括广大的农村居民，大部分这类客户只要求商业银行能保证他们的存款安全和按时付息，并不奢望从商业银行贷款进行消费。然而，随着经济发展涌现出的一批高收入人群、中产阶层的生活方式则不同，他们更多地关注商业银行的资产业务（或是出于资产保值、增值的目的，或是出于现实的生活需求），同时，他们也是新兴银行产品的主要关注者和直接推动者。如个人客户对商业银行产品和服务的“3A”（任何时间 any time、任何地点 any where、任何方式 any way）要求就直接推动了个人网络银行业务的兴起，掀起了个人银行服务的变革浪潮。

（2）根据个性特点不同细分为保守型客户和冒险型客户。个性是指个体特有的心理特征，它导致一个人对所处环境或面对事物保持相对一致和连续不断的反应。通常，个性会通过自信、自主、支配、顺从、保守、适应等性格特征表现出来。保守型客户在选择金融产品时总是选择安全可靠、风险较小的金融产品，其储蓄大多会存入银行，而不愿投资于收益高、风险大的证券品种，其投资原则为“安全第一，收益第二”。而冒险型客户则较为关注新的金融产品和服务，敢于投资一些收益高但风险大的金融产品。

（3）根据个人客户对营销的反应程度不同，将其划分为强、中、弱型客户。反映程度强的个人客户对商业银行的产品和服务较为关注，往往重视金融产品的外在形式，容易接受新的金融产品；反映程度弱的客户更多重视金融产品的内容，一般注重金融产品的未来收益。

（四）按利益因素细分

按利益因素细分是指按个人客户在购买银行产品时其所追求利益的不同而将

个人客户划分为不同的细分市场。其理论依据在于客户对其所追求利益的排列次序是不同的。例如，一些研究成果认为，客户对银行的期望和要求有七个因素：价值显示、位置便利、价格吸引、诚实可靠、专业知识、经营理念、时间便利等，表现出盈利、方便、安全、情感（如显示自尊）友谊等不同的利益动机。尽管诚实可靠、位置便利和服务时间等是任何客户都希望获得的利益，但不同客户所寻求的主要利益是不同的。低层次客户把方便和安全放在首位，高层次客户则以突出其自我价值的显示或获取丰厚利益为主要动机。由于不同银行客户追求的利益不同，因而商业银行必须使自己的金融产品个性突出，以最大限度地吸引某一类或几类客户群体。

由于某些利益是所有客户都希望得到的，我国商业银行在根据利益因素进行市场细分时，首先应将客户重点关注的、有差别的几个因素选项出来，在此基础上再“捆绑”某些共性的因素来确定市场范围。例如，根据个人客户的储蓄动机的不同，可将客户的存款市场细分为三种类型：

（1）资产积累型存款市场。这一市场的客户类别主要是高收入客户群。由于其近期消费已经满足，新的消费模式尚未形成，储蓄成为其资产积累的主要目标。在不考虑外界因素影响的条件下，该类客户市场具有以下特点：一是受市场价格波动和供求关系变化的影响较小，具有相当的稳定性；二是随着储蓄本金的积累，更关注存款的安全性；三是注重追求资产的增值性，期望储蓄本金能产生更大的利益。受银行存款利率、证券市场及其他直接融资渠道变化的影响，这一类型客户存款市场的稳定性趋于不断攀升。

（2）生命周期消费平衡型存款市场。这一客户市场大多由中、高收入层构成。生命周期消费平衡型存款动机的产生来自于对未来收入变化的预期，储蓄的目的是为了平衡一生的消费。由于对未来收入预期的变动将影响到预期的一生收入结构的变化，因而必然会对当前和今后储蓄行为发生影响。与一生收入结构有关的因素包括：永久性收入与暂时性收入的比例关系；劳动保障制度的变化；收入的波动性；对未来通货膨胀的预期等。例如，由于个体户、私营企业从业人员等的收入在很大程度上具有暂时性收入的性质，或者说他们的收入虽高，但对未来收入的预期较低，两者的差距较大，因而必须进行更多的储蓄来预防收入的下降。因此尽管这部分人当前的收入水平和消费水平较高，但其储蓄额也高。上述因素导致该类型客户对商业银行存款的利益追求在于资产的安全性和收益性。但这一市场容易受市场价格和供求关系变化的影响，随着利率水平、证券市场和其他融资渠道波动的影响，这一客户存款市场的不稳定性也在上升。

（3）积累待消费型存款市场。这一客户存款市场源于为数众多的低收入层。该类客户的收入扣除生活消费及其他必要的费用支出外所剩无几，他们大多是来自于不景气企业的工人和辽阔土地的农民，无法享受福利性住房，高价租用私房或自己动手盖房，因而负担沉重，同时为攀比高档次的消费模式，他们必须“累积”而推迟部分即期消费。上述原因使该类客户对商业银行利益的需求集中表现在存款的安全性上，只要保证微小的利息，他们就能够满足。可见，积累待消费型客户存款市场面广、户多、额小，并且受利率、证券市场和其他融资渠道的影响较小。

据有关统计资料显示，在城镇居民中有40％的居民倾向于资产积累型，有约55％的居民倾向于生命周期消费平衡型，5％的居民倾向于积累待消费型。但是在我国广大的农村地区、经济不发达省份，仍然有相当部分的居民属于积累待消费型客户群。

（五）按行为因素细分

按行为因素细分个人客户市场是指依据客户对特定金融产品和服务的了解程度、态度以及对金融产品和服务的使用情况等，将个人客户划分成不同的细分市场。行为因素主要包括购买时机、购买数量、使用状况、忠诚程度、购买准备阶段等。

（1）购买时机。根据客户的需求、购买和使用金融产品的不同时机，将他们划分成不同的群体。商业银行的客户对银行产品的需求一般始于成年（18岁）之后，而能给商业银行带来丰厚盈利的客户又主要集中在中青年群体（23～45岁），因此，这部分客户就是各商业银行重点争取的对象。

（2）使用数量。根据客户使用某一金融产品的数量大小细分市场。通常可分为大量使用者、中度使用者和轻度使用者。

（3）品牌忠诚程度。商业银行可根据客户对产品的忠诚程度细分市场。有些客户经常变换品牌，另外一些客户则在较长时期内专注于某一或少数几个品牌。

（4）购买的准备阶段。客户对各种产品的了解程度往往因人而异。有的客户可能对某一产品确有需要，但并不知道该产品的存在；有的客户虽已知道产品的存在，但对产品的价值、稳定性等还存在疑虑；一些客户则可能正在考虑购买。针对处于不同购买阶段的消费群体，商业银行应进行市场细分并采用不同的营销策略。

（5）使用者状况。根据顾客是否使用和使用程度细分市场。通常可分为：经常购买者；首次购买者；潜在购买者；非购买者。商业银行往往注重将潜在使用者变为实际使用者，并设法吸引使用竞争产品的客户转而使用本银行产品。商业银行的创新类产品往往按照客户对银行产品的使用状况分类，如在信用卡业务中，国外银行的信用卡使用数量远远超出国内银行（表6-4）。在全球经济极为不景气的2001年，万事达卡的交易量仍然高达9 860亿美元，较上一年增长了18％；万事达全球发卡量增长了19％，在中国内地全年增长量竟高达120％，可以预见信用卡业务在中国的发展前景。通过分析持卡客户的使用频率、使用数量及信用卡种类等，商业银行可以区分出重点客户，在此基础上，可根据重点客户的需求来加强、完善产品功能，推出更适合客户需求的产品。

表 6-4 持卡人占总人口比例比较 （单位：%）

国家（地区）	美国	日本	韩国	德国	中国	北京、上海、广州
持卡人占总人口比例	89	96	78	96	5.4	47

资料来源：王琦．竞争与合作：内地中心城市银行业市场格局的个案研究．金融研究，2002，(6)

一般的市场营销理论试图从某一标准入手细分商业银行的个人客户市场，但是，由于不同的市场细分方法之间相互交叉渗透，不可能使用唯一的标准用以确定商业银行市场范围。在营销实践中，由于不同标准细分的市场可能相互渗透甚至是重叠的，商业银行的市场营销人员总是以多重标准来细分市场，这也能最大限度地避免市场空隙的存在。具体地说，我国商业银行的个人客户市场可按照单一标准进行细分，具体内容如表 6-5 所示。同时，在每个细分变量下，商业银行还可以进行进一步的市场细分，即按照多重标准对个人客户进行分类。

表 6-5 我国商业银行市场细分概况

细分标准	细分变量
地理因素	
1. 国家或地区	香港、日本、美国、澳大利亚等
2. 国内地区	东北区、华北区、华中区、华南区、华东区、西北区等
3. 大城市及省会	北京、上海、天津、广州、深圳、杭州等
4. 规模	客户人数在 5 000 人以下、5 000～20 000 人、20 001～40 000 人、40 000 人以上
5. 市场密度	城市、郊区、城镇、农村
6. 省份	广东省、浙江省、江苏省、山东省、安徽省
心理因素	
1. 生活方式	传统型、时髦型
2. 对营销的反应	反应积极、漠不关心、反应消极等
3. 个性	外向与内向、乐观与悲观、保守与激进等
人口因素	
1. 年龄	15 岁以下、16～18 岁、19～21 岁、22～35 岁、36～50 岁、51～60 岁、60 岁以上
2. 性别	男、女
3. 职业	工人、农民、军人、学生、机关干部、公司职员、科技人员、教师、艺术人员、个体经营者、家庭妇女、失业者、退休人员等
4. 受教育程度	文盲、小学、中学、高中、技术学校、职业学校、大学、硕士、博士
5. 家庭规模	1～2 人、3～4 人、5～6 人、6 人以上
6. 生命周期	单身青年、婚后无子女、婚后有子女、子女成家的家庭、孤寡老人
7. 社会阶层	上上层、上下层、中上层、中下层、下上层、下下层等

续表

细分标准	细分变量
利益因素	经济、便利、声望、安全、新颖
行为因素	
1. 购买频率	高、中、低
2. 使用者状况	非用户、潜在用户、首次使用者、常用户、前用户
3. 忠诚程度	无、中等、强烈
4. 购买准备	不知道、知道、感兴趣、产生欲望、准备购买

资料来源：吕国胜等. 现代金融服务. 北京：中国金融出版社，1999

二、机构客户市场细分标准

机构客户是商业银行所服务的企事业机构、政府机关、社会团体等的总称。机构客户市场不仅是商业银行存款的重要来源，也是商业银行批发金融产品和业务的主要对象，是商业银行利润的重要来源之一，优良的机构客户已经成为商业银行竞相争夺的对象。因此对机构客户细分是商业银行获取机构客户充分信息、争取和稳固优良客户，以实现盈利的必要手段。

（一）按产业因素细分

我国国民经济可分为第一产业、第二产业、第三产业等，第一产业与第二产业是以生产制造各种实物产品为主，前者主要是生产农副产品、后者生产制造工业产品，第三产业是以提供各种服务为主。目前，第一、第二产业的企业客户群呈现出逐年下降态势，第三产业的客户群呈快速增长趋势，尤其是知识密集型的第三产业表现突出。在不同的产业类别中，还可以进行再细分，如按产业的生命周期不同，可划分为朝阳产业和夕阳产业，朝阳产业资金需求量大、产品需求量大、盈利能力也较强，需要商业银行提供便利快捷的资金周转服务，而夕阳产业的产品市场需求小、盈利前景不乐观，需要商业银行提供大量资金以使其实现转产，在朝阳产业中还可分为进取型企业和稳健型企业，前者对资金需求量比较大，后者对资金需求量相对较小；另外，按生产要素密集程度，可划分为劳动密集型产业、资本（资金）密集型产业、技术（知识）密集型产业等；依据产业功能可将第一产业和第二产业合并为物质生产部门，将第三产业分为网络部门和知识、服务生产部门。

（二）按机构性质细分

按机构性质分为企业机构客户群、事业（国家行政机关、社会团体）机构客户群和中介机构客户群。企业机构客户群既是金融产品和服务的最大需求者，也是金融企业盈利收入的主要来源。然而，由于我国传统计划经济体制造成的许多弊端，诸如产业结构不合理、历史包袱沉重等原因，使得一方面企业机构迫切需要信贷资金，另一方面商业银行鉴于近年来不良信贷资产剧增而惜贷倾向日益显著。事业机构包括国家行政机关、社会团体机构。相对于企业客户而言，它具有三个特性：一是暂时闲置的预算内资金和预算外收入已成为商业银行对公存款的主要来源；二是事业机构的贷款资产质量较好；三是事业机构委托商业银行代收代缴各种费用的中间业务近几年来发展较快。中介机构是介于事业机构和企业机构之间的一种新型的社会组织，它既具有企业机构独立核算、自负盈亏的经营性质，能为社会各界提供有偿的中介服务，又行使着事业机构的部分职能，诸如会计事务所、审计事务所、法律事务所等，中介客户群有着非常良好的发展前景，并已显露出较好的经济效益。商业银行应该重视这一客户群的发展和需求，为其提供适合的金融产品和服务。

（三）按企业规模细分

按企业规模因素细分为小型企业客户群、中型企业客户群、大型企业客户群。企业规模的认定标准包括以下几个因素：年度营业额或总资产、职工人数、固定资产总值、资本总额、资产规模等。通常情况下对企业规模的认定采取的是综合标准，即同时考虑上述标准中的几个标准。例如，国家经贸委提出的1000户国家重点企业、512户重点国有企业、120户重点企业集团以及50户特大型企业等就是按企业规模划分出来的。不同规模的企业对商业银行提供的产品及服务的要求是不同的（表6-6），因而对商业银行的利润贡献也不一样。

表6-6 各类企业对金融产品的需求

客户群	主要情况	现实需求	潜在需求
小型企业	年产值或年营业额在500万以下的小型制造修理厂、服务零售业、个体经营企业等	1. 存款及存款组合 2. 担保贷款、抵押贷款等 3. 国内结算业务、保管箱业务、信托业务、机构信用卡业务 4. 公司理财、代理业务 5. 代理企业财务	1. 自动金库 2. 电子银行 3. 财务监管 4. 信息咨询
中型企业	年产值或营业额在500万至1个亿之间的中型制造厂、商厦、宾馆、民营企业、“三资企业”等	1. 存款及存款组合 2. 国内各种贷款、国际贷款 3. 国内结算业务、国际结算业务、信托业务、租赁业务、信用卡业务 4. 公司理财、代理业务、代理外汇买卖	1. 电子银行 2. 投资策划与论证 3. 国际市场调查 4. 财务咨询 5. 投资银行业务

续表

客户群	主要情况	现实需求	潜在需求
大型企业	年产值或年营业额在1亿元以上的大型工厂、商厦、宾馆、民营企业集团、三资企业集团、大型连锁超市等	1. 存款及存款组合 2. 国内贷款、国际贷款、国内融资、国际融资、代理股票上市 3. 信托业务、租赁业务、代理公司理财、信用卡业务 4. 银行担保、银行表外业务	1. 投资银行业务 2. 企业银行 3. 代理资产经营 4. 被兼并企业清盘 5. 电子银行 6. 国外信息咨询
进出口企业（含外资企业）	从事进出口贸易、生产经营的产品主要销往国外，包括外资企业、合资企业等	1. 国内存款，并通过国内银行海外分支机构取得当地货币的储蓄账户、保付支票等 2. 进出口信贷、融资租赁、票据贴现等 3. 信用卡结算、托收票据等 4. 货币兑换、外汇买卖 5. 国外担保、银行保函、国外信托业务	1. 国外票据贴现 2. 资金调查报告 3. 国际银行支票 4. 表外业务 5. 国外信息咨询

资料来源：林桦，潘平子．金融产品营销．北京：中国经济出版社，2002

现阶段，商业银行应做好两手准备：一方面，大型的重点企业仍是商业银行重点争取的对象，这类企业或是新兴的、或是重点改造的，它们需要大量的融资机会和中间产品服务；对于中小企业，商业银行应根据中小企业的现实需求设计出合适的银行产品和服务，主要是手续简便、快捷的贷款产品和方便的中间业务。需要注意的是，对这类客户提供方便快捷的银行产品与服务的同时，由于在手续方面的简化使得银行资产的安全性隐患增加，因此，商业银行在与这类客户建立业务关系之前必须重点考察其管理水平及可能存在的隐患，以确保资产的安全性和盈利性。

（四）按企业信用等级细分

信用等级是商业银行对一家企业的总体市场评价，也是商业银行据以判别客户质量的重要标准之一。通常，衡量企业信用等级的评定标准包括：企业经营状况、资金周转状况、存货周转状况，资产质量、资产规模、行业领域、市场潜在风险等方面。由于与企业客户的沟通较多，商业银行对企业情况的了解较其他机构有得天独厚的优势，从而对机构客户，特别是现有机构客户信用等级的评价有相当便利的条件。

借鉴国外优秀信用评级机构的做法，即分“AAA”、“AA”、“A”、“BBB”、“BB”、“B”、“CCC”、“CC”、“C”九个等级。一般而言，信用等级高的企业是各商业银行的优质客户，是商业银行营销的重点对象。这类企业对商业银行产品和服务在效率、品种、质量等方面都提出了较普通客户更高的要求，如在服务效率上，要求减少环节、简化手续；在产品品种上，除信贷支持外，更要求商业银行提供结算网络、企业银行、投资银行、国际结算等新的服务品种；在服务质量上，更关注科技含量、附加值、售后服务、产品的升级换代等利益。对这类客户，商业银行应及时了解企业需求，为其提供更大的授信额度、更便捷的信用方式和附加值更高的产品。相比之下，对于信用等级低的企业，商业银行将不得不在其资产管理上投入更大的精力，当收益与成本不成比例时，就应果断放弃此类客户。目前，我国企业信用等级评价体系尚未真正建立起来，商业银行只能在借鉴国外现行做法的基础上，结合我国现实状况，摸索出自己的客户信用等级评价方法。

此外，机构（企业）客户市场的细分，还可以根据企业的发展阶段、企业与银行的业务关系、企业的经营范围等标准来实施。但正如对个人客户市场的细分一样，商业银行的企业客户市场细分也应综合考虑多个细分标准，如产业标准和企业规模标准的结合、企业规模和性质标准的结合等。需要特别指出的是，商业银行绝大部分的批发金融服务都被机构客户所消费，其主要的利润来源也出自于机构客户市场，所以，对机构客户提供银行产品和服务时，商业银行应尤其注意风险的防范问题，确保贷款的安全性和银行资产的保值增值。

综上所述，在现代市场营销观念下，商业银行同其他企业一样，必须按照市场需求来提供合适的产品和服务，因此，从客户的角度细分市场就成为商业银行区分需求差别，明确目标市场的必要条件。与此同时，由于不同客户对商业银行产品和服务的需求不同，不同的银行产品和服务可以满足按照不同标准细分出的客户市场。因此，从整合商业银行资源的角度来说，可以在按一般营销标准细分出的客户市场基础上，区分出特定产品和服务的客户群（表 6-7）。

表 6-7　部分银行产品和服务整合后的客户市场

银行产品和服务	整合后的客户市场
贷款类：	
消费贷款	个人客户：一般需求是耐用消费品，有相当经济收入，年龄为 23～45 岁，社会阶层较高，消费观念时尚 企业客户：一般需求是法人汽车消费
商业贷款	企业客户：优质客户是大型企业、信誉等级高的企业
助学贷款	青年学生：主要为大学生、硕士研究生
代理类	企业客户：各种企业、事业机构及政府机构 个人客户：主要面对家庭客户、时尚消费族等
结算类	企业客户：国内、国外企业、中外合资、合作企业等 个人客户：个人企业主、高收入阶层等
银行卡类	追求时尚消费，年龄在 18～45 岁之间，有一定的可支配收入
外汇业务类	企业客户：外贸类企业、外资公司、政府机构等 个人客户：主要是留学生、有外汇存款的个人等

第三节 商业银行目标市场战略选择

一、目标市场的含义

在市场细分的基础上，商业银行必须对每一个细分市场进行恰当的评价，即要预测每个细分市场的盈利能力，然后根据自己的资源和目标选择一个或几个细分部分作为自己的目标市场，这样的营销活动，就称为目标营销或市场目标化。作为市场主体的商业银行要想在市场竞争中获胜，必须清楚到底为谁提供金融产品、提供什么样的金融产品。这就要求商业银行必须深入进行需求研究。由于顾客的需求是千差万别的，试图用一种金融产品、一种营销组合手段满足所有客户的需求是不科学的，也是不现实的。商业银行必须根据需求的差异性对客户进行细分，其目的是寻找适合商业银行的目标客户群——目标市场。

二、目标市场战略细分

目标市场战略是在商业银行市场细分的基础上，针对目标市场情况和银行产品营销的需要做出的。从商业银行总体的角度来看，可供其选择的目标市场可能只有一个，也可能有几个，这取决于对细分市场结构和商业银行自身资源状况的分析。合理选择确定细分市场和进入目标市场的方式至关重要，它将直接影响到商业银行经营的成败。从现代商业银行营销活动总体情况来看，其目标市场战略有以下三种。

（一）无差异性目标市场战略

所谓无差异性目标市场战略，是指商业银行把整个市场看做一个目标市场，认为所有客户对金融产品和服务有着共同的需求，忽视他们之间存在的实际差异，用相同的银行产品和服务满足各种客户群体的需求，在所有的市场开展相同业务。无差异性市场战略无视客户需求的差别，只是提供相同的银行产品和服务，并不关心是谁需要，需要什么。实施这种战略的商业银行一般只推出单一的产品和服务，并运用单一的市场营销组合去迎合整个市场最大多数客户的需求，凭借广泛的销售渠道和大规模的广告宣传，吸引尽可能多的客户。

采用无差异性市场战略，商业银行无需进行市场调研和相关的市场细分，因而在成本开支上较差异性市场战略小。但是采用该种战略的商业银行也面临着产品和服务及营销策略针对性不强的问题，不利于发挥竞争优势，因而不能充分满足市场需求。特别是当商业银行的竞争对手都采取同一战略时，一方面加剧了市场竞争，可能造成两败俱伤，另一方面部分客户的需求得不到满足，容易失去市场机会。

相对而言，无差异市场战略主要适用于小型银行，如我国的城市商业银行，但这同时也需要一个相对闭塞，狭小的市场范围和不激烈的竞争环境。随着我国居民收入的增加，商业银行客户需求的差异性越来越明显。因此，整体市场上的无差异战略难以适应商业银行的发展。

（二）差异性目标市场战略

所谓差异性目标市场战略，是指商业银行在市场细分的基础上，根据自身条件和经营环境，选择两个或更多的细分市场作为目标市场，并对应于每一个目标市场分别设计出满足不同客户需求的银行产品和服务的战略。在这种战略下，商业银行可针对每一类服务配置多种产品，如支票账户、客户信贷、信用卡业务等。这是近几年来我国商业银行最主要的营销战略，不仅为大型商业银行广泛采用，也是中小银行赢得竞争优势的有效方法。采用这种营销战略，商业银行能有效地满足不同客户的需求，合理地配置资源，通过采取有针对性的营销策略，有计划地拓展新市场。在确定不同的细分市场和营销战略之前，商业银行还需要进行深入的市场营销研究，产品销售分析、促销计划及渠道管理等工作，这必将造成商业银行成本和费用提高、经营过程复杂化等问题。因此，实施差异性市场战略时，商业银行需要比较其成本和收益的大小，以权衡利弊，正确选择。

一般地说，差异性市场战略的实施依赖于银行产品和服务的细化、创新。一方面，银行产品的创新要求商业银行能紧跟客户需求，利用新技术开发出能满足这些需求的产品；另一方面，银行产品的创新还体现在产品特色、附加价值等的创新上，在商业银行产品的核心功能趋同的情况下，产品的便利性服务、支持性服务将毫无疑问地成为竞争焦点。归根结底，差异性市场战略的核心是根据细分市场的不同，提供不同的银行产品和服务。例如，美国花旗银行在根据不同的客户情况提供多层次服务方面有较好的经验，具体做法是：对于大众市场，提供各种低成本的电子服务，如信用卡和邮购银行业务等；对于收入较高的客户，提供广泛的私人银行业务；对于富裕的中上层客户，提供更加个人化的服务。随着外资商业银行的进入，我国的银行业市场竞争日趋激烈，商业银行的市场化运作要求也愈来愈高，对客户消费需求的研究也越来越透彻。为顺应这种发展潮流，我国商业银行应考虑实施差异性市场战略，在市场调和分析的基础上，按照一定的标准细分市场，确定适合自己进入的目标市场和在每一市场上应采取的营销策略。

（三）集中性目标市场战略

所谓集中性目标市场战略是指商业银行以一个或几个细分市场作为目标市场，针对一部分特定目标客户的需求，集中营销力量，实行专业化经营的一种战略。这种战略追求的并不是在较大市场上占有一定份额，而是在较小的细分市场上占有较大的份额。国外商业银行通过加强特定部门和特定业务的竞争优势，使其在某一经营领域内成为具有权威性和规模性特点的顶尖商业银行，以此来赢得客户的好感和信任，从而获得更多的利润。商业银行采取这种战略时，可以集中全部力量为一个或几个细分市场提供银行产品和服务，通过产品和服务的专业化，降低成本，提高市场占有率，取得市场竞争优势，但由此也给商业银行带来了经营目标领域狭窄，风险相对集中等问题。

商业银行在实施这一战略时，重点是选择好服务对象和具备一定盈利能力的银行产品。如商业银行在储蓄市场上应重点吸收高收入阶层的存款，在贷款市场上应重点办理对中小企业或个人的抵押和担保贷款，在证券投资上应重点为个人代理股票投资业务等。例如，美国的纽约银行不是全面撒网式地经营所有银行业务，而是抓住自身的证券经营管理优势，保证证券管理业务手续费和利息收入的稳定性，从而获得了巨大的收益。

对于我国大部分商业银行来说采用密集型的市场战略是一种较为现实的选择。它使商业银行得以发挥相对资源优势，在日趋激烈的市场竞争中谋得一席之地。对此，我国商业银行可借鉴国外先进的经验，选择对商业银行利润贡献度高的重点客户、优质客户来确定商业银行的业务组合。

三、影响商业银行目标市场战略选择的因素

不同的目标市场战略各有利弊，商业银行在选择过程中通常要考虑多种因素：

1. 目标市场特征

商业银行拟选择的目标市场应有充足稳定的购买力、畅通的分销渠道，并尽可能地与商业银行整体金融产品的开发、创新方向一致。同时，在目标市场上，商业银行应能从中预测到市场发展变化的趋势和可能。为了找出目标市场，商业银行首先要分析其所面对的主要环境、发展趋势、机会和威胁，对潜在市场进行详细考察，以便了解该市场的主要特征，确定这个市场需求的规律性与稳定性。

2. 市场结构的吸引力

有些细分市场可能具有理想的规模和发展特征，然而从盈利的观点来看，却未必有吸引力。有五种力量决定整个市场或其中任何一个细分市场的长期内在吸引力：细分市场内的竞争者、潜在竞争者、替代产品、客户选择能力和中央银行。这五种力量都对某一细分市场构成机会与威胁，商业银行必须对此进行详细的分析和评价。

（1）同业竞争的威胁。这是细分市场内部的参与者构成的威胁。一方面，如果某一细分市场已经有了为数众多的、实力雄厚的或竞争强烈的竞争者，该细分市场将失去吸引力，也就不宜确定为目标市场。另一方面，倘若某一细分市场刚刚起步，某项业务正处于兴旺发达或稳步上升阶段，商业银行则可以考虑将其列为目标市场，如在城市推广信用卡，就是一个新兴的目标市场。

（2）潜在竞争者的威胁。如果某个细分市场可能吸引新的竞争者，并且能够

顺利地进入，则该细分市场没有多大的吸引力，反之，如果某个细分市场具有较高的进入壁垒，则处于该细分市场内的商业银行可能获得垄断利润。例如，在国外，某些商业银行开始时可以单独占领储蓄市场，在金融管制放松后，许多金融机构进入了这个市场，使得储蓄市场的竞争日趋激烈，利润也呈逐步下降趋势。对于我国的银行来说，随着改革的深入，潜在竞争者将越来越多，只有选择好目标市场才能发挥出自身优势，在日趋激烈的市场竞争中得以生存和发展。

(3) 替代产品的威胁。如果某一市场存在着替代产品，该市场就会失去吸引力。如商业银行以自动取款支票代替一般性转账支票，以定活两便储蓄代替定期储蓄，都可能使原来的细分市场趋于萎缩。随着金融产品的不断创新，商业银行在某一客户市场上的替代产品将进一步增加，这也迫使其细分市场进行再细分。但是，当某一市场上的替代产品品种众多时，这一市场也就不再适合作为商业银行的目标市场。

(4) 客户选择能力的威胁。如果在某个细分市场中，客户评价与选择服务的能力很强或正在加强，则对试图进入该市场的商业银行来说是不利的。客户有可能联合起来，或者形成一种控制力量，或者对商业银行的服务百般挑剔，因此，没有经营实力和服务特色的银行不能贸然进入该市场。若客户对银行产品和服务一无所知，没有任何评价能力，对商业银行的经营同样不利。所以，适度理性的客户市场是商业银行所期盼的，当这一市场的客户能力足以影响银行产品和服务的供给时，该市场也就失去了吸引力。

(5) 中央银行的影响。中央银行是商业银行最后的资金融通者，相当于最后的供应商。因此，在某一细分市场上，如果商业银行与中央银行的关系融洽，并能从中央银行得到廉价的资金支持和管理上的配合，该商业银行就可以考虑进入该市场。

3. 银行的资源与竞争优势

在众多的细分市场中，可能有许多市场都对商业银行有吸引力，但是商业银行却不能贸然进入这些市场。在选择目标市场时，商业银行还应该根据自身的资源与竞争优势，选择适合自己的目标市场。

第四节　商业银行目标市场定位

一、商业银行市场定位分析

商业银行一旦选择了目标市场，就要研究如何在目标市场上进行金融产品和服务的定位。所谓定位是指企业根据竞争者的产品和服务在市场上所处的地位及客户对该种产品的重视与偏好程度，进而确定自己在目标市场上适当的营销策略。

（一）商业银行市场定位层次

（1）行业定位。即把银行业作为整体的定位。在整个金融业中，商业银行只是其中的一个部分，虽然目前从表面上看银行与保险、证券业等没有直接的竞争关系，实际上“脱媒”现象的存在表明银行业与证券业间的竞争已悄然开始。随着科学技术和“金融超市”的发展，未来的金融业中各行业间的竞争将会愈演愈烈。

（2）机构定位。即把商业银行业作为一个整体在银行业中的定位。这是考察某商业银行在与其他同业竞争对手比较时，本来应该处于的一个位置。

（3）产品和服务部门定位。即对商业银行所提供的产品和服务的定位，是将银行产品和服务分成几个大类，然后确定各类产品的定位。这一层次的产品和服务的划分是粗线条的，大致可按照资产、负债、中间业务等来划分。

（4）单一产品和服务定位。即对商业银行某一项特定产品和服务的定位。如商业银行推出信用卡业务时的市场定位就属于这一层次的定位。

一般情况下，银行的市场定位在确定了目标市场时具有三个层次，要注意其差异性，因各种因素的不同来确定定位重点（图 6-2）。

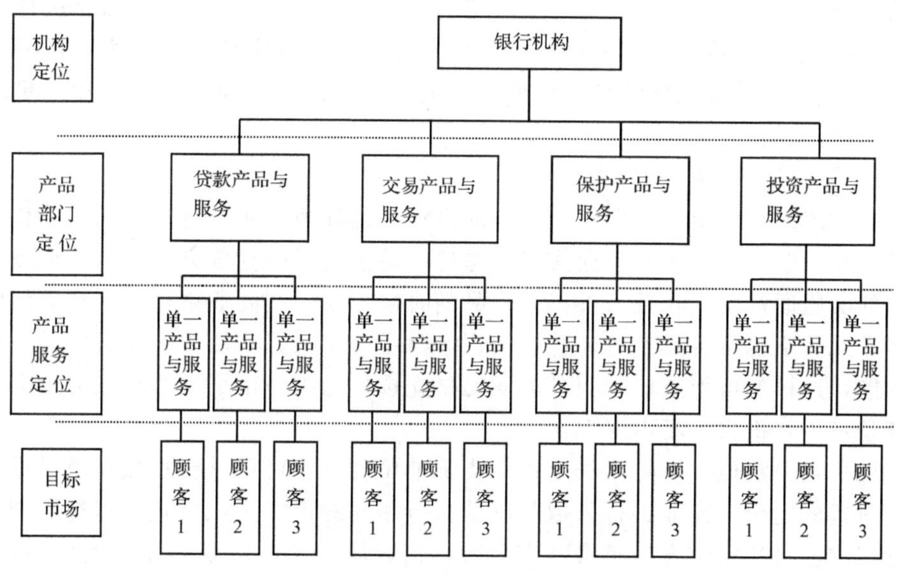

图 6-2 商业银行市场定位层次

（二）商业银行市场定位作用与方法

1. 商业银行市场定位的作用

（1）定位能创造差异，有利于塑造商业银行的形象。通过定位向客户传达定位的信息，使差异性清楚地显现出来，如商业银行通过设计和塑造经营理念、企业标志、产品商标、企业标准字体、企业建筑外观、象征图案、户外广告、陈列展示等在客户心中留下与众不同、特色鲜明的良好印象，以引起客户的广泛重视和接受。

（2）适应细分市场客户的特定要求，以更好地满足其需求。商业银行推出的产品和服务不可能满足所有客户的需求，每一家商业银行只有以市场上的部分特定客户为其服务对象，才能发挥其优势，提供更为有效的服务。因此商业银行要根据客户的需求差别将市场细化，并从中选出有一定规模和发展前景并符合企业的目标和能力的细分市场作为目标市场，还要通过一系列的营销活动向客户传达这一定位信息，让客户知道所提供的产品和服务是他确实需要的，从而使确定的目标市场真正成为商业银行的市场。

（3）正确定位有助于商业银行形成竞争优势。恰当的市场定位不仅会使商业银行为更多的客户所接受和认同，而且还能使商业银行充分利用自身的优势资源，攻击竞争对手的弱点和不足，以确保自身在市场中的竞争优势。如香港汇丰银行定位于“分行最多、全港最大的银行 ”，20 世纪 90 年代以来，为拉近与客户的距离又定位于“患难与共，伴同成长”，意在与客户建立同舟共济、共谋发展的亲密朋友关系；香港恒生银行定位于“充满人情味的、服务态度最佳的银行”，通过走感性路线赢得客户的心；而香港中国银行定位于“强大后盾的中资银行”，直接针对有民族情结、信赖中资的目标客户群，同时暗示它提供更多更新的服务。

2. 商业银行市场定位方法

（1）产品特色定位。即根据客户的需求和偏好为商业银行的产品培养相应的特色，并采取各种方式努力向客户传递这些特色的一种定位方法。这种市场定位战略的实施通常发生在银行推出新产品的时候。如一些商业银行为客户提供的金融产品无所不包又各具特色，其中信用卡除了支付结算功能外，还有旅游、保险等功能，这样就可形成成套服务以满足事先选择的细分市场，并在细分市场上排挤竞争对手，扩大市场占有率。

（2）竞争定位。即与市场上占据支配地位的竞争对手进行直接竞争，进行针锋相对式的定位，商业银行采取与其他银行相同的市场定位方式，以夺取同样的目标客户。这种定位方法具有一定风险，但若能成功就可获得显著的竞争优势。这种定位通常要求：①本企业能够提供更优的金融产品和服务；②有充足的市场潜力；③本企业的资源和经营能力足以支持全面的竞争。一般大型商业银行采取的是针锋相对的定位，在这一定位思想的指导下，并不一定是银行间的恶性竞争，商业银行也可以在行业自律协会的协调下实现协同竞争。

（3）补缺定位。即商业银行避开与竞争对手直接的对抗，选择新的金融产品和新的企业形象定位，这一方法的市场风险小而成功率较高。这种定位方法要求：①市场足够大以确保企业的运作与盈利；②企业能够提供市场所需要的金融产品和服务。我国的中小型商业银行，针对四大国有商业银行在中小企业、私营企业等领域并未形成竞争优势的现状，采取填补空缺定位，更好地发挥了其优势。

(4) 重新定位。即对不受客户欢迎、市场反映较差的金融产品和服务进行重新定位。对于商业银行来说，一种重新定位的方法是改变产品的功能，使之更能满足客户的需求；另一种方法是改变客户的心理定位，即通过广告宣传等手段改变客户对银行及其产品的片面认识。美国长岛信托公司在大银行的竞争之下，无论是分行数目、服务范围还是服务质量与资本基础的排名都落后，但在给公司做了“长岛银行为长岛居民服务”的重新定位后，所有表征的排名上都有大幅提高。

3. 商业银行市场定位步骤

如图 6-3 所示。

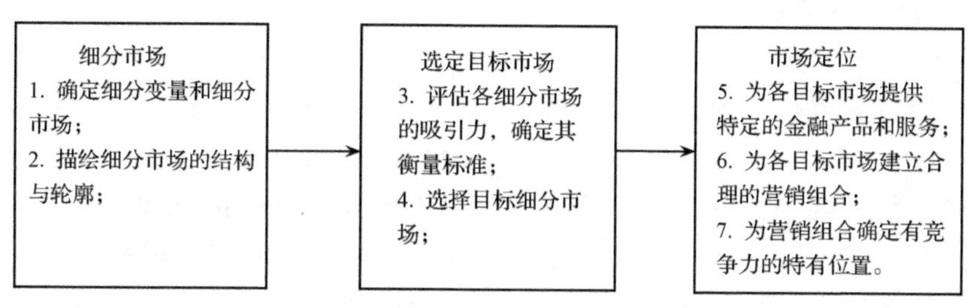

图 6-3　市场定位过程

二、我国商业银行市场定位现状分析

（一）国有商业银行

我国的国有商业银行具有资产规模较大、经营品种较多、金融产品创新迅速及机构网点广泛分布等特点，它们占有着较大的市场份额，并控制和影响着其他商业银行的金融行为。

四大国有商业银行市场定位现状：

(1) 市场定位过于笼统。没有按照区域经济特点和自身优势进行细化和明确，如沿海经济发达地区同中西部经济相对落后地区在市场定位上基本上没有区别，实行同一政策。

(2) 对客户没有进行有效的市场细分。只要有市场和增长点，就不计成本，共同挤进，从而影响了营销的效果和银行的经营效益。

(3) 没有建立一个记录客户详细信息的数据库。我国目前缺乏一个完整的客户信用信息库，银行无法对客户进行准确的资信审查，使一些客户有机可乘，逃避银行债务，使银行信贷风险难以有效防范和化解，很大程度上制约了银行市场营销的拓展。

(4) 复合型营销人才十分缺乏。以往国内商业银行市场开拓人员具有很明显的专业性，如对公存款人员只负责企事业机构的揽存工作，管户信贷员只负责所管企业的信贷方面的业务，职责范围仅仅局限于某个单一专业领域，缺乏对银行业务的全面了解和掌握，无法适应客户日益多元化、深层次的业务需求。

国有商业银行市场定位方向：

(1) 从公司客户市场看，“大而优”的市场定位应予以延伸，“抓好抓优、大小并举”，“大而优”和“小而优”的客户都应重视。

(2) 从个人客户市场看，以中等收入阶层为核心，提供吸存、中间业务和消费信贷并列发展的金融多元化服务。

(3) 提高营销人员的专业知识和综合素质，以适应现代商业银行市场营销的要求。

(二) 股份制商业银行

1. 规模较大商业银行

以深圳发展银行、上海浦发银行、招商银行、中信实业银行、华夏银行等为代表的规模较大、实力较强的股份制商业银行，长期以来，选择并维护了一种与其竞争对手相同或相似的竞争框架体系，形成同国有商业银行和外资银行的竞争态势，国有商业银行所运用的营销手法，这些商业银行也较容易模仿。

深圳发展银行、上海浦发银行、招商银行、华夏银行、民生银行、兴业银行等行已经成功上市，其他股份制商业银行也跃跃欲试。已上市的股份制商业银行在资本市场上募集了大量的资金，并利用这些资金纷纷进行扩军。这些规模较大的商业银行凭借规模优势在整个金融市场范围内同竞争对手展开竞争，当然它们也可以把选择几个细分市场开展有针对性的金融服务作为一种辅助性策略。

规模较大商业银行定位方向：一是定位于公司型、中产阶级客户；二是定位于一种商品型或一种高附加价值型的产品或服务。如招商银行定位于发展网络银行和个人金融服务。

2. 中小商业银行

中小商业银行资产规模较小、所能提供的金融产品和服务种类不多，往往集中于一个或数个细分市场开展经营。中小商业银行市场定位现状：

(1) 市场定位模糊，生存空间较小，市场贴近度差；

(2) 实力较小，竞争力弱，发展战略不明确，只能在夹缝中生存；

(3) 对中间业务发展认识不足，视野不宽，基本知识了解也不多，人员素质也相对低些；

(4) 硬件设施落后，电子化程度相对滞后，使服务手段和服务质量跟不上中间业务发展的要求；

(5) 中间业务宣传力度不够，社会各界了解得不够，广大市民及客户心中的印象不深，不知道这类中小银行能提供什么中间业务等。

中小商业银行市场定位方向：中小商业银行要有多元化的市场定位，分重点和层次，挑选特定的细分市场，作为其服务对象。首先，在银行发展战略和经营策略上，尽量避开国有商业银行等大银行，在其经营业务的夹缝和空白领域中求得生存和发展空间；其次，在市场定位上，以“中小企业为主，大型企业为辅，个人金融为重点”，全方位地开展金融服务；最后，大力拓展中间业务，充分利用中小银行贴近市民、贴近地方政府和企业的有利条件，促使中间业务迅速与资产、负债共同构成其业务的三大支柱。

三、商业银行目标市场定位策略

（一）有形产品定位策略

商业银行的产品定位战略与有形产品的定位战略有许多的相关之处，但也有较大的不同。简而言之，商业银行的产品定位中有一般产品定位战略的应用，但其更多的是从服务定位的角度出发。

一般营销理论认为，有形产品的产品市场战略较常采用以下几种方式：

（1）根据特色定位。这是侧重于企业或产品主要特色的定位。即企业给予产品某些独特的东西，如质量、造型、特有的功能、包装等。

（2）根据特定的使用场合及用途定位。这是针对某些特殊需要的顾客群或产品特定用途的定位。这类定位为产品规定特定的使用场合，并使用特定的渠道进行销售。

（3）根据提供的利益、解决问题的方法和需求定位。这是企业对其产品赋予某一用途，或者指出是为客户的某个问题所制造的。这种定位能使顾客有相当直观的感受。

（4）根据使用者的类型定位。这是赋予产品与某些使用者需求特性相似的特定产品形象，在这些顾客心目中建立起企业产品是特地为他们这类顾客生产，并且最适合他们使用的印象。

（5）根据竞争的需要定位。这是针对市场竞争态势，力求突现企业优势的定位。即为了在顾客心目中加强或提高企业现有的地位，根据与竞争有关的属性和利益或针对竞争者的定位来进行本企业的市场定位。

（6）质量/价格定位。这是将企业产品的质量价格比作为主要依据的定位，这种定位可以强调质量等于价格；可以强调质量高于价格；还可以强调质量一般，价格低，以加强市场渗透，提高市场占有率。

（二）金融产品和服务定位策略

对于商业银行的产品市场定位策略，有形产品的定位策略有一些是值得借鉴的，但也有一些是不适用的。事实上，我国商业银行对其业务的市场定位，有一些就是从有形产品市场定位的策略中引申而来的。概括地说，商业银行在为其产品选择市场定位策略时应该考虑以下三个要素：

（1）银行产品的市场定位。应注重为本银行的产品创造和培养一定的特色，树立一定的市场形象。这种特色，有的可从产品的实际功能中体现出来，有的也可以从客户的心理满足上反映出来。相对而言，要为本银行的服务创造某种市场形象是比较容易的，但单纯依靠市场形象并不一定能吸引客户。例如，理性的客户会更关注商业银行的产品是否能满足其需求，是否安全等，而对银行市场形象可能并不是非常在意。

（2）银行客户对某种产品的选择重要的是看自己所能获得的利益，这是影响客户购买行为的决定性因素。因此商业银行的产品市场定位应反映出客户对这种产品的态度，并以本银行所能给予客户的利益作为有效的产品和服务组合营销战略的基础。只有在明确本银行产品能给客户带来的各种利益之后，营销人员才能通过广告、公关等手段，有效地影响客户的购买行为。商业银行的产品能为客户提供的核心利益是客户进行选择的根本原因，也是客户需求的中心内容，如银行产品提供的保值增值、安全便捷、方便等功能。这些产品和服务所提供的附加利益在市场竞争中的地位也往往不容忽视，特别是在各家商业银行提供的产品核心利益在质上无甚差别时，若能为客户提供竞争对手无法提供的附加利益，则很可能会形成决定性的竞争优势。

要为银行客户提供更多的利益，商业银行管理人员不仅应明确显露的服务属性，还应明确隐含的服务属性。明显属性是由银行客户感觉到的各种产品和服务属性所组成，如银行服务人员的服务技能、服务及时性、服务项目广度、服务质量的一致性等都是客户用来评价显露的服务属性的因素。隐含的服务属性是指银行客户的心理感受或银行产品的附属属性，如银行人员的服务态度、等待服务的时间、服务环境、便利程度等就是许多银行客户用来评价隐性服务属性的因素。

（3）商业银行的产品市场定位是要把本银行提供的产品与竞争对手的同类产品区别开来。这就要求商业银行想方设法打造本银行产品的特色，并使银行客户了解这些特色。商业银行营销人员必须认明本银行产品的易模仿性，以及本银行能为客户提供的特殊利益，分析自身的优势与竞争对手的劣势，才能将本银行提供的产品和服务与竞争对手的产品和服务有效地区分开来。

（三）个人金融服务定位策略

个人金融服务是指商业银行根据居民个人需求向其提供能够体现其个性化要求的金融产品和服务。随着金融体制改革的深入，商业银行市场化进程的加快和银行业竞争的加剧，在国有企业效益低下、银行呆坏账较高的情况下，银行要获利自然要寻求新的服务市场，由于面向非国有经济的贷款当前仍存在政策上和制度上的某些制约，商业银行开始面向风险较小的个人金融服务业务。加之改革开放以来，居民收入水平的提高和金融消费需求的不断变化，目前已从过去简单的通过储蓄存款获得利息发展到结算、代理、咨询、委托、贷款、特殊服务等多层次全方位的服务需求，这种旺盛的个人金融需求无疑为商业银行业务的开展提供了良好的商机。当然，由于外资银行从事个人金融服务业务历史长，熟悉市场细分、市场定位、产品开发、风险控制等一系列营销环节，有较强的竞争力，国内银行在这些领域还有较大差距，这就要求国内商业银行借鉴国外先进的经验，真正贯彻客户导向的经营理念，科学进行市场细分，准确进行市场定位并有针对性地设计和促销产品，切实满足顾客个性化、专业化的金融需求。

（1）为客户提供全面的服务。商业银行应为客户提供全面、优质的服务，从传统的储蓄业务到个人信贷业务、代理业务、信用卡业务、信息咨询业务、通信财务服务、个人理财服务等。

（2）为客户提供个性化服务。客户不再是银行某一产品和服务的接受者，而是银行提供方案的订购者；银行不只是为客户提供某项产品和服务，而是客户的长期支持者、伙伴。商业银行对客户市场进行细分，对客户进行分类，根据客户的年龄、性别、地域、偏好、职业、受教育程度、收入、资产等标准进行细分，在此基础上，实施有效的市场定位，针对不同层次的客户提供适合他们需求的金融产品和服务，使银行服务由统一化、大众化向层次化、个性化转变。

（3）实行客户经理制。个人金融业务的亲切和个性化特征非常突出，需要银行工作人员和客户面对面的交流。客户经理负责与客户的联系，跟踪客户的生产、经营、财务、发展等情况，协调和争取银行的各项资源，及时了解并受理客户的服务需求，负责银行业务拓展、宣传以及信息收集。

关键概念

市场细分、差异性目标市场战略、定位

❖ 思考题

1. 商业银行市场细分的含义和原则。
2. 简述个人客户和公司客户市场细分的标准。
3. 商业银行目标市场选择的含义及作用。
4. 简述商业银行目标市场的战略选择。
5. 试述影响商业银行目标市场战略选择的因素。
6. 商业银行市场定位层次及方法。
7. 简述产品定位策略。
8. 试述我国商业银行市场定位现状。

☞ 案例

花旗银行营销策略

花旗银行在零售业务方面具有巨大的优势和竞争力，这种优势的建立很大程度上归功于零售业务的营销策略。早在70年代，花旗银行就开始实现了营销观念的重大突破，即以市场为导向，以满足客户需求为条件，以商品消费的思路去分析客户的心态，并据此采取相应的对策。为了推销产品，扩大市场花旗银行采取的措施主要有：①建立顾客关系上的产品销售理念。花旗的服务宗旨不仅仅是立足于产品销售，而要给顾客愉快的银行感受，使顾客对银行产生依赖关系，据此花旗致力于建立顾客对银行的依赖和信任关系，并依此目标改善其产品和服务功能，花旗银行也努力在全球推广标准化的服务，确保服务质量的统一性；②强化花旗银行品牌形象。花旗银行除了在全球推行统一品牌外，还将其零售产品设计成一种身份的象征，并依靠精心设计的广告突出这一特征，使许多人将拥有花旗产品成为一种愿望。例如，对信用卡的营销除了突出服务功能外，还特别突出塑造成功的形象，对年轻的顾客产生了巨大的吸引力；③对市场进行分割，为客户提供全面的服务。花旗银行对个人客户能提供全面的商业银行各类服务，包括资产管理、保险、个人理财、咨询顾问，甚至旅游服务等。花旗银行在这方面有非常成功的经验，他们的口号是：代替统一服务的是那种能满足每一个单独顾客需要的服务。花旗的市场定位在美国本土及全球集中于中产阶级和高收入消费阶层。在亚洲，银行重点服务的对象是占人口总数20%的高收入阶层，为其提供信用卡和抵押贷款等一系列的产品服务。花旗银行对其市场定位中的重点客户，采取不同的服务措施，如对持有金卡的一些顾客实施免收年费的优惠措施，另外，针对欧美和亚洲客户的不同特点，花旗银行卡的功能也有所不同。以有效创新的营销策略支撑的零售业务成为花旗银行最具优势的业务之一，近几年，花旗银行零售业务收入年增长率达到20%以上。

案例讨论题

1. 根据市场细分和市场定位相关知识分析花旗银行是按照什么标准进行市场细分的。

2. 花旗银行市场定位策略是什么？

第七章

商业银行产品

金融产品，是商业银行赖以生存的基础，也是商业银行间竞争的核心。从某种意义上说，商业银行的成败兴衰，它的市场营销效益如何，取决于它所生产的和向市场提供的产品是否能够满足购买者的需求。因此，开发出适销对路的金融产品服务，就成为商业银行在市场竞争中取胜的关键。产品因素是市场营销组合因素中的首要因素，而产品策略则是整个营销组合策略的基石，占有十分重要的地位。本章探讨的商业银行产品开发策略主要包括：商业银行产品组合策略、商业银行产品生命周期策略、商业银行的新产品开发、商业银行品牌策略等。

第一节　商业银行产品分析

一、商业银行产品概念

在现代市场营销中，产品是指能提供给市场的可满足顾客某种需要的任何东西，包括有形的商品、无形的服务，还包括地点、人物、组织等。由于商业银行所经营的是特殊的产品——货币，向市场提供的产品总的来说是属于服务的范畴，这种服务主要表现为信用服务，即满足社会经济活动中资金流通需要的服务。因此，商业银行产品是指商业银行通过金融工具向市场提供的，能满足客户需要的与货币信用联系在一起的一系列服务的总和。这是一个广义的、整体性的产品概念。具体可分为五个层次。

1. 核心产品

核心产品是指产品能提供给购买者的基本效用或利益，是商业银行客户实际所需要的东西。对于商业银行来说，能最大满足银行客户现实和潜在需求的产品就是商业银行的核心产品。核心产品是产品整体概念中最基本、最主要的部分，是满足购买者需求的实质性内容。如果产品不具有实际效用，就失去了存在的必要，也不会有人去购买它。因为银行产品的需求者不是为了消费银行所提供的各种金融工具，而是要通过金融工具，或利用金融工具实施、完成某些经济活动。所以，对于商业银行来说，开发金融产品首先要考虑它的实际效用，要善于发现并揭示隐藏在每一项产品后面的需求，有目的地确定产品的实际效用和利益。一般来讲，商业银行客户所需要的核心利益包括：利息、便利、透支、安全、保值、增值和各种预期等。

2. 形式产品

是指商业银行产品的外在表现形式，是产品满足购买者需求的具体形式。主要指商业银行提供的各种金融工具或手段，如支票、信用卡、ATM、汇票等。形式产品是核心产品的载体，核心产品只有通过形式产品才能被体现出来，即商业银行客户所需要如利息、便利、透支、安全、保值等的核心利益要通过支票、ATM、汇票等这些具体的金融工具或手段才能体现出来。因此，核心产品与有形产品是相辅相成、缺一不可的。

3. 期望产品

是指客户在购买或消费某种具体的银行产品或服务时，期望这种产品或服务所具备的一些属性和条件。比如客户希望得到现有产品尚未具备的更多的安全性、适用性、便利性的产品等。在同等情况下，如果某家商业银行能提供比竞争者更多的能够满足客户期望的产品和服务，则对消费者更具吸引力。

4. 延伸产品

是商业银行为了提高竞争能力，根据客户的相关需要而提供给银行客户的附加利益，也是银行客户在寻觅、取得和使用金融产品的过程中所感受到的利益，如质量保证、有形与无形的服务、使用指导、担保等。它能在满足消费者或客户基本需要基础上体现出不同银行的形象和特色。

5. 潜在产品

是现有产品存在的、尚未开发和实现的，能够满足银行客户潜在需要的所有附加功能与附加服务的可能性。潜在产品与延伸产品的区别在于：延伸产品所体现的是现今在产品中所包括的附加功能与附加服务，而潜在产品则是将来可能的扩展部分。这些潜在部分或者是消费者尚未明确意识到、银行尚未发现的，或者是现有经济水平和技术条件还不可能实现的。商业银行产品整体概念，如图 7-1 所示。

二、商业银行产品特性

如前所说，商业银行是经营货币产品的特殊企业，向市场提供的产品实际上

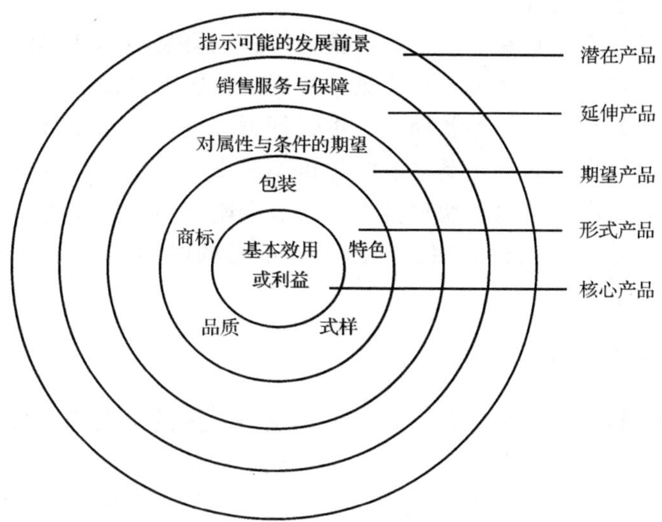

图 7-1 商业银行产品整体概念

主要是一种信用服务，即满足社会经济资金流通需要的服务。因此，商业银行的产品具有其特殊的性质。这种特殊性表现在：

（1）商业银行产品具有无形性。银行业属于服务业的范畴，其产品具有服务业的一般特性，即产品具有无形的特质，其很多元素是看不见，摸不着，无形无质的。将无形产品有形化是商业银行产品营销的重要策略之一。商业银行可通过环境、设备和诸如金融工具这类手段来实现银行产品生产与包装的实体性内容，使产品有形化。

（2）商业银行产品具有相互关联性。商业银行的特殊性质导致了其各类产品（服务）之间的特殊关系和相互派生的特质，如贷款可以产生存款、开立信用证可导致保证金账户的开设等。由于银行产品存在着非常密切的“链条”关系，客观上一种产品可以成为另一种产品的市场资源，能够有效地启动另一种产品的销售。因此，商业银行在进行营销策划时往往比较关注各种产品之间的相互关联性，努力推广产品组合营销策略，这样既为银行自身的“产品存量”寻找广阔销路，也为客户提供了系统化的产品和服务。

（3）商业银行产品具有可分性和组合性。银行产品功能往往有较大的同质性，这决定了其产品具有可分性，如某个品种的贷款，往往多家银行都在经营，客户可以分别到不同的银行获得贷款；而客户的多样化需求，往往又促使银行想方设法尽量为一个客户提供满足特定的多种需求的产品组合。因此，单一产品的质量或创新已不足以应对银行同业间的激烈竞争。如何为客户提供有吸引力的产品组合，提高产品组合的质量，创造产品组合的竞争优势，成为商业银行产品营销、产品创新的重要内容。

(4) 商业银行产品具有易模仿性。银行产品很容易被同业模仿，同业稍作变动，或另起一个产品名称就能推出市场，特别是传统业务品种情况更是如此。例如，就信用卡和各种名目的存款而言，甲银行可以提供，乙银行也可以提供，即使是技术含量比较高的品种，其功能差异也不会太大，也不需要有较大的前期投入，其他同业因而也就可以很快地推出，而且会附加更多的功能，这是因为科技的进步已不可能为一家银行专用。产品进入市场的时间较短是一个比较明显的特点。

三、商业银行产品分类

商业银行产品种类繁杂，每一种产品都是由一定的工具和与之相配套的若干特定服务所组成。由于商业银行是经营货币产品的特殊企业，其产品主要以服务的方式、内容、市场范围和对象的不同而展开，因而商业银行产品主要有以下分类。

(一) 存款

存款是银行经营资产业务和中间业务的前提与基础，是人们最常用的保本增值方式。其意义在于为客户提供存放资金的适当场所，也是银行得以实现资金运用的主要来源。国际上通常将存款分为：

1. 活期存款

是指那些可由存户（主要是公司客户）随时存取和支付的存款。它具有流动性大、存取频繁、手续复杂的特点。对这种存款需提供许多相关的服务与之配套，如存取、提现和转账等，成本较高，因而商业银行对这类存款，特别是数额较小的存款一般不支付利息或支付很少的利息。

2. 定期存款

是一种与存户预先约定期限，一般到期才能支取，并且利率是依据存期长短而异的存款。定期存款带有投资性，是银行稳定的资金来源，定期存款所要求的存款准备率也低于活期存款，并且简便、安全。

3. 储蓄存款

储蓄存款主要是针对居民个人积蓄货币和取得利息收入之需而提供的一种金融产品。一般又分为活期和定期两种。储蓄存款的存户通常限于个人和非营利组织。国内银行现在已允许某些企业、公司开立储蓄账户。储蓄存款无论定期或活期，均支付利息，但定期的利率高于活期，故储蓄存款以定期居多。

除了上述三大类存款外，还有一些特殊的存款形式，如通知存款、大额可转让存款单等。此外近年来，商业银行产品创新发展非常迅速，存款的形式日趋多样，如西方国家就有可转让支付命令账户（NOW）、货币市场存款账户

(MMDA)、自动转账服务账户（ATS)、股金汇票（提款单）账户（SDA)、货币市场存单（MMC）等；我国商业银行近年也推出了信用卡存款、个人支票存款、活期储蓄通存通兑、银证通等存款新产品。并且许多新产品具有与上述三种类别相混同的特征，使存款的传统分类界限显得模糊起来。

（二）贷款

商业银行所提供的贷款种类繁多。其划分的标准也不尽相同。概括起来，西方商业银行的贷款种类主要有以下四种：

（1）按贷款的用途划分，可分为工商贷款、不动产贷款和消费贷款。工商贷款指发放给工商企业的贷款；不动产贷款指发放给借款人用作建造房屋和开发土地或以农田和房屋作担保等的贷款；消费贷款指贷给个人用来满足其消费用途的贷款。

（2）按贷款的期限划分，可分为活期贷款（或通知贷款)、定期贷款和有条件透支。活期贷款为未定偿还期限而可以随时由银行通知收回的贷款；定期贷款为具有固定偿还期限的贷款；透支是指活期存款的储户依约超过其存款账户余额而支取的款项。

（3）按贷款的保障划分，可分为抵押贷款和信用贷款。抵押贷款是指用特定的担保品作为保证，如果借款人不依约履行债务，银行有权处理其担保品的贷款；信用贷款是指银行依据借款人或保证人的资信度，无须提供任何实物作为担保的一种贷款。

（4）按贷款的偿还方式划分，可分为一次还清贷款和分期偿还贷款。一次还清贷款要求借款人于贷款的最后期限偿还本金，但贷款的利息可以分期偿还或还本时一次偿还；分期偿还贷款要求借款人按约定期限分次偿还贷款的本金和利息，这种贷款大多适用于不动产贷款和消费贷款。

我国目前设置的贷款种类主要有：

（1）流动资金贷款。流动资金贷款的对象主要是工商企业，其具体贷款形式主要有：周转贷款、临时贷款、结算贷款、卖方贷款、贴现、农副产品收购定金贷款、科技开发贷款、抵押贷款。

（2）固定资产贷款。固定资产贷款是银行满足企业单位进行固定资产再生产的资金需要而发放的贷款。主要有大修贷款、更新改造贷款、基本建设贷款等。

（3）外汇贷款。外汇贷款是银行发放的以外币计值的贷款。它主要用于支付一些企业单位引进国外先进设备和技术、进口国内短缺的物质、发展出口生产和其他经济建设事业。主要有一般外汇贷款、优惠利率贷款、特种外汇贷款、买方信贷、混合贷款、中外合资企业贷款等形式。

此外，近年来，国内外的商业银行还提供了不少贷款新产品，如贷款合同转让、定期存单抵押贷款、贷款参与等。贷款合同转让是指银行把已发放的贷款合同转让给其他银行，从其他银行获得让渡的信贷资金（和规模），提前收回贷款的一种业务。定期存单抵押贷款是一种储蓄定期存款存单抵押小额人民币贷款，它较好地解决了储户定期存单未到期时急需资金的困难，并能起到以贷稳存的作用。贷款参与是指在大额贷款中，将贷款数额分为若干标准份额进行售卖，购得份额的银行即为贷款参与银行的一种贷款。

（三）同业拆借

同业拆借主要指商业银行间进行资金的临时短期拆借，以弥补临时性头寸不足。也是利用资金供求的时间差、行业差和地域差而实行的一种横向资金融通行为，是一种极为有效的调剂和配置资金的方法。

（四）票据贴现

主要指商业票据的贴现，它是指商业银行对未到期的商业票据按照中央银行的再贴现率、票据剩余时间及其信誉质量、银行自身情况等进行贴现，为票据持有者融资。

（五）中间业务

中间业务是指商业银行不运用或较少运用自己的资金，以中间人的身份替客户办理收付和其他事项，提供各类金融服务，并收取手续费的业务。

中间业务按是否涉及国际金融往来划分，可分为本币中间业务和外汇中间业务。

1. 本币中间业务

本币中间业务种类繁多，业务之间具有交叉性。因此这里采用按中间业务的功能和形式进行分类，具体可分为：

（1）结算性中间业务。这是指商业银行为客户办理因债权债务关系引起的、与货币收付有关的业务。如结算、信用卡业务、电话银行业务等。

（2）融资性中间业务。这是由商业银行向客户提供传统信贷以外的其他融资服务引起的有关业务。如租赁、信托投资等。此外，出口押汇业务也是一种融资性中间业务。

（3）管理性中间业务。这是指商业银行接受客户委托，利用自身经营管理上的可能及优势，为客户提供各种服务引起的有关业务。如各种代保管、代理理财服务、代理清债服务、现金管理业务等。

（4）其他中间业务。如咨询、评估、财务顾问、理财等业务。

2. 外汇中间业务

外汇中间业务是商业银行产品的重要组成部分，主要包括：

（1）国际结算业务。国际结算是指为清偿由于国际贸易以及国际间其他经济、政治、文化等往来引起的债权债务或资金往来而提供银行进行资金转移的一种国际间的货币收付行为。国际结算又分为贸易结算和非贸易结算两种。贸易结算主要指进出口贸易货款结算，其主要结算方式是汇款、托收和信用证；非贸易结算指除贸易结算以外，如劳务、技术贸易、对外捐助等收支的结算。

（2）非贸易外币票据的买入、托收与兑换。非贸易外币票据的买入、托收与兑换以及外币旅行支票、外币信用卡等业务都属外汇中间业务范畴，我国加入WTO以后，这些外汇中间业务在我国得到迅速发展，并成为各商业银行相互竞争的重要业务。

（3）其他中间业务。主要包括国际咨询、银行保函、外汇买卖、结汇和售汇业务等。

（六）衍生金融工具

金融工具是指资金供应者和资金需求者就资金供应和需求所达成的合约。金融工具分为基本金融工具和衍生金融工具。基本金融工具是传统的金融工具，如股票、货币、债券、票据、利率、汇率等。衍生金融工具是指在原有的金融产品上发展或派生出来的以原有金融产品的存在为前提，并作为对象进行买卖的另一（或一些）金融产品。例如，在外汇（币）现货买卖基础上，衍生出外汇（币）期货买卖。

衍生金融工具是在20世纪70年代以来的全球金融创新浪潮中，伴随着新技术渗透，在传统金融工具（如股票、货币、利率等）的交易过程中，派生出来的金融产品。依照不同的标准，可将衍生金融工具分为不同的类型。但最为普遍、最为基本的分类，是按交易方法及特点对衍生金融工具进行划分，具体分为以下几种。

1. 金融远期合约（forwards）

金融远期合约是指交易双方同意在将来某一特定的日期，按照事先规定的价格（如利率、汇率或股票价格等），买入或出售约定数量的某项金融资产的一种协议。主要有远期利率协议、远期外汇合约和远期股票合约。

2. 金融期货（financial futures）

金融期货是指买卖双方在有组织的交易所内，以公开竞价的方式签订的一种标准化合约。合约规定在将来某个特定日期交易特定数量及特定价格的特定金融资产工具的方式。主要有货币期货、利率期货和股票指数期货。

3. 金融期权（financial options）

金融期权是一种可转让的标准化合约，赋予期权的持有者在约定的日期内买卖某种金融工具的权利。主要有现货期权和期货期权。

4. 金融互换（financial swaps）

金融互换是有关的双方或三方约定对将来某一段时间内的现金流进行交换的一种协议。主要有货币互换和利率互换。

四、商业银行产品组合

（一）商业银行产品组合及其相关概念

商业银行产品组合，是指商业银行经营的全部金融产品和服务的结合方式。产品组合是由多条产品线组成，每条产品线又由许多产品项目构成，在现代金融市场营销中，大多数的商业银行都是多产品或多品种经营者，都必须根据市场供需的变化和自身的经营目标确定产品的结合方式和经营范围。例如，商业银行在混业经营情况下其产品组合通常包括证券类产品、中间业务类产品和信贷类产品等。

所谓产品线，是指一组密切相关的产品，这些产品具有相近的功能，能满足某种客户需要。商业银行的产品线则是指商业银行提供的具有同种功能或服务的一组产品。例如，中间业务类产品就是我国商业银行近年开发的产品组合中的一条新产品线。

所谓产品项目，是指产品线中在规格、式样、质量、型号等方面有所不同的特定产品。例如在中间业务类产品线中，结算就是其中一个产品项目。

一个银行的产品组合，通常包括金融产品组合广度、产品组合深度、产品组合关联性三个度量化要素，确定产品组合就要有效地选择其广度、深度和关联性。

（1）产品组合广度。是指一个银行拥有产品线的数量，即产品大类的数量或服务的种类。例如某商业银行有证券类、中间业务类和信贷类等产品类别，这些产品大类即产品线的数量就是这个银行产品组合的广度。一个银行拥有的产品线越多，其产品组合广度则越宽广，反之则越狭窄。

（2）产品组合深度。产品组合深度是指一个银行经营的每条产品线内所包含的产品项目数量的多少。例如中间业务类产品，若包含 10 种业务，则其产品线的深度就为 10。一个银行每条产品线拥有的产品项目越多，其产品组合深度就越深，反之则越浅。

（3）产品组合关联性。产品组合关联性是指一个银行的所有产品线之间的相关程度或密切程度。一般来讲，商业银行的各类产品在产品功能、服务方式、服务对象和营销方面都有着密切的联系，故关联性大。若产品线之间在产品功能、服务方式、服务对象、其他营销方面没有什么相关性，则该企业产品组合的关联性就小。

一个银行产品组合的广度、深度和关联程度不同，可形成该银行的营销特色。假若某商业银行合理地扩大产品组合的广度，增加产品系列，就可以使其在更大的市场领域内发挥作用，分散投资风险，增强活力，提高市场份额；如果深挖产品组合的深度，围绕某一类金融产品去开发更多的品种，就可以满足客户不同的需求，占领更多的细分市场，吸引更多的客户；假若产品组合关联性大，可使企业有更强的营销力量去占领金融市场，扩大企业的影响，巩固和增强企业的市场地位。可见，产品组合的广度、深度、关联性等因素，反映了银行的经营能力、规模、市场前景和发展方向，同时也体现了企业的竞争能力和经营与管理的复杂性。

目前我国的商业银行都有业务范围的限制，特别是在《商业银行法》、《保险法》等法律颁布实施后，商业银行的经营范围、产品线的广度都要受到法律所规定的业务范围的局限，但随着我国市场经济和科学技术的发展，商业银行的产品组合尽管受到某种程度的法律约束，仍可不断地扩展其广度和深度，必将有更多的金融工具得到开发和运用，其产品项目也将越来越多，竞争也越来越激烈，对商业银行的经营与管理也将提出更高的要求。因此，商业银行要提高企业信誉和服务质量，增强竞争能力和盈利性，必须进行产品组合管理，合理地确定自己产品组合的广度、深度和关联性。

（二）商业银行产品组合策略

1. 商业银行产品组合策略类型

商业银行产品组合策略，是指商业银行根据市场需要和经营实力对产品组合的广度、深度和关联程度加以合理选择的策略。由于产品组合策略与市场营销策略密切相关，会直接影响营销目标的实现，因此商业银行必须对产品组合策略进行认真的分析研究，根据主客观条件加以选择。一般来讲，商业银行的产品组合策略有如下几种：

（1）全线全面型策略。是指银行尽量向自己业务范围内的所有顾客提供所需的产品，不断扩大产品组合广度和加深产品组合深度的策略。例如近年来，国外一些商业银行不断扩大产品组合的广度和深度，向顾客提供全方位金融业务，包括存贷，提供融资，办理保险、信托、租赁、咨询、房地产、证券及外汇买卖，信用卡、信用证、货币市场共同基金等，几乎顾客所需的所有金融服务都能够提供。

（2）产品专业型策略。是指银行只生产经营同一种类的不同品种产品来满足市场需求的策略。例如某银行专门经营信贷业务，围绕信贷类业务提供很多种信贷产品来满足需要。

（3）特殊产品专业型策略。是指银行根据自身特长发展有竞争能力的产品，或根据顾客的特殊需要提供产品的策略。以某投资银行为例，比如专门为那些新兴的、发展速度较快、被其他传统商业银行认为风险太大而不愿为之服务的行业或中小企业服务，即是此类策略的典型例子。

（4）产品线填补策略。是指银行以原有产品线为基础，增加新的产品线和产品项目的策略。这一策略主要利用银行原有技术、客户资源或市场来进一步扩大业务范围，增加盈利。例如商业银行在消费信贷产品上，增加了汽车消费贷款、个人住房抵押贷款、个人大额耐用消费品贷款、助学贷款等，从而达到扩大经营，开拓业务，充分运用资金获取盈利的目的。

(5) 产品线剔除策略。是指银行根据市场环境的变化，适当剔除某些技术手段落后、获利较小且无发展前途的产品，保留并集中资源于获利较大、市场占有率较高产品的策略。例如，商业银行现对电报、电汇等技术落后的产品项目予以剔除，改用电子汇兑等技术先进的产品。

2. 商业银行产品组合策略的分析评价

银行的产品组合是动态组合而非静态组合。科学技术、市场需求、竞争形势和银行实力的发展变化，使银行的产品组合也必须做出相应变化。要随着银行内外部环境的变化而不断地做出调整，或淘汰某些产品项目或开发新的产品项目，从而使产品组合保持最佳化。

要使银行的产品组合合理、高效益，银行须对自己的产品组合进行管理，即分析、评价与调整。分析评价产品组合的方法有很多，下面仅介绍波士顿矩阵法。这一方法对于银行掌握产品组合的情况，认识了解各种产品的市场占有状况、盈利能力、发展潜力等有一定的帮助。

波士顿矩阵法，是美国波士顿咨询公司创立的一种掌握企业产品所处市场地位的矩阵图分析法。其主要衡量指标是：相对市场占有率、销售增长率和销售额。分析评价的程序如下。

1）计算各种品牌产品的相对市场占有率、销售增长率和销售额占销售总额的比重

所谓相对市场占有率，是指本企业某一产品的市场占有率与同行业中最大的竞争对手的同一产品的市场占有率之比，如某企业某产品的相对市场占有率为0.3，则表示该产品的市场占有率是行业中最大竞争对手产品市场占有率的30%。

2）绘制矩阵象限图

象限图是以相对市场占有率为横坐标，以销售增长率为纵坐标；以1.0为界将相对市场占有率分为高低两个档次。以10%为界也将销售增长率分为高低两个档次，这样就把矩阵图分为四个象限；每一产品按销售额比例大小以不同大小的圆圈表示，并根据各种产品的销售增长率和市场占有率分别标示于坐标图中（图7-2）。

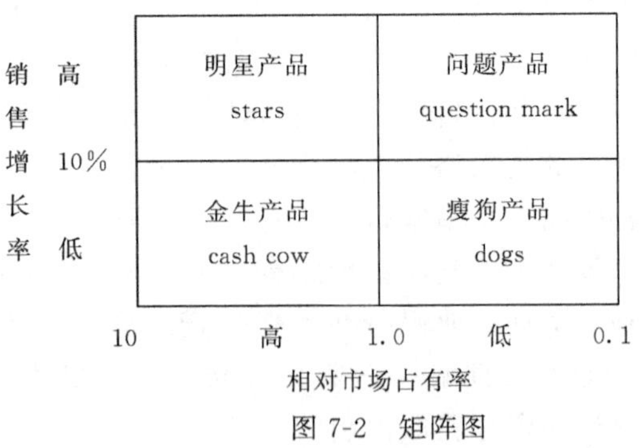

图7-2 矩阵图

3）分析、评价、调整

根据所绘制的象限图，就可以把银行的全部产品所处的市场地位分为四种类型，并根据具体情况对这些产品采取不同的调整策略。

（1）明星产品。是销售增长率和相对市场占有率都较高的产品。明星产品最有发展前途，很有可能成为未来的金牛产品，故银行可以加大在这些产品上的投入，以维持相对市场占有率，继续扩张市场。当明星产品的销售增长到一定限度，其销售增长速度趋向下降时，便转化为“金牛产品”。

（2）金牛产品。是市场占有率相当高但销售增长率较低的产品。这类产品一般是银行稳定获利的产品，其成本低、获利大。由于销售增长率低会阻止竞争者的加入，银行可以不必投入资金以保持市场领导地位，从而使产品能获得较高的利润，因此金牛产品是银行发展其他产品和新产品的重要资金支持者，企业可以用金牛产品的收入来支持明星和问题产品。但尽管金牛产品是“厚利”产品，银行也应尽力改进这些产品的服务质量，降低服务成本，增加盈利。

（3）问题产品。问题产品也称“风险”产品，是销售增长率高但相对市场占有率低的产品。对这类产品，银行应分析其发展前景，若销售量能够继续增加，就应投入较多的人力、物力给予扶持，使之能扩大市场占有率，尽快成为银行的名牌获利产品；若发展前景不佳，则应掌握时机使之退出市场。

（4）瘦狗产品。是销售增长率及相对市场占有率均较低的产品。瘦狗产品一般是已经进入衰退期的产品，但有些也可能是刚刚进入市场试销的新产品。这类产品既看不出发展的前景，又不能为银行带来较大的利润，耗费精力继续生产经营往往得不偿失，因此应尽量避免经营，是银行进行战略调整和整顿的对象。

据上述分析可知，把银行的各种产品放到矩阵图上定位后，可较清楚地判断银行目前的产品组合是否合理。一般来讲，明星产品与金牛产品多且销售量大的产品组合较为合理，反之则为不合理的产品组合。此外，矩阵图还可帮助银行针对各类产品制定不同的策略。例如，要保持金牛产品的市场占有率，以便赚取更多的利润；对不可能上升为明星产品的问题产品以及无法转移成为金牛产品的瘦狗产品，应及时放弃，以便把有限的资源转移到更有利可图的产品中去。

第二节 商业银行产品市场寿命周期

一、商业银行产品市场寿命周期概念

产品市场寿命周期是指一种产品在市场上出现、发展到最后被淘汰的过程。同样，商业银行产品市场寿命周期是指商业银行产品从投放市场到被淘汰而退出市场所经历的过程。

产品市场寿命周期理论是营销学中的重要理论，它总结了各种产品进入市场后的发展变化规律。因此，认识和掌握这一理论，可以使我们更加自觉地按照产品自身的发展变化规律办事，指导我们改进银行的经营管理工作，对银行市场营销管理具有十分重要的意义。首先，这一理论揭示了银行产品进入市场后，在各个阶段具有不同的特点，银行可以根据产品的生命周期特点和变化，制订相应的营销策略。其次，产品生命周期理论表明银行必须不断地开发新产品，以保证银行的生存与发展。由于产品具有市场寿命周期，而且随着科学技术的进步和竞争的加剧，各种产品的市场寿命周期趋于缩短。因此银行只有发挥创新精神，不断根据市场需求变化和技术进步开发新产品，及时淘汰老产品，才能在市场竞争中求得生存与发展。商业银行产品市场寿命周期研究，有利于商业银行针对产品市场寿命周期规律，进行科学的营销。研究结果表明：①商业银行产品的市场寿命是有限的；②商业银行产品销售会经过不同的阶段，每一阶段对商业银行都提出不同的挑战；③在商业银行产品市场寿命周期的不同阶段中，产品利润有升有降，银行需要采取不同的营销策略。

二、商业银行产品市场寿命周期阶段划分与图形

产品市场寿命周期是以产品投入市场后的销售额和企业所获得的利润额的变化来衡量的。如果以时间为横坐标，以销售额为纵坐标，可将产品生命周期的变化过程绘制成一条曲线，称之为产品生命曲线图。从理论上讲，产品进入市场后的销售量增长情况和企业利润额的变化，要经过“投入”、“成长”、“成熟”、“衰退”四个不同阶段。因此一般也将产品市场寿命周期分为上述四个阶段（图 7-3）。

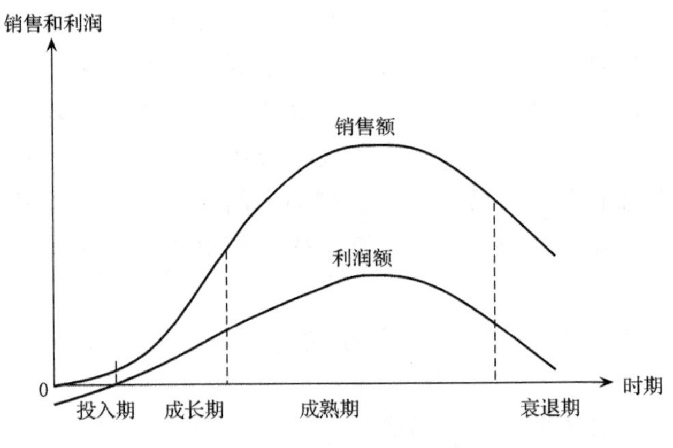

图 7-3 产品市场寿命周期

这是一条典型规则的产品市场寿命曲线，是人们在长期的实践中，总结了各种不同产品在市场上的活动规律后概括出来的。它反映了产品在市场中变化趋势

的基本形态。但在现实的市场中，由于存在着许多足以改变产品市场寿命曲线变化的因素，因此并不是所有产品的市场寿命周期曲线都是按上述典型规则的状态变化的，有些产品会出现一些其他的形态。对非典型规则的形态，我们称之为不规则形态。常见的不规则形态有：

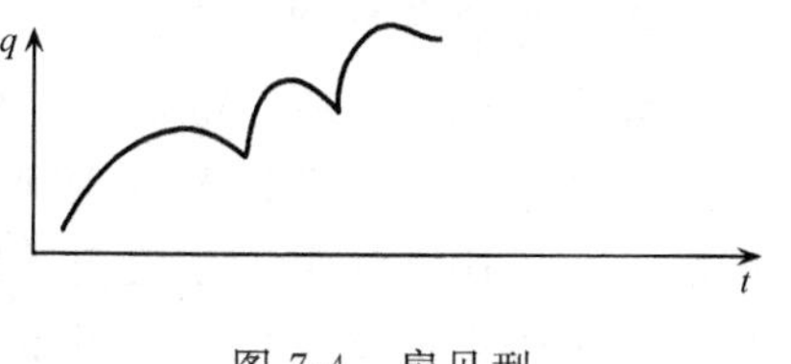

图 7-4　扇贝型

（1）扇贝型周期。即产品具有一个接一个的寿命周期，如存款、贷款业务，由于不断开发出新品种、新用途，使其具有一个接一个的寿命周期（图 7-4）。

（2）热潮型周期。热潮型周期是指那种来得很快、流行很短的产品的寿命周期。热潮能迅速吸引消费者的注意，旋即被狂热般地接受，很快达到高潮并走向衰落。但由于热潮吸引的人数往往有限，故其市场寿命很短。例如，2003 年 1 月国内某商业银行推出某种类型的“受托理财计划”就类似于此种类型。该产品在推出的 10 天内就吸纳了 15 亿元，但不久又由于种种原因被监管部门叫停而暂时退出市场（图 7-5）。

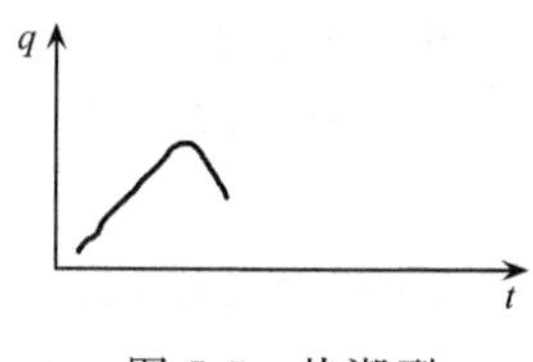

图 7-5　热潮型

三、商业银行产品市场寿命周期特点及营销策略

如前所说，典型规则的产品市场寿命一般要经过“投入”、“成长”、“成熟”、“衰退”四个不同阶段，这四个阶段有不同的特点，银行需要采取不同的营销策略。下面简略分析。

（一）投入期的特点及营销策略

投入期是商业银行产品投放市场的初期阶段。在这一阶段，消费者对新的金融产品有一个了解、认识和接受过程，同时新产品也有一个检验、扩散过程，因此这一阶段的特点是：销售量低，销售额增长较缓慢；购买者不多，竞争者也较少；成本高，利润少，甚至无利可图或亏损。

在这一阶段，商业银行可采取如下营销策略：①考察产品的需求情况，掌握市场容量；②加强宣传推广，吸引客户试用产品；③做好渠道网络布点，客户咨询、服务准备等营销工作，使客户的需求能够得到及时的满足；④根据产品的类型、市场前景以及竞争状况，选择适当的价格策略。例如，对于某些市场容量大，客户不熟悉，但对价格非常敏感且竞争激烈的新产品可采取低价进入市场的策略；而对于某些需求弹性小，顾客需求急，创新程度高的金融新产品，则可采取高价进入市场的策略。

（二）成长期的特点及营销策略

成长期是商业银行新产品经过宣传促销，销路已打开，业务量（销售量）快速增长的阶段。在这一阶段，随着业务量扩大，规模经济效益的产生，单位成本逐步降低，利润大大提高；但由于影响的扩大，利润的诱惑，竞争者也纷纷进入市场，竞争也愈益激烈。因此这一阶段的策略可以是：①增加人、财、物的投入，增设服务网点，维系老客户，吸引新客户；②宣传、树立企业形象，创立名牌效应，使产品、企业形象渗入到客户心中，并扩大细分市场的范围；③不断完善产品，改善服务质量，使之更适应市场需求和业务的需要，并提高产品的竞争能力；④为吸引更多层次的，对价格敏感的消费者，可在适当的时候调整价格。总之，成长期的营销策略应集中体现一个“快”字，以求达到占领市场，扩大占有率的效果。

（三）成熟期的特点和营销策略

成熟期是商业银行产品业务量缓慢增长且相对稳定的阶段。一般来讲，成熟期的时间相对较长，其特点是：市场呈饱和状态，潜在消费者减少，更完善的替代产品开始出现；市场上出现业务能力过剩的情况，因而竞争激烈；消费者为使自己的利益最大化而特别重视服务质量和商业银行的信誉。

在成熟期，商业银行应主动出击，重点使成熟期延长或使产品生命周期出现再循环，为此可采取如下策略：

(1) 市场改良。市场改良的主要目的是要发现产品新用途或改变推销方式，发掘并开拓新的细分市场，以使产品的销售量得以扩大。一般来讲，商业银行可从三个方面进行市场改良：一是寻求新的细分市场，把产品引入尚未使用过这种产品的市场，重点是要发现产品的新用途或将其应用于其他的领域，以使产品的成熟期延长；二是寻求能够刺激消费者，增加产品使用率的方法，如信用卡的累计消费积分奖；三是市场重新定位，寻找有潜在需求的新客户。例如过去我国个人消费，银行一般不给予贷款，现在不仅有私人购买房屋的住房抵押消费贷款，而且有购买轿车的消费贷款，大件高档消费品的购买消费贷款，教育消费贷款等。

(2) 产品改良。产品改良是以产品自身的改变来满足客户的不同需要，吸引不同需求的客户。例如，商业银行利用电子技术和网络的发展，将传统的在柜台办理的业务改良为电话银行、网上银行等具备电子化、智能化、网络化的产品。

(3) 注重提高服务质量，运用多种促销手段强化分销，维护银行信誉，注重特色宣传，并随时准备投放新的金融产品。

（四）衰退期的特点及营销策略

衰退期是指金融产品已不适应金融市场需求，竞争力衰弱导致业务量大幅萎缩的阶段。这一阶段，消费者的兴趣纷纷转移，业务量下降，银行的利润也快速减少甚至出现亏损，竞争者纷纷转移经营力量，竞争相对变弱。因此，在衰退期银行可以根据实际情况选择以下几种策略：

(1) 继续策略。即继续沿用过去的策略，仍按照原来的细分市场，使用相同的销售渠道、定价及促销方式，直到这种产品完全退出市场为止。

(2) 集中策略。即把银行能力和资源集中在最有利的细分市场和销售渠道上，从中获取利润，这样有利于缩短产品退出市场的时间，同时又能创造更多的利润。

(3) 收缩策略。即大幅度降低促销水平，尽量减少销售和推销费用，以增加目前的利润。这样做虽然有可能导致产品在市场上加速衰退，但能从忠实于这种产品的客户中得到利润。

(4) 放弃策略。对于衰退比较迅速的产品，银行应当机立断，放弃经营，可以采取完全放弃的形式，如把产品完全转移出去，退出市场；也可采取逐步放弃的形式，使其所占用的资源逐步转向其他的产品。

总的说来，在产品衰退期企业应注重减少损失，并选择一些经营网点保留性地继续经营此类产品，逐步从市场撤退，以维护消费者的忠诚度。

第三节　商业银行产品开发

如前所说，金融产品如同生物的生命历程一样，具有生命周期，在市场上有一个诞生、成长、成熟和衰亡的发展过程。虽然大多数金融产品的生命周期相当长，例如传统的储蓄存款就历经上百年而至今仍未衰亡，但是也有不少金融产品由于某些因素的影响而较快步入衰退期。例如由于更安全、快捷便利的银行电子汇兑方式出现，传统的银行汇票使用率就明显出现较快萎缩的情况。由此可见，金融产品的市场寿命周期的变化会受到许多因素的影响，当新的金融工具出现，特别是新技术导致服务方式改变时，消费者的兴趣转移；国家政策、特别是宏观经济政策出现较大变动；金融企业的信用出现危机等，都往往会影响金融产品的市场寿命周期甚至导致金融产品的衰退。因此，商业银行必须不断地开发新产品，才能在当今新技术不断涌现，经济的国际化潮流日益高涨，竞争越来越激烈，经济形势也变幻难测的市场环境中生存与发展。

一、商业银行产品开发目标及思路

(一) 商业银行产品开发目标

商业银行开发新产品，其主要目标在于满足客户新的金融需求和银行自身发展的需要，提高银行的运营经济效益。具体来说，满足顾客需求、预防信用危机、增加获利机会、降低风险、使投资组合最优化、增强企业竞争能力、提高企业信誉等都是商业银行开发新产品的根本动力。为此，商业银行的产品开发目标可以定位于：

（1）符合市场的需要、符合国情国力及有关政策法规。即开发新产品要从市场的需要出发，根据市场的实际情况，社会购买力水平及目标市场的特征来进行。商业银行产品开发应以现在及将来具有广泛的市场需求和用途为目标，在技术先进性与经济合理性之间求得平衡，使产品的性能质量与适应质量相协调，而不能为开发而开发。同时，银行产品开发必须以国家法律法规和金融政策为依据，做到合法合规经营。有的做法虽适应客户需求，但不合法，不合规，就不能推行。违法违规的产品尽管可以一时得利，但势必会导致社会金融秩序的混乱，破坏公众对金融体系稳定的信心，甚至会诱发金融危机。

（2）具有高科技含量。提供安全、方便、快捷和准确的产品是银行的生命力之所在，特别是随着我国银行业进入微利时代，许多旧的经营方式和金融产品的收益正在减少或不再有利可图。为了能在这种市场环境中生存，实现商业银行的可持续发展，其产品开发应重视科技进步因素。

（3）具有高附加值。在当前的金融市场中，由于同业竞争的加剧，客户对金融产品或服务质量的评价不仅仅依据是否提供差别化的产品或服务，还依据该产品或服务是否提供独特的附加服务来判断。提供高附加值的金融产品，不仅是为适应当前同业竞争激烈化的一个表现，而且是我国商业银行为融入世界金融体系应实施的重要举措，因此商业银行产品开发应以使产品具有高附加值为目标。

（二）商业银行产品开发思路

（1）洋为中用。“洋为中用”就是借鉴发达国家金融产品创新的做法或品种，结合我国银行业的具体实际和市场特点，为我所用。随着经济全球化的发展，改革开放的深入和我国加入WTO，国际市场的投资理念、金融产品和服务方式必然会进入我国的金融市场，银行应注意加以选择、借鉴、引进国际上新的金融产品和理念，使之成为金融新产品开发的一个重要途径，以较快的速度丰富我国的金融服务类型，提高金融产品质量和竞争能力。

（2）博采众长。“博采众长”就是商业银行在产品开发时不妨借鉴“拿来主义”。“拿来主义”不是依样画葫芦照单全收，而是必须注意比较和借鉴各种金融产品和金融服务的不同做法，吸收它们各自的长处和克服其短处。特别是要注意运用科技新成果来进行金融产品开发。现代科学技术日新月异，这些新科技的运用，使金融服务方式发生了根本性的改变。例如电子技术的发展，为金融业带来革命性的变化，电子货币的应用、推广，使结算、各种业务往来实现电子化、自动化、数字化、网络化和高效化，不仅改变了金融服务的方式，也从根本上改变了金融产品的概念。因此，商业银行应注重新技术的发展和应用动态，积极研究、引进、应用和发展完善新技术，根据技术性能设计出相应的新产品，不断向顾客提供高效、快捷、方便与经济的金融新产品。

（3）推陈出新。“推陈出新”是指商业银行的产品开发应基于其现有产品，对现有产品加以改革、加以丰富，创造出某种具有明显的与众不同、或明显地弥补以往服务的某些不足，或明显地满足新出现的某种特殊需要的新产品，以满足客户的现实需求和潜在需求。商业银行应不断研究顾客的需求结构与具体内容，捕捉客户需求的各种信息，掌握各类客户的需求变化动态，从中发现新的服务内容和方式，并注意把金融服务活动扩展到人们生活的各个方面，不断探索满足顾客需求的新的金融投资运作理念和方式，并设计和开发相应的能够满足这些需求的新的金融产品，以形成银行的新产品。例如，商业银行针对目前我国城市中，不少家长日益注重对子女教育的投资，教育费用逐渐上涨的趋势而开发的教育储蓄存款，以较优惠的利率吸引愿为子女成长投资的客户。又如，“广发——金海岸租赁信用卡”，其高达10万元的额度、更长的期限、50天免息透支能解决租赁行业高押金、交易信用低、手续繁琐等难题，比普通信用卡具有更大专业特色。

（4）因地制宜。“因地制宜”是指商业银行的产品开发要结合各地的实际情况，根据国家政策和各自客户的需要设计推出具体产品品种。银行业是一个与国家经济政策具有密切联系的行业，因此商业银行须认真研究国家政策，密切关注政策动态，根据国家政策和各自客户的需要和变化对产品和服务做出相应调整，并注意结合各地的实际情况拓宽思路，不断开发新产品。例如商业银行在拓展中间业务时，就可以因地制宜，从实际出发，分层次展开。

二、商业银行产品开发的程序

开发新产品，是一种难度极大的工作。据国外资料统计，新产品的失败率中消费品为40%，工业品为20%，而服务业为18%。新产品开发成功，可以使企业得到发展；失败，则使企业遭受损失，巨大的费用开支无法得到补偿。为了提高开发新产品的成功率，减少产品开发的风险和经济损失，必须采取科学的方法，并按一定的程序进行。一般来讲，开发新产品要经过搜集构思、筛选、概念形成与测试、商业分析、产品设计、市场试销、商业化等阶段，每一阶段的目的都是要确定该构思是否应该进一步发展或放弃。新产品开发程序可用图7-6表示。

（1）搜集构思。构思是指一种能够满足某种新需求的产品的设想。构思的来源主要有客户、竞争者、专家学者、企业的职工、营销部门、开发研究部门等。企业搜寻构思，不是依赖于偶然的发现，或无目的无穷无尽的搜索，而是要进行有目的的搜寻。除了要有明确的未来市场地位、盈利前景外，企业还可以利用一些方法来获取优秀的构思。这些方法主要有：①头脑风暴法。将若干名有一定专长、见解的专家学者、专业人员聚集在一起，开会研讨，寻求创意。采用这方法，一般是在开会前提出若干问题并给予时间作较充分的思考准备，让他们在会上畅所欲言，相互启发，提出种种设想建议，经分析归纳后，往往可形成新产品

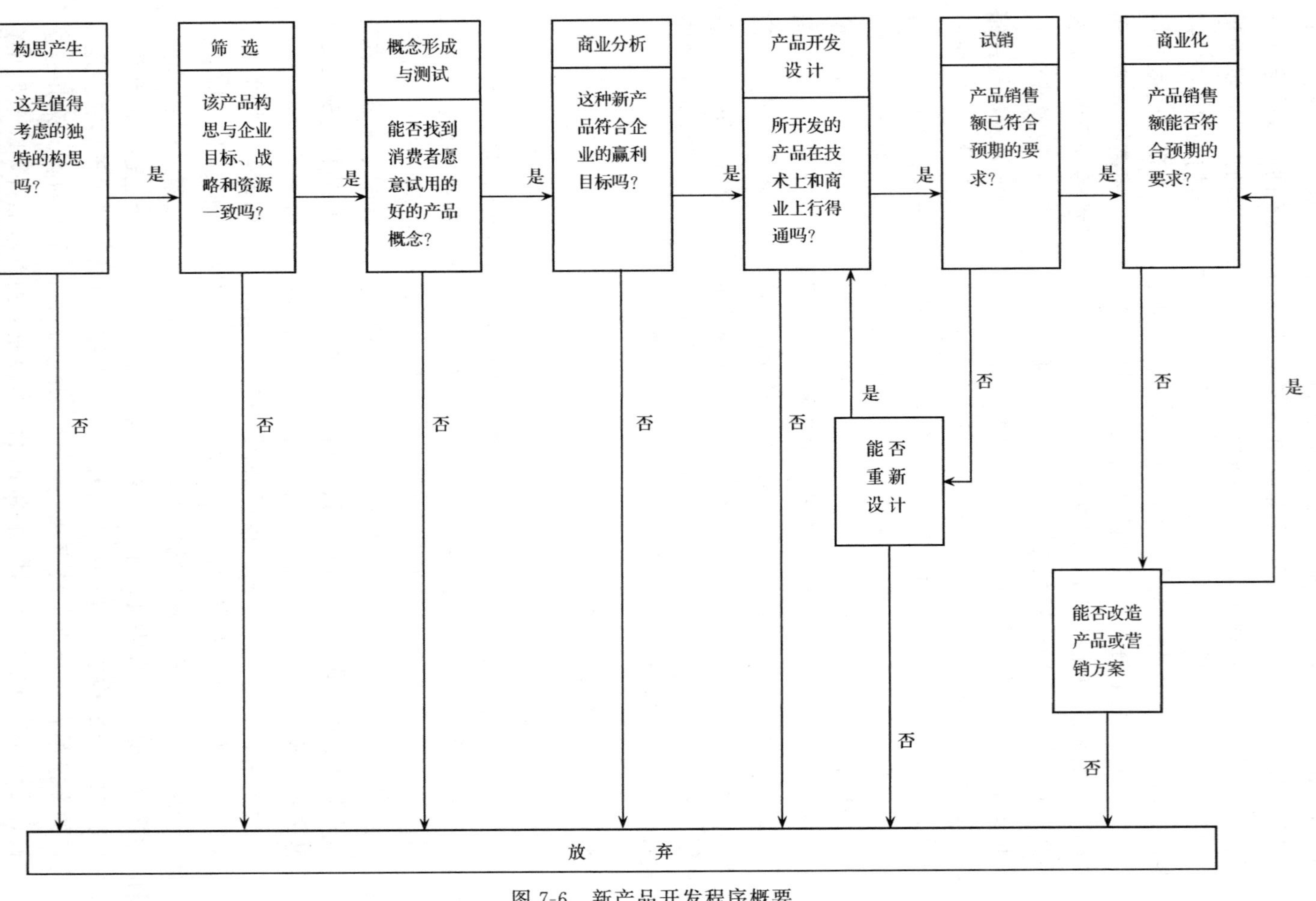

图 7-6 新产品开发程序概要

构思。②属性列举法。将现有产品的属性一一排列出来，然后探讨，尝试改良每一种属性，在此基础上形成新产品构思的方法。③强行关系法。即列举若干不同的产品，然后把某一产品与另一产品或几种产品强行结合起来，产生一种新的构思。

（2）筛选。筛选是指对新产品的构思进行取舍。由于新产品的构思来源非常广泛，各人的喜好、见识、才能和经验不同，所提的构思不一定都能符合企业和市场的要求。因此构思收集起来后，必须加以筛选，淘汰没有市场条件的、与企业发展目标或资源不协调的构思。筛选的工作，实际上是对哪些产品应开发，哪些产品不应开发的初步决策过程。因此，对这项工作要给予足够的重视，以免造成失误。在筛选时银行可着重考虑以下问题：①与自己的经营范围、目标市场是否一致，自身的人、财、物力是否能够适应。②新产品是否有明显的需求和是否适应当地市场，市场容量有多大，是否能广泛销售、有连续经营的基础。③新产品的特点与竞争产品相比是否突出，新产品上市后对银行的原有产品可能会产生什么影响，能否利用银行现有的资源等。④新产品的成本和利润预测，开发过程的研制时间和经费情况。⑤产品方向是否符合国家的政策、法令以及社会消费发展趋势等。

（3）产品概念形成与测试。产品概念与产品构思不同，构思是银行希望提供给市场的一个可能产品的设想；产品概念是用符合和有助于消费者对产品理解和接受的有明确的文字、图像、模型等予以清晰阐述的构思，从而使消费者在心目中形成一种潜在的产品形象。一个产品构思能够转化为若干个产品概念。为了使产品概念既符合构思，又达到树立与之相一致的特定产品形象的目的，一般都要对产品概念进行测试，测试工作可通过对若干合适的目标消费小组进行测试，并综合和选取最优方案，以帮助银行确立吸引力最强的产品概念。

（4）商业分析。主要是对新产品的商业吸引力做出评价，从而判断它是否符合银行的经营目标，是否予以开发。为此，在这一阶段必须从财务上分析预测新产品的市场销量、成本和利润，以及投资收益率和投资回收年限等开发该产品在经济上的可能性。

（5）产品的开发设计。即产品开发部门按产品概念的要求开发出功能完全、成本合理的产品模型或样品，并进行品牌设计，使产品概念实体化。如银行开发某一种电子类产品，就要进行包括软件设计、产品功能、业务流程、业务管理制度、会计核算方法及操作规程和产品名称等一系列的设计工作。产品的开发设计必须使模型或样品具有产品概念中所规定的所有特征。

（6）试销（试运营）反馈与改进。新产品设计出来后，可在一定范围的市场上进行试销，以获得市场潜量、营销方案的有效性、消费者的反应、渠道及反馈状况等信息，使银行能根据市场反馈情况，改进营销策略及完善产品不足之处。

（7）商品化。即银行正式全面向市场推出新产品。该阶段既是新产品开发的最后阶段，也是该产品市场寿命周期的开始阶段。在这个阶段，银行用于新产品推广方面的费用较大，在短期内可能没有盈利或盈利甚少。因此，必须制定周详的新产品推广计划，对投放的时间、地区以及如何推出等问题做出适当的决策，使新产品在适当时机、适当的地区范围进入市场，有效地开展市场营销活动，推动产品的发展。

三、商业银行产品开发策略

（1）创造。即独创出别人尚没有的产品，开发出在世界范围内全新的金融服务。创造是创新的原始来源，也是竞争中保持领先的法宝。谁能更早、更快、更周全地发现和解决的客户需求，谁就能比竞争对手更有效地赢得市场。

（2）改进。是指对原有产品的特点内容等方面进行改革创新，实际上是赋予老产品以新的特点，或是延伸或完善金融产品的功能，以满足消费者的新需求。改进产品的市场影响力通常并不逊于创造，而且具有很大的发展潜力。因为任何一种事物，任何一种方式方法都不是十分完美的，而且客观环境也是不断变化的，所以金融产品需要不断的改革创新，改进具有生命力。从目前情况看，商业银行可从以下方面着手：一是对自己的原有产品加以完善。如广东发展银行广州分行与中山大学共同开发的“广发中大校园卡”（珠海校区），是将银行磁条卡和校园 IC 卡合二为一，具有用于校园管理和金融消费的双重功能，既是身份的证明，又是支付工具，也是金融信用。将饭卡、借书卡、医疗卡和出入证统统合为“一卡”，部分还实现了无人化管理，其管理功能包括学生的学籍、图书借阅、医疗信息、门卫和考勤系统等管理，同时它可作为电子钱包，在校内的餐厅和超市消费，也可支付其他费用，还可以在异地直接将学杂费存入校园卡。二是观察关注同业竞争对手的先进做法，发现自身产品不足迅速加以改进。

（3）组合。即是把不同的产品要素或不同的方式方法进行重新组合。这一组合主要包括以下方面：一是服务者重新组合，如设咨询台、导储员、理财员、大堂值班经理等；二是银行业务重新组合，如把单一业务有机组合成综合业务；三是服务方式组合。如定期与活期组合，本币存款与外币存款组合的“双币卡”，存单与存折组合等。

（4）仿制。即在不违背知识产权原则的前提下吸取别人的经验，模仿经营市场已有的但本银行未经营过的产品。如某银行在广州推出个人理财服务后，不少银行纷纷仿效推出这一服务。在金融产品开发中，一项新产品往往会很快被别人模仿，所以在自己独特创新的同时，密切注意他人的动向是非常重要的。当然，一般情况下，银行不应进行机械性的模仿而应进行改进式的模仿，改进式的模仿不但能够跟进而且能够领先，变被动为主动。

四、商业银行产品开发创新策略

（一）业务创新

1. 业务品种创新

根据客户需求不断开发银行产品的新品种，进行品种创新，是商业银行增强竞争实力，稳步发展的有效途径。品种创新可从以下几个方面着手：

（1）根据《商业银行法》实施品种创新。一方面，商业银行要认识到为搞活经营，应使用尽可能多的信用工具和业务种类，凡是法律所列举的业务种类，商业银行都可以根据自身能力作经营上的取舍或有所侧重地开展；另一方面，《商业银行法》关于业务种类的规定，只是大类规定，银行在实际工作中还可以进行具体品种组合和方法的创新。

（2）根据银行业务的国际惯例实施品种创新。在全球经济一体化的环境下，各国银行在业务经营上的趋同性不可避免。我国商业银行要善于把握国际上银行业务发展的新动态，密切关注各种新经济形态及科学技术的发展，及时研发和提供相应的金融产品。同时应注意延伸产品的内涵，不能只局限于经营环境和经营手段的改善以及资金上的支持，而应根据市场客户需求的发展变化，开发产品的新功能，增加新内容。

2. 资产业务创新

资产质量是提高银行经营效益的一个重要因素。商业银行要优化资产质量，就要注重开展资产业务的创新。银行要改变由传统贷款作为资产业务的绝对主体的状况，大力拓展多种形式的资产业务，例如在信贷业务方面，当前可大力发展买方信贷和各种住房、汽车等消费类贷款，使之既能适应企业为开拓市场的融资需求，又为银行开展业务拓展了巨大的消费市场空间。

3. 负债业务创新

负债业务创新要适应新形势下客户对资金流动性需求增强的特点，在资金收付、划拨、核算、信息储存、传送等方面，为客户提供流动性和安全性较强的金融工具。银行要深入细致地研究存款发展的新情况、新问题，不断开发新的储种和品种，改善服务措施，使储蓄在保证安全性、流动性、收益性的前提下更具灵活性。并应提高负债业务总支付系统的效率，使电子出纳机、信用卡、提款卡、借记卡、贷记卡、多用途电子卡得到普及和推广。

4. 中间业务创新

中间业务是商业银行在市场经济体制下很有发展潜力的一项新金融业务，它对增强商业银行的服务功能、竞争能力、赢利能力以及更广阔地占领资金市场有很大的促进作用。银行要根据市场经济发展的特点，积极开拓结算、评估、咨询、信用卡等业务，开展各种代理性业务，如代理保险、代理个人理财、代理发行债券等业务。

（二）服务创新

1. 服务环境创新

服务环境主要指银行营业场所的环境。服务环境创新也就是为使客户享受到优雅、舒适、安全、方便的服务环境而不断改善和更新环境的过程。例如，银行在营业场所安装电子显示屏，以便顾客了解银行的业务；为使顾客有一个舒适的环境，在营业厅摆放沙发供休息、等候使用等等。此外，服务环境创新还包括服务设施的创新，如为能方便、快捷地为顾客服务而开发与应用电子服务设备；为保障银行和客户的安全，安装和更新先进的监控和防暴系统等。

2. 服务技能创新

包括如下内容：一是银行员工的服务技能创新。如银行员工通过苦练业务技术，学习理论知识，加强道德修养而不断提高自身的业务能力和水平。二是服务程序的创新，例如把需要多套手续的业务合并成一套；把需要几个人完成的事合并成一个人完成等以方便客户、简化手续。三是服务手段创新。例如通过系统升级变单一服务为综合服务；通过科技进步变传统操作为电脑化操作；尽快形成系统内业务电子化运行网络，使资金流动和信息流动能够实现快捷、高效、安全运行。

第四节　商业银行品牌及其策略

一、品牌及其构成要素

1. 品牌的含义

品牌是由文字、符号、标记、图案或设计等要素或这些要素的组合构成的，用以识别产品或服务，并使之与竞争者的产品或服务区别开来的商业名称及其标志。

品牌，就其实质来讲，是一种承诺，它代表着销售者对购买者的承诺。如“外汇宝”这一品牌实际上是一项使你得到“交易手段新、报价及时、方便快捷”的外汇交易服务的承诺。消费者识别出这一承诺，并通过信息沟通及实际使用经验而认同了这项承诺，就赋予了品牌真正的存在价值。

2. 品牌的构成要素

品牌通常包括品牌名称和品牌标志两部分。品牌名称，也称品牌或品名，是品牌中可以用语言称呼的部分，如牡丹卡、乐得家、奥迪等；品牌标志，又称品标，是品牌中可以被记认、易于记忆但不能用言语称呼的部分，通常由图案、符号或特殊颜色等构成。如中国工商银行的品标，是用圆圈围绕的“工”字，也是该行的行徽。又如日本第一劝业银行的标志是一个逗人喜爱的小红星，顾客与这家银行打交道时，这小红星随处可见。这颗小红星能树立这么一种形象：虽然第一劝业银行是一家规模庞大的银行，但它并不是高高在上、不近人情的。

银行品牌与物质产品的品牌有所不同，一般包括银行产品的名称、式样、外形、色彩、识别暗记、金融产品提供者的名称和有关合法印章、签字、背书等要素。银行产品的品牌与物质产品的品牌的区别主要表现在：①通常一个产品就是一个品牌；②每个品牌都必须有该产品提供者的名称和标记，产品名称与提供者名称始终相伴；③品牌名称与产品功能一致。

二、商业银行品牌竞争

银行业是服务性为主的行业，现代商业银行所提供的不仅仅是一种具体的金融产品和服务，而且更重要的是“客户满意”这一抽象的商品。“客户满意”能否顺利地出售，取决于客户对银行服务的认同和品牌的接受。因而商业银行品牌策略，应以建设企业整体的品牌形象为主线，使其组织形象有别于其他竞争银行。为此，商业银行所追求的是企业整体或代表其形象的银行名称、标志（行徽）的高知名度、美誉度、市场份额和信誉价值，而不是个别产品或品牌。商业银行在品牌名称和标志中应注意注入自己的服务对象、服务态度和质量，以示区别，以使顾客了解相互竞争的各个商业银行之间的差异。例如中国银行的品牌强调的是外汇经营业务的优势；建设银行的品牌突出的是中长期信贷业务的优势等。

三、商业银行品牌策略

所谓品牌策略，是指商业银行为发挥品牌的积极作用，在如何合理使用品牌方面所作的各种决策，它体现在品牌的设计、使用、宣传和管理等工作中。

（一）品牌设计

银行品牌设计包括两方面的内容：

1. 品牌定位

设计银行品牌，首先要进行品牌定位。银行品牌定位也包括两个方面。一是品牌功能定位，即银行品牌所代表的银行产品能给客户带来的实际使用上的利益，包括核心服务、便利服务及辅助服务，它一般是有形的或可以衡量的；二是品牌的情感定位，即消费该银行品牌所带来的情感方面的满足，它往往是无形的和难以衡量的。银行品牌功能性的价值容易被模仿，而感性和冲动性的价值则较难模仿，并且它在建立品牌忠诚方面所起的作用更大，所以商业银行应对品牌的情感定位有足够的重视。例如，美国运通银行向商业人士和拥有较高社会地位的人提供价格高昂的运通卡，这种信用卡实际上与 Visa 卡和 Masters Card 没有什么区别，但由于它更强调信用卡使用者的声望而倍具吸引力。

2. 品牌名称设计

品牌既是一个视觉符号，也是一个听觉符号，人们看到的是图案文字，听到的宣传是名称。因此，名称是银行产品品牌的核心，是知名度和产品宣传工作的出发点。品牌名称一旦树立起来，就给其他竞争者的进入增添了一道天然屏障。而且品牌名称对企业品牌策略的实施有着重要的影响。一个好的名称将更容易建立起高效的银行产品品牌。例如上海建行的"乐得家"是从众多的应征稿件中评审出来的，该名称在树立品牌形象方面起了巨大的促进作用。一般来讲，一个成功的品牌名称设计应具备简洁醒目、易读易记；构思巧妙、暗示属性；独特新颖，超越地理、文化边界的限制等原则。

（二）品牌的使用

对商业银行来说，品牌的使用，是要根据实际情况对下列问题进行决策。

1. 有品牌与无品牌策略

即在使用品牌和不使用品牌的问题上做出决策。在竞争日趋激烈的市场中，银行使用品牌能获得有助于开拓市场，培育优质客户群，树立企业形象等好处。但使用品牌，必然会增加费用，如设计费、制作费、广告费等，因此，并不是所有的产品都必须使用品牌。是否使用品牌，主要视品牌使用的投入产出测算结果而定。若利用品牌作为促销手段不能给银行带来更多利益时，则可不使用品牌，从而节省费用，降低产品价格，吸引低收入购买者，提高市场竞争力。但由于银行产品本身特点或者是行业习惯等原因，银行产品通常是一个产品就是一个品牌，因而商业银行一般较多采用有品牌策略。但随着银行业的发展，银行对产品品牌使用策略的选择空间也有了很大变化。以"银行卡"为例，中国农业银行对其信用卡使用了"金穗卡"的品牌，中国农业银行广东省分行则对其储蓄卡不使用品牌；中国建设银行对其信用卡使用"龙卡"的品牌，其广州分行发行的公积金卡则只用"龙卡"品牌图案。

2. 群体品牌与多品牌策略

银行在决策使用品牌后，仍需对下列问题进行决策。

（1）多品牌策略。又称单一品牌策略，即每个或每类产品单独使用一个品牌。多品牌策略的优点是迎合了细分化市场的需要，有利于突出产品特色。其特点是新产品无法得到成功品牌的荫蔽，且新品牌推出成本高，增加了品牌管理费用及难度。

（2）群体品牌策略。又称亲族品牌策略，即商业银行的所有产品都使用同一个品牌。其优点是可充分发挥某一品牌的价值，具有较高经济效益。利用原有成功品牌易于推出新产品，而新产品的成功又会使品牌的价值得到进一步提升。其缺点是不同定位的产品集中于同一品牌，势必造成品牌间的冲突，不利于产品的销售。

(3) 双重品牌策略。即银行的名称（标记）与产品品牌并用，也就是银行名称加个别品牌，在各种产品品牌前冠以银行的名称，将两者紧密配合，共同推出。例如中国建设银行推出龙卡时，就将龙卡与建行名称同时宣传。双品牌策略，使银行不仅在单个品牌上予以投入，而且将这些品牌与银行的名称紧密联合，使客户对具体产品保持忠诚的同时，对银行本身也保持忠诚，充分发挥了群体品牌与多品牌策略的优点，避免各自的缺点。鉴于金融产品众多，而且随着技术的进步，产品更新换代的速度也较快等情况，商业银行可尽量采用双重品牌策略。

3. 树立整体营销意识、赋予优质服务内涵的策略

任何一种品牌的银行产品，其流通性、知名度、业务量与招徕的客户数量都与该产品提供的服务质量密切相关，实行品牌策略的目的是要在顾客与品牌之间发展一种紧密的联系，而这种联系在更大程度上是通过客户的实际使用经验建立起来的。客户由亲身经历所得的感受是强有力的，它能抵消或减弱企业宣传的与实际情况相悖的信息的影响。出色的品牌可使优质的服务具有更强的影响力，却不能挽救劣质服务所造成的恶劣影响。由于银行产品在使用价值上有很大同质性，其差异要远小于实物产品，价格也具有趋同性的特点，因而产品创新极易被模仿，并增加了依靠产品开发保持优势的难度。同时，随着计算机技术在银行业的广泛应用，银行产品的知识含量也越来越高，客观上给客户选择银行产品增加了困难。因此，银行业要特别重视优质服务的作用，以全方位的服务开拓市场，树立品牌特色。例如，交通银行上海分行在推出“外汇宝”业务后，多年来不断完善服务功能，为市民提供业务咨询，经常开设汇市沙龙，并利用新闻媒体报送“外汇宝”汇价等。这些服务措施为“交行外汇宝”在上海市民心中形成“科技含量高、交易手段新、报价及时、方便快捷”的品牌形象起了重要的作用。此外，由于银行品牌体现了银行在客户中的声誉和影响，这种声誉和影响是银行对市场进行长期投资，把消费者作为资源开发的结果，是银行整体管理水平的标志，它不可能一蹴而就，而只能是一个循序渐进不断加强和提高的过程。因此，商业银行在对品牌进行投入的过程中，应有一个总体的品牌关系目标和长期的投入规划，在品牌发展的不同阶段，在品牌知名度、品牌品质形象、品牌忠诚等方面合理分配资源和力量，使投资效果尽可能达到最优。并且要树立全员营销的思想，使每个部门、每个员工都认识到银行品牌的重要性，真正为之付诸行动，才能实现协同效应，更好地实施品牌策略。

（三）品牌管理

品牌管理主要包括品牌知名度、品牌美誉度和品牌忠诚度管理三个层次。

1. 品牌知名度管理

品牌知名度是指某品牌被社会公众认识和了解的程度。知名度是该品牌产品被广大消费者接受和购买的前提，如果一个品牌没有一定的知名度，消费者对该品牌根本不知道或不熟悉，那么该品牌是很难赢得消费者的认可接受的，因此品牌知名度是品牌管理的基础。对品牌知名度进行管理，就是要使消费者认识、记住品牌名或品牌标志物，并使品牌名存在于消费者的记忆深处，使该品牌成为消费者回忆起产品大类的第一品牌。品牌知名度可用下列指标来衡量：

$$\text{第一提及度}=\frac{\text{被调查中第一提及该品牌人数}}{\text{所有被调查者}}\times 100\%$$

$$\text{未提及知名度}=\frac{\text{在未提及下被调查者中知道该品牌的人数}}{\text{所有被调查者}}\times 100\%$$

$$\text{提示知名度}=\frac{\text{在提示下被调查者中知道该品牌的人数}}{\text{所有被调查者}}\times 100\%$$

品牌知名度的建立主要靠大众传播。通常，消费者获得信息的渠道越便利，产品品牌的知名度越高。一般来讲，消费者获得信息的来源主要有个人来源（家庭、朋友、邻居、熟人等）；商业来源（广告、推销员、经销商、展览等）；公众来源（大众传播媒介）；经验来源（使用该品牌产品）。上述来源中，商业和公众信息来源仅对该品牌产品起到宣传作用，而来源于个人和经验的信息对消费者来说才是最可靠的。

品牌知名度对品牌管理虽然非常重要，但它有一定的局限性，其局限性主要表现在：知名度不涉及对品牌的态度，因为不管是美名还是恶名，都可能带来品牌的高知名度，因此高知名度不一定会带来品牌销量的必然增长，例如“臭名昭著”、“臭名远扬”就对品牌发展不利。由于品牌知名度具有上述局限，因此进行品牌管理就不能只停留在这一层次，还必须进入更高的层次。

2. 品牌美誉度管理

品牌美誉度是消费者对该品牌持有好的观点和印象的程度。品牌美誉度是以品牌知名度为基础，没有品牌知名度就谈不上品牌美誉度，因此品牌美誉度是比品牌知名度高级的层次。

品牌美誉度的建立主要靠消费者的实践感知和人际传播。由于人际传播的传播面小，传播速度慢，因而使品牌美誉度的形成周期较长，所以企业应将大众传播与人际传播相互补充，一方面依靠大众传播迅速扩大品牌知名度，另一方面依靠人际传播等二级传播方式作为大众传播的补充，以使品牌知名度与品牌美誉度共同提高。

品牌美誉度涉及消费者对该品牌的态度，它对消费者的购买决策起着重要作用。据专家研究发现，当消费者对广告失去信任时，其判断产品的好坏，往往是靠亲自使用或听信于其他使用者。一项调查数据显示，当今，消费者对其他使用者介绍的产品品牌质量、性能的相信程度是广告宣传的18倍，见表7-1。

表7-1　消费者相信程度比较

消费者相信其他使用者介绍的产品优点的人数比例	消费者相信广告上宣传的优点的人数比例
92%	5%

由此可见，企业要树立品牌信誉，必须重视品牌美誉度管理。品牌美誉度虽然有如此重要的作用，但它只表明消费者在态度上倾向于该品牌，却没有表明消费者已将这种倾向转化到购买行为中去。要使消费者不仅倾向于该品牌，而且转化为购买行为，使品牌长期成长，企业必须进行品牌忠诚度管理。

3. 品牌忠诚度管理

品牌忠诚度是品牌管理的最高层次，它以品牌知名度和品牌美誉度为基础，通过对品牌忠诚度的管理，可使企业提高品牌销量，扩大品牌资产，降低营销成本，赢得竞争优势，实现品牌的长远发展。

一般来讲，消费者对品牌的忠诚是建立在直接使用经验的基础上，只有通过使用该品牌，才能决定是否认可该品牌所提供的承诺，才能产生对该品牌的忠诚，才会使消费者“几十年我一直用这种牌子”、“我从不用其他品牌”等。现代营销认为，品牌管理的重点是放在保持现有的忠诚消费者和吸引新的消费者成为忠诚消费者两个方面，因此，品牌忠诚度是品牌管理的核心。据研究资料表明，品牌销量一般符合20/80定律，即品牌的20%的忠诚者占整个品牌销量的80%。任何世界著名品牌，如可口可乐、吉列等，其背后都是有一批品牌忠诚消费者，其品牌忠诚度是相当高的。一个品牌只有拥有一群忠实的消费者，才能长盛不衰。

消费者满意是品牌忠诚的一个必要条件，它产生于品牌的功能性或服务质量，而且来自于品牌心理、品牌文化和品牌个性等方面。因此银行应从这些方面入手来提高品牌的忠诚度，并要重视与顾客的经常沟通，争取把品牌游离者变为品牌忠诚者。

关键概念

整体产品概念、期望产品、相对市场占有率、产品市场寿命周期、品牌、品牌知名度

❖ 思考题

1. 何谓商业银行产品？它包括哪几个层次？商业银行产品有何特点？
2. 有哪些产品组合策略可供选择？

3. 产品寿命周期各阶段应采取什么营销策略，为什么？

4. 商业银行可从哪些方面进行产品开发？有哪些产品开发策略可供选择？

5. 商业银行应如何实施品牌策略？

☞ 案例

交通银行金融授信产品组合——“银票通”

交通银行通过产品组合策略，对传统票据业务进行了改进重组，开发符合市场、客户需求的“银票通”产品，增强了票据资产的综合收益。在日趋激烈的票据业务竞争态势下，交通银行为拓展不断被“价格战”压缩的票据业务盈利空间，提高票据业务的综合效益，满足特定客户对票据授信使用等方面的需求，研发推出授信产品组合——“银票通”。“银票通”是交通银行向特定客户提供票据循环质押授信、保证金置换授信等一系列票据授信产品的总称。票据循环质押授信是指客户将符合条件的银行承兑汇票背书给交通银行，并以此作为担保条件，办理贷款、承兑、保函等授信业务，授信期间质押票据可以置换票据到期托收回款资金作为业务保证金；而保证金置换授信则是指已获得交通银行承兑汇票敞口授信额度的客户，通过对敞口授信与保证金授信的组合运用，以及对保证金的特殊管理，实行敞口授信与保证金授信的灵活转换，从而提高授信额度的使用效率。

“银票通”的主要优势在于通过保证金和票据质押相结合的方式有效降低交通银行所需承担的信用风险。同时，通过该产品实现了对银行承兑汇票业务的品牌化包装和组合化销售，对于深化交通银行与重点客户的业务合作，促进交通银行的资产、负债及中间业务协调发展起到了积极作用。

资料来源：杨丹霞、郝渊晓依据有关资料整理改写（2009-2-20）

案例讨论题

1. “银票通”开发的思路来自哪里？

2. 票据循环质押授信和保证金置换授信是如何实现有机结合的？

第八章

商业银行营销价格

商业银行的定价直接影响银行的收入与利润，所以制定合理的价格是商业银行重要的营销策略之一。一般来讲，商业银行产品价格主要包括利率、汇率与手续费三项内容。要制定合理的价格必须树立明确的定价目标、并遵循一定的定价程序。在商业银行产品的定价受到各种因素影响的情况下，银行可以对其存款、贷款和中间业务产品采用不同的定价方法。同时在确定具体价格时必须运用各种定价策略来提高银行产品的市场竞争力。当市场环境和银行自身条件的发生变化时，商业银行还应对金融产品的价格进行调整。

第一节　商业银行产品定价分析

所谓定价是指商业银行在某个时刻将商品对于客户的价值及时地用货币表现出来。商业银行的定价将直接关系到银行商品的销售量，从而对银行的收入与利润产生巨大的影响。因此，如何制定合理的价格以增强银行的盈利能力就成为商业银行营销部门的头等大事。在这一节，我们首先介绍商业银行定价的一般原理。

一、银行产品价格构成

商业银行由于经营特殊商品——货币与信用，所以它所提供的产品价格具有特定的内容。银行产品定价的主要任务是确定存贷款利率水平和服务项目的收费标准，根据商业银行提供产品和服务的不同，银行产品价格构成主要包括三项内容：利率、汇率与手续费。

（一）利率

利率是银行产品最主要的价格。它是利息额与借贷资金的预付价值之间的对比，可衡量借贷资金的增值度。商业银行主要从事的是信用业务，即通过吸收存款、借入款项等途径取得资金，再通过贷款与投资等活动进行资金运用。在这个过程中，一方面，商业银行需要支付利息给银行资金的提供者；另一方面，商业银行可通过资金的运用获得收益，如贷款收入或投资收益。因此，借款与贷款之间的利率差形成的利息收入构成了商业银行维持正常运转的收入。在我国，商业银行的各种长短期存贷款利率受到国家金融政策限制，银行无权自行制定，而是实行统一利率。同时，商业银行的业务结构相对较为单一，利息收入构成银行的绝大部分盈利来源（各大银行的利息收入占营业收入的比重如表 8-1 所示），因而衡量利息水平的利率在银行产品价格体系中显得格外重要。

表 8-1　银行的利息收入占营业收入的比率　（单位：%）

	1998 年利息占营业收入的比率	1999 年利息占营业收入的比率
中国工商银行	82.79	88.30
中国农业银行	99.02	98.74
中国银行	77.15	79.56
中国建设银行	98.61	98.23
交通银行	70.45	68.87
中信实业银行	74.53	74.80
中国光大银行	68.22	67.11
华夏银行	58.41	55.34
中国民生银行	61.07	79.10
广东发展银行	84.48	72.70
深圳发展银行	77.54	78.85
招商银行	79.24	81.36
福建兴业银行	43.22	78.26
上海浦东发展银行	68.67	77.51

资料来源：孙国辉，王海妹．商业银行战略营销．济南：山东人民出版社，2003．246，247

利率的种类很多，如按照期限可以分成短期利率与长期利率，前者是指借贷期限在一年以内的利率，而后者则是指期限在一年以上的利率；按照利率在借款期内是否可以变化分成固定利率与浮动利率；按照利率决定因素的不同可以分为由市场上资金供求双方自行决定的市场利率与由政府决定的法定利率；按照是否扣除通货膨胀率可以分成实际利率与名义利率。此外，还有其他一些种类，比如优惠利率、差别利率等。在各种各样的利率中，与商业银行关系最密切的利率有下面三大类：

1. 法定利率

这是由一国政府通过中央银行确定的利率，比如中央银行对商业银行使用的再贴现率与再贷款利率。这种利率是政府调节商业银行活动的重要货币政策工具，一些国家可以通过法定利率的确定影响市场资金的供求，从而对市场上的其他利率进行调节。可以说，法定利率在整个利率体系中处于主导地位。作为基准利率，它的变动必然会引起其他各种利率发生相应的变动。

2. 银行同业拆借利率

同业拆借是商业银行为了解决短期资金余缺、调剂准备头寸不足等而进行相互融资的活动。该市场的参加者都是银行金融机构，所以其信用程度、流动性、时效性都很强。目前世界上较著名的同业拆借率有伦敦同业拆借率、香港同业拆借率、新加坡同业拆借率。我国于 1996 年成立了全国统一拆借市场，按交易加权平均得出同业拆借率。

3. 银行对客户的利率

这是指商业银行对一般客户所使用的利率，它是商业银行利息收入的主要来源。它又可分为存款利率与贷款利率。存款利率是商业银行吸收客户的存款而支付的利息额与本金之比，其高低决定了存款人的利息收入及商业银行的融资成本。贷款利率是银行向客户发放贷款所收取的利息与贷款本金之比，它也会直接影响到银行与客户的经济利益，其高低也因贷款的种类与期限不同而异。

2008 年，由于美国次贷危机引发的金融危机，我国商业银行的存贷款利率进行了 4 次调整。表 8-2 是至 2008 年底的历年金融机构人民币存款基本利率表。

表 8-2　金融机构人民币存款基准利率（1990～2008.12.23）　　单位：年利率

调整时间	活期	定期					
		3 个月	6 个月	1 年	2 年	3 年	5 年
1990.04.15	2.88	6.3	7.74	10.08	10.98	11.88	13.68
1990.08.21	2.16	4.32	6.48	8.64	9.36	10.08	11.52
1991.04.21	1.8	3.24	5.4	7.56	7.92	8.28	9
1993.05.15	2.16	4.86	7.2	9.18	9.9	10.8	12.06
1993.07.11	3.15	6.66	9	10.98	11.7	12.24	13.86
1996.05.01	2.97	4.86	7.2	9.18	9.9	10.8	12.06
1996.08.23	1.98	3.33	5.4	7.47	7.92	8.28	9
1997.10.23	1.71	2.88	4.14	5.67	5.94	6.21	6.66

续表

调整时间	活期	定期					
		3个月	6个月	1年	2年	3年	5年
1998.03.25	1.71	2.88	4.14	5.22	5.58	6.21	6.66
1998.07.01	1.44	2.79	3.96	4.77	4.86	4.95	5.22
1998.12.07	1.44	2.79	3.33	3.78	3.96	4.14	4.5
1999.06.10	0.99	1.98	2.16	2.25	2.43	2.7	2.88
2002.02.21	0.72	1.71	1.89	1.98	2.25	2.52	2.79
2004.10.29	0.72	1.71	2.07	2.25	2.7	3.24	3.6
2006.08.19	0.72	1.8	2.25	2.52	3.06	3.69	4.14
2007.03.18	0.72	1.98	2.43	2.79	3.33	3.96	4.41
2007.05.19	0.72	2.07	2.61	3.06	3.69	4.41	4.95
2007.07.21	0.81	2.34	2.88	3.33	3.96	4.68	5.22
2007.08.22	0.81	2.61	3.15	3.6	4.23	4.95	5.49
2007.09.15	0.81	2.88	3.42	3.87	4.5	5.22	5.76
2007.12.21	0.72	3.33	3.78	4.14	4.68	5.4	5.85
2008.10.09	0.72	3.15	3.51	3.87	4.41	5.13	5.58
2008.10.30	0.72	2.88	3.24	3.60	4.14	4.77	5.13
2008.11.27	0.36	1.98	2.25	2.52	3.06	3.60	3.87
2008.12.23	0.36	1.71	1.98	2.25	2.79	3.33	3.60

（二）汇率

汇率是指两国货币间的兑换比率，即把一定单位的某国货币折算成另一国家货币的数量。二战后，世界经济呈现一体化趋势，国际间资本流动日趋活跃，银行业务出现了国际化趋势，使得汇率成为商业银行营销活动必须考虑的价格因素之一。目前，我国各商业银行开展了外汇业务，工农中建四大国有银行及交通银行等大、中型商业银行还在海外设立了分支机构，全力开拓国际金融市场。

汇率从不同的角度出发有不同的分类，例如，按照汇率的决定不同可以分为官方汇率与市场汇率；按汇率是否可以变动分为固定汇率与浮动汇率；按照成交双方交割期不同可以分为即期汇率与远期汇率；从银行买卖外汇的角度出发可以分为买入汇率、卖出汇率与中间汇率；按照银行营业时间的不同可以分为开盘汇率与收盘汇率。

在商业银行的实际经营过程中，如果按照交易对象的不同，可以把汇率分为对客户的汇率与对银行的汇率，即商业汇率与银行同业汇率。常见的商业汇率有：

（1）电汇买入与卖出汇率。它是银行在买卖外汇时以电报或电传方式通知国外付款人解付所使用的汇率，它一般不包括利息，因此是最低的对客户汇率。

（2）即期汇票买入与卖出汇率。它是银行买卖客户的即期汇票时所使用的汇率，一般在电汇汇率的基础上折入汇票邮寄期间的利息而得出，故低于电汇汇率。

（3）远期汇票买入汇率，是银行买入远期汇票所使用的汇率，其计算方法与即期汇票买入汇率类似，只不过利息计算除了邮寄期间之外，还要考虑汇票的期限。

（4）承兑汇率，指银行卖出远期汇票所适用的汇率，它对于进口地银行来说基本就不包括任何利息，故而与电汇卖出汇率较接近。

（5）信汇汇率，是指银行用信函方式通知国外付款人解付时所使用的汇率。

（6）银行同业汇率，是指银行之间买卖外汇所采用的外汇兑换比率，它又可分为：①内部外来汇率，指同一银行的各个分支机构之间或分支机构与银行之间调剂外汇的价格，其成本十分低，效率也较高。②对外汇银行的汇率，指不同外汇银行之间交易外汇所使用的汇率。③对中央银行汇率，指在现代汇率制度下，中央银行参加外汇市场交易、对商业银行的活动进行调节所采用的汇率，它基本上接近官方汇率。

（三）手续费

商业银行除了发挥资金融通职能，进行最基本的负债和资产业务外，还可利用自身在技术、信息、人才、资金、信誉、机构等方面的优势开发和运用多种金融工具，为客户提供多种多样的其他金融服务，从而取得手续费或佣金收入。这些服务的开展一般无需动用银行资金，只是代客户承办收付及多种委托事项，通过收取手续费方式获取收益，成本低、收益高、风险小。

一般来讲，商业银行的手续费收入主要来自以下几个方面：

（1）结算类业务。这是指商业银行为因商品交易和劳务供应、资金调拨而引起的货币收支提供服务。具体又可分为现金结算与转账结算、国内结算与国际结算（国内结算的方式有银行汇票、银行本票、信用卡、委托收款及托收承付等，而国际结算一般是指汇款、托收、信用证等几种方式）。

（2）担保类业务。这是指商业银行借助自身的强大资金实力与良好信誉，为客户交易提供担保。商业银行担保业务的种类较多，如担保书、备用信用证、银行保函、贷款承诺等。由于银行在这些业务中承担一定的风险与责任，故应收取服务费。

（3）衍生工具类。这是指从利率、汇率、股票、债券、股票指数、黄金及外汇等基础金融工具中派生出来的金融产品，主要包括期货、期权、互换、远期协议等。当前，国外银行广泛开展该项业务，但我国商业银行受到政府的金融管制，刚开始涉足此类业务。

（4）其他服务。除了上面的几种业务之外，商业银行可以取得手续费的业务还有：咨询类（如资信调查、可行性研究、市场调研、财务分析、客户介绍与技术中介服务等）；代理类（如代付代收、代理清偿债权债务、代理发行有价证券、代理房地产事项、代办会计事务、代理黄金或外汇买卖等）；信托类（如金融信托、动产信托、不动产信托）；租赁类（如经营性租赁、融资性租赁与杠杆租赁）。

随着金融市场的发展和金融产品的创新，商业银行传统业务的比重不断下降，银行经营重点逐渐转移到以金融市场为导向的各种金融交易活动上，商业银行的主要利润不再是存贷利率差，而是更多地来源于中间业务和其他服务收费。目前手续费收入已成为商业银行利润的一个重要来源。据统计，美国大通曼哈顿银行 1997 年的总收入中，非利息收入占到 31%，是扣除利息支出后的净利息收入的 1.07 倍。在其他非利息收入中，结算类服务占 21%，咨询类服务占 20%。在开展中间业务、收取手续费方面，我国商业银行与国外存在很大差距，但同时也显示出我国商业银行开拓和发展中间业务的巨大潜力。这是因为，一方面金融服务竞争的加剧、居民投资意识的增强使商业银行获取存贷利差的机会减少，另一方面，我国政府对利率、汇率的严格管制使商业银行的操作余地很小。基于上述两方面因素，我国商业银行必须大力发展中间业务营销，以增强盈利能力，实现经营目标。

二、银行产品定价目标

按照一般的定价程序，商业银行在制定产品价格之前需要首先明确定价目标，并以此作为制定价格的指导。所谓定价目标，是指商业银行通过制定产品价格，在所处经营环境中所企求达到的目标。在商业银行制定价格决策中，明确适当的、切合实际的定价目标是价格决策的前提和首要内容，也是价格决策中选择价格策略和方法、确定评价准则的主要依据。由于商业银行内部条件各异，金融产品所处的外部营销环境不同，因此形成了不同的定价目标。商业银行通常追求的定价目标有以下几个方面。

（一）获取利润

这是指商业银行以在一定时期内所能获取的盈利总额作为营销活动中对金融产品定价的战略性目标。商业银行能够维持其经营的前提之一就是不断地获取更多的利润。但这并不意味着制定最高价格，因为利润除了受价格影响外，还受到金融产品的销售规模、营销成本及其他诸多因素的影响。具体而言，商业银行的利润目标又可分为：

（1）以利润最大化为目标。利润最大化又包括长期利润最大化与短期利润最大化。短期利润或当期利润作为主要利润目标时，这种定价目标强调的是本期财务绩效，旨在短期内通过高价形式获得尽量多的利润。但是短期利润最大化往往是暂时的，随着市场供求状况的不断变化、竞争日益激烈，富有远见的商业银行应把长期利润最大化作为自己的最终目标。需要指出的是，利润最大化目标并不适用于单一银行产品，而是作用于商业银行的整个产品领域。简而言之，利润最大化并不意味着对所有的银行产品制定最高价格，其侧重点是追求商业银行整体利润的最大化，低利或无利的产品价格损失可由高利润的产品来弥补。

(2) 以一定的投资收益率为目标。投资收益率是指银行获得的利润与投资额之比，它反映了银行的投资效益。银行投入的资金，总希望能在一定时期内全部收回，并能有较高的回报率。为了实现投资收益率目标，银行可以在估计营销活动开支数额与预期利润的基础上，再加上成本来制定金融产品的价格。它的特点是不追求一时高利，而是获取一定时期内的稳定收入，服务于商业银行的长期经营目标。银行的信用卡、通存通兑等电子化程度较高的许多具体产品都以这个目标作为定价的基础。

(二) 扩大市场份额

在其他因素不变的情况下，商业银行增加利润的途径，一是增大价格与成本的差价，二是扩大销售量。而销售数量的大小则取决于银行的市场份额的大小。一个商业银行的市场份额受多种因素的影响，如银行的实力强弱、行业内竞争的激烈程度等，但价格始终是一个非常重要的影响因素。从价格和销售量的关系分析，采用扩大市场份额为定价目标的商业银行，多采用低价吸引客户，这样虽然产品的单位利润水平可能下降，但由于销量增加，所以利润总量一般不减少，甚至还会增加。一些新成立的商业银行为了发展壮大，在市场中站稳脚跟，实现长期的盈利水平，往往广设分支机构，以扩大市场份额为定价目标。一些新推出的银行产品，在生命周期的早期阶段，为迅速打开市场赢得一批稳定的客户，也常以此为目标。

随着电子技术和现代化通信信息网络在银行业的推广普及，ATM、销售终端（POS）等的广泛应用，这种规模经济效益带来的直接结果是服务成本的大幅下降。在银行电子化时代，靠铺摊设点来发展银行业务和开拓产品市场的方式将被淘汰。

(三) 应对同业竞争

这种定价目标是在存在同业竞争异常激烈的情况下，主要为适应竞争需要或避免竞争而制定的。在市场竞争中，价格是一个重要因素，特别是市场竞争处于初期阶段的时候，价格竞争往往是最主要也是最有效的竞争手段。当银行面对来自竞争者的威胁时，应根据竞争者的情况和自身的条件采取相应对策。一般来说，大商业银行处于行业或区域“领先者”地位，为避免竞争一般都采取稳定价格的策略，以适当的低价主动防御现实和潜在的竞争；在它遭到其他挑战者的价格攻击时，也往往会采取更低价格反击的应对措施。中小商业银行一般属于行业中的“跟随者”，一般无力左右行业价格，其定价着眼点是适应竞争、保存实力，根据主导银行的价格进行抉择。无论是哪一种情况，都需要广泛收集其他商业银行尤其是竞争对手有关产品价格的信息资料。

（四）树立品牌形象

银行品牌形象是银行的无形资产，良好的品牌形象是银行综合运用合适的营销组合而取得的成果，也是银行借以拓展业务的一项重要财富。在银行产品日趋标准化和同质化的今天，商业银行的品牌形象成为客户的主要识别工具。客户在选择商业银行时，不再单纯地依据产品的服务功能进行评判，而是更加关注其品牌形象。以信用卡为例，主要的国际知名品牌有三种：Citicard、MasterCard、Visa，国内的最知名品牌则是招商银行的“一卡通”。

在树立良好的品牌形象目标下，商业银行凭借良好的信誉和服务保障，可以制定高于其他一般银行的价格。采取这种定价目标的商业银行，可以利用已经培养出的特殊细分市场和专属知名度，有意识地营造出一种“高质量、高价格”的姿态，利用品牌形象形成价格杠杆，使其整体形象和具体产品通过定价凸现出来。如著名的投资银行摩根斯坦利，被公认为是提供优质服务的投资银行，它对产品和服务的提供制定了较高的价格，并由此获得很高利润。

总体上讲，商业银行定价的目标主要有以上四种。商业银行在定价时可以根据所处的竞争环境和自身条件，选择其中一个或几个目标作为主要目标来制定金融商品的价格。

三、银行产品定价程序

所谓定价程序，是指银行将影响定价的诸多因素加以仔细考虑并适当地安排与组织，然后结合具体情况决定或调整产品价格的一系列步骤。它通常包括：选择定价目标、定价信息收集整理和价格预测、选择定价战略与方法、确定价格应用策略和政策、价格的执行与调整等。

（一）选择定价目标

定价目标是商业银行在价格决策时有意识要达到的目的。如前所述，一般情况下，商业银行的定价目标可以划分成四类，而在银行经营实践中，究竟选择哪一类或哪几类目标，则是银行在分析外部经营环境和自身内部条件之后需要做出的选择。一般来说，具体选择定价目标时应考虑国家宏观经济环境、同行业定价目标和策略、银行的经营状况、产品的性质和特点等因素。

（二）定价信息收集整理和价格预测

在定价程序中，无论是选择定价目标、确定定价策略和定价方法，还是价格的执行和调整，都离不开科学决策。而完备、准确、及时的信息和预测则是一切科学决策的基础。因此，价格信息的收集与预测也必然成为定价程序的基础。价格信息的内容十分广泛，这些信息按用途可以划分为两大类：一类是分析和预测市场价格状况和变化趋势的信息，另一类是直接影响定价决策的各种因素变化信息。

（三）选择定价战略与方法

定价战略实质上是实现定价目标的思路和措施。定价战略按不同的划分方法可以分为多种类型。按产品进入市场的前后阶段划分，可以分成初期定价策略和后期价格调整策略；按产品生命周期的不同阶段分成新产品定价策略、成长期定价策略、成熟期定价策略、衰退期定价策略等。具体到某一种产品，定价战略可归纳为三种基本类型：高价战略、中价战略和低价战略。

定价方法是对产品价格进行计算或确定的方法，是将定价战略与具体价格水平联系起来的重要环节。定价目标、战略着重解决定价思路问题，而定价方法则是对产品价格水平的具体确定，是对定价目标、战略的具体化。商业银行实践中，可供选择的定价方法大致可以分成三类：成本导向定价法、需求导向定价法和竞争导向定价法。

（四）确定价格应用策略

选择了定价方法，只是确定了决定产品价格水平的方法。但产品销售的具体价格需要根据营销的需要来确定，另外产品的最终具体价格也往往因销售量、时间、地点甚至对象不同而有所区别。因此，价格应用就是根据定价方法所决定的产品价格水平确定各种销售条件下的具体销售价格的过程。按照目标市场的地理特征、需求特征、顾客心理特征及分销服务特点，价格应用策略可分为产品组合定价策略及价格折扣策略等。

（五）价格的执行与调整

合理的价格除了体现产品的价值之外，还要反映产品的供求状况。而影响供求状况的因素很多，这些因素也处于不断的变化之中。因此，银行产品的定价不可能是一成不变，而是随着市场竞争情况、银行条件及其他因素的变化而得到不断调整。从此意义上讲，价格的执行过程也是价格的调整过程。因此广义上来讲，银行的定价决策在内容上应包括新上市产品定价决策和已上市产品调价决策两个方面。具体来说，在价格执行过程中银行的价格调整决策可以分为主动调价和应对调价两种类型。

四、银行产品定价基本原理

价格水平的高低将直接影响银行产品的销售数量和商业银行的收入状况，价格调整对银行产品销售的影响可以用弹性理论进行解释。具体地说，如果一种银行产品的市场需求是富有弹性的，则降低价格会增加销售量，从而吸引原来因价格因素被排斥在市场之外的潜在客户，进而使得销售量急剧增长、整体销售收入增加。反之，如果一种银行产品的市场需求是缺乏弹性的，则价格变化不会对销售量产生影响，但提高价格能增加整体收入。因而，商业银行往往用提高非弹性产品价格和降低弹性产品价格的方法来扩大整体收入。不同类型银行产品的价格弹性不一样，如保管箱、支票、汇票等的需求价格弹性相对较小，而贷款的弹性较大。在商业银行的经营实践中，为改变客户的消费需求，在价格敏感和需求弹性大的市场，商业银行往往采用低价格以扩大销售量。同时我们应该看到，许多成功设计的银行产品正处于生命周期的成熟阶段，缺乏市场需求弹性，商业银行通过降低销售价格进而在短期内扩大业务规模的方法是可行的，但由于大多数商业银行都可以对影响销售量的重大价格变动及时做出反应，从而导致所有其他银行都可能降低价格，其结果是所有银行的销售量保持在降价前的同等水平上，但银行的整体收入反而下降。

归纳起来，银行产品的定价主要有两类：集中定价的银行产品和单独协商价格的银行产品。前者是指集中制定金融服务中的单一产品或系列产品的价格，如活期存款账户、定期存款账户；后者是指单独制定针对特殊客户的议价产品价格，如企业活期存款、透支、国际服务等。在后种情况下，许多商业银行提供的产品没有一个明确的价格或价格体系，而是确立一个收费标准，并以此为基准来增加或减少收费。其依据是利用需求的价格弹性原理，区分不同价格在不同细分市场中的灵敏度，对同一银行产品针对不同细分市场的客户采用不同价格，但该方法的实施前提是防止不同细分市场之间的交叉渗透。

第二节　商业银行产品定价方法

一、影响银行产品定价的主要因素

银行产品的定价十分复杂，受多种内外因素的影响。在遵守政府有关政策法规的前提下，商业银行在确定其产品价格时必须满足两个基本条件：最大限度地吸引客户和尽可能多地获得收益。为此，在制定价格时需要考虑以下因素。

（一）成本因素

成本（cost）是任何企业定价都必须首先考虑的重要因素，除非该企业不想盈利。因此，银行定价的通常方法是在成本基础上加一个百分比。在利用成本定价时至少需要考虑以下四种成本：

（1）开发成本。是将产品和服务引入市场时发生的，这部分成本需要较长期的分摊。由于银行产品的易模仿性，在商业银行无法设置相关进入壁垒来阻止同行业竞争者的进入时，这些成本将被视为新产品进入市场后不再影响价格决策制定的沉淀成本，而不能通过制定高价位来弥补其开发成本。

（2）管理费用。是指为了支持与管理营销机构所发生的成本，如广告费、利息支出、管理人员的工资、保险和其他费用。

（3）直接固定成本。是指银行提供服务所花费的基本资源，如土地、建筑物、设备与员工等，在短期内一般变化不大，但从长期来看也会发生变动，例如当一家银行的某个分支机构发展到一定水平需要进行扩张时，设备、建筑、员工等也会增加。

（4）可变成本。它随着银行产品销售量的变动而变化的成本，如销售佣金、原材料、邮寄费等。

在建筑装潢、营业设施、技术服务网络及员工管理等方面的支出使商业银行具有很高的投入成本。同时，银行成本又随着服务产出水平的变化而变化。目前，商业银行的各项业务逐渐从纸上操作转移到能提供规模经济潜力的电子化产品上来，如 ATM 的使用可极大地降低银行成本，虽然其初期安装成本较高，但随着交易量的增加，每笔 ATM 交易成本比使用柜面人员低得多。

每一项银行服务、每一种金融产品其实都包括了一定的固定成本和变动成本。一般来说，银行产品的价格应该能够补偿其固定成本和变动成本，并且要有一定的合理利润幅度。对商业银行来说，不同产品有不同的利润要求，其价格与成本的联系不如制造业紧密，商业银行往往在整体利润最大化的条件下进行价格决策，这就使得一些银行产品的定价同提供服务的成本之间没有直接联系。例如，某些金融服务的价格十分低廉甚至于免费，这些低利润或无利润的银行产品可通过交叉销售的方式由另一些高利润的产品所抵消。总之，成本的测定在商业银行产品的合理定价中具有十分重要的作用。

（二）需求因素

银行产品定价的目的不仅在于弥补成本，更重要的是捕捉客户心目中的产品可感知价值。客户通过将商业银行所收取的价格和购买服务产品所带来的可感知价值或利益进行比较，从而得出该产品是优是劣的结论。针对这种情况，商业银行的理想做法是银行设定的价格等同于客户的可感知价值。此时，银行没有损失可得的利润，客户也因获得了符合心理预期的银行产品而得到满足。可见，产品和服务对客户所具有的内在价值，比完成服务所需要的成本更值得在定价决策中考虑。与此同时，银行产品定价也影响着客户对产品和服务的感受。因为在一般情况下，客户通过银行定价系统对其产品和服务所开列的价格，是向客户发出的他们能够得到的产品和服务质量的直接信号。

在考虑需求因素时，必须研究和分析客户需求的价格弹性，以反映客户需求变动对价格变化的灵敏程度。客户需求的价格弹性是指价格变动所引起的需求量的变化程度，其计算公式如下：

$$\text{需求的价格弹性} = \frac{\text{需求量变动的百分比}}{\text{价格变动的百分比}}$$

用符号表示为

$$E_{\mathrm{p}} = \frac{(\Delta Q/Q_0)\%}{(\Delta P/P_0)\%} = \frac{[(Q-Q_0)/Q_0]\%}{[(P-P_0)/P_0]\%}$$

式中：E_{p}——客户需求的价格弹性；

ΔQ——客户需求量的变动；

ΔP——金融产品价格的变动；

Q_0——金融产品价格变动前的客户需求量；

Q——金融产品价格变动后的客户需求量；

P_0——金融产品原来的价格；

P——金融产品新的价格。

如果 E_{p} 较小，则说明弹性较小，客户对金融产品的价格变化反应不强烈；反之，则说明弹性较大，客户对金融服务的价格变化反应强烈。在银行的服务中，如保管箱、支票、汇票等的需求价格弹性相对较小，而贷款的弹性则较大。对于需求的价格弹性大的产品，价格的小幅度上升可能会使客户需求量发生较大波动，会失去大量客户，因此其价格变动更应小心谨慎。

（三）竞争因素

随着银行业竞争的加剧，商业银行在确定产品价格时还应当充分考虑到竞争对手的情况。

竞争者的成本、竞争者的价格策略以及竞争者的历史定价，都是商业银行在进行价格决策时需要考虑的因素。虽然竞争者价格可以充当商业银行价格制定的参照点，但竞争者价格并不一定代表客户价值，所以了解竞争者所处的相对成本位置十分重要，因为它可以帮助商业银行正确评估竞争对手调整其价格结构的能力。商业银行可利用可获得的关于竞争者的公开数据和信息如年度报表、新产品开发广告等，经估价后测定其成本结构，从而做出银行自身决策。例如花旗银行在本国的银行零售业务中获得竞争优势的方法是通过对主要竞争对手的结算流程和成本进行观察预测，并根据自身成本基准点设计定价来占有市场。同时，竞争者和行业中某类品牌服务产品的历史定价也可以为商业银行的定价决策提供线索。在竞争者中，既有先行制定价格的价格领导者，也有后行决策的应对者。竞争者的经营目标如果是利润导向的，则不会过度压低价格；反之，如果以扩大市场占有率为目标，则有可能采取较低的扩张性价格。

综上所述，探询竞争者的成本、价格和利润率，测算其产品和服务的质量价格比，了解其历史定价行为和经营目标，所有这些竞争因素的分析是商业银行预测同类服务产品价格变动、进行正确的价格决策的关键。此外，商业银行在进行价格决策时，还应考虑到竞争者对本银行产品定价可能做出的反应。

（四）政策因素

由于银行业的特殊性，商业银行的经营要受到国家各种有关政策、法律和法规的制约。政府金融政策法规的调整与变更，会在不同程度上影响商业银行的服务价格和服务成本，如利率政策、信贷政策、货币政策、税收政策等。

我国的商业银行在进行定价决策时，必须严格遵守国家制定的各项金融政策，以及《中华人民共和国商业银行法》、《中华人民共和国银行业监督管理法》、《中华人民共和国外汇管理条例》、《储蓄管理条例》、《贷款通则》等一系列金融法律法规的有关规定，并自觉接受银行监管机构的监督管理。根据上述政策法规的相关规定，商业银行不得违反有关垄断的法规，通过共同制定垄断价格来操纵金融市场。政府除对利率、汇率进行严格的管制外，对中间业务收费也有相应的规定。继 2001 年 7 月颁布《商业银行中间业务暂行规定》后，又出台了新的《商业银行服务收费管理办法》，新办法于 2003 年 4 月 1 日开始正式实施。

此外，宏观经济环境对于银行产品的定价策略也具有重大影响，经济增长或衰退、通货膨胀或紧缩等都会影响银行产品的成本和客户对服务产品价格与价值的看法。同时，金融市场中除银行业以外的证券、信托、保险市场对银行产品的分流也不容忽视，这种需求的变动直接影响银行产品的定价水平。所有这些因素都影响着商业银行的价格决策。

二、商业银行产品定价基本方法

（一）存款定价模型

1. 成本加利润定价法（cost-plus-profit deposit pricing）

成本加利润定价法是指以银行预测的存款成本为基础，加上单位存款的预计利润作为存款价格。

存款价格的计算公式为：

每项存款服务的单位价格＝每单位存款服务的操作费用
＋分配给银行存款部门的预计间接费用
＋出售每单位存款服务的计划利润。

成本加利润定价法要求精确计算每项存款业务的成本。西蒙森、马克斯和埃德米斯特所研究的一种颇流行的办法是以银行资金的预测成本为基础给存款定价。税前加权平均成本的计算公式为：

$$\text{税前加权平均成本} = \sum_{i=1}^{n} \frac{\text{各类存款}}{\text{筹资总额}} \times \frac{\text{利息和非利息成本}}{100\% - \text{非盈利资产占用比例}}$$

例如，某银行共筹集资金 4 亿元，其中支票账户存款 1 亿元，定期存款和储蓄存款 2 亿元，货币市场存款 0.5 亿元，股权资本 0.5 亿元。如果支票存款的利息成本和非利息成本占支票存款的 10%，储蓄存款、定期存款和货币市场借款的利息成本和非利息成本为该项资金总额的 11%，股权资本成本为权益资本的 22%。假设非盈利资产所占比重分别为：支票存款 15%、储蓄存款和定期存款为 5%、货币市场存款为 2%，该行税前加权平均成本为：

1÷4×10%（100%－15%）＋2÷4×11%÷（100%－5%）＋（0.5÷4）×11%÷（100%－2%）＋（0.5÷4）×22%÷100%＝12.88%

这说明银行至少要赚取的贷款和投资的税前收益率为 12.88%。这也是盈亏平衡点，低于这一水平，银行的利息和税费成本就不能补偿。如果银行通过其贷款及其他投资赚取了超过 12.88%的税前收益，那么扣税后的额外收益一部分就会以增加的红利形式流入股东手中，一部分进入留存收益增加银行资本。

2. 边际成本定价法

美国经济学家詹姆斯·E. 麦克纳提出采用边际成本定价法。实际上是计算银行的加权边际成本。

边际成本定价法的基本做法分成三步。第一步，摘录资产负债表的有关数据；第二步，计算资金平均成本；第三步，预测资金加权边际成本。目前发达国家银行采用边际成本为负债成本的定价，方法也不止一种，下面介绍边际成本定价法的一种方法。

案例：某银行历史年度可用资金比率为 75%，税后权益资本成本 12%，税率 35%，股权资本占盈利资产的比重为 13.5%。计划年度预计计息支票存款、定期存款和股东新增投资各增加 100 百万，银行为新负债定价。

1）计算历史平均成本

（1）银行资金来源及成本资料，如表 8-3 所示。

表 8-3　资金来源及成本

资金来源	平均余额/百万元	平均利率/%	支付的利息总额/百万元
不付息活期存款	100	0	0
付息支票存款	200	7	14
储蓄存款	100	5	5
定期存款	500	8	40
货币市场借款	100	6	6
总计	1000		65
其他营业成本	10		

（2）计算盈亏平衡成本。盈亏平衡成本是收益资产赚取的收益与筹集资金的全部营业成本相等的成本。

盈亏平衡成本＝(65＋10)÷(1000×75%)

＝75÷750

＝10%

(3) 计算加权平均总成本。加权平均总成本是指盈亏平衡成本加上权益资本成本后的平均成本，是银行的最低投资回报率。

加权平均总成本＝盈亏平衡成本＋[股权资本成本÷(1－税率)×13.5%]

＝10%＋[12%÷(1-35%)×13.5%]

＝10%＋(18.5%×13.5%)

＝10%＋2.5%

＝12.5%

这就是说，历史年度银行的平均加权成本率为12.5%。

2) 计算负债边际成本

银行预计计划年度新增资金及成本，如表8-4所示。

表8-4　计划年度资金来源与成本预测

资金来源	资金来源增加额/百万元	盈利资产比重/%	盈利资产额/百万元	资金成本率*/%	资金成本额/百万元
计息支票存款	100	50	50	8	8
定期存款	100	60	60	9	9
股东新增投资	100	90	90	13	13
总　计	300		200		30

* 包括利息成本和营业成本在内

(1) 计算新增资金全部成本。

新增资金全部成本＝30÷300＝10%

(2) 计算新增资金的盈利资产成本。

盈利资产成本率＝30÷200＝15%

可见，计划年度平均资金成本为15%，高于历史年度。

3. 市场渗透存款定价法

市场渗透存款定价法(market-penetration deposit pricing)是一种至少在短期内不致力于利润对成本的弥补的定价方法。它主要是通过提供通常大大高于市场水平的高利率，或者向客户收取远远低于市场标准的费用的方法来吸引更多的新客户。对于一家决心占领最大市场份额的银行来说，市场渗透存款定价法只是它面对一个高成长市场所采取的策略。

对于市场渗透存款定价法的效果，美国费兰纳里的分析指出，大多数客户都十分重视与开户银行的稳定关系。因为客户花钱购买的通常不止一种银行业务。

一个存款账户代表的是一种介于客户和银行之间的持续的关系，这种关系发展到贷款、信托服务等业务关系。放弃这种关系对客户来说是有代价的。所以大多数客户忠实于他们已经选定的银行。因此存款具有稳定性。如果银行能够向存款人提供高于市场利率的回报，即使银行提供的存款利率降低，也完全能够吸收他们的存款。当其他银行开始降低费用或提高存款利率时，客户也不会改变他们选定的银行。

表 8-5 提供了美国家庭和企业选择银行时考虑的因素。

表 8-5　家庭和企业选择存款开户行时考虑的因素

选择支票开户行时家庭考虑的因素	选择储蓄开户行时家庭考虑的因素	选择提供存款和其他服务时企业考虑的因素
方便的位置	知名度	银行的财务状况
能够提供其他服务	支付利息的高低	银行未来资金来源是否有可靠
安全	结算的方便程度	银行职员的素质
低廉的费用和最小的余额	地理位置	贷款定价是否有竞争力
高存款利率	工资户结算服务	所提供的财务建议的质量
	收取的费用	是否提供现金管理和其他服务

4. 有条件定价法

20 世纪 70 年代新英格兰州出现的付息支票账户，导致了全美银行和非银行储蓄机构之间对客户结算存款的白热化争夺。在激烈的竞争中，有条件定价法（存款费用安排定价法）得到了广泛使用。这种方法是根据客户存款余额和对存款的运用情况来确定存款价格的。如果客户存款余额保持在某种最低水平以上，则只需支付很低的费用或者不付费。但是平均余额降到那个最低水平以下，就要支付较高费用。

存款费用安排根据以下一种或几种因素来确定不同的存款定价：

（1）过存款账户办理的结算业务量（如开出支票、存入存款、电子汇划等）。

（2）一个特定期间的账户平均余额（通常为每月平均）。

（3）存款到期日的天数、周数和月数。

有条件定价法分成三类：①按统一标准定价：是指银行不考虑账户余额，只对存款人开出支票和每一账户定期收取固定费用。如规定每月账户保持费 2 美元，每开一张支票支付 10 美分等。②自有定价，是指银行不收取账户保持费和每次结算费用。由于账户利息率较低，客户也会支付隐性费用。实践证明采用这种定价方法吸引的小金额、高进出的存款较多，只有在市场利率很高时，银行才有利可图。③有条件的自由定价，是指银行根据账户的不同条件确定不同的存款定价，也就是前面提到的几个因素。有条件的自由定价使银行将存款市场分成两类：一是高余额、低进出存款账户，另一类是低余额、高进出存款账户。银行总是根据本行对客户的需求，对存款费用做出不同的定价标准。客户则是在满足存款安全、服务方便和知名度相同的条件下，根据他预期开出支票的张数、存取款次数和账户平均余额来挑选开户银行，以支付较低费用，获取较高收益。

这里有一个案例分析。表 8-6 是 A、B 两银行支票账户和储蓄账户收费情况。

表 8-6 A 银行、B 银行支票账户、储蓄账户收费表 （单位：美元）

<table>
<tr><th colspan="2">A 银行</th><th colspan="2">B 银行</th></tr>
<tr><th>项目</th><th>金额</th><th>项目</th><th>金额</th></tr>
<tr><td>一、支票账户</td><td></td><td>一、支票账户</td><td></td></tr>
<tr><td>1. 开户最低余额</td><td>100</td><td>1. 开户最低余额</td><td>100</td></tr>
<tr><td>2. 每日最低余额</td><td></td><td>2. 每日最低余额</td><td></td></tr>
<tr><td>600 以上</td><td>不收费</td><td>500 以上</td><td>不收费</td></tr>
<tr><td>300～500</td><td>每月 5</td><td>少于 500</td><td>每月 3.5</td></tr>
<tr><td>少于 300</td><td>每月 10</td><td rowspan="3">3. 每月开支票或使用 ATM（借记）超过 10 次，余额少于 500</td><td rowspan="3">每次借记收费 0.15</td></tr>
<tr><td>3. 月平均余额</td><td></td></tr>
<tr><td>达到 1500</td><td>不收费、开支票无限制</td></tr>
<tr><td>二、储蓄账户</td><td></td><td>二、储蓄账户</td><td></td></tr>
<tr><td>1. 开户最低余额</td><td>100</td><td>1. 开户最低余额</td><td>100</td></tr>
<tr><td>2. 服务费用：</td><td></td><td>2. 服务费用：</td><td></td></tr>
<tr><td>余额在 200 以下</td><td>每月 3</td><td>余额在 100 以下</td><td>每月 2</td></tr>
<tr><td>余额在 200 以上</td><td>不收费</td><td>余额在 100 以上</td><td>不收费</td></tr>
<tr><td>每月取款超过两次</td><td>2</td><td>每月取款超过三次</td><td>2</td></tr>
</table>

可以看到，A 银行对高余额、低进出的支票存款很优惠，B 银行则对小额支票更优惠。例如，A 银行在客户每日余额降到 600 美元以下时就要收费，B 银行要等到降到 500 美元以下才收费；A 银行对低余额支票的收费高于 B 银行，A 银行每月收 5～10 美元，B 银行只收 3～5 美元。此外，A 银行对日常账户使用不加以限制，B 银行则规定了开出支票和使用 ATM 的次数。同样，对储蓄存款的收费也体现了两银行的差别。这些区别反映他们对不同类型客户的需求。A 银行地处居民小区和写字楼林立地区，客户主要是高收入的个人和企业，其账户内通常保持较高的余额，而且频繁使用支票。A 银行的服务定价也向这些客户倾斜。B 银行地处一所大型综合大学附近，客户大多是存款余额较低的学生，为控制支票业务的成本，B 银行对每张支票业务的收费高于 A 银行。由此可见，银行的服务定价首先是针对向其提供服务的客户类型，确定服务收费定价，满足

客户需要，同时也要考虑控制和降低成本的要求。

5. 等级目标定价法

等级目标定价法（upscale target pricing）是指银行向事业有成的专业人员、业主和经理及高收入家庭提供服务，收取较高费用，而对于低余额、高进出的客户按不亏不盈定价的方法。

6. 关系定价法

关系定价法（relationship pricing）是指银行根据客户享受服务的数量进行存款定价的方法。关系定价法的特点是吸引关系密切的最佳客户。银行的一般做法是，对购买两项以上服务的客户只收取较低的费用，甚至免去一些收费。采用关系定价法是基于这样一种考虑：客户享受一家银行的服务越多，对这家银行的依赖性越强，转移他行开户的可能性越小。采用关系定价法，可增加客户对银行的忠实程度，降低客户对其他金融服务机构存款价格变动的敏感性。

（二）贷款定价的方法

1. 宏观差额定价法

宏观差额定价法也称成本相加贷款定价法（cost plus loan pricing），是指以贷款成本加目标利润率（或目标利润）作为贷款定价。使用这种定价法时，银行管理人员必须考虑其筹集可贷资金的成本以及银行的其他经营成本。最简单的贷款定价模型认为，对任何贷款的利率应包括四部分：

（1）银行筹集可贷资金的成本；

（2）银行的非资金性经营成本（包括贷款人员工资和设备、工具的成本）；

（3）由于贷款可能发生的违约风险而对银行做出的必要补偿；

（4）每笔贷款的预期利润水平。用公式表示为：

贷款利率＝筹集资金的边际成本＋非资金性银行经营成本＋预计补偿违约风险的边际成本＋银行预计利润水平

每个部分都可以利用贷款总额的年度百分比值表示。

例如，假设某公司向银行申请500万元的银行贷款，如果银行为了筹集该笔贷款资金必须在货币市场上以10％的利率发行可转让存单，筹集资金的边际成本就是10％。为发放和监管这项贷款的非资金性银行经营成本约为500万元的2％，银行信贷部可能建议为了弥补该笔贷款发生的违约风险损失再加上500万元的2％，最后，银行要求该项业务的利润水平达到1％，那么，该笔贷款的利率水平应为15％（＝10％＋2％＋2％＋1％）。

2. 微观差额定价法

微观差额定价法是指银行将其从客户那里获得的收益与用于该客户的成本开支进行比较，使贷款定价达到收益大于成本。它的特点在于公平地计算每一客户的贷款价格。银行与客户的业务往来中，获得的收益主要是贷款收入和服务收入，所支出的成本主要包括资金成本和服务成本。

例如，某公司向银行贷款 120 万元，银行将这笔贷款利率定为 14%，通过表 8-7 和表 8-8 资料看这笔贷款定价是否合理。

表 8-7　银行从该公司获得的收入一览表

项目	内容/元	单价	金额/元
一、贷款收入			
商业贷款	1 200 000	14%	168 000
承诺费贷款	未使用的承诺限额 2 300 000	0.5%	
贷款服务收入			
1. 账户保持费			48
2. 法定费用			400
高级职员工时费			2 000
小计			2 448
二、一般银行服务收入			
未编码项目	120 000	2%	2 400
电汇费	280 笔	2	560
贷款办理费	1 200 000	0.5%	6 000
小计			8 960
收入合计			190 908

表 8-8　银行对该公司的有关成本开支一览表

项目	内容	单价	金额/元
一、资金成本			
一般资金成本	应摊派 1 410 000 元	9.6%	135 360
资金成本	应摊派 120 000 元	30%	36 000
小计			171 360
二、服务成本			
未编码项目	120 000 元	1%	1 200
已支付的支票	300 000 元	1%	3 000
电汇	280 笔	1.50	420
贷款办理费	1 200 000 元	0.50%	6 000
小计			10 620
三、存款分析			
实际存款成本			
1. 活期存款	125 000 元	3.5%	4 375

续表

项目	内容	单价	金额/元
2. 定期存款	50 000 元	10.1%	5 050
预期资金成本	175 000 元	11.2%	19 600
小计			10 175
四、成本净额合计			171 805
五、超额价值			19 103

注：1) 银行从某公司获得的业务总收入 190 908 元，包括贷款收入和一般服务收入。

2) 银行与某公司业务往来中应由该公司分摊的成本包括资金成本和服务成本两项。其中，资金成本包括：

(1) 一般资金成本。它是指银行吸收存款和借入资金的成本。表 8-8 中所列 1 410 000 元是这笔贷款分摊的数额。其计算公式为：

一般资金分摊额＝（银行一般资金总额、银行盈利资金总额）×贷款数量。

一般资金成本率 9.6%，是指一般资金的平均边际成本。它反映的是当前银行获取资金的成本率。

(2) 资本成本是指银行筹集自有资本的成本开支。表 8-8 中所列 120 000 就是这笔贷款应分摊的资本额。其计算公式是：

资本摊派额＝银行资本总额/银行盈利资产总额×贷款数量。

资本成本率 30%，是根据税前股东产权收益率来确定的。它包括了资本成本及相关的全部费用。

(3) 存款分析主要是分析该公司的 175 000 元存款对银行的价值。其目的是为了全面估价银行与该公司的业务关系。方法是将预期资金成本与实际存款成本进行比较。实际存款成本是银行为了获得存款实际支付的费用。预期资金成本是指银行按一定价格把这部分资金贷款放出去获得的收入。如果预期资金成本大于实际存款成本，则企业的存款对银行有利；反之，不仅对银行没有利差收入，甚至会使银行资金遭受损失。

(4) 微观差额定价法将收入与成本比较，表 8-8 中的 19 103 元是超额价值，这是指银行在获得合理利润以外的超额利润。分析表明，这笔贷款定价是合理的。如果出现收入小于成本，说明银行的合理利润不能实现，严重时会导致银行亏损，这时应重新调整贷款价格或限制客户免费使用银行服务的数量。

(5) 在实际当中用微观差额定价法确定贷款价格时，还要考虑到贷款风险的大小，并分析所获收入能否补偿可能带来的贷款损失，权衡利害得失后再按已确定的贷款价格发放贷款。

3. 综合定价法

综合定价法是指将影响贷款价格的因素逐项考虑后再确定贷款价格的定价方法。其基本计算公式为：

贷款价格（利率）＝（纳税前股权资本成本＋管理费用＋贷款资金成本）/贷款数量

例如，某公司向银行借款 50 万元，贷款所需股本为贷款总额的 8%，股权资本盈利率为 14%，银行应缴所得税率为 46%，贷款管理费为贷款总额的 2.4%，放贷资金成本率为 9.1%。用综合定价方法计算贷款价格。

1）计算纳税前股权资本成本

纳税前股权资本成本＝（贷款所需股本数量×资本盈利率）/（1－所得税率）

本例为：（500 000×8%×14%）÷（1－46%）＝10 370（元）

2）计算管理费用支出

这笔贷款应分摊的管理费为：500 000×2.4%＝12 000（元）

3）计算贷款资金成本

贷款资金成本＝（贷款总额－股权资本额）×资金成本率

本例为：（500 000－500 000×8%）×9.1%＝41 860（元）

4）计算贷款价格

贷款价格（利率）＝（10 370＋12 000＋41 860）÷500 000＝12.8%

根据基本公式计算出贷款价格后，还要视贷款风险大小、借贷市场资金供求状况等因素加以调整，确定出适当的贷款价格。

4. 交叉利率定价法

交叉利率定价法是指对于借款金额较大的（300 万元以上）客户，允许其在银行确定的可以选择的贷款利率与浮动限额内，自行确定贷款期限和贷款价格的定价方法。这是在市场利率不断变化的情况下，银行吸引大额借款者而创造出的一种新的定价方法。通常情况下，银行是以市场利率为基础，在基础利率之上加一定的百分点，对基础利率可由客户自由选择。目前西方发达国家商业银行通用的基础利率有同业拆借利率、大额存单利率和国库券利率。现举例说明这种定价方法的运用。

例如，某公司向银行申请 100 万元贷款，期限一年，经银行信用分析后同意贷款，并决定贷款价格为银行优惠利率＋0.75%，按当日市场利率表可知，基础利率（优惠利率）水平如表 8-9 所示。

表 8-9 当日市场利率情况

项目	期限	标价利率	实际利率/%
同业拆借	3 月期	11.625	12.375
	6 月期	12	12.75
	一年期	12.625	13.375
大额存单	1 月期	10.4	11.15
	2 月期	10.95	11.70
	3 月期	11.10	11.85
	6 月期	11.2	11.95
	一年期	11.65	12.4
国库券	13 周～3 月期	9.99	10.74
	26 周～6 月期	10.27	11.02
优惠利率	12.5%	12.5%	

根据市场利率，该公司可自由选择愿意接受的贷款利率及相应的期限。如果公司分析后认为，近一年内市场利率会上升，则会选择最低的一年期基础利率，标价为11.65%，加上浮动限额0.75%，则这笔贷款的价格为12.4%。相反，如果该公司判断市场利率在一年内将会下降，他便会选择13周～3月期的国库券。实际利率水平为9.99%+0.75%=10.74%。待贷款期满后再根据对市场利率的判断进行选择，直至一年期满为止。

5. 价格先导模型定价法

价格先导模型定价法是目前西方国家商业银行确定贷款价格的基础方法。它是交叉定价法的实际运用。

前面的宏观、微观差额定价法的一个缺点是假设银行必须精确了解成本，事实上并非如此，银行是复合型产品产业，和大多数复合型产品商业一样，银行很难准确地将其经营成本以及各种费用摊销给每笔具体贷款业务。

差额定价法的缺陷导致了价格先导（price leadership）的形成。价格先导是以若干大银行统一规定的优惠利率为基础，考虑到违约风险补偿和期限风险补偿后而制定的贷款利率，即对特定客户征收的实际贷款利率，其公式表示如下：

贷款利率＝基准利率（包括银行所有的经营和管理成本加上预期利润）

＋由非基准利率借款者支付的违约风险溢价

＋长期贷款客户支付的期限风险溢价

基准利率是对信用等级最高的大公司提供的短期贷款的优惠利率，违约风险溢价是对非基准利率借款者收取的费用。对贷款的风险溢价通常被称做加价(markup)，银行仅通过降低或提高贷款的加价，就可以达到扩充或收缩其贷款组合的目的。

例如，向一个中等规模商业客户发放三年期贷款购买设备，可能适用于14%的利率水平，包括基准利率10%加上2%的违约风险溢价加上由于贷款期限较长的期限风险溢价，长期贷款需要交期限风险溢价是因为过长的期限使银行在此期间可能比类似的短期贷款面临更多的损失可能，风险溢价的设定是价格先导贷款定价中最困难的一步，专家建议使用风险调整方法来评价贷款质量等级，以确定基准利率的加价幅度，如表8-10。

表8-10 利率加价幅度

风险等级	风险溢价	风险等级	风险溢价
无风险	0.00%	特别注意	1.50%
微小风险	0.20%	次级	2.00%
标准风险	0.50%	可疑	5.00%

资料来源：彼得·S. 罗斯. 商业银行管理（第三版）. 唐旭，王丹等译. 北京：经济科学出版社，1999

例如，银行向某客户发放 5 年期贷款的基准利率为 10%，违约风险溢价为 1.5%，期限风险溢价为 2%（即风险等级为次级的风险溢价），那么，该笔贷款的利率为 13.5%。

在美国，最通行的基准利率是由 30 家大银行组成的货币中心银行定期公布的贷款利率，多年来，其基准利率不经常变动。但随着货币市场的发展以及利率的自由化，产生了浮动基准利率。浮动基准利率发展为两种计算公式：一是基准利率相加法，是在基础利率之上加若干百分点；二是基准利率相乘法，是在基准利率之上乘一个乘数。加法或乘法的等级视企业信用风险等级而定，举例如表 8-11所示。

表 8-11　利率加数和利率乘数　（单位:%）

基准利率水平	基准加数		基准乘数	
	风险等级 A+1%	风险等级 B+2%	风险等级 A×1.1%	风险等级 B×1.2%
6	7	8	6.6	7.2
8	9	10	8.8	9.6
10	11	12	11	12

20 世纪 70 年代以后，随着银行业务国际化和欧洲货币市场的发展，基准利率作为商业银行贷款的基准利率，一般均以伦敦同业银行拆借利率（London Interbank Offer Rate，LIBOR）为共同标准，并为客户对银行的贷款利率进行比较提供了一个公开准则。其计算公式为：

以伦敦同业银行拆借利率为基准的贷款利率＝伦敦同业银行拆借利率＋违约风险溢价＋利润

近年来，西方国家随着票据市场的发展，银行对大公司的短期贷款利率已突破了以基准利率或伦敦同业银行拆借利率为基础的贷款定价体系，出现了低于基准利率定价（below-prime pricing）的模式。例如，美国许多银行宣布大型公司几天或几星期的贷款，可以以低于货币市场的利率（例如，美国同业银行准备金贷款的联邦资金利率）加上一个很小比例来补偿风险头寸、其余经营成本和利润。就是：

贷款利率＝货币市场借贷利率＋风险和利润的加价

这样，如果在当天的市场以 6%利率借入联邦资金，以 6.25%的利率向信誉好的大公司提供期限为 30 天期的贷款 1000 万美元（6%的货币市场借款成本＋0.25%的风险、非利息成本、利润等的加价比例）。

三、商业银行中间业务收费定价

（一）中间业务产品收费定价的特殊性

中间业务是指商业银行不动用或很少动用自己的资金，不列入资产负债表内，凭借其信誉、技术、人才、设施等方面的优势，以中间人的身份为客户提供各类金融服务并收取佣金和手续费的业务。与商业银行的传统业务相比，它具有自身的特点，从而使中间业务产品定价方法也具有其特殊性：

（1）银行资金占用较少。商业银行在提供中间业务产品时，大多情况下不需要占用银行的资金，佣金和手续费是其主要收入来源，这是中间业务与传统存贷款业务定价区别的基础。

（2）产品种类繁多。中间业务并不是特指某一种单一的业务。迄今为止，我国商业银行已经开展了260余种中间业务，这些业务大致可分为9类：支付结算类、银行卡类、代理类、担保类、承诺类、交易类、基金托管类、咨询顾问类、其他类。由于中间业务品种繁多，性质也不尽相同，所以不能采取“一刀切”的定价方式。

（3）产品的风险差别较大。虽然商业银行开展中间业务不会引起资产负债表的变化，但是银行在提供中间业务时还是要承担相应的风险，而且风险还会由于中间业务性质的不同而不同。如担保类、承诺类业务，如果操作不当或是审核不严，就可能会给银行带来巨大的损失，因此在定价时要充分考虑银行承担的风险。

（4）多种中间业务配套组合。中间业务虽然种类繁多，但并非都是单笔进行的，通常是为某一客户提供一笔业务时，还可以带来许多的后续业务，如在客户开立进口信用证后，往往还需要银行提供承诺、拒付、担保、购汇等业务，所以在中间业务定价时，要综合考虑“一揽子”业务。

（二）中间业务收费定价的方法

目前我国商业银行中间业务产品定价方法主要有成本加成法和市场导向法两种。

（1）成本加成定价法。指从提供中间业务产品的商业银行的角度出发，认为中间业务产品的价格应该包括以下四个部分才能实现盈利：固定成本，即商业银行开展中间业务必需的资金投入，如计算机设备、ATM等；可变成本，又称为经营成本，主要包括人事费用、业务费用等；风险补偿费，即银行对中间业务可能发生的违约风险收取的必要补偿；目标利润，商业银行提供中间业务产品的预期收益。因此，中间业务产品价格是上述四部分之合。

（2）市场导向定价法。以市场的一般价格水平为出发点，考虑自身的成本和风险，寻求适合本银行的中间业务产品价格，表达式为：$p=\lambda\bar{p}$。其中，p是该商业银行应收取的某种中间业务产品的费用，即此产品的价格，$\bar{p}$是市场的一般价格水平，λ是该银行报价的调整系数（λ在1上下浮动）。

成本加成法是将商业银行的成本、风险和目标利润加总来求得产品价格，其优点方便理解，计算简单。但是它没有考虑其他银行的竞争，以及银行与客户间其他业务的往来，容易造成定价中的逆向选择和短期行为，可能会面临客户的流失和市场的萎缩。市场导向法考虑了市场的指导功能，方便操作，简单易行，适用于批量大、风险小且成本无显著差异的中间业务产品，如银行卡、异地取款业务等。但是中间业务在我国一直被作为吸引客户的附属业务，市场价格常低于银行成本，银行也就缺乏开拓市场的积极性。所以，近来有人提出用风险厘定定价法确定中间业务产品的价格。风险厘定定价法实质上是在充分考虑银行的成本、客户违约的成本、客户效用和银行效用基础上商业银行与客户之间的博弈过程。该方法的优点在于：认为由客户、产品本身以及外部环境的风险造成的损失是决定中间业务产品价格的最重要因素，然后在考虑成本的基础上寻求银行的效用最大化，使商业银行的收益与其投入的成本和承担的风险相匹配。当然，由于风险厘定定价法需要满足一系列的假设条件，因此在现实使用过程中，该方法也会遇到一些限制，例如目前我国还不能满足博弈双方拥有完全和对称的信息。

第三节 商业银行营销价格策略

在激烈的银行业竞争情况下，为提高产品在市场上的竞争力，商业银行除了要选择恰当的定价方法外，在确定具体价格时还必须运用各种定价策略。定价策略的制定必须根据不同市场情况、产品条件和银行自身状况。

银行产品本质上是一种服务，服务的无形性特征使得服务产品的定价远比有形产品的定价更困难。与有形产品不同的是，客户在购买服务产品时，很难根据产品的质量和自身经验判断产品的价格是否合理。因而服务产品的价格上限和下限之间的定价区域比有形产品要宽，这同时也为商业银行采取灵活多样的价格策略提供了更大的操作余地。

一、新产品价格策略

新产品定价是商业银行定价的一个重要方面，也是其定价决策中的一个十分棘手的问题。新产品上市之初，定价没有借鉴，定高了难以被消费者接受；定低了则会影响到商业银行的经济效益和长远发展。因此，新产品定价合理与否，关系到新产品能否顺利进入市场、占领市场、取得较好的经济效益，并且关系到产品自身的命运和银行的前途。

（一）撇脂定价策略

这种定价策略是金融产品进入市场时，以较高的价格尽可能多地获取更高的利润，当竞争者进入市场或市场销路缩减时，再逐渐降低价格的策略。这种先高后低的价格，就像从鲜奶中撇取奶酪一样，从厚到薄，故称为撇脂定价策略。这种策略尤其适用于银行新产品的销售。因为银行产品没有专利权，一些好的创新金融工具和产品在很短时间内会被竞争对手仿制，所以对银行新产品在一定时期内采用撇脂定价策略是可行的，长期采用则不切实际。

在撇脂定价策略具体实施过程中，银行可以配以大规模的广告或其他促销活动有力地推动本行产品的出售，更快地收回投资，即采用一种快速撇脂的办法；银行也可在高价的同时实行限量销售的方式，即采用满撇脂的办法。

撇脂定价策略的优点在于：首先，它有利于树立商业银行名牌产品的形象。由于新产品的独特性和优越性，在需求弹性小的上市之初，利用客户求新的心理，能满足部分消费者追求价高服务质量优良的要求，提高产品的声誉。其次，有利于商业银行在市场上掌握调价的主动权。高的定价使今后价格下调有更大的空间，当竞争者闻讯而来时，银行既可主动降价与之竞争，也可转向另辟蹊径。再次，高价高利润，有利于银行在短时间内实现预期的盈利目标，提早收回投资，减少经营风险。但是撇脂定价策略必须满足以下几个条件：①有充足的市场需求量；②金融市场上有相当多客户对这种产品需求的价格弹性较低；③有良好的产品品质，对客户有较强的吸引力；④新产品具有明显的技术经济优势，竞争者短期内无法与银行相抗衡；⑤银行要有一个较好的营销系统和较强的广告宣传能力，从而激发人们购买新产品的欲望。

（二）渗透定价策略

渗透定价策略与撇脂定价策略相反，是一种先低后高的策略。在新产品上市时，商业银行以低价向市场推出，待产品在市场上打开销路和站稳脚跟后，再逐步将价格提高到一定的水平，从而保持一定的盈利性。它以低价迅速打开销路，夺取较大的市场份额，取得市场的支配地位，并阻止竞争者进入市场为目的，主要利用客户求廉求实的心理，以低价刺激客户需求。

渗透定价策略的最大优点就是有利于银行缩短金融产品投入市场的时间，尽快打开市场，扩大市场占有率，争取到更多客户。同时，价低利微也可较有效地排斥竞争者加入市场，减缓市场竞争的激烈程度，增强企业自身的市场竞争能力。此外，这种低价策略比较容易赢得客户的支持，使银行较长时间地占领市场，获得规模经济效益，增加利润。它的缺点是回收期较长，价格变动的余地也较小，一旦发现金融产品的销路较好时也不太容易提高价格。

这种策略的实施应具备以下几个条件：其一，银行要有一定实力，可以承受以较低价格投入市场的风险，而不至于出现巨大亏损；其二，银行要有足够的销售资源、分销渠道和推销能力，可以保持较高的服务质量；其三，随着销售数量的扩大，银行产品的生产与分销成本可以实现较大经济性；其四，金融产品需求的价格弹性较大，即在产品的导入阶段，如果采用高价策略便不易打开销路。渗透定价策略常用于价格敏感的市场，需要注意的是，该策略不是减价让利，更不是亏本经营，而是抓住时机，立足长远，以期通过市场占有率的提高和规模经济的形成降低成本，增强市场竞争力。

（三）满意定价策略

商业银行认为，采用撇脂定价策略便于树立银行产品形象，但有可能影响其销售量；采用渗透定价策略可以迎合客户的求廉心理，便于扩大市场份额，但可能破坏银行产品的形象。因此主张引入一种介于两者之间的价格策略，用这种策略制定的价格具有较大的合理性，既可避免高价带来的竞争风险，又可防止低价可能招致的损失，有利于实现银行的盈利性目标，从而使银行与客户均达到一定程度的满意。当然，这种价格可能比较保守，会使银行失去更大的盈利机会，不太适合需求变化较大或者竞争较为激烈的市场。

二、商业银行折扣价格策略

这种定价策略是银行为了调动客户的积极性而少收一定比例的产品货款或服务费用，从而降低客户的成本支出，以提高产品的竞争能力，扩大销售量。

该策略十分灵活，折扣形式也多种多样，主要包括：①现金折扣（cash discounts）策略，是银行对按约定日期或提前付款的客户给予一定的价格优惠，从而加速资金回流，尽早收回贷款。比如，对提前还贷的企业在收取利息时打些折扣。②数量折扣（quantity discounts），指银行对购买本行产品达到一定数量或金额的客户给予一定的优惠。一般购买数量或金额越大，这种折扣也就越大，从而鼓励客户增加购买，但折扣的数量起点不宜太高。③季节折扣（season discounts），指银行根据不同的时间制定不同的产品价格，在一些特殊的日子里，可以给客户一定的折扣，从而促进产品销售。例如：2009 年 2 月后，我国各商业银行将对个人按揭购房贷款利率进行优惠折扣。

三、商业银行产品创新价格策略

（一）关系定价策略

近几年，随着金融市场竞争的加剧，关系定价策略的作用日益重要。关系定价策略注重与客户建立良好的关系，着眼于客户的长期价值。该策略的适用条件是商业银行与客户发生持续的业务接触。

关系定价策略是商业银行与客户关系的集中反映。通过建立与客户的良好关系，商业银行可以运用交叉销售方式最大限度地销售银行产品，使客户愿意为感觉到的利益满足支付额外费用，从而在增加客户数量和扩大市场份额时最大限度地获取潜在利润和降低成本。

关系定价策略建立在客户长期价值基础上，其主要优势在于它既可以增加客户的信任度，也可以将来自客户的回报最大化。在运用关系定价策略时，重点是掌握产品成本的详细资料和充分的客户信息，合理进行成本结构分析和市场细分，从而建立银行系列产品与客户组成的特殊联系。

一般来说，关系定价策略可以采用长期合同和多购优惠两种方式。

（1）长期合同。商业银行可以运用长期合同向客户提供价格和非价格刺激，使双方进入长期关系之中来加强现有关系或发展新的关系。这样的合同能根本转变商业银行同客户之间的关系。它们能将一系列相当独立的交易转变为一系列稳定的、可持续的交易。每个交易都提供了有关客户需求方面的信息，有助于银行研究客户需求，为客户提供更满意的产品。同样客户也随着关系发展深入而从中受益。来自于长期合同的可观的稳定收入，银行可以大大降低经营风险，保持营业收入的相对稳定。

（2）多购优惠。这个策略目的在于促进和维持客户关系。它包括同时提供两个或两个以上相关产品项目。价格优惠确保几种相关产品项目一起购买比单独购买要便宜。商业银行从多购优惠中获取三个方面的利益。首先，多购能降低成本。多数商业银行的成本结构是提供一种附加产品比单独提供的两种产品要少。如果银行能以降低价格形式将成本节约的部分或全部让给客户，这样也能刺激客户购买相互关联的多种产品。其次，吸引客户从一家银行购买相关的多种产品，客户可以节省时间和货币。最后，多购优惠能够有效增加一家银行同它的客户之间接触点的数目。这种接触越多，银行获取客户信息途径越广，了解客户的需要与偏好的潜力也会越大。

（二）创新产品价格策略

一般来讲，商业银行创新产品有四种类型：一是发明型新产品，又称全新产品，是指商业银行根据市场上出现的新需求，利用新原理与新技术开发的前所未有的全新产品，以改变人们的生活方式或使用习惯；二是改进型新产品，是指商业银行在现有银行产品的基础上进行改造、包装或组合，使其在结构、功能、形式等方面具有新特点，以满足客户的新需求，从而扩大产品销售；三是组合型新产品，是指商业银行将两个或两个以上的现有产品或服务加以组合与变动而推出的一类新产品；四是模仿型新产品，是指商业银行模仿市场上其他银行的产品，结合自身特点，加以调整、改进和补充而推出的新产品。四种新产品由于开发难度、需要资金和技术等不同，因而被其他银行模仿的可能性也不同，因此对不同类型的新产品要分别采用不同的价格策略。对于发明型新产品和改进型新产品，价格策略已在前面的新产品价格策略中阐述了，这里主要谈论组合型新产品和模仿型新产品价格策略。

1. 组合型新产品价格策略

组合型新产品价格策略是指商业银行在制定价格时将一系列新产品综合考虑，根据系列产品的总成本制定一个总的目标价格，以实现各种组合产品在总体上获利。该定价策略的特点是，只核算总成本，而不核算单项产品成本，然后用成本低的产品或服务去补偿成本高的产品或服务，用收益高的产品或服务去弥补收益低的产品或服务，从而实现组合产品在总体上盈利。采用这种策略，银行利用价格低廉的服务为纽带吸引客户，与他们建立起良好的关系，进而带动收益较高的产品或服务的销售。

2. 模仿型新产品价格策略

模仿型新产品的定价通常是参照被模仿产品的价格，采用降档定价的策略，即采用优质中价、中档低价、低档廉价的定价策略。

（三）投标、拍卖价格策略

1. 投标价格策略

投标价格策略是采用招标和投标的方式，由一个卖主（或买主）对两个以上并相互竞争的潜在买主（或卖主）的出价选优成交的定价策略。投标价格策略有两个特点：一是在招标投标过程中，通常是若干个投标者面对一个招标者，若干个投标者竞争一个招标者所提供的市场机会；二是参与投标的客户进行定价时都处于"暗处"，都不知道有多少竞争者，以及各自的报价。一个客户能否中标，在很大程度上取决于与竞争对手在实力、价格等方面的综合较量。一般情况下，在仅考虑报价水平择标时，报价高，利润大，但中标的机会小；反之，报价低，利润小，中标的机会大。

2. 拍卖定价策略

拍卖定价策略通常在经营拍卖业务的特定时间、场所，按照特定的规则有组织地进行，其价格高低由参与拍卖的买主竞价确定。具体的出价方法有两种：一是增价拍卖法，也称买方叫价拍卖法或有声拍卖法，即指在拍卖时，由拍卖人宣布的起拍最低价格，然后由竞买者相继应价，竞相加价，直到拍卖人认为无人再出更高的价格时，则用击槌动作表示竞买结束。二是密封递价法，也称招标式拍卖定价法。即先由拍卖人公布每批产品的具体情况和拍卖条件等，然后由各买主在规定时间内将自己的出价密封递交给拍卖人，以供拍卖人审查比较，决定将商品卖给谁。在银行不良资产处置时，常采用拍卖的方式定价。

第四节 商业银行价格调整

一、商业银行产品价格调整分析

在商业银行定价策略中，除了对新产品制定价格之外，还包括另外一项重要策略，即对已经实施的金融产品的价格进行调整。

（一）价格调整的原因

价格调整（price readjust）的原因是多方面的，综合起来主要有以下 12 项：

(1) 银行发现其客户数量或市场份额有所下降。

(2) 产品的价格与竞争对手相比显得过高。

(3) 金融产品的成本降低。

(4) 客户要求银行提供低价服务以满足其需求。

(5) 客户认为银行产品的价格比其实际价格要高。

(6) 产品定价过低而出现供不应求状况。

(7) 银行提高了产品的质量或功能，增加了新的服务，而使其价值上升。

(8) 产品成本升高。

(9) 不同金融产品之间的价格不合理或被市场拒绝。

(10) 银行向客户提供了太多的价格选择而使客户感到迷惑。

(11) 市场竞争者调整了价格策略。

(12) 市场价格发生较大变动。

由于上面这些原因的存在，银行必须要对已制定的价格进行合理调整。

(二) 价格调整的内容

价格调整包括两种情况：降低价格与提高价格。降低价格就是银行将产品的价格削低。如在上面所列举的原因中的 1～5 项中，银行即可采用降低价格以增强其产品的竞争力。提高价格则是银行调高金融产品的售价或服务收费以弥补其成本或增加收益，在上面的 6～8 项中即可考虑提价。

当然，价格调整并不是一件简单的事，会影响到市场上其他竞争主体的利益，引起他们的不同反应，从而改变其购买或经营战略，以抵消银行调整价格对其造成的不利影响。例如，对于银行某产品的削价，客户可能这样认为：

(1) 该产品有缺陷，在市场上销售不畅。

(2) 产品的质量下降。

(3) 银行的经营成本减少。

(4) 价格可能还会进一步下跌。

而对于提价，客户可能认为：

(1) 这种产品很畅销。

(2) 这种产品的质量提高或附加服务增多。

(3) 银行的经营成本上升。

(4) 银行可能想赚取更多利润。

客户对于不同银行产品的价格变动，反应也不一样。一般来说，对于价值较高或经常使用的商品，客户的反应较为灵敏，即其需求的价格弹性较大。但总体上说，传统的银行服务比较缺乏弹性，即银行的稍微提价不会出现大量客户的迅速转移。

另外，商业银行在调整价格时还要研究竞争对手可能采取的行动。一般来说，其他银行对本行产品的价格调整可能会用原来的办法来应对，那么银行可以根据以往的经验对其进行预测，事先采取防护措施。但大多数情况下，竞争对手会把别人的价格变动作为一个新的起点，根据即时情况调整策略或重新制定战略。在这种情况下要通过市场调研或其他渠道来获取对手的有关信息，如其利益何在、目前的财务状况如何、其客户的忠诚程度怎样、它可能采取的反应有哪些，如此等等。一般地，如果对方为了提高市场份额则可能采取诸如调整价格的对策；如果其目的是为了获取更大利润，则可能会增加广告预算、提高产品质量或采取其他措施。故而只有银行对其竞争对手的情况进行全面分析，才能真正把握其行动方向。

（三）价格调整应注意的问题

正是由于价格调整的复杂性，所以商业银行在改变其金融商品的价格时，必须考虑以下问题：

(1) 调价产品的数量，即对一系列产品的价格进行调整，还是对某一种产品进行削价或提价。

(2) 价格调整的方式，是明调还是暗调，明调是标价的改变，而暗调则是采用其他方式使实际价格发生改变。

(3) 价格调整的幅度，即要调整多少比率。

(4) 价格调整的时间，包括何时向客户宣布及何时正式开始执行新的价格。

(5) 其他相应的营销措施，如包装或广告收费、产品质量改善、提供配套服务，等等。

尽管金融产品价格的变动比其他产品更为复杂，但如果银行在适当的时间合理地调整价格，就可以使银行取得更大的收益，带来较好的结果，所以，许多银行认为，做出努力来冒这个风险还是值得的。例如，银行销售专家尼尔·福特(Neil Ford) 就举了一个实例说明只要合理地调整价格，银行营销必然会取得成功。某银行同时为来自城里的大学生及居住在本社区的居民客户提供服务。它发现学生需要多种服务，但其中有些是没有利润的，比如支票兑现 (check cashing)。由于这些支票业务量过大，为防止向别的银行兑现时可能遭受损失，就要花费较多时间对支票进行审核，因此，银行决定主动地将对异地支票 (out-of-town checks) 或以其他银行行为付款人的支票 (checks on other Banks) 兑现的服务费从原来的 0.5 美元提高到 2 美元。这个措施尽管引起了一些客户的不满，甚至有的客户关闭了其在该银行的账户，但是额外的服务收费使银行在年终时增加了 2.5 万美元的收入，而且许多学生为了方便兑现还开立了新的账户。

二、商业银行产品价格调整策略

随着市场环境和竞争者的价格发生了变动，商业银行必须做出相应的价格变动和调整策略，以适应市场竞争的需要，提高商业银行市场竞争力。

（一）主动变价

主动变价是指在其他商业银行尚未变动价格时，本银行出于竞争经营的需要而主动改变价格的策略。一般来说，由于主动变价的风险性较大，适合于综合竞争实力较强的商业银行；而竞争实力相对较弱的商业银行应避免主动变价。因为实力较弱的商业银行主动降价常常会损害银行的利益，并且主动调价容易引起竞争者的报复。

采用主动变价策略的商业银行应该注意以下几点：①做好变价准备。在市场竞争中，商业银行出于某种目的，需要对价格进行经常的调整，主动出击，扩大销售，保护银行的利益。商业银行可以利用自身低成本优势，通过降价来刺激需求；商业银行也可根据产品的声望和信誉，结合市场供求情况，借助提价来增加盈利。但无论是提价还是降价，都会影响客户、竞争者的利益，迫使他们做出反应。因此，商业银行主动变价前，必须确定自己变价是否有充分的理由，这些理由是否为客户所理解或接受，并认真分析变价可能对银行的影响；②把握变价时机和幅度。商业银行要在复杂的市场环境中明辨竞争形势和市场供求关系，把握变价时机，明确变价品种、变价幅度、变价日期。对于经济实力和竞争优势较强的银行，可选择少次数、大幅度的变价方式；而实力较弱的银行一般采用多次数、小幅度的变价；③各种竞争手段并用。商业银行价格变动，不外乎降价和提价两大类，但具体运用起来，价格变动方式却多种多样。如有的银行采用直接变价，有的则采用与众不同的营销手段与对手周旋，有的靠技术研究与产品更新换代的优势抢占市场。总之，价格竞争适应较广、手法各种各样，商业银行应根据竞争形势，选择最有效的手段，使变价的动机和效果相统一。

（二）应对变价

应对变价是商业银行根据竞争对手的价格变动情况而采取相应的价格变动策略。商业银行选择有效的价格竞争策略，应对竞争者变价时有四种策略：①降低价格。如果商业银行不降价，则可能失去很多市场，使市场占有率下降。需要注意的是，价格降低了，产品或服务水平一定不能降低，至少要维持在原来的水平。②降低价格，并运用非价格手段反击。有时降低价格也难以对竞争者实施强有力的打击，这时，最好的竞争对策是，适当降价，强化非价格竞争，以形成产品或服务的差异。当然，实行这种竞争策略，要求实施者有很强的经济实力和较优越的市场地位。③价格不变，任其自然。这是一种谨慎、积极的策略，以不变应万变，寻求机会，再谋求更大的突破。④价格不变，加强非价格竞争。

三、商业银行产品价格调整的效应分析

价格变动必然引起竞争者的反应，这是商业银行价格调整时必须要考虑的重

要因素。没有估计竞争者反应的变价，往往难以成功，至少不会得到预期效果。商业银行考虑竞争对手反应所进行的决策，也称为“博弈”。博弈论是关于在对抗条件下，对竞争对策的定性和定量分析方法，专门研究利害关系相反的各方，如何按一定的规则，对某一事件采取行动，使自己的期望利益最大和期望损失最小。

假设调价商业银行在市场上只面临一个竞争对手，而且这个竞争对手对本银行以前的调价活动都有一定的反应，有一套完全的对策系统。商业银行可以通过有关途径和渠道，了解竞争者的有关情况，尤其是历次价格变化的资料，以使商业银行从过去与竞争者的价格关系中找出规律，来推测这次价格调整对竞争者的影响。通常采用以下公式进行分析：

$$V(A)_t = \frac{P(B)_t - P(B)_{t-1}}{P(A)_t - P(A)_{t-1}}$$

式中：$V(A)_t$ 为竞争者 B 在 t 期间的价格变动与银行 A 在 t 期间的价格变动的比值；$P(B)_t - P(B)_{t-1}$ 为竞争者 B 在 t 期间的价格变动；$P(A)_t - P(A)_{t-1}$ 为银行在 t 期间的价格变动。如果 $V(A)_t = 1$，说明竞争者 B 跟随银行 A 的价格同步变化；如果 $V(A)_t > 1$，说明竞争者 B 对银行 A 的价格变动十分敏感，并且调价超过银行 A 的水平；如果 $V(A)_t < 1$，说明竞争者 B 对银行 A 的价格变动反应不太敏感，竞争者的价格调整幅度较小。

上述评估方法，只有在竞争者的价格变化策略始终相同时才有用。如果竞争者每次价格变动的反应不一样，则对竞争者的价格反应，就只能通过了解竞争者的内部管理、财务收支状况、销售情况等，结合历史资料来推测。如果竞争者不是一个，而是多个，问题就更复杂。

关键概念

利率、宏观差额定价法、交叉利率定价法、拍卖定价策略

❖ 思考题

1. 商业银行产品定价目标有哪些？定价过程中应考虑哪些因素影响？
2. 何谓成本加利润定价法？它的计算方法是怎样的？
3. 什么是宏观差额定价法、微观差额定价法？
4. 何谓价格先导模型定价法？它的计算方法是怎样的？
5. 商业银行中间业务有什么特点？其定价方法有哪些？
6. 银行折扣价格有几种形式？
7. 银行创新产品有哪些类型？不同类型的创新产品可以采用哪些策略进入

市场？

8. 在竞争加剧时，商业银行可以选择哪些策略调整价格？在调整价格时应注意哪些问题？

☞ 案例

交通银行理财产品的精细化定价

2008年交通银行陆续发行“得利宝”以票据资产和信贷资产为载体的多类人民币理财产品以及和shibor挂钩的浮动收益型结构性理财产品等多种理财产品，销售量在市场上取得较好的口碑，在实现中间业务收入的同时，巩固并拓展了交通银行的“核心客户群”，产品的市场运作获得了较为全面的综合效益。对此类自主研发的理财产品，交通银行采取了差别化、精细化定价的策略，较好地满足不同层次客户对理财收益的预期。

交通银行在理财产品价格方面对产品收益进行差异报价，在提高产品的市场竞争力的同时，还巩固、拓展了核心客户群。交通银行在产品销售的收益水平上通过如下角度对理财产品进行精细化定价：①根据客户所属级别（普通客户、交银理财客户、高端沃德客户）的不同，提供差异化产品报价，引导低级别客户向高级别客户的转化；②根据客户投资本金规模对产品收益分档，对于购买金额达到一定规模的客户提供更优的产品报价，吸引新的资金；③对交行外资金和新增客户，交行有针对性地设计了金额档次较低的理财产品，以降低客户准入门槛；④对存量的理财客户和潜在的高端客户，设计金额档次较高的理财产品，以鼓励中端客户加大投资力度，并向高端客户的档次升级。⑤根据高端客户的需求，交通银行针对最高端的私人银行客户发售专项理财产品，尽量提高客户投资收益，以适应该类客户的理财需求，对客户关系的稳定和促进起到了积极作用。

交通银行在力求提升自主设计产品收益率、竞争力的同时，在理财产品的定价过程中，也高度重视产品成本、目标收益率，以及市场同期同类产品的竞争报价因素，在考虑成本收益的基础上提高交通银行的市场竞争力。

交通银行对于理财产品价格的精细化定制，已在市场反应上获得了成功，其率先执行精细定价策略的北京分行，本外币各类产品份额在地区排名中跃居前列，在银行理财市场上获得了良好的口碑。

资料来源：郝渊晓、杨丹霞依据有关资料改写（2009-2-18）

案例讨论题

1. 正确理解精细化定价策略？
2. 交通银行是如何进行理财产品的精细化定价？

第九章

商业银行分销渠道策略

分销渠道是联结产品提供者与消费者的桥梁和纽带。在现代市场营销中，商业银行要建立和通过各种分销渠道，才能把所提供的金融产品在适当的时间、地点，以适当的价格分销出去，提供给广大客户，满足市场需要，实现企业运营的目标。因此，分销渠道策略是商业银行市场营销组合中的一个重要策略，合理地设计和建立产品的分销渠道，把产品及时、方便、有效、经济地提供给市场和消费者，则是分销渠道策略所要研究的主要内容。

本章主要分析研究商业银行分销渠道的结构、类型，商业银行分支机构和分销渠道策略的选择，商业银行分销渠道管理以及网络商业银行等内容。

第一节　商业银行分销渠道结构

科学地组织商业银行产品的销售，以最短的时间、最低的成本、最快的速度将商业银行服务提供给客户是关系到商业银行发展的一个重要环节。

一、分销渠道及功能

（一）分销渠道的含义

分销渠道在传统市场营销分析中是营销组合 4P 中的第三个 P，即地点(place)。但在现代市场营销理论中，分销渠道已非简单的一个 P 或地点所能涵盖。

分销渠道是产品营销的渠道，即产品的所有权或使用权从生产者手中转移到消费者手中这一过程所经过的途径。美国市场营销协会（AMA）委员会对分销渠道做出如下定义：分销渠道是一种包括生产公司内部组织（如销售部门）和生产公司外部代理商、经销商、批发商和零售商在内的产品销售网络结构，并通过这种结构得以使产品（包括服务）能够参与市场活动，实现销售目的。由此可见，分销渠道不仅包括产品提供者本身，还包括代理商、经销商、批发商或零售商等组成营销渠道的各种成员。

（二）分销渠道的功能

（1）沟通信息。即收集和传递制定计划和进行交换所必需的信息，并加以分析、研究和整理。

（2）促销。即对所供应的产品向潜在消费者进行说服性沟通。

（3）接洽。即寻找可能的购买者，并与之进行联系和沟通。

（4）配合。就是使所提供的产品符合购买者需要，包括分类、分级、包装，进行数量和种类的组合等活动。

（5）谈判。即为了转移所供产品的所有权或使用权而就其价格及有关条件达成最后协议。

（6）销售。即实际购销，完成金融产品所有权或使用权的转移，或实现所承诺的相关服务。

（7）融资。即为补偿渠道工作的成本费用而对资金的取得、支出和周转。

（8）风险承担。即承担与产品或服务分销工作有关的风险。

二、商业银行分销渠道及分类

（一）商业银行分销渠道的含义

所谓商业银行分销渠道指的是商业银行的营销渠道，也就是商业银行把金融产品和服务推向客户的手段和途径，包括筹资渠道和资金运用渠道。商业银行市场营销活动效益的高低不仅取决于商业银行产品的开发与提供，而且取决于商业银行的分销渠道。前者是形成金融产品使用价值的过程，即商业银行降低金融产品的成本、提高产品质量、增加产品的式样与功能、制定合理的价格以提高市场竞争力；后者是金融产品使用价值和价值的实现过程，即商业银行通过适应客户需求的变化，将已经开发出来的产品及时、方便、迅速地提供给客户，以满足不同客户的需要。从一定程度上讲，建立良好的分销渠道要比组织产品开发更为重要。

（二）商业银行分销渠道的种类

商业银行分销渠道的类型可谓多种多样，下面我们介绍几种主要的商业银行分销渠道。

1. 直接分销渠道和间接分销渠道

这是根据商业银行销售产品是否利用中间商来划分的。所谓直接分销渠道，也称零阶渠道策略，是指商业银行直接把产品供给客户，不需要借助中间商完成商品销售的策略；而间接分销渠道，是指商业银行通过中间商把金融产品销售给客户的策略，它又分为多种形式，我们在后面将作详细介绍。

2. 单渠道分销和多渠道分销

这是根据分销渠道的类型多少来划分的。如果商业银行只是简单地通过一个渠道实现金融产品的销售，如商业银行提供的产品全部由自己来销售或全部给经销商来销售，这种策略称为单渠道销售；而多条渠道分销则是指商业银行通过不同的销售渠道将相同的金融产品销售给不同的市场或不同客户的策略，如在本地区采用直接分销，对外采用间接分销，这种分销策略比单渠道分销能更有效地扩大市场占有率，对市场竞争激烈的金融产品的销售具有更大的作用。

3. 结合产品生命周期的分销渠道

我们在商业银行营销中的产品策略中曾经讲过，金融产品具有一定的生命周期，与之相对应，分销策略也可根据金融产品的生命周期理论，在产品所处的不同阶段采取不同的分销渠道，这便是结合生命周期的分销策略。如产品导入期应以自销或独家经销为主，尽快占领市场，提高新产品声誉；在成长期应选择有能力，有前途的中间商进行分销，提高销售量，扩大市场份额；在成熟期应拓宽分销渠道，与更多的中间商积极配合进一步扩展业务活动的范围；在产品的衰退期选择声望高的中间商分销产品，获取产品最后的经济效益。

4. 组合分销渠道

组合分销渠道是指商业银行将分销渠道与营销的其他策略相结合，以更好地开展产品的销售活动。这种策略又分为三种：①分销渠道与产品生产相组合的策略。商业银行根据所提供产品的特征选择分销渠道。②分销渠道与销售环节相结合的策略。商业银行根据多渠道、少环节、平等互利的原则，尽量减少销售环节，拓宽分销渠道，更好地减轻客户的负担，促进产品的销售。③分销渠道与促销相结合的策略。商业银行通过大力开展广告宣传或协助中间商做广告以促进金融产品的销售。

三、商业银行直接分销渠道结构

商业银行产品的分销通常与商业银行自身无法截然分离，因而它们往往要靠商业银行借助一定的方式直接与客户联系，将各种金融产品直接提供给客户，即采取直接销售渠道。具体来讲有三种情况：一是商业银行自身网点或分支机构分布较广、体系较为完善，能够满足销售要求；二是金融产品专业化要求较高，通过其他渠道无法满足专业要求；三是金融产品客户群较为集中、明确，需针对重点客户，实行点对点的销售服务。

（一）商业银行直接分销渠道的含义

商业银行直接分销渠道也称零阶渠道，是指商业银行将产品和服务直接售给最终需求者，不通过任何中间商。这种分销方式十分简单，其模式表示为：

商业银行 —金融产品→ 需求者

商业银行的直接分销渠道主要是商业银行通过广泛设置分支机构开展业务，或派客户经理上门推销金融产品。

（二）商业银行直接分销渠道的优缺点

一般来说，商业银行不通过中间商而直接向客户销售产品具有一定的优点。

1. 实现及时性

将金融产品直接销售给客户，可以使客户及时了解商业银行产品，特别是新开发的产品能迅速投入市场，缩短流通时间，减少因销售环节多、时间长引起的损失。

2. 降低营销费用

在间接分销中，各中间商要收取一定的费用，这对商业银行来说是一种成本开支，特别是当中间商过多时，这笔费用也相当可观。对于那些客户相对集中、顾客需求量大的市场，商业银行直接销售可以大大节约流通费用，降低营销成本。

3. 增加产品销售

商业银行产品强调商业银行对客户的服务，在直接分销策略中，商业银行派人直接提供产品，并保证较全面的售前、售后服务。这可以进一步扩大商业银行的影响，提高声誉，密切商业银行与客户的关系，扩大销售量。

4. 便于了解市场

直接推销产品可以使商业银行及时掌握市场上的相关信息，了解客户的心理，把客户对产品品种、功能等需求信息直接反馈给商业银行产品研发部门，以便更新与改进产品并不断开发符合客户需要的新产品。

由此可见，如果商业银行将直接分销渠道运用得当，可大幅降低商业银行的流通费用，加快商业银行产品流通速度，增加收益。

当然，直接分销渠道也有一定的缺点，其最大的不足在于当商业银行规模一定时，会使商业银行占用较多的人力、物力、财力。商业银行要广泛地设立分支机构，配备足够的客户服务人员，可能会使分销费用增加，影响商业银行的经济效益，特别是对于客户分散、需求差异大且多层次的市场，此策略的缺陷更为明显。

（三）商业银行直接分销渠道的类型

1. 商业银行分支机构

各种金融机构在全国乃至全世界各地直接投资设立的分支机构，构成了其产品的直接分销网络，借此，可直接服务于客户。我国各商业银行在各省市所设立的分行，分行在各县市设立的支行，支行在各个街区、乡村设立的分理处和储蓄所，便构成了商业银行的产品直接分销网络。

2．面对面推销

直接分销网络中的各个网点，除了进行柜台坐等服务外，派员进行面对面的推销成为直接销售渠道中最基础和最原始的形式。当今，越来越多的公司，包括商业银行等金融机构在内，较多地依靠专业销售队伍访问预期客户，发展他们成为现实客户，并不断增加其业务。各商业银行中自身发展起来的商业银行客户经理，就是从事面对面推销的直接销售组织。

3．直接邮寄销售

直接邮寄销售是指通过事先的调查分析向潜在客户寄送有关金融产品或服务的信件、传单、折叠广告、音带、像带、软盘的过程。直接邮寄销售广泛流行于企业界及各种金融机构的营销活动中，因为它能更有效地选择目标顾客，并实现个性化，比较灵活，易检测结果，尽管制作和传送成本较高，但所接触的人成为客户的可能性较大。由于现代通信技术的发展，直接邮寄销售出现了新的形式，如传真、电子邮件、声像邮件等，它们使销售效果的产生更加直接，既能加快邮件传送的速度，又能大大节省传送成本。从直接邮寄销售的具体形式来看，一种非常重要的形式是目录营销。在西方国家，许多供应公司和销售公司对其可能签单的客户寄送产品目录，目前它也日益成为商业银行各种金融机构效仿应用的销售方式。

4．电视直复销售

商业银行借助电视通过三种途径将产品或服务直接销售给潜在客户。

（1）通过直复广告（direct-response advertising），即商业银行购买电视广告时间，介绍产品，并给出免费电话号码，以期顾客订购产品或查询更多信息。

（2）家庭购物频道（at-home shopping channels），即整个电视频道都用来推销金融产品或服务。

（3）视频信息系统（videotext），它是一种通过电缆或电话线连接消费者、电视和销售计算机信息库的双向装置。视频信息服务包括生产商、销售商、商业银行、旅行社以及其他组织所提供的电脑商品目录。消费者使用一台普通电视机，通过双向电缆连接视频系统的一种专门的键盘装置，便可按动键盘订购产品。现在许多研究者认为在这种系统之后将是可双向交流的电视机。

5．电子分销渠道

20 世纪 90 年代以来，随着网络技术的产生与发展，商业银行产品的分销渠道出现了全新的形式，即电子分销渠道。它以电话、电脑等电子网络为媒介，以客户自助为特点，将商业银行金融产品直接提供给客户享用消费。例如，商业银行业中的电话商业银行、网上商业银行、手机商业银行、企业商业银行、家庭商业银行、自助商业银行和各类电子转账（EFT）业务，就是将传统的商业银行产品通过电子网络系统直接分销给用户。

6. 信用卡网络

信用卡网络是商业银行的一种直接分销方式，它是指商业银行通过发行信用卡，向持卡人直接提供金融服务，由此而建立起来的信用卡网络，便成了商业银行向客户分销产品的直接渠道。当然，在信用卡网络中，还包含着零售商场、酒店及其他消费场所。因此，为使消费者享用信用卡服务，商业银行须向这些机构推销其信用卡业务，并借助于它们来服务于消费者。

7. ATM

ATM 也是商业银行的一种直接分销方式，与信用卡发行相配合。商业银行通过设立 ATM，可相应代替柜台网点的部分业务，如查询、提款、存款、转账等。与设置分支机构相比，ATM 具有提供产品和服务不受时空限制、成本低等特点。因此，自 20 世纪 60 年代问世以来，便得到迅速发展，在商业银行业逐渐普及。

在直接分销渠道中，一般民众能直接接触到商业银行及其分支机构和销售网点或销售人员，商业银行针对机构客户所采用的直销渠道模式如图 9-1 所示。

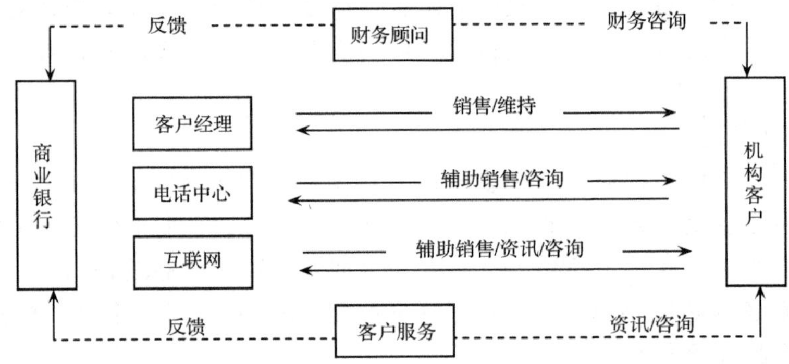

图 9-1　商业银行针对机构客户所采用的直销渠道模式

四、商业银行间接分销渠道结构

与直接分销渠道相对的是间接分销渠道，20 世纪中期以来，间接分销渠道得到了更广泛的运用，并成为商业银行拓展业务的一个重要途径。

（一）商业银行分销渠道的特点

在商品经济条件下，绝大多数企业生产出来的商品不是直接卖给客户，而是经过一系列中间组织配合输送到消费者手中，使产品及时、迅速地到达消费者，以达到扩大商品销售、加速资金周转、降低流通费用的目的。也就是说，工商企业的物质产品从生产方转移到消费方一般是通过中间商来实现的。

在传统金融业务活动中，由于商业银行及其产品和服务的特殊性，商业银行的营销渠道有其独特的运作方式，一般是通过建立分支机构网络来实现，即以直接分销为主。但是随着商业银行产品的不断创新，功能逐渐多样化，尤其是科学信息技术的充分运用，商业银行的营销渠道也日益多样化。如通存通兑、信用卡、ATM、售货终端机（POS）等自动化营销渠道已得到广泛使用。当前，金融产品的营销渠道也开始强调中介机构或个人的作用。

应该说，金融产品比一般产品更需要金融中介的参与才能完成销售职能，这是由于金融产品的特性所决定的。

1. 商业银行产品具有不可分性

一旦商业银行向客户提供了某种产品，同时便将一系列服务分配给了客户，因此，能否充分有效地接触客户，了解他们对服务的意见（如需要什么，什么时间需要，在什么地方需要，哪些消费者需要，产品或服务在哪些方面还要改进。）就成为营销成败的关键。金融产品的销售并不是一锤子定音的事，销售后的跟踪服务和信息反馈对于金融产品的销售来说显得更为重要。这就要求金融产品提供者要经常地、充分地接触客户，而此种活动会发生一定的消耗，如果将它交给中介机构（特别是代理和零售商）必然会节省资金与人力、物力。

2. 商业银行产品具有高风险性

这种高风险就使客户比较谨慎，在没有充分了解金融产品的特性或得不到十足的保证之前不会轻易做出购买的决定，因此需要强有力的产品宣传和营业推广，需要借助广泛的销售网络，充分发挥代理商、经销商以及批发、零售商的宣传推广作用。同时，商业银行本身为了更好地分散商业银行产品的风险，也需要选择多个中间商进行销售。

正是商业银行产品的特殊性决定了商业银行不仅要依靠自身的优势来直接销售产品，而且更应充分利用各种中介机构实现及时、迅速地向客户提供产品的目的。

（二）商业银行间接分销渠道的含义

商业银行间接分销渠道是指商业银行通过中间商来销售金融产品，或借助一些中间设备与途径（如发行商业银行卡，设置ATM，开设电话商业银行、手机商业银行、网络商业银行等）向客户提供产品与金融服务。这种分销方式的模式可表示为：

商业银行 —金融产品→ 一个或多个中间商（或中间设备） —金融产品→ 客户

（三）间接分销策略的优点

1. 转变了商业银行产品的提供方式

在直接分销渠道中，商业银行与客户办理业务是面对面的，这必然受到商业银行分支机构网点和营业时间的限制。而间接分销渠道则改变了这种形式，商业银行与客户并不必直接见面，不再受分支机构地点和商业银行开业时间的限制，可以更好地满足客户的需求，为客户更方便地提供金融产品。

2. 加快了商业银行产品的分销速度

间接分销渠道使中间商充当了商品交换的媒介，有效地调节供求之间在地区、时间、数量、结构等方面的矛盾，加速商品的合理分流，大大缩短了产品流通的时间，提高了产品的市场占有率。

3. 有利于商业银行拓展市场

由于中间商熟悉产品特点及本地市场情况，这可以改善商业银行产品的推销状况，挖掘市场潜在购买力，为更多的客户提供多样化服务，进一步扩大业务范围，提高产品市场占有率。特别是对于商业银行新开发一个市场或地区，可以通过寻找代理商而使产品进入。

4. 有助于降低营销费用

商业银行通过直接分销手段在各地设立分支机构，成本是比较大的，而且商业银行与客户直接联系有时会事倍功半。通过中间商作为媒介，就可以降低营销费用并改善商业银行与客户的关系，收到事半功倍的效果。而运用各种先进的中间设备开展分销的成本也远远低于通过柜台直接销售的成本。

5. 便于提供更多的市场信息

中间商作为流通媒介，同本地区、本市场的客户有着广泛的联系，能有效地收集客户的信息，并将之反馈给商业银行，可以更好地促进商业银行产品的开发与销售。

（四）商业银行间接分销渠道的类型

商业银行间接分销渠道主要分为两大类。

1. 短渠道和长渠道

这是根据商业银行产品传递过程中，纵向所经过的中间商的多少来划分。

1）短渠道（也称一阶渠道分销）

短渠道是指商业银行产品在销售过程中只利用一个中间商来传递产品，或自设一些自动化设备来销售产品。也就是说，在商业银行产品的转移过程中，最多只经过一个中介机构（可以是批发商、零售商或代理商），由它负责将产品转售给最终客户。其模式可以表示为：

商业银行 —金融产品→ 一个中间商或中间设备 —金融产品→ 客户

这种分销渠道使商业银行能直接将商业银行产品通过零售商转售给最终用户，其特点是分散了商业银行的风险，同时也降低了其设立分支机构直接推销产品的费用，扩大了销售市场，也使客户能更方便地得到商业银行产品。

2）长渠道

长渠道是指商业银行利用两个或两个以上的中间机构的传递来销售产品，有以下几种形式：

（1）二阶分销渠道，这是指商业银行产品销售要经过两个中介机构，通常是一个批发商和一个零售商，也可能是一个代理商和一个零售商。其模式可表示为：

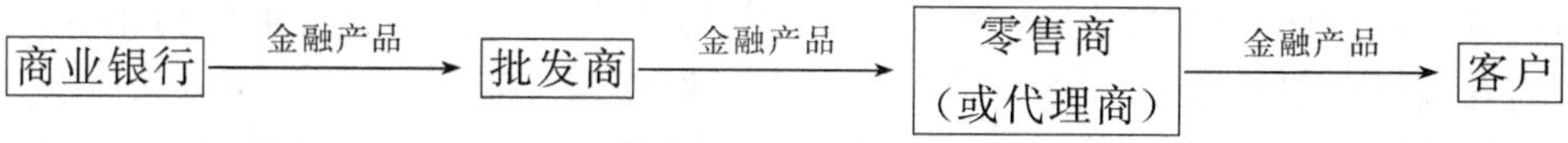

商业银行 —金融产品→ 批发商 —金融产品→ 零售商（或代理商） —金融产品→ 客户

在这种策略中，一般由批发商或代理商从几个商业银行产品生产者手中购得产品，再转售给各个零售商，由其将产品售给客户。

（2）多阶分销渠道，这是指商业银行产品的销售要经过三个或三个以上中间机构的传递。商业银行为自己的产品寻找一个代理商，代理商再转售给批发商与零售商，由零售商将产品卖给最终客户。其模式可表示为：

商业银行 —金融产品→ 代理商 —金融产品→ 批发商 —金融产品→ 零售商 —金融产品→ 客户

这种模式由于代理商的出现，加快了商业银行产品代销与代运的过程，有利于商业银行产品的传递与推销，并进一步扩大了商业银行产品的销售范围，增加了中间商销售产品的品种，丰富了金融市场。

2. 宽渠道和窄渠道

这是根据商业银行在销售产品时横向选择中间商数量的多少而划分的，也称为多渠道与单渠道。宽渠道是指商业银行在同一地区设多条分销渠道，或选择同一层次或不同层次的多名中间商分销产品；窄渠道是指商业银行在同一地区只设一条分销渠道，选择某一特定中间商分销产品。

具体类型为普遍性分销渠道、选择性分销渠道、专营性分销渠道、复式分销渠道，详细内容见本章第二节。

（五）商业银行间接分销渠道利用的中间设备主要类型

1. 商业银行卡

所谓商业银行卡，是一种由磁性材料或集成电路构成的，由商业银行发行，用来记录和存储客户姓名、号码、支付记录、资金余额等信息的卡片。目前我国金融系统使用的商业银行卡主要有信用卡、储蓄卡和借记卡等。其中，80%以上是借记卡。商业银行卡是随着金融现代化的产生而产生，随着科学技术的发展而发展的现代支付系统中重要的支付介质和支付工具，也是商业银行间接分销渠道结构中的一种重要类型。

需要注意的是：商业银行利用间接渠道进行销售的金融产品主要也是商业银行卡。商业银行卡业务的最终消费对象是消费者，但消费者得以消费商业银行卡服务，必须借助于商场、酒店等消费场所。从此意义上说，商业银行卡业务的销售是利用了间接渠道。从另一方面说，消费者能享用到商业银行卡服务，商业银行必须让商场、酒店等消费场所开展商业银行卡业务。商业银行卡是商业银行信用服务的实体化表证，但并非服务本身。通过商业银行卡，商业银行克服了金融服务的不可分割性问题，通过利用商场及酒店等消费场所这些中介机构，扩大了商业银行的服务区域。因为商业银行卡让使用者将商业银行信用变成了“库存”，而在自己感觉便利时使用，如此商业银行就有能力维持远离交易地的信用客户。目前各类商业银行卡被广泛使用，商业银行便在接受商业银行卡为付款的卖主（商场、酒店等）和处理商业银行卡的发卡商业银行之间，扮演清算中心的角色，因此商业银行和卖主都由于提供此项服务而获取佣金收入。

2. 电话商业银行

电话商业银行即商业银行电话服务，也是商业银行间接分销渠道结构中的一种类型。它是商业银行采用先进的通信手段和数字与语音转换技术，预先分配用户编号和个人密码控制，充分利用电话在时间上的及时性和空间上的无限性，为客户提供诸如账户查询、密码修改、挂失、转账等服务。客户只需通过电话，拨打商业银行开设的电话专线，发出服务请求，商业银行的计算机系统就会立即将客户的数据信息转换成声音信息，传到客户话机，从而使客户享受到商业银行提供的各种金融服务。

3. ATM

ATM是商业银行间接分销渠道结构中的一种类型。它能为客户提供传统商业银行服务中的自动取款、查询账户、修改密码等自助服务，还可用于购买机票、邮票等非传统商业银行服务。具有操作简单、使用方便，极大地方便客户，能为客户特别是客户异地操作节省大量时间的优点。

4. 电子商业银行

商业银行业充分运用电脑网络提供网上服务来进行商业银行产品交易。这种网上服务，被称为电子商业银行或网上商业银行，它开辟了商业银行间接分销的新渠道。网上商业银行克服了ATM有固定地点、电话商业银行单向性的不足，可以为客户提供超越时空的“AAA”式服务，即在任何时间（anytime）、任何地点（anywhere）为客户提供365天、每天24小时的任何方式（anyhow）的金融服务，它具有交易品种多，更快捷、便利，客户足不出户便可办理商业银行业务的特点。从日常消费付款到企业调度资金交易，只需要通过个人电脑，按几下键盘，几秒钟内就能交易完，将商业银行业务推向了更高层次。网上商业银行开展业务简便、快捷、高效，大幅度下降了营销成本，也受到了广大客户的欢迎。网上商业银行会迅速发展成为区域性甚至全球性电子商业银行，商业银行传统业务和分销渠道将发生深刻变化。

五、商业银行批发与零售渠道

在金融行业中，尤其是在商业银行业务中，也存在着批发与零售业务，但它们与实体产品分销中的批发与零售业务有一定的差别。在后一种情况下，批发和零售业务可由独立的中间商进行，而在商业银行业中，批发与零售业务则由商业银行自己进行。一般来说，针对消费者业务，如日常的存款、取款及其他一些商业银行代理业务，大都由各个面对最终客户的储蓄所来完成，我们将这些业务称为零售业务；而对于面对机构客户所开展的存贷、转账、结算等业务，我们将其称为批发业务。

六、金融超市

金融超市是一种全新的经营方式，是为了满足消费者的各种需要，提供形式多样、品种繁多的金融商品。金融超市的功能与商业超市一样，当消费者进入“金融超市”，就如同进入一个超级市场，从信用卡、外汇、汽车、房屋贷款到保险、债券、理财甚至交费纳税等都能得到满足。例如中国农业银行股份有限公司创建的“金融超市”，实行开放式经营和消费贷款发放“一站式”服务，全面办理个人资产业务、中间业务和负债业务中的新型业务，具体包括个人存款、个人消费贷款、代收代付、代理保险、银证转账、保险箱等业务。经营范围除传统个人本外币储蓄存款等负债业务外，还包括个人住房贷款、房屋装修贷款、汽车消费贷款、助学贷款、旅游消费贷款、大额消费品贷款等资产业务。

第二节　商业银行分销渠道策略选择

商业银行产品的提供是一种动态化的服务过程，但商业银行对有些服务项目可进行物化，使其具备实物形态，而这些具备实物形态的金融产品，在某些分销环节上，则可与商业银行自身相分离。通过一定的中间商，间接地将其销售出去。其实，商业银行产品的分销渠道可被看成是一条价值增值链，介入商业银行产品的最初开发提供者与最终客户之间的渠道是占有或不占有这一产品所有权的中间商。当这一中间商同时拥有产品的所有权时，那么它肯定是最初开发提供者本身或其下属机构，此时，商业银行是在做直接销售；如果这一中间商独立于最初开发提供者之外，那么商业银行在做间接销售。商业银行产品的分销中间商要站在与最初开发提供者相同的价值增值链上，为商业银行产品增值。只有为产品增值，最初的开发提供者才愿意使用它们。

一、商业银行分销渠道策略的作用

分销渠道策略是沟通商业银行与客户之间关系的桥梁，合理选择分销渠道策略对保证商业银行的正常经营、建立现代金融制度具有十分重要的意义。

1. 正确的分销渠道策略可以更有效地满足客户的需求

商业银行根据不同的需求因素选择合理的分销渠道，可以把各种金融产品提供给客户，并根据消费者需求的变化，随时调整金融产品的种类与功能，更好地解决金融市场中的供求矛盾、结构矛盾、时间矛盾与地区矛盾，以满足不同地区、不同层次客户的不同需要。

2. 选择合适的分销渠道策略可以简化流通渠道，方便客户购买

一家商业银行自身的活动范围总是有限的，无法将其产品提供给所有的客户，但如果选择合理的分销渠道，借助中间商便可在更大的时间与空间范围内方便顾客购买，加速商品流通，缩短流通周期，实现商品销售的及时性与扩大化，有效地平衡供求关系。

3. 合理的分销渠道策略有利于降低商业银行营销费用，提高经济效益

直接分销与间接分销各有优势，这一点我们在第一节中已经详细分析过。如果商业银行能合理选择中间商，一方面可以减少自己分支机构的设置，节约相应的销售费用，另一方面又可以扩大客户面，增加销售量，加速资金周转。

由此可见，商业银行经营效益的高低，不仅取决于商业银行产品的品种，而且还取决于营销渠道。商业银行要合理地选择如何把金融产品推向客户的手段和途径，使商业银行产品和服务能适时、适地、方便、快速、准确地销售给客户。可以说，商业银行制定和实施分销渠道策略，其目的就是要维持现有客户和增加新客户，通过建立最佳的分销渠道，使客户感到商业银行所提供的产品和服务既具有可接受性，也具有增益性、便利性。

二、商业银行分销渠道策略的类型

根据商业银行在销售产品时横向选择中间商数量的多少而划分。

1. 普遍性分销渠道策略（intensive distribution）

这是指商业银行在同一地区内对各类中间商的数目不加限制，尽量拓展分销渠道的宽度与密度。它一般适用客户日需求量大、适用广、客户又能及时方便地购买金融产品。一般来说，此类产品的标准化、通用化程度较高，客户对商业银行、品牌和中间商的要求并不很高。

2. 选择性分销渠道策略（selective distribution）

这是指商业银行在某一市场对中间商进行对比分析与筛选，从中选择几家中间商推销其产品。此种分销渠道策略通过商业银行选择一些基础好、声誉高、效率高的中间商推销其产品，既可节约销售费用，又能增加产品的市场占有率，并提高销售效率。

以上两种也称为宽渠道分销渠道策略，是指商业银行在同一地区设多条分销渠道，或选择同一层次或不同层次的多名中间商分销产品。

3. 专营性分销渠道策略（exclusive distribution）

即窄渠道分销策略。是指商业银行在渠道的某一层面上只设一条分销商，选择某一特定中间商分销产品。独家经销的中间商享有推销商业银行产品的权利，它适用于高价产品或某种特殊金融服务。专营性分销渠道策略对商业银行的好处是：

（1）有利于商业银行加强管理，商业银行比较容易对中间商进行控制，完全掌握产品的销售价格；

（2）商业银行与中间商关系比较密切，在营销策略上可以有效协调；

（3）可以节约费用、降低成本，提高经济效益；

（4）有利于提高服务质量。

但独家经销可能会使商业银行失去部分市场，特别是当选择中间商不当或市场条件发生变化时，且风险也较大。

4. 复式分销渠道策略

这是一种在一个市场中，同时使用两种或两种以上渠道，并对每种渠道或至少对其中一种渠道拥有较大控制权。在现代金融产品分销中，越来越多的商业银行乐于采用复式渠道。因为这种渠道形式能有效地扩大市场面，增强竞争力。例如，商业银行的存款业务，既采用直接渠道（通过自己的分支机构），又同时采用间接渠道（通过储蓄代办点、ATM、电话商业银行等）来为客户提供服务。

采用复式分销渠道，较单一渠道来讲增加了企业进行管理和控制的难度，也容易造成市场混乱，因此企业须加强管理力度，注意协调、处理各渠道间的关系，使之彼此既不单独孤立，各自为政，又最大限度减少利益冲突，在市场上互相争夺顾客，而成为一个相互补充、相互促进、相互合作的销售共同体。

商业银行的分销策略较多，不同的策略可以进行组合。现代营销理论中形成了一体化的分销策略组合，这种组合注重强调分销渠道成员之间的合作精神，更好地考虑了分销渠道的长度和宽度。我们可把它分为以下三种组合。

1）垂直型的商业银行分销渠道组合（vertical marketing systems）

这是指由商业银行、批发商和零售商组成，实行专业化管理和集中计划的营销网，按不同成员的实力与能量对比产生一个最终决策者，由它进行集中的管理与决策，以实现分销渠道的纵向联合，取得最佳的市场营销效果。

这种模式是针对传统的分销渠道的不足而提出的。在传统的商业银行营销中，分销渠道的任何一个成员都不能对其他成员拥有足够的控制权，容易造成各自为政，成员之间常常发生矛盾，影响了商业银行的整体和长远利益。而垂直型的商业银行分销模式则把商业银行和各个中间商组成一个统一体，集中管理、集中决策和统一执行，可最大限度减少各成员为谋自身利益而出现的矛盾。在西方发达国家这种模式已成为市场的主要分销方式，也被实践证明是营销渠道中效益最好的一种模式。

根据一体化形成原因的不同，它又可分为以下三种形式：

(1) 统一垂直商业银行分销渠道（corporate VMS）。统一垂直商业银行分销渠道，也叫团体式垂直营销渠道，是指金融产品的提供者和分销渠道的各成员都归某一方所有并完全受其控制。它实行的是单一所有权制，便于渠道的高度控制。

(2) 支配式垂直商业银行分销渠道（administered VMS）。支配式垂直商业银行分销渠道，也叫管理式垂直商业银行营销渠道，是指由规模最大、实力最强的成员来领导与管理商业银行产品的营销。它实行的不是单一所有权，但领导者对系统中的其他成员仍有较大的控制权。

(3) 契约式垂直商业银行分销渠道（contractual VMS）。这是指由各自独立的商业银行产品提供者和中间商在不同水平上组成，以契约为基础的统一体。各成员之间没有所有关系，但通过契约统一行动，谋取最佳经济效益。

2) 水平型商业银行分销渠道组合（horizontal marketing systems）

这种渠道是由同一层次的两个或多个相互无关联的营销组织组成长期或短期的联合体开展营销活动，这种联合可以是暂时性的。例如，为了某种产品的集中性推销或单个中间商缺乏资金、技术能力而组成，也可以契约形式固定下来而形成永久性的联合。这种联合主要从分销渠道的宽度上来考虑，通过联合可降低各成员的经营风险，避免激烈竞争而导致的两败俱伤，并可充分利用各自资金、技术等方面的优势共同开发市场。

3) 多渠道商业银行分销渠道组合（multichannel marketing systems）

多渠道商业银行分销渠道组合也称综合分销渠道组合，是指商业银行通过双重或多重营销渠道，将相同的商业银行产品打入各种市场。在这种组合中，商业银行拥有多种不同的分销渠道，而对每种渠道拥有较大的控制权。例如，商业银行产品的推销一方面通过中间商渠道，另一方面利用自己的营销部门，同时实现营销功能与管理功能的一体化，以不断适应市场竞争加剧的需要，取得更好的营销效果。

三、影响商业银行分销渠道选择的因素

商业银行合理选择分销渠道要考虑多种因素，其中主要有：产品因素、市场因素、企业自身因素和政策性因素等。

（一）金融产品的特性

产品特性是影响分销策略选择的最直接因素之一，商业银行要根据商业银行产品的特性，选择不同的分销渠道。产品因素包括产品的价格、专业性、及时性、技术性、售后服务等。一般来说，单位产品价格较高、专业技术性强和服务要求高的产品选择直接分销渠道或较短的间接分销渠道为宜；反之，对那些价格较低、技术与服务要求不高的大众化的商业银行产品可选择较长的分销渠道，或设置多个机构进行普遍性分销。由于大多数金融产品都包含了较多的服务成分（如吸收存款、发放贷款等），大多要求选择较短和较宽的渠道，要求商业银行设立广泛的营销网络、建立完整的服务体系，而不太会选择中间商。

另外，商业银行产品具有直接面对客户的“直客式”特点，对场所、氛围、安全性和技术性等服务环境要求高，因此以直接渠道为主渠道分销，效果较好，比如安全性要求较高的本票、汇票等票据类以及对企业的信贷类等产品。但如果消费结算、缴费、电子货币等中间业务产品要大力发展，就应有相应的中间商或代理行分销，以求市场接触和资金运作渠道有足够的覆盖面，达到较好的通达效果。

（二）市场状况

市场状况是商业银行选择分销渠道的重要依据，它包括市场的深度与广度，可以对市场上的其他主体——客户、中间商及竞争者进行分析。

1. 客户

客户因素包括客户的数量、种类、购买频率及客户的心理。

（1）客户的数量。潜在客户的数量决定了对商业银行产品潜在的需求量，代表了市场的广度。对客户需求量大、潜在需求旺盛的市场，商业银行可采取直销方法，加速流通速度。而对于客户数量不多的市场则宜选择间接分销策略，通过中间商提供服务。

（2）客户的种类。不同类型的客户对金融产品的需求是不同的，商业银行在选择分销渠道策略时要进行区分。对于客户是个人消费者还是群体消费者，是最终消费者还是中间消费者等，商业银行都应加以详细分析。

（3）客户的购买频率。对客户购买频率低的商业银行产品，一般来说需求量也不大，可采取间接分销方式；而对于客户购买频率高的商业银行产品，可设置分支机构进行销售。

（4）客户的地区分布。客户的分布结构（人口密集度）会对分销渠道的选择

产生影响。一般来说，客户分布广泛、分散时，应选择间接分销；而对于集中的市场，商业银行应采取直销方式以缩短销售时间。

(5) 顾客心理。如客户对金融风险的偏好情况，对产品收益的要求，对产品的忠实程度，对商业银行促销手段的反应等，尽管这些因素比较难掌握，但对分销渠道的影响有时却是非常大的。

2. 中间商

中间商的性质、能力及其对于各种产品销售的适应性也关系到商业银行分销渠道的选择。如对于有些技术性较强的金融产品，如果要运用间接分销，就需要有相应技术能力或设备的中间商。例如，某个市场上中间商较多时，商业银行便可通过对比，选择一个或多个中间商或利用多条分销渠道进行销售。

3. 竞争者

商业银行进行分销渠道策略决策时应充分考虑竞争者的分销渠道策略，并采取相应对策。商业银行在竞争对手分销渠道的附近设立销售点，贴近竞争对手，以优质取胜；也可避开竞争对手的分销渠道的锋芒，在市场的空白点另辟渠道。

(三) 商业银行自身因素

商业银行自身因素对商业银行分销渠道的选择亦有重要的影响。

1. 商业银行的经营实力

如果商业银行的资金实力雄厚，就可以建立自己的分销体系，直接销售产品；而资金紧张、实力相对较弱的商业银行就只能通过中间商进行分销。

2. 商业银行的管理能力

商业银行对自己产品的销售活动是否有相应的管理能力也会影响其分销渠道的决策。如果商业银行对销售业务的管理能力较强，就为自己组织销售系统开展直接分销提供了可能；如果商业银行缺乏销售管理的经验，或对市场情况难以控制，就只能依靠中间商来开展销售。

3. 商业银行的声誉

一般来说，对于声誉高、服务条件优越的商业银行，中间商愿意经销其产品，故它在选择分销渠道时的余地较大，可以随意挑选和利用各种有利的分销渠道；而声誉不佳的商业银行对分销渠道挑选的余地就相对较小。

4. 商业银行营销的目标

商业银行的经营目标不同，所采用的渠道也应不同。如果商业银行以提高资本回报率为经营目标，则可相应增加直接分销；如果商业银行以扩大产品的市场覆盖面为目标，则应选择多种分销策略，充分利用中间商的现成渠道，快速、有效地占有市场。

(四) 分销成本

分销成本是指维持商业银行产品销售渠道所需要的费用。其费用越低，分销成本越小，商业银行的资金占用就越少。分销成本取决于是利用中间商还是组建自己的分支网点、中间商数量的多少、分销渠道的长度和宽度如何、分销渠道维持时间的长短、需要中间商提供的服务多少等。当然，分销成本也依赖于商业银行与中间商实力的对比。商业银行在选择分销渠道时要充分考虑这些因素所带来的成本大小。

（五）政策因素

政策因素的影响主要体现在国家制定的政策、法规和条例对商业银行选择分销渠道的制约。例如，对有些金融服务，国家实行的是管制政策，不允许商业银行设立分支，开展经营。如果商业银行想进入，只能选择间接分销。商业银行受政策性约束越大，则选择分销渠道的权力和范围越小。

（六）自然、经济与文化因素

自然环境影响的特征、经济的变化与文化因素也会对商业银行的分销渠道选择产生影响。

自然环境的影响主要表现在地理条件对分销渠道的制约。对于处在商业中心或交通便利的地区，商业银行由于地理位置比较有利，可开展直接分销；而对于较偏远或者交通不便利的地区，由于地理条件的限制，商业银行则只能设立较长的分销渠道进行销售。

经济环境的变化也会影响到分销渠道的决策。例如，一个地区的经济较发达，商业银行分销机构设置的平均规模应该大一些，功能也应趋于综合化。又如，当某个市场中经济处于高涨时期，产品供不应求时，商业银行便应充分利用中间商广泛地开展间接销售。商业银行要经常分析当地经济环境的变化，适时调整分销渠道策略。

文化是在长期的发展过程中积累形成的观念、思想与习惯传统，具有相对的稳定性。不同地区文化的差异随处可见。商业银行要分析现存的文化背景及分销渠道对市场的文化的依赖性，以选择合适的营销渠道。当文化环境发生变化时也应调整分销渠道。

当然，上述各种因素之间也会相互影响。因此，商业银行在选择分销渠道时，必须充分考虑上述各种因素间的相互作用。

第三节 商业银行分支机构选择决策

一、商业银行分支机构选择目标及分类

这是一种直接分销渠道，主要指的是商业银行通过设立分支机构，组成分销网络。商业银行分支机构的规模大小、分布的合理与否关系到商业银行经营的效

益。所以商业银行要在不同时期，根据自身的发展情况，科学地设置其分支机构，以实现自己的战略目标。

（一）设置商业银行分支机构的意义

科学地设置商业银行分支机构，可以提高商业银行的市场占有率，更广泛地吸收资金，开展金融业务；可以提高商业银行资金的运作效益，加快商业银行产品的流通速度；可以降低商业银行的经营成本；可以使商业银行向客户提供更多的商业银行产品和更优质的服务。

（二）商业银行分支机构的类型

（1）综合性分支机构。综合化分支机构是商业银行业的传统分销系统，它可为企业和个人提供各种产品和全面的服务。

（2）专业性分支机构。专业性分支机构与综合化分支机构的经营不同，它或侧重于零售业务，或侧重于公司业务，并非两者兼顾。

（3）个人化服务分支机构。这种分支机构坐落在适当的人文地区，专为高收入客户提供一定范围内的金融服务。其服务通常设定最低限度账户收支平衡为基础，强调为个人提供金融咨询服务，而不是传统的商业银行出纳服务。

（4）法人分支机构。这种分支机构主要是为中间市场公司账户提供服务，所提供的服务包括在线外汇交易、信用证、资产融资专门化和公司现金管理服务等，通常不经营零售金融服务。

二、商业银行分支机构选择方法（模型）

西方商业银行理论认为：科学设置商业银行分支网点的关键在于选择合理的设置方法（最佳时间、空间、地理位置），确定分支机构规模及布局。

选择合理的设置方法主要是确定选点模型。选点模型的任务是预测分支机构的潜在区域和该区域的市场占有率。在国际商业银行业经营的实践中，重要的选点模型有以下几种：

（一）经济模型法

经济模型法的理论基础是瑞力（Reilly）的引力理论和基本法则。引力理论的含义是："一个城市从任何一个周边城镇获得的贸易量与该城市人口成正比，与该城市和那个城镇的距离成反比。"换句话说，另一个城镇的消费者被该城市的规模吸引，却又受制于两地的距离。瑞力（Reilly）的基本法则是：

$$B_a / B_b = [(P_a/P_b)^N]/[(D_b/D_a)^n]$$

式中，B_a 是已建立的商业银行分支机构 A 从拟建立的新分支机构 T 中获得的业务量，B_b 是已建立的商业银行分支机构 B 从拟建立的新分支机构 T 中获得的业务量，P_a 是分支机构 A 的客户，P_b 分支机构 B 的客户，D_a 是 A 到 T 的距离。D_b 是 B 到 T 的距离，N 和 n 是依据经验得出的指数。

运用经济模型设置分支机构的优点是非常简单，并且考虑到了邻近的已设立的分支机构。其局限性表现在忽略了因距离不同而带来的交通便利问题，以及忽略了顾客对分支机构的忠诚度。

（二）空间技术法

这是在一定的空间范围内预测对商业银行发展有潜力的最佳区域，然后再预测进入该区域的可能市场占有率。具体步骤为：①划定业务区域，分析该区域的有利因素和不利因素，如商店、工厂的分布、人口密度以及是否有河流、交通不便等障碍；②分析该区域的业务潜力，对相关原始数据作统计分析，测算出有可能变为实际业务的潜力；③计算设置网点后的投资收益。例如，上海城市布局近年来变化较大，新的居民小区不断增加，商业银行应进行测算、合理布点，尤其是抢占空白点，方能既利民又利己。

运用空间技术法来设置分支机构是通过以下两个步骤完成的：一是预测总的区域潜力；二是预测市场份额。而预测市场份额需要进行三方面的工作：第一，要确定拟设分支机构的业务区域，这主要是指商业银行可以很便利地为潜在客户服务的地理区域；第二，收集该地区的原始数据，并将这些数据转化为实际潜力。例如，收集该地区的存款原始数据，根据存款潜力测定分支机构成功的机会；第三，计算在选定地点设立分支机构后的投资回报并做出最终决定。

空间技术法的优点是能够通过全面的调查发现“潜力”区域，尤其适用于地方分支机构的设置。其局限性表现在决策过程较长且复杂，需要进行多方面的工作，不适用于国家级分支机构的设置决策。

（三）二元变量法

这是运用网络技术进行选点的模型。先定出有业务潜力的点，同时把其他商业银行的分支机构也作为点，然后通过主要街道将这些点连接起来，计算出相邻点的距离和时间，找出所有需求潜力点和商业银行点间的最少往来时间。同时还得考虑其他一些因素。例如，提供何种产品和服务、员工的素质和数量、选择点的周围环境等，最后确定本商业银行的设点。英国威尔伯·史密斯咨询公司就曾使用该模型为商业银行选点，取得了良好的效果。

二元变量法由于使用的是一种网络技术，因此也称为网络技术法。这种方法分为两步：

(1) 先确定有业务潜力的节点，并利用主要干线网络将这些节点连接在一起，对手的分支机构的位置也对应这些节点被标明出来，然后测定并记录相邻近的节点之间的往来在途时间，运用计算机程序计算出所有潜在消费者节点与商业银行位置之间的最短距离。

在选点时要考虑以下竞争因素：①提供的服务；②商业银行职工的数量和质量；③所设网点的周围环境；④网点的交通便利程度；⑤网点的物质设施包括规

模、外表、流动服务和昼夜服务设施；⑥停车场；⑦能见度；⑧其他因素。

(2) 运用距离递减曲线确定市场份额。二元变量法运用了一种距离（在途时间）递减曲线，表明不同的在途时间对拟设分支机构预期市场份额的影响。

优点是考虑了在途时间而不仅仅是距离，局限性表现在这种分配市场份额的具体程序不清楚，同时没有说明如何把握竞争对手的影响。

(四) 多元回归技术法

多元回归技术的一般公式：

$$Y=a+b_1x_1+b_2x_2+b_3x_3+\cdots+b_nx_n$$

式中，Y 是因变量，如新的分支机构每年将产生的新增储蓄存款额；x 的值即 x_1，x_2，…，x_n 是自变量（如营业场所的建筑面积、人均收入、潜在顾客的年龄等），被假定与因变量之间有一种因果关系。回归技术分析的基础是最小二乘法。

多元回归技术的优点是提供了一种能清晰显示变化影响的方法、易于适用标准的计算机程序而且不难使用。其局限性表现在新的分支机构的评定标准较为复杂，例如，需要大量的观察数据和应用大量的等式、自变量的选择可能会很复杂、可预测的自变量值不可靠。

(五) 交互启发式模型（即 EMFY 模型）

该模型以研究客户为中心，适合于在商业区设置分支网络时使用。这种模型认为，网点设置的决定性因素是客户需求的偏好性。例如，计算出若干购物中心对客户购物吸引力的大小后，就能确定商业银行分支机构的设点是否对客户的吸引力最大。美国设在购物中心的分支网点，总数已达 1 500 多个，各网点为客户提供全套金融服务，由于客源多、设置网点成本低，购物中心的网点较其他网点的经营业绩要高出 3～4 倍。

西方商业银行强调在设置分支机构过程中，对分支机构的布局要兼顾眼前的生存及今后的发展，注重整体设计、各种方案的具体实施和灵活变动。商业银行应根据预期的流动性、盈利性和安全性来决策分支网络的规模，同时还要对商业银行的现状及发展趋势进行认真分析，为商业银行的发展前景提供决策依据。

三、影响商业银行分支机构选择的因素

上述选择分支机构的方法都是属于分支机构选择决策中的定量分析，而分支机构的选择决策还应进行定性分析，即对其影响因素进行分析。影响商业银行分支机构选择的因素主要有以下两个方面。

(一) 经济因素

(1) 人口特征。如现有的及规划的居民数量、家庭收入、职业特征，目前的和计划中的区域职业分类和居民住房情况等。这些人口特征的有关信息有助于商业银行对某一特定地区的存款或业务量进行预测。

(2) 商业结构。包括现有的全部商业结构,也包括主要商业区。这些信息将有助于商业银行预测某一地区的商业存款及业务潜力。

(3) 工业结构。包括主要工业企业的数量,各部门的工作人员和工作时间。这些信息将有助于商业银行预测某一地区的工业存款及业务潜力。

(4) 金融机构结构。包括现有的金融机构的数量、地点和存款量,以及金融机构的营业时间、办公场所的规模及类型、停车区和其他可能被要求的设备。

(二) 地理因素

(1) 畅通性。包括交通状况对客户的影响、足够的停车区域等。畅通性是商业银行分销金融产品时的一个很重要的因素,它表示进入(或离开)商业银行的便利程度。

(2) 可见性。即在选择分支机构的位置时,要考虑到使办公场所和金融机构的标志能够容易被过往行人看见。

(3) 竞争对手的位置。如果竞争对手位置较近,实力较强,弱者所承受的竞争压力往往较大。

(4) 公共交通状况。一般来讲,位于公共汽车站附近地点的人口流量都较大,因此分支机构的位置若靠近公共交通则较有利。

(5) 居民及企业分布状况。居民点较密集且居民经济条件较优的地区,较有利于商业银行存款业务的发展,大企业集中的区域对商业银行信贷业务的发展较有利。

在经济较发达地区分支机构的设置,有偏向于更加重视发展 ATM 等设备性服务终端的趋势,这主要是从成本与市场接触面角度考虑。

第四节 商业银行分销渠道管理

对分销渠道的管理,实质上就是利用分销渠道开展业务的动态化过程。在这一过程中,既包括对自设分支机构和销售网点的管理,也包括对所选择独立中间商的管理,同时,也是对其直接营销渠道的管理。另外,在商业银行分销渠道的管理中,一个非常突出的问题是对整个渠道的技术系统的管理,由于这方面涉及的技术专业性较强,因此,以下仅涉及渠道中的一般经营管理方面的内容。

一、分支机构管理

利用下设分支机构如销售网点直接针对客户开展服务活动,是金融机构特别是商业银行的最基本的分销渠道。为了将各种金融产品及其服务有效地推向顾客,商业银行至少要从以下两方面对其分销网点进行管理。

(1) 导入 CIS。即建立企业识别系统，为商业银行营造出一种良好的企业文化和树立起良好的市场形象。金融机构对下设网点的管理，借助于 CIS 是一种很好的途径。尤其是商业银行，由于其网点密布，且直接面向消费者和机构客户服务，更需要统一化的运作和管理。

(2) 加强服务质量的管理。金融企业本身属于服务性行业，对下属机构和网点统一规范行为、完善服务活动、加强质量管理是一项关键性的工作。

服务质量与产品质量有很大的差别。产品质量可事先测定，一旦量化为一定的技术指标或质量系数，便可保证连续生产中的相对稳定性。服务质量则是一种动态化的感知过程，具有易变性的特点。客户在接受服务的过程中，感觉周到、热情、快捷、便利、可信、可靠、有保证，他就会满意、愉悦，就会认为服务质量高，否则，就会感到服务质量低。为了加强服务质量的管理，建立完善的服务链或岗位链是非常重要的。

一个分支机构的全部经营活动是由许多环节所构成，各个环节的工作就是各个服务岗位，而且各个服务岗位客观上是相互配合关联在一起的。其中，有的工作是下一步工作的基础，而有的工作则需要另外工作的配合。因此，管理人员需以提高效率和质量为出发点，首先勾画出本网点的岗位链。在此基础上为各个工作岗位规定出可操作性的标准与要求，即明确岗位职责，并配有评估奖惩措施，建立有效的执行机制。另外，还要加强员工的业务知识培训和基本素质培训，为员工发展指明方向、提供途径。

二、中间商管理

商业银行要通过中间商销售产品，便与中间商建立了一种合作关系。在这一合作过程中，商业银行既要采取各种激励措施激发其积极性，也要对其工作进行不断的评估，以便适时做出调整。

(一) 中间商的激励

促使中间商加入到商业银行某种金融产品的销售渠道中来本身就包含着许多激励因素，但这些因素需要商业银行的监督管理和再鼓励的补充。激励来自于合作，总的来说，商业银行可通过下列力量得到合作。

1. 强制力量 (coercive power)

当中间商在某些方面表示不合作时，商业银行可威胁停止某些资源提供或终止关系。尤其当中间商对金融机构依赖性较强时，这种方法较为有效。

2. 报酬力量 (reward power)

当中间商执行特定任务或出色完成任务时，商业银行可为其提供一定的附加利益。

3. 法律力量（legitimate power）

在合同中载明有关中间商的责任、义务、权利和利益。

4. 专家力量（expert power）

为中间商提供专门相关技术和专家咨询，提供推销队伍的培训等。

5. 相关力量（referent power）

著名金融机构会有很强的感召力，中间商会以与它们合作为荣，时时事事遵从它们的意愿。

商业银行依次培养相关力量、专家力量、法律力量和报酬力量，即以正面激励为主，最好避免使用强制力量。

（二）中间商的评估与调整

商业银行与中间商的合作离不开一个完善的分销计划（distribution programming），其中包括分销的目标、方案及步骤。尽管大部分制造商将分销商看做是顾客而不是工作伙伴，但商业银行在某一产品项目的分销上，要努力将自己与中间商的需求和利益结合起来，建立一个有计划、专业管理的纵向营销系统。

商业银行要按分销计划中规定好的目标要求定期衡量中间商的实际表现。如发现问题，要协助其及时解决，对不称职的中间商要及时调整，甚至是改变整个分销系统。菲利普·科特勒在其《市场营销管理》（亚洲版）中引用了斯特恩（Stern）和吉米尼（Gemini）咨询公司所总结的对公司过时分销系统改变的14个步骤，值得商业银行参考。

（1）回顾现有材料和开展渠道研究；

（2）全面了解当前分销渠道；

（3）组织先行渠道研讨会和个别谈话；

（4）分析竞争者渠道；

（5）估计当前渠道的短期机会；

（6）制定短期进攻计划；

（7）通过深度小组座谈和个别谈话，调研数量高的最终用户；

（8）对最高数量最终用户进行需要分析；

（9）分析当前采用的行业标准和制度；

（10）设计理想的渠道系统；

（11）设计管理导向系统，既是理想化又受到现实限制；

（12）差距分析，即在当前系统、理想系统和管理导向系统中寻找差距；

（13）有创意地制定战略选择方案；

（14）设计最优渠道。

（三）渠道中的冲突与解决

商业银行与中间商以及中间商之间有可能在很多方面产生冲突，例如产品的市场定位、客户群、广告策略及其他市场推广措施等方面的不一致。冲突的原因可能来自于目标的不一致，或者是权利和责任不明确，也有可能是对市场的预测和判断不一致。解决的方法是尽量建立一个有共同利益的统一的超级目标（super-ordinate goal），另一个方法是互派人员，达到相互了解，达成合作。

三、直销渠道的管理

商业银行除建立分支机构及其网点外，其直销渠道有邮寄销售、电话销售、网上销售等。对这些渠道的应用与管理集中到一点就是怎样组织有效的直销活动。这必须从以下几个方面进行管理。

（一）确定直销目标

商业银行采取直接销售最基本的目标或最终目标是为了收到预期顾客的订单。但从实际来看，直接销售的目标还有以下几方面。

（1）为销售队伍寻找预期客户线索；

（2）强化客户关系；

（3）传递信息，通知客户，为以后购买做准备；

（4）传播理念和知识，培育潜在客户，使潜在客户产生需求。

（二）判别目标顾客

直接销售应辨别那些最可能购买、最愿意购买或者准备购买的顾客和潜在消费者的各种特性。这可应用R-F-M模式（近期购买（recency）、购买次数（frequency）、购买金额（monetary amount）），将顾客进行排队，并从中进行选择。最佳的目标顾客应该是那些最近购买过的、经常购买的以及花钱最多的顾客。按不同的R-F-M水平给每位顾客打分，然后得到每位顾客的总分，分数越高，该顾客就越有吸引力。

直接销售可运用市场细分标准如年龄、性别、收入、受教育程度、生活方式、购买直接销售的产品历史等变量来确定预期的目标顾客。人们一般认为，年轻妈妈是婴儿服装和婴儿玩具的主要顾客，大学生将购买计算机、打字机，新婚夫妇将考虑买房子、家具、家用电器和向商业银行贷款等。

目标市场一旦确定，就需要获得潜在客户的名单。最佳的名单来源是过去购买享用过，或一直是本金融机构的客户，或过去曾购买过直接销售的产品或服务的顾客，也就是说来源于企业所建立的顾客数据库。国外企业或商业银行等金融机构的另一个潜在客户名单的来源是名单经纪人，但有时他们所提供的名单往往存在重复、资料不全、地址已废除等现象。除此之外，企业或金融机构需自己通过各种途径来发现潜在客户在其他一些场合的登记所形成的花名册。理想的名单还应包括有关人口统计资料和潜在客户的心理特征等。

（三）设计直销信息

与广告设计一样，设计直销信息是一个非常具体而又特别重要的事情。对于直邮销售而言，信封封面设计，推销信的称谓、开头、正文及结尾的写作，广告传单的字体、图案、色彩及宣传内容，回复表格的设计，邮资已付的回复信封的采用等，都需要细细推敲和确定。对于网上销售来说，网页的设计非常重要，其形式和内容都要以激起潜在客户的反应和购买欲为中心，当然是否真正发生购买行为，还取决于网络系统的技术性因素以及商业银行相关服务的提供。对于电话销售来说，要结合所能提供的服务种类，简洁明了地设计相应信息，使客户能在有限的时间内获取到有用的信息，或享受到满意的服务，当然，如果采用免费电话，将会有更好的效果。

直销信息设计出来，在正式推向市场之前，要进行视觉、技术和使用等方面的效果测试，以检验其营销力。

（四）衡量直销效果

对直接销售进行管理的最后一个工作是定期对直销效果进行衡量。

(1) 要对直销的传播效果进行评价。例如，对产品或机构的知名度、顾客对产品的了解程度、顾客心理占有率等方面的了解。

(2) 对直销实际效果的评价。即对投入和产出进行比较，了解由此而带来的业务增长、盈利提高等情况。

(3) 对效果不佳的直销活动，可分析存在的原因，以做出必要的调整。

第五节　网络商业银行分销趋势

信息技术的革命，对传统金融业的冲击和影响是巨大的。在e时代，由电话商业银行、手机商业银行、网络商业银行为主要服务载体的电子商业银行技术，已对客户全面提供远距离、全方位、个性化、虚拟化的“立体式服务”，并成为各商业银行争取客户和市场资源的主要手段。其中尤以网络商业银行为重要的内容。

20世纪90年代中期以来，互联网的应用扩大了商业银行的自助业务，使服务更加贴近客户，也为商业银行节省了大量开支。1995年10月18日，美国成立了第一家网络商业银行—安全第一网络商业银行。

目前，国内商业银行已将建立网络商业银行作为科技兴行的重要战略。招商银行把网上商业银行当做他们未来发展的方向，抱定了“一招鲜，吃遍天”信念的招商银行在创业初期实行全行营销策略，“一卡通”成了很多人的第一张商业银行卡。目前，有95%的交易网站都支持使用“一卡通”付款。中小型商业银行由于自身条件限制不能大规模开展营业网点的建设，网络商业银行“无所在而又无所不在”的特性正适合其发展。

一、网络商业银行及其功能

（一）网络商业银行的基本内涵

网络商业银行是指以网络技术为基础，开展金融服务的商业银行。网络商业银行根据网络技术的发展和运用水平，可分为一般网络商业银行和高级网络商业银行。一般网络商业银行是指用局域网或城域网来实现商业银行办公自动化、管理信息系统化以及部分业务网络化的商业银行，目前的大多数商业银行属于此类。高级网络商业银行则是指以因特网为基础开展金融服务的商业银行，其业务活动通过网络技术在虚拟空间完成，业务过程仅仅表现为数字变化的网络化商业银行，高级网络商业银行也称为虚拟商业银行。

网络技术按照所跨区域的大小不同，可分为局域网、城域网和广域网，这种划分并不完全根据距离和覆盖范围来定，这几种网络的作用也不尽相同。网络商业银行根据网络技术的发展分为三个阶段。

（1）内部网络阶段。本阶段由于网络技术属于仅能为商业银行内部部分营运部门的业务提供服务的局域网，其覆盖的范围一般为几公里，这种网络技术可用于一家商业银行企业内各部门的联网，核心部分是网络操作系统和网卡，具有传输率高，组网灵活的优点，实现了商业银行网络化的最初运作。本阶段属雏形网络商业银行阶段，它的实施和运作，使商业银行部分摆脱了手工操作，建立了管理信息系统，加强了内部管理，提高了银行系统效率。

（2）区域网络阶段。本阶段的网络技术可以通过把若干独立的局域网互连来组成，或通过以大中型主机为中心的多重客户机/服务器模式，把商业银行在本地区，或本区域内的系统联网，使本地区或本区域内的金融业务和管理都由本网络提供服务，使金融管理信息准确、迅速、安全、可靠。本阶段的网络技术属于城域网范畴，它所覆盖的范围一般为几十到上百公里。目前，中国国内的商业银行的信用卡和储蓄业务的通存通兑，就是通过城域网来实现的。

本阶段的网络还涵盖了广域网这个理念，它所覆盖的范围包括几百到成千上万公里，被称为远程网，它对于同一商业银行的全国网络就是连接各城域网而形成的广域网。它所起的作用是城域网的放大。

对于网络商业银行所运用的网络技术，所决定使用的局域网、城域网和广域网，三者之间并不完全排斥，有时需要兼容并用。

（3）一体化网络阶段。这是网络商业银行的最高阶段，其具体囊括了电子网络技术在国际、国内金融领域的运用并形成网络。本阶段大多数商业银行业务活动仅表现为数字的变化。这便与数字化生存和“地球村”理念相吻合，使商业银行的业务过程由原来的物流交易和部分信息流交易，发展到全信息流交易。

（二）网络商业银行分类

所谓网络商业银行，是指商业银行利用互联网技术，以原有的传统商业银行服务为基础，在互联网上建立站点，设立虚拟商业银行，开展商业银行业务。目前我国商业银行所开设的网络商业银行均属于网上商业银行。网络商业银行有广义和狭义之分，广义的网络商业银行是指一切依靠计算机网络技术和通信技术办理商业银行业务并进行商业银行内部管理的商业银行；狭义的网络商业银行是指通过互联网进行商业银行业务处理，提供金融信息，并为各种通过互联网进行电子商务活动的客户提供电子支付和电子结算的商业银行。狭义的网络商业银行又分为纯粹的网络商业银行和网上商业银行。纯粹的网络商业银行是指完全依赖于互联网发展起来的全新电子化商业银行，几乎所有的商业银行业务、交易和服务都依靠互联网进行。

另外，网络商业银行还分为两种：一种是完全不设店铺的新兴“网络专业型”，另一种是已经拥有店铺的传统商业银行在网络上开设的虚拟分行，即“网络分行型”。长期以来，传统商业银行的扩张以新建网点和增添人手为模式，而网络商业银行的扩展则是通过发展网络用户来实现，无需增加机构来为客户服务，对客户来说，网络商业银行可谓是“不关门的商业银行”，而对金融部门来说，网络商业银行的成本费用比传统商业银行要低得多。网络商业银行竞争的升级会导致费用降低、功能增多以及网上商业银行服务质量提高，最终使用户在体验电子商务轻松便捷的同时获取收益。例如，安全第一网络商业银行就曾将这种高效益低成本的优势回馈给储户，制定了6%这样一个远远高出其他商业银行的存款利率；美国 Net. Bank 也制定了高利率政策，从而吸引了大量的商业银行客户。

（三）网络商业银行的基本特征

网络商业银行的基本特征主要表现在以下几方面。

1. 理念化

网络商业银行的理念化主要表现在网络商业银行经营地点和经营业务以及经营过程逐步虚拟化。经营地点虚拟化是商业银行没有地址，没有营业大厅，没有营业网点，仅仅只有虚拟化的地址，即网址。经营业务虚拟化具体说来是网络商业银行经营的金融产品和金融业务大多属于电子货币、数字货币和网络服务。金融产品都名称化，没有具体的实物形态可触摸，全部为理念中的产品和服务，而经营过程虚拟化是网络商业银行经营的过程全部通过指令实现。

2. 数字化

网络商业银行的数字化主要表现在网络商业银行经营的金融业务和金融产品上，从前面金融创新上我们了解到金融产品中的电子货币具体涵盖两方面的内容：一种是以IC卡为基础的称为Mondex的“电子钱包”；一种是借助Internet网络发行的网络货币。这些电子货币，包括其他金融产品全部都名称化、理念化、不可触摸，但可使消费者得到这些金融产品提供金融服务的利益。这些金融产品和金融服务没有具体的实态，仅为数字的增减。

3. 无纸化

网络商业银行的无纸化主要表现在经营业务和金融产品，以及经营的过程上。传统的金融产品和金融业务，以及经营过程都以实物形态进行运作，而网络商业银行由于其虚拟化特征，导致了其经营产品和经营过程的理念化、名称化、非实物化。

4. 资源共享性

传统商业银行的管理系统是以账户为中心进行设计的，同一个客户的账户之间难以建立联系，商业银行缺乏客户详细的档案资料，不能依据客户资金活动的历史记录正确评价客户的资信情况，不利于信贷收放的管理工作，各业务部门之间也不能实现资源共享。而网络商业银行的管理系统是以客户为中心的模式设计的，将客户的档案独立于账户之外，用客户的标志号将客户档案与其所有账户连接起来，可提供对客户的分类、资信分析和各种统计功能。其优点在于：一个客户在商业银行管理系统中只有一个档案，任何业务部门或商业银行建立的客户信息，都可以供其他部门或商业银行使用，从而实现了资源共享。

（四）网络商业银行的功能

在业务方面网络商业银行最大的特点是任何时间（anytime）、任何地点（anywhere）、任何方式（anyhow）。任何时间、任何地点不用说，就任何方式来讲，网络商业银行提供的是一站式服务，只要是商业银行提供的服务，无论是交费、转账、财务管理等只要通过网络商业银行一个窗口就可以一并解决。个性化服务一直是商业银行业很难突破的难题，在网络商业银行中客户的任何行为都处于一套完整的客户关系管理（CRM）系统中，客户资产、理财的运作习惯是可以被跟踪和归类的，因此制定有针对性、个性化的方案也就有了可能性。优秀的网络商业银行会充分考虑客户的多种需求，同时结合自己的业务，将一部分与商业银行相关的业务通过网络很轻松地外包出去。

网上商业银行一般应具有以下功能模块系统。

（1）信息分布类功能模块系统。网络商业银行通过制作网站和网页将信息发送给浏览者和广大商业银行客户，使上网的人能够了解各类信息。主要包括外汇牌价、外汇管理政策、本外汇存款利率、开户申请、贷款程序、结算方式、汇款方式、票据种类等业务介绍，储蓄业务品种、办理方法、网点分布等介绍，个人投资理财、服务范围等综合信息。

（2）咨询服务类功能模块系统。网络商业银行通过制作各种网页，提供有关商业银行业务、投资理财等方面的疑问解答、前景预测等的咨询。

（3）商业银行业务项目类功能模块系统。提供现有网络商业银行所能提供的业务项目，如储蓄业务、信用卡业务、信贷业务及特种服务业务等。

（4）交易类服务功能模块系统。交易类服务功能主要包括开户申请、托收代付（工资、水电费、电话费等）转账、个人小额抵押贷款、个人外汇买卖等。

（5）商务类服务功能模块系统。商务类服务功能主要有资本市场、企业商业银行服务、政府服务等子功能模块系统。

（6）查询类服务功能模块系统。包括个人或企业综合账户余额查询、个人或企业综合账户交易历史查询、支付情况查询、汇兑状态查询、支票或信用卡挂失等。

（7）现金服务类功能模块系统。网络商业银行能够在线提供电子钱包、电子现金、电子信用卡、数字货币和电子货币服务。

二、网络商业银行业务流程

（一）网络商业银行的主要业务

网络商业银行的主要业务具体包括以下几方面：

（1）负债业务，它具体是指形成资金来源的业务。资金来源包括自有资金和吸收外来资金两个部分，网络商业银行作为虚拟化的商业银行，经营的多是属于虚拟化的产品和业务，因而对网络商业银行的自有资金（包括股份资本、公积金和未分配利润）的核定环节相当重要。吸收外来资金也是通过吸收存款，向中央商业银行借款，向其他商业银行拆借及从货币市场借款等方式进行。

（2）资产业务，它具体是指商业银行将所聚集的货币资金加以运用的业务，主要涵盖贷款、贴现、投资等内容。在传统的商业银行业务中，资产业务，尤其是其中的贷款业务是最重要的盈利业务。而在网络技术条件下的虚拟商业银行业务中，贷款业务是网络商业银行的重要业务之一，它随着电子技术的进步和普及，在网络商业银行的利润收入中占比呈逐渐下降的趋势。

（3）其他业务，它具体包括中间业务和表外业务。中间业务是指存贷业务的发生导致商业银行必须凭借其所处的地位应完成的业务，具体包括清算业务、代理业务等。而表外业务则是指商业银行不动用资产负债项目，不导致资产负债结构发生变化，而仅凭借其所处的特殊地位，就可完成的，其他经济单位代替不了的业务，如商务咨询、信息发布、资信调查等。

与传统商业银行相比较，信息时代的网络商业银行的业务将以表外业务为重。这是因为存贷业务相互制约，风险较大，收入又有限，而中间业务一方面受制于存贷业务的经营规模，另一方面又受制于市场业务容量的大小。表外业务可使网络商业银行凭借其所处的特殊地位，利用电子网络技术开展商务咨询、信息发布、资信调查等服务。表外业务不仅让商业银行在规避金融风险、满足商业银行盈利性营运目的上大有作为，而且也是数字经济时代经济生活信息交流所必需的。从近几年网络化商业银行的运行实践中，也可窥见这种发展趋势。1997 年瑞士商业银行表外业务平均收益占总利润的 70%，德国商业银行表外业务平均收益占总利润的 55%，日本商业银行表外业务平均收益占总利润的比率平均每年以 40%的速度递增。

（二）在互联网上建立网络商业银行的流程

建立网络商业银行的基本流程是申请域名、建立网站、制作网页、开展网上商业银行业务与服务、建立网络商业银行。

(1) 申请网络商业银行的域名。网上域名像商标一样，是现代企业的一个非常重要的标志。网络商业银行可以选择注册国内域名或注册国外域名。

(2) 确定网络商业银行服务器。建立网络商业银行，可以自己购置服务器，也可以租用服务器或租用足够的服务器空间。但如果有足够的资金，最好购置一台独立的服务器，利用它直接建立自己的网站。

(3) 制作网络商业银行网页，建立网上数据库。

(4) 维护、更新网站的内容。网络商业银行的网站建成后还要不断地维护和更新网站的内容，以保证把最新的信息放在网上。

(5) 宣传自己的网络商业银行。

(6) 密切注意吸引新客户和保留老客户。

（三）网络商业银行服务流程

(1) 客户访问网站；

(2) 客户根据需要提出服务需求；

(3) 网站接收信息；

(4) 对信息进行分析，提供相关服务；

(5) 把此次服务的相关信息（如客户资料、服务需求等）存入相关文档中备案；

(6) 给客户发送所提供的服务。

即客户通过各种形式进入网站，根据网络商业银行网页屏幕显示的“开户”、“个人财务”、“咨询台”、“行长”等柜台业务图标或提示，用鼠标点向所需柜员、业务或服务，就可以遵照各类提示进入自己所需的业务与服务操作领域，即可办理网络商业银行业务或接受网络商业银行服务。

三、网络商业银行发展趋势

全球第一家网络商业银行是 1995 年 10 月 18 日建立的安全第一网络商业银行（美国）。它是一家纯粹网络商业银行，完全通过互联网络提供全球范围的金融服务。安全第一网络商业银行向客户提供了一种全新的服务手段，使客户足不出户就可以进行存款、取款、转账、付款等业务。近年来，我国各商业银行如中国银行、交通银行、招商银行、中国建设银行、中国工商银行和深圳发展银行等也陆续推出了网上商业银行业务，开通了网上支付、网上自助转账和网上缴费等业务，各商业银行所开展的网上商业银行服务已初具规模。但由于技术的不成熟和相关认证、法律体系的不完善，目前纯粹网络商业银行模式在我国还不够成熟，从目前运行情况看，我国本地网上商业银行的服务品种绝大多数是将传统柜面业务延伸到网上，网上商业银行业务与柜面业务种类有高度趋同的趋向，并且各家商业银行网上商业银行开展的业务仍有许多服务功能尚不完备，特别是在电子支付安全方面还存在不少问题，这说明我国网上商业银行产品创新能力还很薄弱，商业银行还没有充分利用金融网络技术所带来的革命性的好处。

虽然我国各商业银行推出的网上商业银行业务还有许多不足之处，但网络商业银行的出现，使用户可以不受时间、空间的限制，通过网络终端可以享受全天候的网上金融服务，并且与其他商业银行服务相比，网络商业银行具有成本、服务和客户等方面的优势（表 9-1），不仅极大地降低了商业银行信息数据收集、分析的成本，并使商业银行借助先进的信息技术不断创新和推出各种新产品。同

表 9-1　网络商业银行与其他商业银行之比较

类别		传统分行柜员交易	电话商业银行	PC 商业银行	自助商业银行	网络商业银行
成本优势	建设成本	成本高，包括营业房、设备、劳动力成本等	成本较低，一个电话商业银行中心只需几百万元	成本较低，须为客户提供相应软件	成本较高，包括较昂贵的自助商业银行机具及软件	成本最低，只需建立网站
	交易成本	1.07 美元	0.54 美元	0.15 美元	0.27 美元	0.01 美元
	收入来源	存贷款利差，手续费	主要是手续费	主要是手续费	跨行或异地手续费	手续费、信息服务费、贷款利息
服务优势	服务范围	范围小，仅限营业网点附近客户	一般是本行、本地客户使用	本地大中型企业、事业单位	设置地点附近，本行或他行客户使用	范围广，所有互联网用户
	服务方式	面对面，双向沟通	自动语音和人工服务相结合	自助服务	自助服务	多媒体虚拟商业银行服务

续表

类别	项目	传统分行柜员交易	电话商业银行	PC 商业银行	自助商业银行	网络商业银行
服务优势	服务时间	8 小时左右	24 小时全天候	24 小时全天候	24 小时全天候	24 小时全天候
	服务效率	费时、费力，客户必须亲自到商业银行	较高	较高	较高	高
客户优势	服务对象	一般公众	本行客户	企业用户	现金交易客户	高教育、高收入人群
其他优势	商业银行安全	人为风险，如抢劫、偷盗等	人为盗窃密码，通过转账盗窃资金	人为盗窃密码，通过转账盗窃资金	抢劫、盗窃、机器软硬件故障	黑客攻击、破坏网站（发生概率较低）

资料来源：陈泓贵．现代商业银行业务创新．成都：西南财经大学出版社，2000，372

时，中国互联网信心中心（CNNIC）发布《第 23 次中国互联网发展状况统计报告》，到 2008 年底，我国因特网用户数量达到 2.98 亿户，同比增长 42%，互联网普及率达到 22.6%，首次超过全球 21.9%的平均水平，稳居全球第一，其中有 46.1%的网民有网上购物使用网络银行的消费行为。而且这部分用户大多数是白领阶层或大中型企业，正是商业银行追求的优质用户。由此可见，网络商业银行正在使金融商业银行市场发生了划时代的重大改变。发展网络商业银行，延伸商业银行服务，吸引优质客户是商业银行业迎接信息新时代的重要战略措施。可以断定，随着计算机技术、通信技术和电子商务的发展和普及，网络商业银行的发展势头必将越来越猛，它将成为 21 世纪金融业的主流业务品种，并很可能成为金融业效益的主要来源。我国商业银行必须充分认识到网络商业银行的发展趋势，使其成为促进商业银行发展的有利因素。

四、我国网络商业银行发展制约因素

自从 1995 年全球首家网络商业银行——安全第一网络商业银行在美国成立，网络商业银行作为一种新型的商业银行形态在全球范围内开始兴起，其数目也在不断地增加，我国也不例外，到 2001 年国内各家商业银行都或深或浅涉足网络商业银行。但是近年来，我国网络商业银行发展却放慢了速度，归纳起来主要有以下八大因素制约了其发展。

（一）安全问题

可以说，安全问题是网络商业银行首要的也是最大的问题。一方面是技术上的安全问题，例如，首先有电脑黑客和网络诈骗的威胁，据统计全世界黑客入侵事件有40%是针对金融系统的，我国则高达60%以上，来自网络诈骗的风险更大。据北美证券管理者协会调查，网上诈骗每年使投资者损失近100亿美元；其次，由于软件系统设计上的缺陷，致使系统运行不稳定，容易造成数据堵塞，还往往容易对客户账户的安全保密造成威胁；再次，是来自计算机病毒的威胁。这些都是在技术上给我国网络商业银行发展造成的阻碍。另一方面，则是业务安全问题，由于我国网络商业银行业务的进一步发展与扩大，金融衍生业务也大量涌现，商业银行、证券和保险之间的中间业务增加，致使分业监管难度加大，同时由于网络商业银行依托传统商业银行，本身没有独立资本金，使得在商业银行自身准备金不足的情况下，产生了资本风险。

（二）规模问题

由于我国的网络商业银行出现的时间短，各大商业银行都是采取在自身传统业务基础上开发网络商业银行业务，结果产生了各自为政的局面，各大国有商业银行甚至是其分支行所建立的网络商业银行的系统和平台都是不一样的，缺乏信息沟通和必要的协调措施，不能在全国范围内形成统一的、高效运行的网络商业银行体系，这样就不能产生规模经济效应，以有效降低经营成本。而且，在我国现阶段实际进行网上商业银行交易业务即通过网上商业银行进行开户、办理存取款及信用卡业务的还是很少的，形成不了规模，也就不能很好地体现网络商业银行运营成本低的特点。

（三）客户问题

客户的问题涉及客户的数量和质量两个方面问题。就我国现阶段，总的说来是客户数目不多，缺乏优质客户。另一方面，由于信息的非对称性，导致网络商业银行面临不利选择和道德风险，商业银行方无法对客户的信用进行评估，无法鉴别客户的风险水平，致使客户有可能利用自身的信息优势做出对商业银行不利的行为，这显然会影响我国网络商业银行开展业务的决策。

（四）业务创新问题

我国的网络商业银行大都是建立在传统商业银行的基础之上，其业务的创新与开发往往采用外包给软件开发公司来做的形式，这样有利于降低自身开发的成本，但是也给我国网络商业银行的发展造成了一定的负面影响。因为互联网技术发展很快，又没有固定的业务模式，市场需求也不断地发生变化，这就要求我国的网络商业银行紧密地跟踪市场，灵活地与传统业务相结合，甚至派生出新的业务来满足新的需求。采用外包形式往往会造成开发滞后的问题，软件开发公司为商业银行开发的产品往往会滞后于客户的需求，因为从商业银行发现市场需求，到与开发商沟通交流，再到开发商修改完工，这需要一段较长的时间，这也就导致了网络商业银行业务创新跟不上客户的需求的局面了。

（五）人才问题

网络商业银行是 internet 与现代金融创新相结合的产物，这要求从事网络商业银行的人才需要既懂得金融方面的知识又要懂网络计算机方面的知识。可是从全国范围来看，商业银行严重缺乏适应网络商业银行业务的高素质人才。

（六）机构问题

我国的各大商业银行尤其是国有独资商业银行大都是一种机构庞大、人员众多的金字塔结构，总行对各分行授权，分行又对各基层支行授权，总分支行下属的各职能部门相对独立地完成自己的业务。这种结构直接地造成了商业银行系统内部信息传递的脱节和滞后，中间环节过多，信息的处理效率低，不要说网络商业银行业务的创新会受到很大的影响，就是传统商业银行业务的开发都会受到很大的限制。

（七）法律问题

我国目前对于网上金融服务的交易管辖权、法律适用性、服务和交易合约的合法性问题、境外信息的有效性和法律的认定等问题尚无明确的法律、法规给予规范。通常情况，网络商业银行业务的特点使得金融交易双方权利和义务的规定大多不明晰，通过网络商业银行进行的金融交易很容易产生纠纷，其次由于病毒、黑客等造成的客户损失，客户很可能对网络商业银行提出司法诉讼，或是由于中介业务而被卷入法律纠纷，在这种情况下就会造成一种混乱的局面，从而严重地妨碍网络商业银行健康地发展。

（八）监管问题

网络商业银行的用户可根据既定的协议，访问世界各国的金融机构的网站，而金融机构也可以为世界上任何的用户服务，缺乏统一的法律法规监督就会阻碍网络商业银行的健康发展。目前对于网络商业银行这种跨国、跨地区的商业银行运行方式，各国尚无专门监管网络商业银行的法律法规。对我国来说，需要进一步加快立法，成立专门的网络商业银行研究和监管中心，做到技术监管和业务监管并重，规定严格的市场准入标准，建立网络商业银行业务许可证制度，进行业务风险评估和监测，并且在分业监管的基础上，加强中国人民商业银行、证监会和保监会三家的协同监管，实现信息资源共享，同时参与国际监管合作，共同促进我国网络商业银行快速健康地发展。

关键概念

商业银行分销渠道、矩渠道、商业银行卡、网上商业银行

❖ 思考题

1. 商业银行分销渠道具有什么特点?

2. 直接渠道与间接渠道在哪些方面有所不同?

3. 商业银行分销渠道策略主要有哪些? 应如何选择这些策略?

4. 试比较经济模型法、空间技术、二元变量法、多元回归技术这几种选择分支机构方法的优缺点。

5. 商业银行在设置分支机构时应考虑什么因素? 举例说明这些因素对分支机构选择决策的影响。

6. 如果你是分支机构经理，你将如何进行分支机构的管理?

7. 网络商业银行具有什么特点、优势和功能?

8. 试分析预测我国网络商业银行的发展趋势。

☞ 案例

刷卡风波考验合作智慧

商业银行卡服务的交易中并非没有任何价格协商的空间，关键在于各方是否有建立共赢利益格局之诚意。

2004 年 6 月 2 日和 3 日，由深圳 40 多家大型商场组成的“商家联盟”，因与银联谈判破裂，有 35 家以“系统维护”为由，拒绝顾客刷卡购物，从而引发了一场沸沸扬扬的“拒卡”事件。

2004 年 6 月 9 日，中国商业联合会发表了一封致国家发改委、商务部、中国人民商业银行、中国银监会的公开信，呼吁 4 家主管部委尽快协调商银矛盾，最终找出解决方案。

2004 年 6 月 12 日，深圳商业银行业有关部门新的商业银行卡刷卡手续费实施细则向主管部门上报，提出了解决纠纷的思路，表达出希望解决问题的诚意。

众所周知，购物刷卡，商业银行可收取信用卡年费，商场可赢来客流，顾客可获得安全、卫生、快捷的支付方式。正因如此，商业银行卡消费以对多方利好的优势，近年来获得了快速发展。据统计，截至 2003 年底，中国人拥有 6.5 亿张卡，人均持卡量达 0.5 张，卡均消费交易金额 488 元。那么，这一能够带来多赢的刷卡消费，在深圳等地为何导致银商之间出现势不两立的状况呢? 银商之间当初携手并肩推广商业银行卡业务，眼下为何出现矛盾并到了分庭抗礼的地步? 且听听各自的说法。

商家：刷卡越多利润越薄

“我们这样做是迫不得已。”深圳某商场管理人士说，“如果银联不让步，难免会背水一战。”事实上，2004 年 6 月 2 日 35 家商家的集体拒绝刷卡行为，就是一个明确的信号。

作为发难者一方的商家，随着自身利润率的不断降低以及持卡消费比重的不断提升，越来越强烈地意识到，必须重新调整与商业银行方面的利润分配格局。

从深圳当地40多家参加谈判的零售商所提供的情况来看，去年刷卡消费额46.69亿元，交给银联的手续费高达4659万元。这在当今零售业进入微利时代的情况下，商家心理上自然难以承受。更令商家寝食不安的是，在现行费率之下，刷卡消费越多，利润被挤压得越薄。目前银联向商家收取的刷卡手续费各地虽略有差异，但都接近1%。而据统计显示，2003年全国连锁企业的平均利润率仅为0.92%，其中连锁超市的利润率更低至0.64%。在深圳，商家营业额的增长仅为刷卡消费额增长的九分之一。这意味着，随着刷卡消费的普及，商业银行从中所获收益远大于商家，若按1%计算，商家所支付的手续费增幅也远高于其营业收入的增幅。因此，不能眼睁睁地看着商业银行从营业所得中切走一大块蛋糕。

中国商业联合会代表商家在致国家发改委、商务部、中国人民商业银行、中国银监会的公开信中说："我们认为，银联刷卡中发卡行的比重收费由现行的0.7%下调至0.5%为宜。"明确开出了下调的价码。

也有一些商家认为，这次刷卡风波，其实质是完全市场化的商业向不完全市场化的商业银行业的"叫板"，是竞争的商家向垄断的银联的挑战。

银联：手续费下调会影响商业银行卡的发展

然而，从商业银行方面来看，却另有一本难念的经，如果按商家要求降低费率、放弃自身利益，也绝非轻而易举之事。

首先，信用卡本身是一种高投入、高风险、高收益的金融产品，因而，即便是有较高的收益也是合理合法的。商家利润率的微薄并非商业银行卡所造成，而是其行业竞争空前激烈的必然结果，不应该迁怒于商业银行业。

其次，我国零售业现行的商业银行卡手续费率低于国际通行标准。据万事达卡国际组织亚太区总裁薛嘉乐介绍，国外的商户手续费一般都在2%～3%，即便是在价格非常低廉的沃尔玛、家乐福，手续费也不会低于深圳目前的1%。同时，就目前深圳而言，商业银行对商家所收取的手续费已经是全国的中等水平，不存在着需要进一步下调的合理性。

由于是市场培育阶段，商业银行投入大，刷卡消费业务在一些商业银行事实上并没有赚到钱，有的还是"赔本赚吆喝"。发卡大户中国商业银行深圳分行有关人士表示，2003年商业银行卡手续费收入为3290万元，扣除固定资产折旧、人事费用等成本，最终亏损744万元。有消息说，2003年底，成都国美曾有6家连锁店采取拒绝刷卡行动，最终使目前成都家电业刷卡手续费率降至0.3%。费率是降下来了，但这未必是好事，让商业银行做赔本的买卖，能不担心商业银行卡还能撑多久吗？在这种情况下，下调手续费率，商业银行卡产业将失去难得的发展机会。

2003年6月12日，据深圳商业银行业有关部门透露，针对深圳地区新的商业银行卡刷卡手续费实施细则的形成，并向有关主管部门上报，其中包括对深圳商家刷卡手续费的鼓励和奖励办法。有关人士认为，这是深圳商业银行方面提出的解决纠纷的新思路，也是他们对解决问题所表达的灵活性和诚意。

地方政府：银商之间争端是市场经济行为

深圳市政府金融办综合处有关负责人，6 月 2 日针对拒绝刷卡行为表示："政府对此非常关注，并且坚决反对这种过激行为。各方应该继续协商，尽快达成协议。"有关负责人认为："政府现在的态度只是观望。商业银行和商场之间的争端完全是一种市场经济行为……政府只是担当一个中间协调人的角色，而不会以行政命令的方式进行干预。"

这次的银商纠纷之所以久拖不决，相持不下，固然归咎于双方的底线相距甚远，分歧一时难以弥合，但也不能排除，这在一定程度上与各方之间缺乏一个有权威的专业调停人有关。政府的介入也必须以科学的调研、论证为依据，而市零售商业协会、市银联、商业银行同业公会它们代表的是各自的利益，缺少的是有理有据的裁判员。因此，地方政府还"不会轻易介入"。

消费者：有被"劫持"的感觉

记者采访了一位习惯刷卡消费的吴先生。吴先生说话时有些激动，他说："商场怎么能这样拒绝刷卡呢？不是拿消费者开涮吗？我去年买了音响，换了电视机、电冰箱，花了十几万元，都是刷卡，习惯了。你不让刷卡了，让我抱着十几万元现金一张一张点，兴许我就不会急着花这笔钱了，我嫌麻烦。再说了，商场凭什么拿消费者做人质，来要挟商业银行、要挟政府？"

另有一些消费者认为，两家应该听听消费者的声音，希望消费者协会出来说话，希望"拒卡"的事以后不要再发生。北京的张女士说："手里的卡刚刚整合了，方便了，这几天看报上说，商家又提出要求商业银行卡竞争，要求多几家发卡人，这不是又回到了过去吗？包里又会有一大堆卡，这让消费者如何是好？"

也有消费者认为，如果因为手续费问题而因噎废食，对商家来说，看起来或许一时节约了支出，但实质上"拒卡"却是一把双刃剑，是一种危险的短视行为，甚至是一种慢性自杀。随着消费者刷卡渐成习惯，百货、超市等行业不可能逆潮流而动，否则，正如苏宁华南区域总监周晓章一针见血地指出的那样，抵制刷卡消费，给商家带来的市场份额流失风险太大！刷卡消费若不替消费者着想，倒霉的恐怕就不只是消费者自己，道理是明摆着的。

有关专家：觅良策化干戈为玉帛

业内专家认为，在市场经济的条件下，合理且有效地解决商业银行卡手续费争端问题，将会使银商之间的行为更加符合市场经济要求，共享商业银行卡消费业务做大做强所带来的成果，并从根本上保护消费者权益。

对此，深圳大学管理学院马敬仁教授说："这次导致商家采取行动的直接导火线是谈判破裂，谈判破裂的关键原因是没有一个独立的中介评估组织能够提出一个客观、公正的评估数据。"马教授认为，这个中介组织应该是独立于商家、商业银行、政府、消费者 4 方之外的，能从专业角度客观、公正地提出解决问题的依据。

专家认为，这次刷卡风波要得到最终平息，需要商业零售企业合理降低要价的配合。应该承认，商业零售企业目前由于过度竞争，商家利润一再被摊薄，以减少刷卡手续费来减少损失自然是一条捷径。但这必须以商业银行的可承受力为限，并积极赢得商业银行的理解和支持，不应该也不可能将过度竞争所造成的困难和矛盾转嫁到商业银行身上。因此，应该在与商业银行谈判时，合理要价，适可而止，见好就收。

商业银行也应做出一定的妥协，这是一些专家的看法。“双赢”往往是双方妥协的结果。商家与商业银行原本是战略合作伙伴关系，作为商业银行应该着眼于可持续发展，并在政策允许的范围内、在自身能够承受的情况下，做出适当的让利和必要的让步，满足合作伙伴的合理要求，这在国际上也是一种惯例。

刷卡风波最终如何平息，银商纠纷最终如何解决，现在我们不得而知，但有一点是可以肯定的是，通过双方理智的思考和慎重的决策，在兼顾双方利益的同时，更多地考虑消费者的利益，一定能使持卡消费这一崭新的消费方式，更加充满活力。刷卡风波也让人们从一个侧面看到，中国经济正在朝着市场经济的方向步步深入发展。

资料来源：金融时报，2004-6-18

案例讨论题

1. 商业银行在市场经济条件下应如何看待银商关系？
2. 刷卡风波反映了商业银行在零售渠道存在的哪些问题？应如何解决？

第十章

商业银行促销策略

随着金融自由化和银行竞争的激烈化，商业银行越来越重视金融产品的促销。银行促销的形式多种多样，应该根据本行的特点及市场环境的不同而灵活运用。

本章从银行促销的基本概念入手，介绍什么是银行促销策略，并介绍商业银行的几种主要的促销手段：广告促销、人员促销、客户经理制与公关促销。

第一节　商业银行促销组合策略

促销策略是商业银行营销组合中的一个重要组成部分，它会影响银行经营的好坏与银行的生存，因此银行要采取合理的促销策略。这一节我们首先了解商业银行促销的一些基本概念。

一、商业银行促销及作用

（一）促销的含义

促进销售，简称促销，是指企业用人员或非人员方式传递信息，引发和刺激顾客的购买欲望和兴趣，使其产生购买行为或使顾客对卖方的企业形象产生好感的活动。

促销在企业的整体营销活动中有不可低估的地位，它不是简单地向顾客销售产品，而是一个以满足消费者需要为前提，在企业和目标消费者之间进行沟通，了解消费者的需求，满足消费者需求的过程。促销工作的核心是沟通信息，其主要任务是向消费者传递有关产品或劳务的信息，帮助消费者认识产品的性能、特色以及带来的利益等。促销的目的是引发、刺激消费者产生购买行为，实现产品或劳务从卖方向买方转移。促销的方式有人员促销和非人员促销两类。人员促销是企业运用推销人员向消费者推销产品或劳务的一种促销活动；非人员促销是企业通过一定的媒体传递产品或劳务等有关消息，以促使消费者产生购买欲望，发生购买行为的一系列活动，包括广告、公共关系、营业推广等。通常，企业在促销活动中会将人员促销与非人员促销结合运用。

（二）商业银行促销的含义

所谓商业银行促销是指商业银行为开拓资金融通渠道，扩大资金融通范围，鼓励购买或销售某一产品和服务所采取的各种刺激手段和方法，也包括金融产品和服务的提供者与客户间交流信息的所有活动。商业银行的产品与服务具有相似性与易模仿性，为了使客户能在众多的银行产品中选择自己的产品，必须通过适当方式向顾客进行报导、宣传自己的产品，把服务信息向客户传递，从而引起他们的兴趣，激发其购买欲望，最后说服客户来购买。

（三）商业银行开展促销的原因

商业银行广泛开展促销活动是近十多年来金融自由化和金融国际化的结果，给银行营销环境带来了新的变化。

1. 不完全竞争的金融市场的形成

在“金融深化”理论的引导下，不管是发达国家，还是发展中国家，都纷纷放松了对金融业和金融市场的管制，使得金融行业的管理弱化、金融机构设立和进入市场的障碍减少。对银行业来说，20 世纪 70 年代以前所拥有的那种在金融市场上的绝对垄断地位已不复存在。共同基金、养老基金、保险公司等非银行金融机构已有了长足的发展。投资银行和金融公司、投资信托公司等机构的业务在逐渐扩大，其市场份额也在不断增大。就商业银行本身而言，随着新设银行机构增多，银行业之间的竞争也日益激烈。银行业面临的是一个不完全竞争的金融市场。在这个不完全竞争的市场中，商业银行一方面有了更广阔的发展空间，另一方面又面临空前的激烈竞争，经营风险扩大。

2. 金融产品定价自由化

在金融抑制状态下，利率受到官方的严格控制。有的只有官方利率而没有市场利率；有的虽然存在市场利率，但市场利率的上下波动被限制在一定的范围内。因此，利率的杠杆作用无法充分体现。随着金融自由化，金融管制逐渐放松，利率管制也不断放松。金融自由化的核心是利率自由化。从国际银行业的各种业务定价来看，存款业务的利率大多已放开，而贷款利率并未完全放开，但各国货币管理当局也只控制基准利率，如美国的联邦基金利率等，其余的贷款利率可由商业银行根据客户的信用情况、担保品种类以及银行本身的资金成本和其他因素来决定。自 20 世纪 70 年代布雷顿森林体系崩溃后，许多国家都实行浮动汇率制度。随着外汇拆借市场的发展以及许多国家实行资本账户下的货币自由兑换制度，汇价也由交换双方视供求关系来决定。

3. 商业银行经营综合化

20 世纪 80 年代以来，发达国家的银行业为了摆脱原来的事业经营限制，纷纷想方设法通过各种途径，朝综合性银行经营方向发展。综合性银行具有明显的优点：首先，综合性银行经营项目广泛，可提供各种金融产品和金融服务，以满足客户的需求，有利于银行借此达到促销新产品的目的，增强客户的向心力；其次，实行综合银行经营、提供多元化金融产品和金融服务，有利于银行分散经营风险，降低外部环境变化对银行利润的不利影响；最后，银行提供广泛而周全的服务，有利于巩固银行和客户的良好关系，扩大银行的市场份额，从而有利于提高银行的竞争能力。

4. 融资证券化

融资证券化的表现形式有两种：一是表现为直接融资规模扩大，证券市场发展；二是表现为银行存贷款业务证券化，出现了许多可转让贷款证、贷款票据化、可转让存款单等。融资证券化的实质是要增强金融工具的流动性，而提高金融工具流动性又是促使金融现代化的重要因素。由于金融工具流动性功能增强了，金融资产的安全性大大提高，资金的使用效率也相应提高，同时金融市场的规模又进一步扩大。

5. 交易方式衍生化

由于金融证券化推动了金融创新，推动了金融衍生产品的发展，目前已在世界范围内形成了规模空前的衍生交易市场，许多融资活动都利用衍生交易方式进行。衍生市场由于具有提供未来价格信息（价格发现）功能和保值功能而受到广大金融机构和投资者的青睐，人们纷纷利用衍生交易的价格导向功能来锁定风险，克服市场经济中的无政府性和盲目性。经济主体可用“看得见的手”辅助“看不见的手”，调节市场供求关系，以弥补以往的宏观政策对经济的不确定性难以调控的缺陷，缓和经济周期。因此，尽管 20 世纪 90 年代的衍生交易曾带来好几起震惊世界的金融风险事件，但衍生交易依然在迅速发展，包括银行业在内的各金融机构也大量利用衍生交易方式进行保值并获得盈利。

6. 金融资产多样化

随着金融创新发展，金融工具种类越来越多，居民手持现金量逐年下降，各类金融资产比重不断上升。以美国为例，20 世纪 50 年代美国个人金融资产中 70%是储蓄存款，20 世纪 70 年代储蓄占个人金融资产的比重下降到 40%，到 20 世纪 90 年代储蓄占个人金融资产的比重只有 24%强，更多的人选择其他金融资产形式。1997 年，美国的共同基金总资产已有 4 万多亿美元，远远高于储蓄总额。据统计，1995 年全世界金融资产中，投资基金、投资银行占 23.73%，保险公司占 34.75%，养老基金占 25.42%，其他占 16.10%，银行所提供的金融资产只是其他类中的一部分。

7. 金融监管强化

随着金融产品多样化、交易方式衍生化，金融业经营风险的管理难度也增大了，对金融监管的能力和有效性都提出了更高的要求。为了维护社会金融秩序，保障金融体系安全，各国都加强了对金融活动的监管，这是未来金融业发展的保障，同时也对银行经营提出了更多新的课题。

8. 客户权益受到高度重视

随着金融业发展、金融经济时代的到来，客户对自己的权益也越来越珍惜。对银行来说，由于金融市场的高度竞争，金融业彼此间的替代性增强，弱化了客户对银行的依赖度，银行要争取更多的客户，保持自己的市场份额，就必须改变经营策略，为客户提供更多的服务，提高服务质量，让客户满意，争取客户的认同。

以上这些变化迫使商业银行采取多种多样的促销手段来适应竞争，在新的环境中求得生存与发展。

（四）商业银行促销的作用

商业银行促销发挥了非常重要的作用，主要表现为以下六个方面。

1. 提供情报

一般来讲，客户比较喜欢购买他们所了解的产品，如果他们对某一银行产品的信息知道得越多，选择该产品的可能性也就越大。通过促销，可以使客户知道银行提供什么样的金融产品和服务，其产品与其他银行相比具有什么特点，如何购买及购买的条件等信息，便于顾客选购。

2. 指导消费

通过促销宣传，可以使广大客户知道怎样使用银行产品，特别是当金融新产品和新服务推出以后，更需要通过促销活动进行指导。

3. 刺激需求

促销活动还可以起到诱导和激发需求的作用，在一定的条件下还可以创造需求。客户的需求分为初始需求与需求选择。初始需求是客户第一次购买某类产品和服务；需求选择是在众多产品和服务中，客户选择某银行的某品牌产品和服务。通过广告宣传、公共关系、人员促销等组合方式，可以激发客户的初始需求并维持客户的需求选择，将弱需求转变为强需求、将潜在需求转化为现实需求。

4. 扩大销售

当前，商业银行的营销环境越来越不稳定，各项业务增幅变化也有较大差异，这不利于巩固银行的地位，也不利于银行的稳健经营。通过有针对性地开展各种促销活动，银行可以稳定和扩大业务量，提高市场占有率。特别是当某种商品销售量下降时，借助成功的促销活动，银行可以恢复甚至提高销售水平。

5. 树立形象

通过促销活动特别是银行形象宣传，可以让客户了解本行的特点、优点和一般状况，知道银行对社会的贡献，从而提高银行的知名度，加深客户的印象，树立良好的信誉，这必然有助于保持和扩大市场份额。

6. 增强竞争

促销已成为当前商业银行竞争的一种重要手段。通过促销，可以让广大客户看到不同银行的产品、价格和服务水平等，便于客户进行比较和选择。各个银行之间也可以了解彼此的情况，加强竞争，互相促进。同时，银行通过宣传自身产品的特点，让客户认识到它能带来的特殊利益，增强客户对银行产品的偏好，不断提高本行商品的竞争力。

二、商业银行促销目标

商业银行促销的最终目的是通过介绍、宣传和指导，使潜在顾客变为现实顾客，并使之连续不断地购买使用本银行的产品和服务。但在不同的时期以及不同的市场环境下，商业银行有其特定的促销目标，具体包括以下几种：

（1）告知。即通过促销宣传提高银行及其产品和服务的知名度，让更多的顾客熟悉和了解该银行及其服务的内容。

（2）激发。即激发顾客对某一新产品或服务的初始需求，或争取顾客对某一竞争激烈、选择性较强的金融产品的选择性需求。

（3）劝说。即通过促销宣传，说服更多的顾客使用某种产品或服务项目，从而扩大销售，提高市场占有率。

（4）提示。即通过促销宣传提醒顾客牢记该银行的产品或服务，并能反复购买或使用，以牢固占领市场。

（5）偏爱。即在目标市场中营造银行经营和产品的独特风格和个性，树立良好的银行整体形象和产品形象。

三、商业银行促销中的信息沟通

信息沟通是在两人或多人之间传递信息，使之达成了解和交流的相互影响的活动。在现代市场营销中，商业银行必须与其现有和潜在顾客、中间商、其他利益方和公众进行沟通，才能达到自己的营销目标。

（一）一般信息传播过程分析

为了有效地进行信息沟通，商业银行应了解一般信息传播的过程和功能性要素。信息沟通渠道如图 10-1 所示，它是信息发送者将信息发送给接受者的途径。功能性要素主要包括发送者、编码、解码、信息、媒体、受众、反馈和噪声等。这几个要素中，发送者和受众是信息沟通的主要参与者；信息和媒体是信息沟通的主要工具；编码、解码、反馈和噪声则是信息沟通的主要职能。

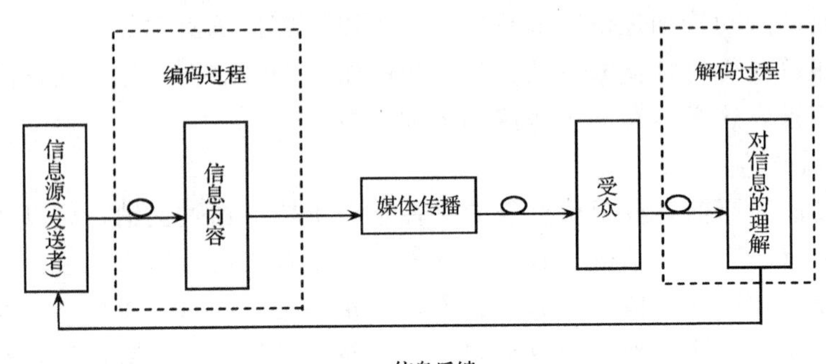

图 10-1 一般信息传播过程分析和功能性要素

1. 发送者（信息源）

发送者是信息沟通的信息源。发送者为企业如商业银行、独立的机构等。企业的信息沟通一般通过企业发言人、名人、有代表性的消费者和推销人员来执行。发送者把有关理念、感情或看法用受众能够理解的文字或符号编成密码信息，并将这些信息传送给受众。

2. 编码

这是信息发送者将一个思想和理念转换成信息的过程。其中最重要的决策是利用符号和文字设计拟定有关信息的内容，最为关键的是必须把所要传达的思想和理念如发送者所期望的那样进行正确的传译。例如，如果某银行想要着重表达其产品的威望，在信息中就应表达其地位标志、独家拥有、出色特点等，而不应强调价格比竞争者便宜。

3. 信息

这是由发送者传送给受众并使之理解的理念、感情或看法。信息的中心内容主要取决于发送者想要向受众所通报、游说或提醒的东西。在大多数信息中，通报的内容一般包括：企业的名称、产品或服务的名称、形象、功用特点、差别利益、产品或服务的属性及利益等信息。

4. 媒体

这是用来传递信息的人员或非人员渠道。人员媒体有银行的推销人员和其他代表；非人员媒体包括报纸、电视、广播、邮递广告、广告牌、杂志及因特网等。

5．解码

这是受众解释、理解发送者所发送信息的过程。一般来讲，受众会根据自己的背景及信息内容的明晰度来解释所接收的信息。对同样的信息，不同受众的感觉往往会受到个人的经验、态度、信念、生活方式以及所获技术和期望的影响。例如，一个人可能把蓝色理解为清凉、和平和舒适，而另一个人则可能将其看做是旧式和刻板。此外，信息内容的明晰度对解码的影响也很大，通常随着象征符号的增加，信息的明晰度也随之增加。

6．受众

这是发送者所发信息的目标，在大多数市场营销情景下，受众就是目标市场。但发送者也可能会对股东、消费者团体、独立媒体和政府官员通报某种理念、企业形象和信息。

7．反馈

这是受众对发送者所发信息的反应。这种反应主要有三种形式，即购买、改变态度和不购买。发送者必须了解这些反应中任何一种可能发生的情况，并采取措施加以监控。

最理想的反馈是沟通后，消费者购买了企业的产品或服务，它表明所传信息足以有效地促成交易。最不理想的反馈是，顾客既不购买产品也不产生惠顾态度。造成这种状况的原因可能有多种，例如，没有记住该信息，对原产品感到满意，该信息不可信或没有显示出有什么差异化优点等。

8．噪声

这是指在沟通过程中的任何阶段所产生的干扰。噪声往往会造成沟通障碍，使信息不能正确被译码或解码，或造成反应微弱。造成沟通障碍的因素主要有：

(1) 选择了不恰当的语言；

(2) 沟通渠道不恰当；

(3) 信息不恰当；

(4) 受众不注意；

(5) 非语言沟通没有配合语言沟通；

(6) 不恰当的时机；

(7) 广告接收者与信息内容互不相干。

（二）商业银行促销中信息沟通的构成要素

银行促销是银行与客户之间交流信息的活动。为了达到促销目的，银行应该通过适当和有效的途径向客户传递信息，促销活动的基本构成要素由以下几方面组成。

1. 促销的客体

信息是促销活动的对象。所谓促销信息是指银行为了吸引客户而发布的有关金融品种和金融服务或银行本身的客观综述，它可以表现为文字、图像、声音等多种形式。

作为促销信息应该具有以下几个特征：

（1）真实性。信息要能如实、客观地反映出有关产品与银行本身的情况，使客户能对产品或服务产生正确的认识。

（2）有用性。促销信息应尽量能满足人们的某种需要，回答客户所关心的问题。

（3）针对性。信息应针对不同市场的人口特征、客户行为与心理特征而有所差别。

2. 促销的主体

这包括信息的发送者、信息的接受者与信息的传递者。

（1）信息的发送者是要向客户传递信息的一方，即金融产品的销售者（银行）。发送者应事先确定接收者的需求，树立促销目标，并把信息准确地传递给信息的接受者，以引起后者的需求和购买欲望并实施购买行为。

（2）信息的接受者一般是银行产品的需要者（可以是现实的或潜在的），他要把信息变为自己所能理解或接受的信息。信息的传递者和接受者对信息的理解是否相符是促销活动能否成功的关键所在。

（3）信息传播者是传播信息的渠道，一般是各种中介，如电视、电台、网络等不同的媒体以及销售人员。

3. 商业银行促销的方式

商业银行促销的方式主要包括广告促销、人员促销与公关促销等。为了使信息的传递取得预期的效果，信息发送者必须根据目标市场的不同特点，选择信息传递的具体形式。

4. 信息反馈

信息的准确传递只是开始，在此基础上，银行还要通过市场调研，及时接受反馈信息，了解所传递信息对客户的影响及客户对该产品或服务的反映和购买欲望的强弱，从而及时调整促销策略，以取得更好的效果。

由上述四个要素组成的银行促销信息传播模型如图 10-2 所示。只有信息传递的各个环节保持畅通才能发挥促销活动提供信息、激发购买的作用，从而不断扩大银行产品的销售。

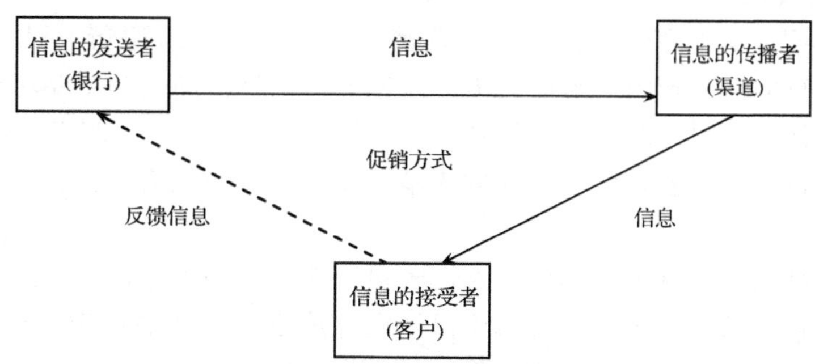

图 10-2　商业银行促销信息的传播模型

四、商业银行促销组合

（一）商业银行促销组合含义

促销组合是各种促销方式的合理搭配和综合运用，又称促销组合策略。

商业银行促销组合是银行根据实际需要，综合考虑各种影响因素，有计划、有目的的对促销工具或方式进行配套组合、综合运用。

商业银行在促销中可以使用的促销工具或方式很多，大致可以归纳为以下四种类型。

1. 广告

广告是银行用来向顾客传递信息的最主要的促销工具，是银行付出一定费用，通过特定的媒体向市场传递信息以促进销售的一种手段。具体形式包括电视广告、报纸广告、广播广告、户外广告、网上广告、自制广告、POP 广告等。

2. 人员推销

人员推销是商业银行利用推销人员向顾客推销产品和服务的一种促销活动，既有推销又有促销的双重职能。在银行业中，这类促销形式可以是：银行派出推销人员与客户直接面谈推销业务；由经营网点的销售人员向客户传递信息，推销产品；还可以雇用专业人员如客户经理或专家，以专门的知识向顾客进行宣传，传递信息。其具体推销形式包括入户推销、研讨会、讲座、咨询、路演等。

运用人员推销这种工具传递信息更为直接、具体、准确，面对面的推销更容易使顾客感到所传递的信息更真实，效果更好。例如，某银行要推出新的贷款品种，可组织相应的人员推广小组，向客户介绍产品情况，争取客户。

3. 营业推广

又称销售促进，是商业银行为刺激需求而采取的能够产生短期鼓励作用，并达成交易目的的促销措施。营业推广能在短时间内迅速引起顾客对产品的注意，扩大产品销路。

4. 公共关系

公共关系，是指商业银行在从事营销活动中正确处理银行与社会公众的关系，树立银行的良好形象，从而促进产品销售的一种活动，其主要功能和作用是增进企业与社会各界的联系、了解和合作，为银行树立良好的形象，提高企业的声誉，创造良好的营业环境。主要方式是媒体宣传、公益活动、联谊活动、典礼仪式等。

上述几种促销工具各有其优缺点，若单一使用某一工具，则无法发挥优点和避免缺点，且促销力度较小。而采用促销组合策略，则可充分发挥各种促销工具的优点和抵消各自缺点，且能增强促销的声势。但采用促销组合策略，企业的促销费用会大大增加，而且要受到许多相关因素的影响。因此，为提高促销组合的效果，银行在选择、编配其促销组合时，往往要在考虑不同影响因素后，选择促销方式的主次，以扬长避短，取得最大促销效果。

（二）商业银行促销组合工具比较

如前所说，上述各种促销组合工具各有不同的特点，这些特点我们可以用表 10-1来归纳。

表 10-1　商业银行促销组合工具比较

促销方式	特　点	优　点	缺　点
人员推销	直接对话、增进感情、灵活性高、针对性强、反应迅速、易激起顾客的兴趣	方法直接灵活，可随机应变，易激发兴趣，易促成交易	接触面窄，费用大，占用人员多，优秀的推销人才较难寻找
广告	公开性，传递性，吸引性，渗透性，表现方式多样，稳定性也强	触及面广，能将信息艺术化、动态化，并能反复多次使用，形象生动，节省人力	说服力较小，难以促成即时的购买行为，对大宗金融产品和金融服务的促销力有限
营业推广	灵活多样，容易吸引客户、激发兴趣，短期效果明显	吸引力较大、直观，能促成顾客即时购买	费用较大，使用次数不宜过多，有时可能会降低产品和服务的身价，引起顾客反感
公共关系	长期目标，间接性，持久性较强，且效率比较高	影响面和覆盖面大，效率高且反应及时，容易使顾客信任，提高产品和服务的质量，改善形象	间接性强，见效较慢，自主性差，金融机构无法计划和控制

五、影响商业银行促销组合的因素

（一）促销目标

为使促销活动收到理想的效果，必须有计划有目标地开展促销活动。因此，促销组合策略的制定，要符合银行的促销目标，根据不同的促销目标，采用不同的促销组合。例如，某银行在某一时期某一市场的促销目标是要迅速增加销量，扩大经营，为达到该目标，可以广告宣传为主，营业推广为辅；当银行为达到要突出其在服务上的优势和特色这一促销目标时，可编配人员推销为主，营业推广和公共关系加以配合的促销组合。

（二）产品因素

产品因素主要包括：

（1）产品的性质。不同性质的产品，购买者和购买目的往往不同，因此对不同性质的产品应采用不同的促销组合策略。例如，对信用卡这类以个人客户为主要对象的金融产品，面对的是广大的消费者，市场范围大，需求弹性大，应以广告和营业推广工具促销为主；而企业生产经营性贷款等以企业客户为主要对象的金融产品，面对的是企业，专业性较强，多为特定用户，市场相对集中，应以人员推销为主要工具。

（2）产品的市场生命周期。在产品的生命周期的不同阶段，促销的目标往往不同，这也就决定了在产品生命周期的不同阶段，要相应选配不同的促销组合，采用不同的促销策略。例如，在投入期，促销目的主要是宣传介绍新产品，以使顾客了解、认识新产品，产生购买欲望。广告与公共关系在向顾客、代理商广泛宣传介绍产品方面有显著作用，那么在这一阶段的编配采用以广告、公共关系为主，营业推广、人员推销为辅的促销组合策略，效果较好。在成熟期，竞争者增多，促销活动以增进购买兴趣与偏爱为目标，可以广告来提醒顾客，同时运用营业推广工具来激发购买。

（三）市场条件

1. 市场规模

市场范围广，客户多，要使广大客户了解、认识银行及银行的产品，广告是最为有效的促销工具，用广告铺天盖地地“狂轰滥炸”，再适当采用营业推广等工具来“打扫战场”，扩大“战果”；反之，市场范围窄，客户少，则应以人员推销为主，以营业推广、广告为辅。

2. 市场特性

由于不同的市场对于不同的促销工具的接受程度不同，例如，有的比较信赖推销人员，则人员推销就显得特别重要；有的对广告常常持不信任的态度，则广告效果明显不强。总之，在促销工具的选择中，必须依据市场条件，有的放矢的选用与该市场相适应的促销工具。

（四）促销预算

采用的促销工具不同，费用也就不同，例如，电视广告费用远远高于报纸广告。而且企业能够用于促销活动的费用总是有限的。因此，银行在制定促销组合策略时，要受到促销预算的制约，必然要考虑花费多少费用，以及如何在各种促销工具之间分配其费用的问题，以求效果好费用省。商业银行确定的促销预算额应是其有能力负担并能够适应竞争的需要，为此应考虑营业额的多少、促销目标的要求、产品的生命周期等影响促销的因素，以避免盲目性。

第二节　广告促销策略

广告是经济发展的产物，也是商业银行促销的一种重要方式，借助广告可以刺激需求，引导消费，扩大销售，提高银行的竞争力。本节介绍银行的广告促销。

一、广告及其特点、功能

（一）广告的含义

所谓广告，即广而告之，是“以其事告之于人”，也就是说向社会公众告知某个事件。广义的广告是包括一切向目标市场的客户对象（包括现有的和潜在的）传递某种信息的活动。广告包括非经济广告和经济广告两大类。非经济广告是指为了向社会公众告知某种事情或介绍某种思想、观点、计划，不以获利为目的的广告；经济广告是指为了促进购买行为、以获利为目的的广告。狭义的广告则是指经济广告。

商业银行营销中的广告也采用了狭义广告的概念，指的是银行需支付费用，通过媒体而非个人的传递信息、告知事件的行为。

（二）广告的特点

广告和其他促销手段相比，具有以下特点。

1. 非人员性

非人员性指广告是通过媒体传播而非人员直接传播。

2. 广泛性

广告通过大众传媒把银行需要传送给人们的信息传播出去，在同一时间或空间接受信息的人员比其他促销要广泛得多，受影响的人也多得多，引起注意的作用也大得多，大大提高了促销信息的传播效果。

3. 潜在性

广告的促销作用相对滞后，它对消费者态度和购买行为的影响难以立竿见影，而要延续一段时间。但由于宣传媒体的原因，广告可反复多次进行，其传播的渗透力对吸引潜在客户的作用是巨大的。

4. 低成本性

广告通过大众传媒传播信息，与其他促销方式相比，广告到达每个潜在客户的人均费用较低，这是导致银行在营销活动中对广告运用越来越广的一个重要原因。

5. 艺术性

广告是一种说服的艺术，通过艺术化的语言、图片、声音展示企业形象和产品特征，易加深消费者的印象和引起偏爱。一个成功的广告长期植根于消费者脑海，这与其艺术化的表现是分不开的。

（三）商业银行广告的功能

商业银行广告的基本功能有两个：

(1) 传递信息。银行在推出金融产品、服务项目进入市场时，要让公众了解产品的性质与功能，通过广告可以提供信息和传递情报，树立本银行与本行产品的形象，提高金融产品的知名度，从而激发客户的需求。

(2) 说服诱导。通过广告，可以展示产品的功效、解除客户的疑虑，说服客户建立对本银行及银行产品的信心，促使其迅速采取购买行动。特别是在客户购买犹豫不决的时候，银行广告可以诱导他们做出购买本行产品的决定。

二、商业银行广告目标

广告目标是银行整个营销目标的组成部分，不言而喻，广告的最终目标或总目标是扩大银行产品销售或业务量，在此总目标之下，我们可将其分为一般目标和具体目标两个层次。

（一）一般目标

(1) 树立良好的企业形象。金融企业的经营状况、业务活动、管理行为、服务范围、服务方式都是影响银行企业形象的元素，也是广告应该宣传的要素。树立良好的企业形象、建立名牌形象是广告宣传的重要任务，广告必须对商业银行进行从里到外的展现。

(2) 建立商业银行个性化特征。金融产品的无形性和易模仿性，需要商业银行建立一种优质的个性化特征来赢得顾客，当然这种个性化特征必须落实到行动上。广告在营造这种个性化特征方面发挥着非常重要的作用。

(3) 建立客户对银行的认同感。商业银行的外在形象、所提供的服务行为应以客户的需求、价值观和消费观为基础，即以客户为导向进行宣传，以博得客户的认可。

(4) 指导员工更好地为客户服务。广告要表达和反映员工的观点和意愿，以客户和内部员工为诉求对象的银行广告可以实现员工与客户的互动，从而激发员工的主动性和团队精神，激励和指导员工更好地服务于客户。

(5) 协助营销人员顺利地工作。银行广告能为银行营销人员及业务代表提供更有利的背景，客户通过广告对相关银行及其产品和服务有了一定的印象，会对营销人员争取业务有很大的帮助。

（二）具体目标

在业务发展的不同阶段，商业银行要给广告确定具体的目标。根据不同的时期和市场环境，具体的广告目标可归纳为介绍、说服、提醒三个主要方面：

（1）以介绍为目标。以介绍为目标是指将银行作为一个整体进行介绍，宣传银行的声誉，强调银行的综合实力，树立银行的整体形象；也可以向市场介绍一种新推出的金融产品，说明一项产品的新用途，解释产品的使用方法，介绍各种服务项目；还可以纠正顾客对银行或银行产品的片面认识，减少顾客的顾虑。很多情况下，介绍性广告属于初始性广告或开拓性广告，它的作用在于提高顾客的认识和银行或银行产品的知名度。

（2）以说服为目标。说服的内容很广，例如，劝说顾客接受推销员访问、正确认识银行产品特色，以宣传产品优势和提供优惠的方式诱导顾客购买，以宣传产品和服务特色的方式使顾客建立品牌偏爱。这类广告可称为竞争性广告，它的目的在于建立特定性的需求，也就是建立对本企业品牌的需求。这一类广告要着重宣传产品和服务的功能和用途，说明它们的特色，突出比其他品牌产品的优异之处。

（3）以提醒为目标。提醒消费者可能在将来需要的金融产品，提醒他们何处出售，或者在产品推出较长时间之后，提醒消费者不要忘记这个产品。这类广告还包括加强性的广告，让消费者购后感到购买这种商品的决定是正确的。

三、我国商业银行广告比较分析

（一）商业银行广告的种类

为了满足不同的广告目标要求，以便银行正确地选择和使用广告媒体，我们按照不同的标准对银行广告进行分类，例如，按广告覆盖面的大小，可分为全国性广告、区域性广告、地方性广告；按广告传播方式不同，可分为视听广告、印刷广告、户外广告、销售现场广告等；按广告的直接目的不同，可分为银行形象广告与银行产品和服务广告。

1．按内容划分的商业银行广告的比较分析

1）商业银行形象广告

这是指把银行作为一个整体进行宣传，以提高银行声誉，增强客户对银行的了解和信任感，赢得客户在众多银行间对该银行的选择。由于长期以来银行的垄断地位，在许多人心目中已留下了诸如朝南坐、官僚主义、不关心客户、缺乏人情味等不良印象，为了扭转这种形象，吸引客户来银行办理业务，必须要让他们知道银行是关心客户、为客户的利益着想并有能力解决客户问题的。因此，许多银行开展了大量的形象广告宣传，目的就是为扩大银行的知名度，提高声誉，树立值得客户信赖并能提供最佳服务的形象。

2）商业银行产品和服务广告

这是银行对所提供的产品和服务所作的宣传。通过对产品的特点、作用、收益的介绍、告知，让客户了解银行的产品和服务，激发客户的购买欲望。

商业银行形象广告与商业银行产品广告是互相补充的，银行通过形象广告引起客户的注意和兴趣之后，再用产品广告向客户介绍各种金融产品与银行服务，使客户能知道产品为其所带来的特殊利益，从而增加购买，不断提高银行产品的销售。

2. 按作用划分的商业银行广告的比较分析

按作用划分，可将银行广告分为：

（1）先导型广告。主要用于产品的市场开拓阶段。其目的是告知消费者现在新出现了某类新产品，建立该类新产品的原始需求或基本需求，以便促进该类产品的销售。例如，信用卡推行之初，只着重向消费者介绍信用卡的用途、好处，而不是专门介绍长城卡或牡丹卡等个别品牌的特色和优点。

（2）竞争性广告。主要用于进入竞争阶段的产品。广告的目的是为特定的产品（品牌）培植选择性需求。例如，工商银行可采用这种品牌导向的广告，说服消费者购买他们所生产的牡丹卡。

（3）巩固型广告。主要用于处于成熟阶段的产品。广告的目的是提醒消费者不要忘记购买这一特定品牌的产品。为了使这种提醒的作用更广，通常还辅以一种相关形式的机构广告，其目的在于增强银行的形象和声誉，而不是直接刺激销售。因为一个积极正面的银行形象，不仅有助于吸引消费者，而且有助于吸引员工和投资者。

3. 按目标划分的商业银行广告的比较分析

按广告目标划分，可将商业银行广告分为：

（1）机构广告。机构广告是关于商业银行整体的一般性广告。它是把广告作为银行形象设计的一种形式，目标在于建立商业银行在公众中的长期形象，同时加深那些想获得最好金融服务的顾客的印象。

要想使机构性广告达到预期目标，银行应注意采取以下措施：一是创建一个现代标志语或符号，如巴克莱银行的广告“个人银行业务的‘真实’”；二是为银行确定一个新闻发言人、形象大使或其他。例如，信托组织储蓄银行就是聘请著名电视明星为他们做广告宣传，以使顾客产生信任、友好的感觉和认同感。三是运用警句、箴言。

（2）标志性广告。标志性广告是关于业务项目的广告。其目标是使公众熟悉银行的名字，同时介绍银行的各项业务，用前者（后者）来增强后者（前者）的效果。具体运用时可采取在其提供的产品或服务前冠以银行的名称，以示区别。如巴克莱银行的巴克莱信用卡、巴克莱贷款就是如此。

要达到预期的广告目标，银行在做标志性广告时，首先要弄清给谁做广告的问题。由于一家银行要服务于很多人，这些人由于年龄、职业、教育背景等的不同而需要不同的银行产品，因此应依据特定顾客的特点来设计广告，使传播的信息与顾客利益观念相吻合；其次，要采取措施使广告能吸引顾客的注意力，提起顾客的兴趣，并让他们明白只有从这个产品或服务中才能够获得更多的某种利益。此外，要增加标志性广告的效果，还必须使每一项活动、每一个步骤都与银行已有的形象基调或表现相协调。

（二）广告在银行业的发展

广告作为一种信息传播手段，其历史是十分悠久的，在原始社会末期就产生了广告的萌芽，随着商品经济的发展，广告也得到不断发展，今天广告已成为各行各业必不可少的促销手段。尽管广告在银行业的应用时间并不长，但其发展速度却是惊人的。

1. 广告在银行业的发展过程

20 世纪 50 年代，国外有的银行偶尔做一些广告，规模小，影响也小。到 20 世纪七八十年代银行业竞争加剧，新产品不断涌现，零售业务在银行业务中所占的地位越来越重，银行业才开始真正重视通过广告来促销其产品和服务。

银行业采用广告促销大致经历了三个阶段。

1）强调商业银行实力的银行形象广告阶段

一方面，由于银行向社会提供的各类服务都是类似的，大多数人无法分清某一家银行与其他银行之间的差别，因此需要银行通过广告树立自身的形象；另一方面，当时有些银行经营不善，常有倒闭的现象，因此银行宣传的重点也落在强调自身实力，力图给客户得到一种安全的保证。

2）银行产品广告阶段

在金融不断创新，银行新产品和服务不断涌现的情况下，重点宣传银行所提供的新产品和新的服务项目，以此强调该银行产品和服务特色，让客户了解其与其他银行产品和服务的区别。

3）整合广告阶段

经过以上两个阶段，银行业逐渐认识到，向公众做广告宣传的目的，是要向社会推出一个强有力的、能全方位为客户提供多功能和多样化服务的银行形象，在客户中树立良好的银行形象增强客户的信任感，激发客户购买银行产品和服务的欲望。因此，许多银行改变了广告策略，通过多种多样的广告手段以树立银行整体形象，并激发出客户购买银行产品的欲望。

以上三个阶段，说明银行业日益重视广告在其经营和促销中的作用，以及在广告策略方面的发展。

目前我国银行业采用广告促销才开始不久，基本上处于第二阶段。几年前当人们从电视屏幕上看到中国银行上海分行的广告宣传，还很惊讶，银行也做广告了。尽管其起步晚，但也说明随着我国金融体制改革，银行业出现竞争后，银行开始重视和运用广告这一重要手段来促进销售。

2. 商业银行广告发展的原因

20 世纪七八十年代以来，银行广告宣传迅速发展的主要原因有：

1）银行业的竞争越来越激烈

第二次世界大战后，各种金融企业纷纷成立，包括不同的银行、各种非银行金融机构，彼此之间展开了激烈的业务争夺，甚至一些非金融机构也加入开展银行业务的行列，如汽车制造商发行信用卡。

2）银行业务创新不断推进

20 世纪 60 年代以后，金融创新蓬勃发展，各种新产品层出不穷，这需要银行运用广告手段迅速、准确、全面地传达给客户；而 ATM、销售点终端（POS)、电子银行、电话银行、网络银行的建立更需要强有力的广告战来开展促销。

3）零售银行业务在金融业中的地位日益强大

银行业务分为零售与批发两大类，一般地，“批发”业务更多地依赖人员推销、公关促销活动；而零售业务的对象较为分散，需要通过媒体做广告扩大宣传，争夺客户。

4）商业银行竞争重点的转移

在传统的银行经营中，银行主要通过人员与客户面对面地开展业务，因此银行分支、营业时间等在银行竞争中占据了主要的地位，但随着银行经营条件的改变，竞争的焦点已集中到服务质量方面，这就需要通过广告手段加强宣传。

四、商业银行广告媒体选择

（一）广告媒体的种类

广告媒体是广告借以传播信息的载体，也就是在广告主体与广告客体之间起媒介作用的一切物质或技术，主要有印刷媒体，如报纸、杂志、书籍等；电子媒体，如电视、广播；邮寄媒体，如说明书、销售信等；户外媒体，如路牌、招贴、报栏、车船等；销售现场媒体，是指在产品销售所在地，如银行营业大厅开辟的橱窗等传播载体。通常人们把广告媒体划分为四大媒体和其他媒体。四大媒体指广播、电视、报纸、杂志，其他媒体指户外、邮寄、销售现场等。不同的广告媒体在传播的空间、时间、效果、广告费用等方面各有其不同的特点，如空间上有传播的范围不同，时间上有传播的速度和信息被接受的快慢不同等。下面我们就介绍一下几种主要的媒体。

(1) 报纸、杂志媒体。报纸由于发行量大，覆盖面广，几乎涉及各阶层的读者。报纸的订阅和分发地区比较明确，区域的相对集中度较高。报纸的信息传递快，费用也比较低。报纸主要借助于文字传播，适合内容比较复杂的说明广告。

杂志有综合性杂志和专业性杂志。杂志品种多，不同读者可选择性大。大多数为固定订户，尤其是专业性杂志，订户更为固定。由于杂志印刷质量较好，保存时间长，反复传阅的可能性大。读者一般阅读杂志时比较认真，广告的被注意率也就较高。但杂志发行周期长，信息传递慢。

(2) 广播、电视媒体。广播媒体传播速度快，传播范围广，而且制作周期短，传播时间灵活，费用也低。但仅限于声音，留下的记忆和印象较差，最适合于时机性广告。

电视媒体由于电视机普及率高，收视率也高，传播的范围广，速度快，加上其集语言、动作、形象于一体，综合视觉、听觉效果，所以表现力和感染力强。电视媒体在广告媒体中传播效果最好。据统计，电视广告直接产生的效果约占所有媒体的50%左右，积累性效果达到70%左右。尽管其费用最高，但因为电视媒体影响大、效果好，国外银行业运用电视媒体的广告预算逐年增加。英国在20世纪70年代初，银行的电视广告支出占广告预算的4%，20世纪80年代以来已达50%左右。又如，招商银行从2000年1月1日起在中央电视台每晚《新闻联播》之后的黄金时段推出5秒钟形象广告，进一步扩大了银行在客户中的影响。

(3) 户外媒体。户外媒体，如设置在露天和公共场所的广告牌、招贴等。由于主题鲜明，形象突出，或是耀眼的图案，或是醒目的文字，给人留下深刻印象。另外，广告牌长期固定在某一场所，可重复传播，注意率高。户外媒体对地区的选择性强，但传播面较小。

(4) 邮寄媒体。邮寄媒体是通过邮局直接寄给消费者的宣传品等物质。邮寄媒体针对性最强，可根据目标市场客户的需求特点，决定传播的内容和形式；邮寄媒体可详细介绍产品和服务的功能、特点，说明性强；邮寄媒体被阅读率高，据估计，一般在90%以上，所以传播效果好，费用也较低。

(5) 其他媒体。除了上面的五种之外，还有传单、手册、指南、说明书等，也是银行推广业务、促进销售的传播工具。尤其在推出新产品和服务，需详细向客户说明，给予客户指导的情况下，更是一种有效的方式。

上述广告媒体各有其特点（表10-2）。

表10-2　各种广告媒体的特征

特征	视听广告（电视）	印刷广告（报纸、杂志）	户外广告（海报）	邮寄广告（宣传小册子）	互联网上广告
覆盖面	广	广或小	非常广	有限	广
传播方式	主动	被动	被动	主动	主动
影响力	颜色、声音和动感产生强烈影响	表现力不足，呆板	强	不强	相当强
信息数量	少	可提供相当数量的信息	常常是没有解释的信息	提供足够的信息	提供足够多的信息
插入和取消的难易	容易	容易但需要时间来引起注意	需确定合适的空间	非常容易	非常容易
保留时间	非常短	持续时间长	短	持续时间长	短
费用	昂贵	比电视便宜	便宜	贵（但有效率）	便宜

（二）广告媒体的选择

广告媒体的选择是银行在充分了解各种媒体特点的基础上，根据各种因素来选择不同的广告媒体。

在选择媒体时一般要考虑以下几个因素。

1. 媒体的效果

对于媒体的效果，我们主要从以下几方面进行衡量：

(1) 媒体的影响力，即指媒体在读者、观众中的声誉以及媒体能够引人注意的能力；

(2) 媒体的接触度，即一定时期内使多少人接触到广告宣传；

(3) 媒体的频率，就是指在一定的时间内，平均使每人接触多少次广告。

不同的媒体具有不同的效果，因此银行应有针对性地选择。

2. 宣传对象

为了取得预期的广告效果，商业银行必须分析广告的接受对象，了解哪些个人、家庭或单位会有兴趣去购买金融产品，并且要判定谁能做出购买的决定。针对不同的对象，银行做广告时就应选择不同的媒体，否则会白费力气。例如，某种大众化的金融产品的购买者是广大群众，如果只选择专业杂志，那么尽管付出了代价但却收效甚微。

3. 广告的内容

我们在前面讲过，银行广告的内容可以是千变万化的，但不外乎金融产品广告与银行形象广告。银行形象广告强调的是长期性效果，可以在电视上播出或在杂志上刊登；而为了推销银行新产品或是具有奖励、激励的活动，应强调及时迅速，此时要选择报纸、广播、电视传播；如果是介绍技术性较强的产品则以登载在专业刊物或印刷、邮寄广告上为宜。

4. 企业自身的能力

不同媒体的广告费用有很大的区别，银行还应根据自身的实际情况来作选择。如果银行的经济实力比较雄厚，当然可选择各种广告媒体；但如果银行的实力有限，在选择广告媒体时就应尽量选择费用小、针对性强的媒体。同样，在进行媒体决策时，还应当考虑到企业的广告设计的控制能力，这样才能对所选的媒体进行充分利用，降低成本，增加收益。

当然，在广告媒体的选择上，银行可以以某一媒体为主，再以其他媒体为辅，实现重点和多元化相结合。只有充分有效地利用各种广告媒体，才能增强广告促销的功效，确保商业银行在竞争中处于主动、有利的地位。

五、广告效果评估

广告效果的测定，是指运用一定的方法，鉴定广告所能带来的经济和社会效益。进行广告效果的测定，有利于降低广告费用，有效地制定广告决策。广告的有效计划与控制，主要基于广告效果的测定。商业银行在付出一定的广告费用后，一般都会十分关心广告的效果，重视广告效果的测定。广告能使销售额增加，但究竟能增加多少，这一效果是难以估量的，因为影响销售额的因素有很多。因此，人们往往用广告的传播效果代替广告的实际效果。

（一）广告前分析

广告正式发布前的分析主要有两种方法：

(1) 自接评价。邀请目标顾客和广告专家对拟发布的广告样本从内容到形式进行直接评价。

(2) 样本测试。邀请目标顾客，让其先观看广告样本，然后再向其询问记住了多少内容、感想如何、有何意见、如何改进等。

（二）广告后分析

广告正式发布后的分析主要有以下几种方法：

(1) 回忆测试。企业可以选取部分看过广告的顾客，请他们回忆广告的内容，并予以记录，从而知道广告的吸引注意能力和让人记忆的可能程度。

(2) 认识程度测试。在总体目标顾客中选取样本，了解有多少人记得看过此广告、有多少人注意到了广告的中心内容、有多少人能记住广告中的大部分内容，从而掌握人们对广告的认识程度。

(3) 试验测试法。借助某些仪器设备来测定广告接受者的生理反应情况，如测定眼睛的注意力、心跳、血压等变化情况。

（三）销售分析

由于广告的实际效果很难测定，因而采用以下方法所计算出的结果不可能完全反映出广告的真正效果，而只能作为参考。

1. 销售额增长率法

其计算公式为

广告效果系数 = 销售额增加率/广告费用增加率

广告效果系数 =（广告后销量－广告前销量）/广告费用

2. 广告费收益率法

其计算公式为

广告费收益率 =（销售量增加值/广告费用）×100%

广告促销效果 =（销售额增加率/广告费增加率）×100%

3. 历史资料分析法

即企业利用最小平方回归法求得其过去的业务量和广告费支出之间的关系，再对现今的广告进行效果评价。

4. 试验分析法

即通过改变广告预算在不同地区（或不同时间）的投入量来测定广告的效果。一般是选择几个以往广告费和业务量的比例相差不大的地区做实验，维持一个或几个地区的广告预算，而改变其他几个地区的投入，一段时间后通过比较各地区的经营记录，就可以看出广告活动对银行经营的实际影响。

第三节　商业银行客户经理团队促销

商业银行的客户有不同的种类，对于各种客户银行应采取完全不同的促销方法。近年来，银行工作人员也越来越多地认识到人员推销在银行推销策略中的重要作用。

一、人员推销及构成

（一）人员推销的含义

人员推销是银行员工以促成销售为目的与客户间的口头交谈，是说服和帮助购买者购买银行产品和服务的过程。由于银行产品和服务的复杂性和专业性，尤其是在新产品和新的服务项目不断涌现的情况下，人员推销所具有的灵活、直接、亲切、详尽和反复多次等优势，已成为银行产品和服务销售成功的关键。

（二）人员推销的特点

同其他促销方式相比，人员推销具有以下优势：

（1）推销人员与客户的直接接触，通过面对面的交谈，直接为客户提供信息，可反复介绍产品特点和服务功能，做好客户的参谋，激发客户的购买欲望，促进销售。

（2）通过银行与客户的交谈和观察，有利于营销人员掌握客户的性格与心理，有针对性地介绍金融产品的特点和功能，并可及时发现问题进行解释，从而抓住有利时机促成顾客的购买。

（3）推销人员在与客户的经常联系、友好交往中，可建立友谊，有助于巩固老客户，发展新客户，使尽可能多的客户成为本企业的稳定客户，从而更好地实现产品销售的目的。

（4）推销人员对客户热情接待和宣传，帮助顾客解决问题，满足其需求，可密切银行与客户的关系，增强客户对银行的信任感。

（5）推销人员在与客户的直接沟通中可及时、直观地了解客户的态度、意见、需求、愿望和偏好，掌握市场动态，了解产品所处的生命周期与市场占有率等信息，有利于银行迅速做出反应，适时调整产品和服务。

但是，人员推销的开支大、费用高、对推销人员的素质要求高，因此这种促销方式的运用也有一定的局限性。

（三）人员推销的作用

商业银行人员推销的基本任务，在于把银行产品或服务介绍给客户，并鼓励顾客购买，从而实现销售目标。人员推销发挥作用的领域主要有：

（1）已经在银行开立账户的顾客，通过热情周到的服务，同他们保持牢固的关系；

（2）尚未建立关系的客户，通过人员促销可以说服顾客来银行开设账户，促使他们与银行建立起关系。

具体地讲，人员推销可以在以下几方面发生作用：

（1）使客户了解银行的产品与服务；

（2）增加产品或服务被优先购买的可能性；

（3）与客户磋商价格和其他条件；

（4）完成交易；

（5）向客户提供售后服务；

（6）坚定客户的信心。

（四）人员推销的方式及构成

商业银行人员推销的方式一般有柜台服务和个别服务。

1. 柜台服务

这是指当客户来到银行后，由银行的营业柜台人员提供的服务。这是一种比较传统的银行人员推销方式，各家银行在营业大厅设立专业咨询服务台，由熟悉业务，主要是存、汇款业务的职员向客户介绍产品和服务。随着现代银行大量运用电子计算机系统，有些业务已经非人员化。尽管这为客户提供了自助的方便，但却不能替代人员推销的优势，相反却显得人员推销更为重要。有的银行在营业大厅专门设立咨询台，负责向客户介绍各柜台的服务功能，回答客户问题，提供专门咨询服务。

有的银行在设计营业大厅时，改变原先一般大厅的格局，把营业大厅分为三个区域：

（1）办理传统、常规业务的区域，受理单位和个人的现金收付和转账结算；

（2）ATM 等计算机自助服务区域，办理存取款、查询、兑换等业务；

（3）推销人员专门受理客户个人金融理财的区域。

通过面对面、无干扰的谈话方式，为客户提供多功能、全方位的咨询和服务，特别是满足了对金融资产了解不深的客户群的需要。例如，英国巴克莱银行就增加推销人员，建立个人“财务顾问”式的促销体系。每一位来银行的客户都能受到一位“财务顾问”的热情接待，并给予全面的咨询服务，令客户十分满意，增强了客户对银行的信任感和亲切感。

2. 个别服务

这是指银行推销人员专门为某些单位客户或部分个人客户提供服务。目前有的银行引进了“私人银行家”，集业务员、咨询员和情报员三位一体，向客户推销产品，谈判费用，还要达成交易，并提供一系列售后服务。而香港银行界普遍采用“客户经理”的推销方式，例如，香港大通银行每位客户经理专门负责50～100 名客户，经常主动保持与这些客户的联系，负责向这些客户提供服务和咨询并推销银行产品。我国银行也推出了“客户经理制”，要求每位促销人员负责一定数量客户的联系，为客户的各项业务需要提供一体化管理和全方位服务。这既赢得了客户的称赞，也推动了商业银行业务的发展。

例如，中国建设银行上海分行以财务顾问的销售形式，先后为宝钢、申能电力等大型企业及浦东国际机场等项目提供了一揽子的金融咨询服务。1998 年 4 月还与上海石油化工股份有限公司签订了《常年财务顾问协议》，由中国建设银行上海分行提供本外币融资业务、投资业务、中介业务、资产与债务重组及生产流动资金管理、产业及产品市场情况等分组的常年咨询服务，并及时为大型项目提供多种咨询方案。该行根据企业客户需要，推出为客户量体裁衣的财务顾问服务手段，有力地促进了该行中间业务的发展。这些充分显示了人员推销在了解客户需求、主动销售银行产品和服务及维系老客户、扩展新客户方面的积极作用。

二、客户经理及客户经理制

(一) 商业银行客户经理的概念

商业银行客户经理是近年来在我国金融界出现的崭新概念，作为金融企业内部专司市场营销及经营创新工作的全能服务岗位，它的出现对习惯于柜台经营、等客上门的国有银行来说，是经营理念上的一次创新，经营思想上的一次解放，同时也是经营方式上的一次变革。客户经理一出现，迅速对我国传统的银行经营机制带来极大冲击，不但在金融理论界引起激烈的探讨、争论，而且在银行实际业务中激发出一轮又一轮的服务创新，成为我国银行深化金融体制改革，改善和提高金融服务进程中的亮点。

按照一般意义上的理解，商业银行客户经理是银行内部集中各种可用资源，对外代表一家银行向目标客户推广适用金融产品和提供优质金融服务的市场营销及经营创新专职人员。为准确把握银行客户经理这一新型角色的内涵，我们将商业银行客户经理含义概述为：客户经理是银行专司拓展与服务黄金客户和优质客户，以拓展优质资产、管理贷款客户、推广金融产品、组织资金、收集和反馈市场信息、宣传企业形象为主要职责的市场营销队伍，是银行为客户提供全方位现代化银行服务、建立全新银企关系的主要力量。

客户经理是银行设置的针对具体客户的业务营销人员，是银行对外的业务代表，负责开拓市场，全面了解客户需求，并向其推介产品、争揽业务，同时协调、组织全行各有关专业部门及机构为客户提供全方位金融服务，在主动防范金融风险的前提下，保持与客户的长期密切联系。

(二) 商业银行客户经理的由来

所谓客户经理，指直接接触客户并营销银行产品与服务的专职人员。在西方商业银行，客户经理也称客户关系经理、客户服务代表、理财顾问等。在过去很长一段时间内，我国的银行与客户的关系主要体现为信贷关系，并且客户只能被动接受银行提供的产品。被称之为“信贷员”的银行外勤人员，其任务也只是信贷管理。因此客户经理在我国传统银行体制中并不存在。

从国外商业银行的实践看，客户经理是银行市场营销观念发展演变的产物。进入 20 世纪 50 年代中后期，由于金融市场的快速发展和客户需求的变化，银行的垄断地位发生了动摇。市场竞争使银行的市场份额下降，资产增长缓慢，盈利空间缩小；客户需求的多样化和购买行为的变化，导致银行客户流失严重。银行业等客上门的传统经营方式已不能适应经营环境的变化，经营陷入困境。在此情况下，银行业开始借鉴工商企业的做法，把市场营销的理念导入银行经营管理活动。在 1958 年举行的全美银行协会会议上，人们第一次公开提出了银行业应该树立市场营销观念，但当时认为银行营销就是“广告与公共关系”的代名词。一直到20世纪70年代人们才真正意识到在银行实施营销管理的重要性，以美国花旗银行为代表的银行业率先引领服务营销的潮流。对银行业经营管理方式的这种变革，被人们称之为银行价值观的革命。

进入20世纪90年代初期，银行业服务进入了客户导向阶段。多数银行把注意力集中在“面向个人营销”和“一对一营销”方式上，注重培育自己的忠诚客户和挖掘客户价值，以客户满意度为经营准则。银行根据客户导向理念进行再造，并进一步使用先进的技术手段进行客户关系管理，PC银行、网上银行、电话银行等先进的服务方式纷纷出现。银行内部结构也由过去的以产品为中心转变为以客户为中心，并根据不同的客户类型设置了不同的客户部门，加强银行与客户的全面接触，有关人员的头衔也明确称之为客户关系经理或客户经理。

我国银行业客户经理的出现也是在20世纪90年代。在此以前，我国银行业基本上是垄断经营，市场竞争格局尚未形成。在这种状况下，银行产品不需要营销，自然不存在专职的营销人员。1992年，我国提出了建立社会主义市场经济体制的改革目标，为银行业的市场化经营奠定了制度基础。尤其是1995年《中华人民共和国商业银行法》颁布以后，我国商业银行体系逐步完善。国家专业银行开始向商业银行转轨，中小股份制银行以及其他非银行金融机构发展迅速，资本市场融资规模不断扩大，银行业垄断状况开始改变，同业竞争的格局开始出现。随着银行体系主体多元化竞争格局的形成和资本市场功能的完善，对优质客户的争夺成为同业竞争的焦点，同时银行客户需求的多样化也给银行经营提出了更高的要求。各家银行不得不改变过去的经营作风，争相推出微笑服务、限时服务、“一体化”服务、电话预约服务等优质服务手段。更加注重客户需求的研究，与客户建立互动的双向沟通，以客户满意度为宗旨，注意培育客户的忠诚度。银行主动上门服务、重视客户需求的市场营销意识逐步增强。同时，银行还致力于转换经营机制，改革业务操作流程，改变过去“多个部门对一个客户”的做法，设立客户部门和客户经理，为客户提供“一对一营销”和“一揽子”服务解决方案。中国银行在1998年专门成立了从事客户开发的公司银行部、金融机构部和私人银行部。1999年，中国农业银行、中国建设银行、中国银行、交通银行等国有商业银行和光大银行、华夏银行等股份制商业银行相继制定了客户经理管理办法，全面推行客户经理制。客户经理这一岗位名称在银行业开始流行起来。

（三）客户经理的任务

商业银行客户经理的任务包括两个方面：一是维护现有客户，巩固并扩大现有客户对银行现有产品和服务的消费，引导和激发对银行创新产品的需求；二是拓展新的客户，吸引潜在的客户购买和使用银行现有的或创新的产品与服务。

具体来说，客户经理的任务主要有以下五个方面：

（1）发展客户。客户经理的首要任务是开拓新的市场，发展新的客户，提高业务市场占有率。

（2）推销产品和服务。这是客户经理的核心任务。客户经理必须具有较高的推销艺术，善于和客户打交道，促进本行产品和服务被优先接受，尽力促成现实的购买行为，完成一笔交易。

（3）客户关系管理。客户经理承担现有客户的维护职责，必须配合风险经理及时跟踪客户与本行的交易情况；向现有客户和潜在客户传递本行产品服务信息，实现信息沟通，还必须向客户提供各种优良的服务，如咨询、理财指导、融资参谋等。

（4）情报收集与市场调研。客户经理必须将收集到的各种情报，如客户需求与产品意见反馈、市场竞争情况、新的市场动态等以及客户经理本人对市场的研究分析结果及时报告给本行产品和决策部门，并对提交的各种信息、材料、工作报告的真实性和有效性负责。

（5）与行内其他部门的工作衔接与协调。如产品的供求与分配、资金配置与财务预算等。客户经理要根据客户需求，有效组织客户与银行产品部门之间的业务流程，把客户需求与银行的产品与服务结合起来。

（四）客户经理的工作程序

（1）市场开发前活动。客户经理在发展客户或维护现有客户时首要的工作是做好市场分析，对自身工作区域内客户进行摸底排队，在此基础上做好访问客户的准备，并安排访问。客户经理要根据上级银行确定的营销政策、目标市场定位和产品策略，在收集相关客户资料的基础上，对现有客户或目标客户进行分析：谁是本行目标市场的潜在客户，他们需要何种产品与服务，对数量与价格有怎样的要求，扩大交易量或成为现实客户的可能性有多大等等。客户经理应通过调查分析，找到这些问题的答案，以便在与客户接触和交谈中做到心中有数，提高客户开发的成功率。

（2）市场开发中活动。具体表现为商务谈判过程，目标是促成与客户的交易。具体包括向客户提供产品服务信息，介绍本行产品的性能、特征与优势，解答客户有关问题，向客户提出购买建议或起草合作协议，最终促成交易。

（3）市场开发后活动。交易完成或签订合作协议后，并不意味着推销活动的完成，还要做好客户的维护与管理工作，以建立银行与客户之间的良好信任与依存关系。在此过程中，客户经理也承担着选择优良客户（重点客户）的任务，通过动态的客户选择，促进客户结构的优化。通常客户开发后活动借助客户管理系统来完成。

（五）客户经理制的内容与实施

1. 商业银行客户经理制的内容

客户经理制是银行为适应市场和客户需求变化所做出的营销制度安排和组织

架构设计。它包含有关客户经理培训聘用以及考核激励的一系列规章制度和机制。具体包括：

（1）客户部门和客户经理岗位的设置。明确界定客户部门与其他部门的关系以及拥有的工作权限；依据市场状况和人员素质确定客户经理岗位职责与工作目标。

（2）客户经理工作制度。包括客户经理开发客户和维护客户的日常制度规定，如访客报告制度、异常客户预警制度、定期走访客户制度以及客户档案管理制度等。

（3）客户经理管理制度。包括客户经理的选拔、培训和考核激励制度等。

（4）客户经理的后台支持保障制度。如产品支持、营业服务支持、风险管理支持以及电子技术与内部网络支持等。

2. 客户经理制的实施

推行客户经理制应当循序渐进，以避免给现有的经营管理体系和业务流程造成混乱。这个过程包括：

（1）科学制定客户经理制的实施方案。在此阶段，主要是认真分析本银行的外部环境、内部条件、市场定位、经营目标及经营战略和策略，总结并借鉴其他银行的经验与教训，研究提出客户经理制的具体实施方案。方案应包括客户部门的调整与客户经理的配置、工作流程与奖惩机制以及实施的时间与组织领导等内容。

（2）调整内设部门，组建客户经理队伍。根据方案，可以先在有条件的分支机构进行试点，进一步完善方案。在实际运作阶段，需要对现有的内设机构进行重组，设立客户部门。同时选拔客户经理人员，组织入门培训和实战演练。还要建立各种制度以规范客户经理的行为，理顺内部的各种关系。

（3）检查考评阶段。对推行客户经理制的情况进行检讨与评价，及时发现问题，并采取措施及时纠正，尤其要注意对高级客户经理的优化配置，以提高全行的营销竞争力。

三、商业银行客户经理的基本职能

商业银行客户经理的基本职能主要包括以下内容：

（1）经常性地与客户进行沟通和联络，维护客户关系，传递客户与银行之间的业务信息和需求信息。客户经理应时时关注客户的业务发展动态和客户需求动态，做好售后服务工作和维护客户关系。定期拜访客户，根据客户现有业务量、未来发展和可能带来的综合业务收益，定期对客户价值作出判断。尤其注重与客户进行人际沟通和协调，彼此形成互相信任的银企关系，增加客户对银行的满意度和忠诚度。

（2）不断地向客户营销和推介银行所有的产品或服务，根据客户需求的变化，寻找客户需求与银行产品或服务的结合点，并开发客户的潜在需求，运用关系营销手段和营销技巧，让客户从使用银行的单一产品，向使用银行的多种组合产品方向发展，提升客户关系价值。

（3）在与客户联系和沟通过程中，负责收集客户各种信息，包括需求信息、财务信息、生产信息、销售信息、资源管理信息、行业和产业市场信息等；对收集到的信息进行分类整理归入客户资料档案或输入客户信息系统终端，为新产品开发提供市场调研资料，或经常与产品经理沟通客户信息；同时，将有关客户财务方面的信息、资信方面的信息传输给风险管理部门，为控制客户风险提供预警信号。

（4）根据银行的营销战略，主动寻找目标客户，负责开发银行的新客户，开拓新业务。在香港银行业，开拓新客户是客户经理的基本职责。客户经理要运用各种拓展客户的关系技巧，扩大银行的客户资源，包括争夺其他竞争者银行的客户。客户经理应该善于发现市场机会，运用各种信息媒介，并准确找寻与客户沟通的切入点和业务切入点或产品卖点，突出自身银行或产品的差别优势来争取客户。

（5）负责受理客户的贷款及授信等业务的申请，负责客户前期调查、客户初步评价、产品方案设计、业务建议等工作，要求能够提交关于客户的各种信息材料报告业务建议报告、客户综合服务方案和客户价值评估报告等文字材料。对银行风险控制部门、相关产品部门和综合管理部门提出的有关客户的问题或要求提供的客户信息，客户经理应该及时做出回答或提交文字材料。同时，客户经理要对客户进行贷后监督与管理。

（6）客户经理在上述工作中，遇到与银行其他部门的协作问题时，应该积极主动地进行关系协调。可以采取随时相互沟通信息、召开工作例会、定期举办联席会议、市场信息报告会等形式，还可以由管理层进行制度安排，以方便客户经理方便、快捷地为客户提供服务。所以，客户经理与产品经理以及与其他后台部门的合作与协调是其重要的工作职责。

（7）客户经理是商业银行专职的营销人员，承担银行形象宣传和公共关系的一些职能。因此，要求客户经理在与客户沟通过程中，发挥人员促销的功能，积极实施和落实银行的公关策略，成为银行的“义务”宣传员、流动的广告和公关者。时刻以树立银行的整体社会形象为己任。

四、客户经理选拔与培训

（一）客户经理的素质

客户经理的工作性质决定了其必须具备良好的道德素质、文化素质、业务素质、人际沟通素质及心理素质。这些素质除少部分与生俱来外，大都可以通过后天学习获得或不断积累经验、训练和提高。

1．品德素质

具备良好的职业道德和敬业精神，爱行、爱岗、能吃苦耐劳、有责任心、事业心、进取心和纪律性。

能把强烈的社会责任感和使命感融入为客户竭诚服务中，能尽力宣传银行的文化。

诚实守信，全心全意为客户服务，不做误导性或不真实的产品介绍，不随意承诺或越权行事。

具有团队精神，善于与他人合作，能搞好协调以及内外部沟通。

工作积极主动，不消极工作，不随意抱怨，严守银行机密。

遵纪守法，自觉约束自己的行为，不从事违法行为，不做违规业务，自我约束力强等。

2．文化素质

客户经理要具备大专或大学本科以上的学历，或具有同等学力。

具有全面的学习能力，知识更新能力。

善于利用各种渠道学习和提高，能够通过接受培训、自学、向他人学习等方式不断进取。

具有学习和吸收先进的经验和做法的悟性。

具有勤奋好学的精神，知识面较宽。

具有客户相关行业的专业知识水准。

具有金融从业人员的知识水准，或通过相关的资质认证考试，或具有丰富的银行从业人员的经历等。

3．业务素质

熟悉银行的所有产品，对部分银行产品具有操作和管理经验。

了解银行有关的业务规定，熟悉银行的发展战略及策略。

具有客户至上的工作意识，对市场、客户、新技术、新产品等方面的变化具有敏锐的洞察力。

具有丰富的营销经验和营销技巧，善于与客户沟通。

具有创新思想，乐于并善于创新，在工作中能够灵活、敏感、及时调整低效工作状态。

工作效率高，善于利用时间，管理时间，并具有稳健的工作作风。

处事果断，善于应变，愿意接受和面对挑战，并愿意虚心学习，自我提高。

具有较宽的知识面，对某些客户的行业知识有专业化的经验，善于钻研业务。

具备获取信息的能力、直觉判断能力和综合分析能力，能够在工作中识别客户风险。

尊重上级，服从安排，并能够坚持工作原则等。

4. 人际沟通素质

人际交往能力强，具有良好的协调与沟通能力，性格比较外向。

注意衣着整洁，举止稳重大方，具有较好的形象和气质。

具有较高的文化艺术修养，知识面广，有丰富的人生经历。

具有较高的悟性，善解人意，灵活机敏，不死板。

语言表达能力强，懂得语言的艺术，善用诙谐、幽默的语言调节会谈的气氛。

会应用高明的、委婉的语言来面对客户的拒绝，处理客户的异议。

善于借用外部资源，协调工作中的问题。

具有豁达、宽容的处世态度，团结同志，善于合作等。

5. 心理素质

具有外向、开朗、大度、包容的性格魅力。

对失败和挫折具有较强的心理承受能力。

具有挑战性格，不服输，能吃苦耐劳，不断进取。

头脑冷静，不感情用事，善于灵活变通。

具有积极的心态，并能影响和调整他人的情绪。

具有克服困难的勇气和智慧。

具有利他主义的精神境界，善于为他人着想，不自私等。

香港银行业对客户经理聘用的资格条件如下。

1. 道德素质

专业操守，廉洁奉公，作风正派，注意保密。

2. 性格素质

热情活跃，积极进取，善于交际，踏实冷静，灵活变通，不感情用事，具有团队精神。

3. 业务素质

产品知识，法律知识，社会经济知识，营销技能，快捷准确，财务及信用状况分析技巧，多种语言能力，仪表举止。

4. 学历素质

大学商学院本科生（工商管理、市场营销、经济学等）；其他大学的专业要求为会计、财经、FCA 或工商管理 MBA 等。

5. 工作经验

最少具备 3 年以上银行工作经验，尤其以拥有押汇实务和信贷实务经验者为优先录用。

（二）客户经理的选拔方法

客户经理的选拔主要有外部招聘和内部招聘两种方式。

1. 外部招聘

外部公开招聘是银行为了吸引更多、更好的人才充实到客户经理队伍中来，而采取的向银行以外的社会人才进行公开招聘的办法。导入用人的市场机制，用较高的标准、较高的激励手段，采用严格科学的考核录用程序（如考试、面试、签约、试用、正式录用等），公开、公平、公正地选拔人才。

外部招聘的客户经理人才一般要求较高，尤其在从业经验方面具有严格的限定。

其优点是：引入人才流动和用人的市场机制，促使客户经理职业经理队伍的素质不断提高；可以通过突破用人及激励手段的限制，促使客户经理增强市场竞争意识，鼓励高级或资深的客户经理脱颖而出；可以带来其他行业或其他银行的先进经营管理经验，带来客户资源的优化。

其缺点是：用人成本较高，且具有不稳定性，对银行客户资源的流失风险较大；外部招聘用人，对其道德素质、业务实践经验的考核时间不确定，不易培养忠诚员工。

2. 内部招聘

内部招聘是指在本商业银行内部范围内公开招聘客户经理的办法。内部招聘又分为内部竞聘上岗和内部选拔两种方式。

（1）内部选拔。银行客户部门可以根据客户经理的任职要求，举荐符合条件的员工担任客户经理。员工也可以根据自身的条件和工作兴趣，向客户部门自我推荐。举荐或自荐的员工必须是具有一定的业务特长、有突出能力的员工。部门推荐的员工也要通过客户经理选拔委员会的资格审查认定。属客户经理后备人才库的员工优先推荐。

（2）竞聘上岗。商业银行本着“公平、公正、公开”的原则，根据客户经理的任职资格，制定统一的选拔标准，确定选拔程序，对内部员工进行公开选拔。

竞聘有以下程序：

①公告：银行客户部门公告竞聘工作的相关程序、制度、应聘岗位的情况以及岗位的要求。

②资格认定：由人事部门和客户部门负责对竞聘人员按照客户经理基本资格要求进行资格审查。

③资格考试：对符合基本资格的竞聘人员进行上岗资格考试，已取得上岗资格证书的员工可以免考。

④面试与答辩：由人事部门与客户部门组成竞聘委员会对通过上岗资格考试

的竞聘人员进行面试，对竞聘人员在答辩、演讲中的表现、能力进行综合评价，给予综合得分。

⑤选用：经过竞聘委员会的分析比较，选拔出最优人选，公示通过后，该员工将获得银行的聘用，成为见习客户经理。

⑥见习：竞聘人员成为见习客户经理后，为了尽快适应工作环境，在见习期内，见习客户经理暂不纳入客户经理编制，没有固定的管辖客户，只是参与协助其他客户经理工作。

⑦聘用：见习期满并通过用人单位、客户部门、带班客户经理三方综合评价合格后，见习客户经理转为正式客户经理。银行与其签订相关的协议、合同，发给相应的岗位聘书。

（三）客户经理的职级分类

根据客户经理的工作能力与工作业绩、对客户经理实行等级管理，设置不同档次，按从高到低的顺序，客户经理分为高级客户经理、客户经理、助理客户经理三级。

1. 高级客户经理

高级客户经理应具备丰富的经济、金融、管理、法律知识，具备相应外语和电脑知识，熟练掌握和综合运用银行经营规章制度和操作流程，文字综合能力较强，熟悉相关客户的财务和经营情况，具备特别强的市场营销能力和金融创新能力，工作业绩特别突出，具有较高的学历，并在客户经理岗位工作三年以上。

2. 客户经理

客户经理要具备比较丰富的经济、金融、管理、法律知识，具备相应的外语和计算机知识，熟悉银行的业务知识、规章制度和操作流程，市场营销能力和金融创新能力较强，工作业绩较突出，具有一定学历。

3. 助理客户经理

助理客户经理应具备一定的经济、金融、管理、法律知识，掌握银行的基本业务知识和业务操作流程，能办理日常金融业务，具备一定的市场营销能力，有一定的工作业绩。

在银行的实际操作中，各地区可以根据实际情况确定客户经理的职级分类，客户经理的职级分类实行动态考评管理。客户经理每年进行综合考核。根据综合考核得出的评级得分，确定在新的考核制度下客户经理的职级分类。客户经理的评级得分计算基本上包括以下内容：

（1）基础资料：包括专业岗位工龄、学历等。

（2）上年业绩：指客户经理在上个考核年度完成目标任务的情况和实绩。

（3）培训成绩：指客户经理在上个考核年度参加各项业务培训的成绩。

（4）年度考评：指客户部门和用人单位对客户经理进行综合评价。

客户经理的评级得分的计算，可以根据实际情况和要求设计制定。

（四）客户经理的培训

在推行客户经理制初期，商业银行普遍存在高素质人才紧缺的问题。因此，建立良好的选拔聘用制度和进行及时的客户经理培训就显得非常必要。实践证明，银行对客户经理进行有效的、持续的培训是当务之急。银行的工作效率取决于客户经理的综合素质，包括业务知识及服务能力，而这些知识与技术的获得，则靠对客户经理的培训和对客户经理潜力的开发。

1. 客户经理培训的内容

要提高培训质量，必须确定有针对性的培训内容，要围绕客户经理的现状及日常工作操作需要，设计培训课程，主要有如下几方面的内容。

1）商业银行整体运作概况

商业银行可以提供的金融产品和金融服务的性能及特点；整体业务运作程序和具体的每一项金融产品和金融服务的业务程序；银行基础业务知识，包括基础会计核算、国际业务、信贷知识、银行结算、中间业务等；行业经营特色，主要金融产品和金融服务，与奉行比较优势等。

2）各项相关业务

（1）综合理财知识。针对不同行业、不同客户设计金融产品的能力，包括存款结构设计、贷款结构设计、结算工具设计、投资组合设计等。

（2）市场营销知识。主要有与客户接洽中增强沟通的公关技能、与客户谈判的技巧、与人沟通的方法等。

（3）经济法律、法规。重点是与银行经营管理密切联系的金融法律、法规，如中央银行法，商业银行法、票据法、担保法、合同法、诉讼法等。

（4）企业经营管理知识。客户经理要了解企业经营管理的相关知识，如企业会计报表、资产负债表及损益表分析、企业的市场前景分析、行业市场分析等。

（5）运用电脑操作，学会科学管理客户及客户信息办公自动化技术等。

3）客户经理的道德教育

通过商业银行企业文化教育，培养其爱岗敬业的工作作风，并不断强化培训客户经理的廉洁奉公的思想品德，防止其道德风险对商业银行业务带来危害。

2. 客户经理培训的方式

1）集中培训

这是对客户经理采取的最主要培训方式，具体有：

（1）传统课堂式的培训。突出教学内容的针对性、实效性，聘请不同层次的授课人员。主要包括：邀请海内外知名专家或学者，讲授有关业务知识专题报告；邀请相关行业及部门的专家讲授专业知识，例如，请保险行业的优秀职业推销员讲授市场营销技巧及公关技巧，请客户主要分布行业的专家讲授行业基础知识等；由本银行系统的业务骨干、高级管理层人员进行授课，对本系统各项金融服务和金融产品等进行讲解，对商业银行未来业务的发展方向、市场营销策略等进行分析讲解。

（2）全封闭式的军事化培训。选定较封闭的、可提供各种设施的场所对所有学员进行高强度管理的半军事化培训。可以选择远离市区的专职培训学校，有配套的体能训练场所、军事化的食宿环境等，通过外请部队军官或警务人员对所有的学员进行军事化的培训，订立军营式的作息表、体能训练表、军事技能训练表、业务技能授课表等，严格按照各项制度执行。这种培训方式的优点是：对客户经理的体能、团队意识、执行各项规章制度的自控能力、业务技能等都有一个较大的提高，适用客户经理高度集中的、高强度的技能与体能培训。

（3）交流式的培训。可以通过例会等形式开展经验交流式培训，以某一项业务技能、某一市场观点、经营理念、焦点问题等为自由论题，突出客户经理的个性和自主性，让每一位客户经理走上讲台就论点进行自由的辩论、演讲；可以模拟市场营销中的各种突发情况、矛盾的焦点，以客户与客户经理两个主体进行实习演练，类似于案例教学模式；可以以本行发生的典型案例为样板，对开发客户、维护客户关系中的具体问题进行经验式的分析，以避免今后类似问题的发生。

（4）操作式的培训。重点培养客户经理的自信心、团队合作意识、坚强的毅力。可以将学员分成不同的小组，以每个小组为一个小团队进行各项活动演练，参加各种显示协作的竞赛活动，请优秀的客户经理在外出访客或谈判时带领新学员进行现场学习，事后进行言传身教，切实提高客户经理的实际工作能力等。

2）考察学习培训

通过参加有关部门组织的相关学术研讨会，本银行系统的客户经理经验交流会等多种途径，适当走出去，通过现场考察、观摩学习，吸取先进单位的先进经验、做法。

3）跟班式的培训

对新加入客户经理队伍的、素质较低的客户经理，可由经验丰富、水平较高的客户经理对其进行跟班式的培训，在日常工作中整个环节进行跟踪操作，与优秀的客户经理一道去真正面对市场客户，现场学习实战经验；对行内推行的各项业务特别是新业务，客户经理可采取柜台实习的方式，直接掌握具体的操作方法，提高对该项业务的了解程度等。

3. 客户经理培训的组织形式

客户经理培训的组织形式可以根据商业银行不同的实际情况而制定，这不是固定的模式性的东西，不同的培训组织形式的目的都是解决客户经理的素质问题、能力问题和风险问题。

1）初级客户经理培训的组织形式

对客户经理进行的初级式的培训，主要根据培训的客户经理业务知识较薄弱、实践经验较少等现状，在培训内容方面着重专业知识的基础性培训。这种培训方式具有简单、直观的特点，但强化性较高，属于技能型培训。

2）高级客户经理培训的组织形式

高级客户经理可组织境外学习考察，集中式培训，网络远程教育培训等。这种培训形式侧重于培训的高层次、前瞻性、更新性和谋略性，属于管理型的智能化培训，对培训师及培训内容要求较高。

五、客户经理的推销技巧

（一）树立营销成功的信心

只有树立营销成功的信心，才能使客户经理突破传统思维和陈旧习惯的束缚，善于从多角度寻找商机，从无机会的假象中寻找机会。

（二）加强信息的掌握和积累

客户经理要及时收集与其工作有密切相关的各种信息，如政府及有关部门政策调整、相关行业、企业的最新动态，国内外经济走势以及市场前景等，努力获取尽可能充足的内部信息如辖内各项业务，包括已经成熟的和正在推出的全部业务品种，并清楚明了业务对象、功能、手续、收费等各个细节；研究竞争银行的情况和发展近况的信息。

只有加强信息的掌握和积累，才能从宏观与微观的结合上思考营销措施，才能结合企业实际情况充分合理地营销本银行的产品，才能为客户提供有价值的服务。

（三）掌握提问、答复、倾听、叙述和说服的技巧

推销的过程，实际上就是提问、答复、倾听、叙述和说服的过程，问、答、听、说构成了推销的基本部分。要使问、答、听、说恰到好处，以利于推销工作的顺利进行，有赖于客户经理能否不断地总结积累，掌握到一些规律性的知识与技巧。

1. 提问的技巧

提问是了解对方需要，获取所需信息的手段，也是表达其自身感情的一种手段。善于提出问题，不仅能使自己更多地了解情况，掌握对方的想法与需求，而且可以启发对方，促使对方积极思考。

一般来讲，提问应遵循针对性、有效性、明确性的原则，所提问题应与推销情节相适应。具体来说，推销中的提问应注意以下几点：①尊重顾客；②把握提问的时机，不随意提问；③有的放矢，要有针对性；④有准备的提问与随机提问相结合；⑤简要明确地提出问题；⑥善于追问；⑦选择适当的提问方式。

2. 答复的技巧

答复既是回答对方的询问，又是表明己方的见解。在推销中，答复与提问一样，也要讲求技巧，如果回答不当，容易出现对方将你的回答视为缺乏诚意，不值得信赖或让对方误解了你的意思等不利局面。只有巧妙、得体的答复，才能赢得对方的信任和好感。为此，客户经理应掌握一定的答复技巧，以提高答复的效果。答复的技巧主要有：①答复要诚实；②回答要有条理；③答复要有分寸；④答复要有一定的灵活性。灵活性包括两方面含义：一是应根据具体情况选择适当的答复方式；二是对客户提出的问题，可根据具体情况灵活作答。

3. 聆听的技巧

认真倾听顾客谈话，是客户经理应具备的重要修养。在推销的过程中，"听"起着非常重要的作用。一方面，它是获取信息，了解对方心理活动、要求和目的的最基本手段，推销中的大量信息都要靠听对方的说明来获得。如果不通过听去获取信息，判断对方的主要意图，了解对方对你所传递的信息的接受程度，双方之间就无法进行有效的沟通，能满足彼此需要的协议就无法达成；另一方面，在推销的过程中，聆听本身也是向对方传递了你对他的谈话十分感兴趣的信息，不仅表示了对对方的尊重、重视，同时也可起到减少或避免失误的作用。

在听的过程中，客户经理应把握如下技巧：①耐心聆听；②就对方的发言作出积极回应；③主动聆听；④结合从其他渠道获得的信息，来理解所听到的信息。

4. 叙述的技巧

叙述是客户经理在推销中阐述自己观点的过程。由于推销的关键在于"说"或"谈"，因此它对推销过程的影响至关重要。恰到好处地说，有利于对方的理解，有利于尽快达成交易，反之则相反。为此，客户经理在说的时候，要注意说话的方式、语气、气氛和时机，要讲究艺术性，以使叙说简单明了、中心突出、言辞达意。具体来说，要做到以下几点：①围绕主题来叙述；②要用对方听得懂的话来叙述；③措辞得当，遣词造句要审慎斟酌；④言而有据，不说没把握的话；⑤适当运用语言技巧及语调来增强表达效果。

5. 说服的技巧

说服与说不同，它不是简单地说，而是通过说及其他手段，向对方展示事物发展的各种可能性，说明利弊和利害得失，促使对方接受己方的观点、看法、交易条件和方式等，进而达成交易或协议。说服是推销过程中双方沟通的重要组成部分，由于推销的实质是要说服准顾客购买自己的产品或服务，因此，洽谈过程也就是一个说服过程。有效的说服能够使准顾客尽快接受产品或服务，并能避免双方在洽谈过程中一些不必要的对抗，大大缩短磋商过程，提高推销效率。要进行有效的说服，客户经理须掌握一定的说服技巧，例如：①明确说服目标，先易后难，循序渐进；②尊重理解对方，建立良好的人际关系；③旁敲侧击，迂回作战；④树立良好的形象；⑤投其所好，适当让步；⑥善于运用语言艺术等。

六、商业银行客户经理团队设计

（一）团队的概念

所谓团队，是指由多个人组成的，在各自分工的基础上，为着一个共同的目标而相互协作以追求整体利益的组织或集体。团队成员在才能上是互补的，为了完成共同的目标和任务而产生互动。团队要求发挥每个人的特长，使之产生协同效应。

Jon R. Katzenbach 和 Douglas K. Smith 在其合著的《团队的智慧》中对于团队的定义是：团队就是在技能上可以取长补短的少量人，他们承诺达到共同的目的和绩效目标，并且按照相互负责的步骤行动。这一定义无论是对一个足球队，还是一个销售团队都是适合的。

被誉为“团队角色理论之父”的梅雷迪斯·贝尔宾（R. Meredith Belbin）博士笔下定义的团队，是指有限的一些人为了共同的目标而在一起工作，每个人分担不同的角色，有独特的贡献。团队角色描述的是一种行为方式，其特点是当一个人为团队的进步而努力时，他的行为与其他人相关联。团队角色的价值在于它有助于提高团队的工作效率。

（二）团队与群体的区别

团队不同于群体，要正确地理解团队及团队精神，有必要将工作群体和工作团队的概念进行区别。所谓群体，是指两个或两个以上相互作用和相互依赖的个体，为了实现某个特定目标而结合在一起。在工作群体中，成员通过相互作用，来共享信息，做出决策，来帮助每个成员更好地承担起自己的责任。

工作群体中的成员不一定要参与到需要共同努力的集体工作中，他们也不一定有机会这样做。因此，工作群体的绩效，仅仅是所有群体成员个人贡献的总和。因此，在工作群体中不一定存在一种积极的协同作用。

而工作团队则不同，它通过其成员的共同努力能够产生积极协同的作用，其团队成员努力的结果使团队的绩效水平远远大于个体成员绩效的总和。

二者的区别见图 10-3。

（三）团队的特征

1. 关于团队特征的几种不同观点

（1）团队问题专家雷勒认为团队的基本特征是：具有共同的目标；有相互依存感；团队工作比个体工作更为有效；共同承担责任。正因为团队所具有的特征，才使得团队绩效会产生一加一大于二的效果。

（2）美国通用电气公司董事长兼首席执行官杰克·韦尔奇提出的典型团

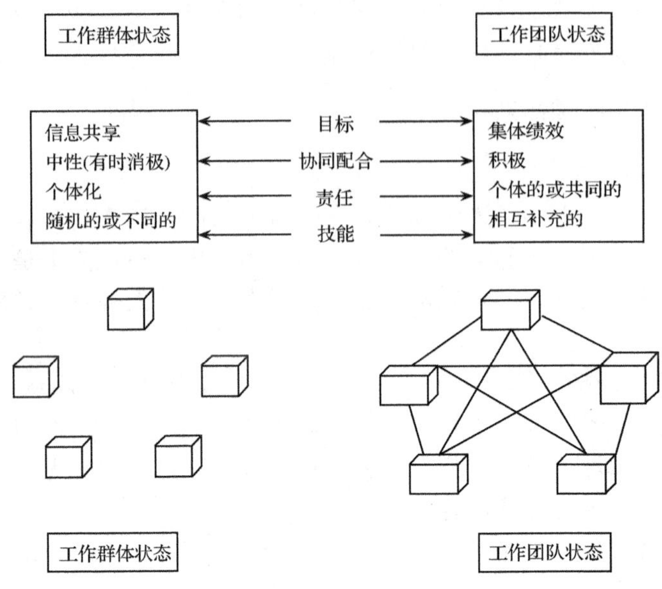

图 10-3　工作群体与工作团队的区别

队——运动团队所具有的三个特征：一是团队基本的成分——团队成员，是经过选拔组合的，是特意配备好的；二是团队的每一个成员都干着与别的成员不同的事情；三是团队的管理要区别对待每一个成员，通过精心设计和相应的培训使每一个成员的个性特长能够不断地得到发展并发挥出来。

2. 对团队特征的概括

(1) 目标明确，不存在目标含糊的团队；

(2) 角色分工，团队中每个成员都各司其职，各负其责，共同担负责任；

(3) 每个成员同时又能做到相互协作；

(4) 可以发挥个别的力量，成员的特殊才干可以得到发挥，并贡献给团队；

(5) 成员之间互相地协助，互相地学习，取长补短；

(6) 团队成员具有共同的组织价值观，与组织目标协调；

(7) 团队的绩效不是成员个人贡献的简单总和，而是绩效的数倍放大。

(四) 商业银行客户经理团队的内涵

商业银行客户经理团队，是指在商业银行推行客户经理制过程中出现的客户经理的作业管理形式和市场拓展的管理形式。以团队的形式将不同分行或同一分行，不同级别或同一级别，不同岗位或同一岗位的员工或客户经理，按照特定的工作目标划分为若干个工作小组，或组成特殊的工作小组，进行客户开发或产品开发以及日常的工作管理。

商业银行客户经理团队的出现，主要是通过发挥团队精神，增强员工之间、客户经理之间以及部门之间、地区之间的分工协作，目的在于提高市场拓展的工作效率，提高为客户服务的效率。通过营销团队形式开展工作，还可以发挥激励因素的作用，调动员工的工作积极性，实行人本管理。

（五）商业银行客户经理团队的形式

商业银行客户经理团队是20世纪90年代以来银行营销实践和管理实践探索的结果，营销团队的形式主要有以下四种形式：

（1）客户经理作业小组。这是一种简单的营销团队形式，通常由2～3名客户经理组成，主要用于客户经理在客户开发和维护过程中的合作。其中，有人担当主访的角色，有人担当陪访的角色，相互合作；还有的由客户部经理带队，进行客户的访问，以提高沟通和公关的效果。

（2）客户部门客户经理团队。这是银行客户经理管理的作业团队形式，通常由不同级别的银行（总行、分行或支行等）的客户部门按照业务分类或地区分类等分类形式，自然形成的团队，人数依客户部门的大小而不同。这种客户部门团队通常通过例会等工作制度，完成市场环境分析、客户动态情况分析、培训及经验分享、工作计划实施等工作内容。

（3）客户服务小组。这是银行为了客户的拓展与维护而将来自不同部门如科技部门、产品部门、法律部门以及客户部门等的人员组成一个特别的客户服务小组，为客户提供量身定做产品或一体化服务方案；或共同参与客户的维护，及时为客户解决具体问题。

客户服务小组可以是横向的组合，如来自同一个银行的不同部门的人员组成的团队；也可以是纵向的组合，如来自不同级别的银行，如总分行、分支行不同行的不同部门人员组成的团队。

（4）高级营销团队。基于对大型客户或集团性客户的系统联动营销和协作营销，通常由总行一级的高层人员或高级客户经理，联合不同分支行的高层人员或客户经理，进行跨部门、跨行级的团队组合，即高级营销团队。这种团队集合了各级银行的决策层和操作层的人员，可以对客户做出最快的决策反应，并可以在与客户的公关活动中达到较好的效果。

七、客户经理团队管理

客户经理是代表银行形象，受理客户对银行的各种产品和服务需求，并充分借助银行各部门的整体力量，实现银行金融产品出售的业务代表。因而必须加强对其的管理。客户经理团队管理主要涉及建立健全客户经理制体系，客户经理的选拔、培训、监控和激励等内容。由于对客户经理的选拔和培训已进行了分析论述，因此下面仅就建立健全客户经理制体系和客户经理的监控与激励的内容进行分析。

（一）建立健全客户经理制体系

这一体系包括建立科学合理的客户经理管理模式，制定明确有效的客户经理职责，制定严格规范的客户经理考核指标体系和客户经理风险管理体系等方面。

1. 建立科学合理的客户经理管理模式

如前所说，目前我国银行业在实施客户经理制中，存在着与银行现有管理模式上的矛盾。由于许多银行目前的体制仍是按专业设置管理机构，在具体运作中，客户经理需向本级行或上级行许多部门负责，而且许多现有银行的后台支持系统对如何服务于客户经理尚没有明确的制度方法，一定程度上阻碍了客户经理职能的发挥。因此要发挥客户经理的作用，需建立科学合理的管理模式，不仅要加强分行级和支行级的管理，更要注意直接面对市场的店级管理，使之建立起一支具有高效拓展市场能力的优秀的客户经理队伍，提高银行的市场营销竞争力。

2. 制定明确有效的客户经理职责

制定明确有效的客户经理职责，建立严格的责任制度，将其具体落实，让客户经理清楚所要做的工作和承担的相应责任，在实践中严格按职责要求进行监督考核，是正确使用、严格管理客户经理的一项基本内容，也是商业银行挑选、培养客户经理的条件、目标和方向。

3. 制定严格规范的客户经理考核指标体系

建立科学合理的考核指标体系，可以使管理人员及时、准确地了解客户经理的工作情况，准确把握客户经理的素质、能力与工作的适应状况以及工作绩效，从而为工作安排和客户经理培训提供依据，促进人才培养和合理使用，并能及时发现和处理问题，不断改进工作。因此，制定严格规范的客户经理考核指标体系，是商业银行加强对客户经理管理，使之不断提高业务经营水平的一个重要措施。为此，商业银行可依据实际情况如市场销售潜力、客户经理的素质和工作环境的差异、后台支撑等来制定其定性和定量指标，以使指标科学合理，切合实际。

一般来讲，目前对客户经理考核的定性指标主要包括：①客户对客户经理的评价；②客户经理履职情况；③客户经理的综合素质评价。

对批发业务类客户经理考核的定量指标目前主要有：①优良贷款率；②不良贷款率；③贷款风险度；④存贷比；⑤结算贷款比；⑥收息率；⑦实收利息率；⑧收益率；⑨市场拓展实绩；⑩遵章操作情况等。

4. 建立客户经理风险管理体制

建立客户经理风险管理体系，加强对客户经理的风险防范与监督管理，是客户经理制有序运作的保证。因此，商业银行应重视这项工作，通过建立一套严格规范的体系，使客户经理严格按照操作规范和行为准则办事，以提高银行的营销风险管理水平。

客户经理风险管理体系，主要是通过一些措施、制度来防范客户经理的道德风险。这些措施、制度主要有：①客户经理 AB 制度。即将客户经理分成小组（二人或三人一组），确定 A 角（主办人员，负 80%的责任）和 B 角（协办人，负 20%的责任），二人相互独立、相互协作、相互监督。AB 制下的客户经理既相互独立，又相互配合；既防止了相互推诿，又做到责任分明，实现二人有机结合和相互制约。②离岗稽核和强制休假制度。由于客户经理拥有作为商业银行全权代表的权力，因此为保障客户和银行的利益，防止滥用权力，客户经理管理部门和稽核部门进行定期或不定期走访客户，了解情况，并结合客户经理离岗和强制休假制度进行常规和专项稽核，实现多级督促。

（二）建立和完善客户经理监控与激励机制

管理的核心是人的管理，人的管理的核心是调动其积极性，而对客户经理的监督和控制，主要是通过建立科学合理的监控、激励和奖惩机制，使之调动客户经理的积极性、主动性，提高工作效率，防范道德风险。

监控与激励机制主要包括如下几个方面。

1. 合理配置客户资源

目前主要有以下配置方法：

（1）将现有客户资源进行合理配置。即对现有客户资源按公平原则分配给客户经理管理。客户经理负有稳定现有客户和挖掘现有客户潜力的责任。

（2）重新整合现有客户资源后再配置。即对现有客户资源进行重新整合，再分配给客户经理管理。例如，将客户资源按优质、退出、不良资产处置等类型进行分类后，分配给客户经理管理，使分管各类型客户的客户经理有针对性地开展工作。如分管优质类的客户经理就可以尽全力营销市场，拓展新客户；处置类的客户经理可以全力处置不良资产等。也可将现有客户资源按优劣均等综合分配，使每位客户经理均处于相同的业务基点上，发挥其竞争潜力。

（3）对新发展的客户，则可按“谁发展，谁管理，谁受益”的原则进行管理。

2. 对客户经理的授权

对客户经理进行合理授权，有利于提高其积极性。授权内容主要包括：公司客户贷款的初审、审查权；个人消费、住房贷款的初审、审查、审批权；越级请示权；大额现金提取的审批权；一定费用的开支权；贷款利率浮动权；车辆的调度权；后台支援请求权等。

3. 进行科学的考核与奖惩，合理确定客户经理的报酬

对客户经理进行科学的考核与奖惩，以形成客户经理的自我约束、自我激励机制，促使其履行职责、完成任务指标以及进行工作创新，是建立强有力的约束机制，对客户经理进行有效监督的重要措施之一。

对客户经理的考核应按照“公平、公正、公开”的原则进行。①公平，即考核标准客观、统一，让每位被考核者接受相同的考核评价；考核要素全面且相互

独立，保证每位被考核者都能受到全面的考核，避免以偏概全；考核时间与方式统一，保证考核实施过程公平。公正，即要综合运用多种考核方法，以避免单一方法存在的误差累积放大效应；②由不同层次的考核者共同进行考核，保证考核结果具有充分的代表性；自我考核与他人考核相结合；采用科学方法将考核结果进行整理分析，剔除各种异常值，保证考核结果的准确性；考核活动与考核结果的使用分开，保证考核活动只对被考核者按考核内容做出客观的评价。③公开，即考核标准公开，让每位被考核者知道用什么标准对其进行考核；考核方法公开，让每位被考核者知道是如何被考核的；考核结果公开，并让被考核者鉴定认可；建立考核档案，并允许被考核者核查。

此外，还要建立科学的考核实施程序和方法，按考核实施程序和方法进行考核。如广州地区农业银行的客户经理考核由年度行为考核和季度业绩考核两部分组成，季度考核于次季度首月 15 日前完成，各支行对客户经理的考核结果要在次季度首月 18 日前上报市分行信贷管理部，市分行每季度通报一次全系统客户经理的业绩考核情况。

考核结果应予以公布，并要与个人收入挂钩，并作为客户经理评先、晋升的重要依据。合理确定客户经理的报酬，使之起到激励作用。例如，广州地区农业银行的客户经理收入由基本工资和效益工资两部分组成。基本工资部分按月发放，效益工资与客户经理业绩考核挂钩，按季计发。每季对客户经理进行一次考评，实行末位淘汰制，对不称职的客户经理进行淘汰。另外，给予客户经理一定的通信、交通津贴。

第四节　商业银行公共关系促销策略

一、商业银行公共关系及职能

（一）公共关系的含义及任务

公共关系是现代西方国家企业销售促进中逐渐发展起来的一个概念，当前已成为促销的一个主要手段。西方对于公共关系的定义多种多样，比较有代表性的观点认为，“公共关系是通过传播大量具有说服力的材料，促进社会上人与人之间或人与企业之间、企业与企业之间的亲善友好关系”。这表明，公共关系是以组织群体为对象、以获得公众的理解和支持为目标的一门管理科学。

商业银行公共关系促销，是指商业银行运用各种传播手段与社会公众沟通，以达到树立良好银行形象，赢得社会公众的好感、理解、信任和支持，从而乐于接受银行产品和服务的目标。近年来，公共关系在银行的促销活动中占据越来越重要的位置，其主要原因是：①广告的成本越来越高，促使银行探索新的有效沟通宣传的途径；②公众虽然也越来越注意银行的态度，但更看重经济报道，公众舆论越来越受到信息指导；③新的信息技术扩大了影响范围，加快了平均行动速度；④金融产品的购买很大程度上受到主观评价的影响，其沟通宣传的主要载体是口碑，而开展公共关系活动加强了这种主观评价的过程。

根据美国芝加哥公共关系公司总裁菲利浦·拉雷斯的观点，我们可以把银行公共关系促销的任务概括为四个方面：

(1) 从公众的态度觉察趋势，决定银行的走向；

(2) 帮助银行协调这些趋势，把银行引向利益交汇点，而不是引向银行和公众利益的冲突点；

(3) 制定适当的策略和方法，以达通融；

(4) 协助创造有利于银行组织正常运行、正常发展的氛围。

(二) 商业银行公共关系促销的特征

商业银行公共关系促销与银行广告和人员推销方式相比，具有以下四个特征：

(1) 公共关系促销的对象是银行和与其相关的社会公众之间的相互关系，即所谓的公共关系。公共关系与人际关系有着明显的区别，因为人际关系是从单个人出发，研究人与人之间的关系；而商业银行公共关系则以银行为出发点，强调银行与公众之间的联系。

(2) 商业银行公共关系促销的目的在于不仅要推销银行的产品，而且要树立银行的整体形象，争取公众的支持，改善银行的经营环境，取得更好的经济效益与社会效益。

(3) 商业银行公共关系促销的基本方法是双向沟通。银行公共关系促销是银行与企业、公众之间的双向沟通。一方面是通过向客户宣传银行的经营方针、经营范围，使公众了解；另一方面通过信息反馈使银行了解客户，不断调整营销手段与经营方针。

(4) 商业银行公共关系促销的手段比较多，可以利用各种媒体传播，也可以进行各种形式的直接传播。

(三) 商业银行公共关系的职能

公共关系是一门“内求团结、外求发展”的经营管理艺术。其职能主要包括。

1. 收集信息、监测环境

收集信息、监测环境是银行公共关系工作的重要职责之一，银行所需要的信息非常广泛，主要包括：

(1) 产品形象信息。即要收集公众对本银行和同业所提供的产品的各种反应和评价以及如何改进等方面的信息。

(2) 商业银行组织形象信息。即要收集公众对本银行的服务形象、技术形象、组织形象以及员工素质等的反应与评价，如组织机构是否健全，服务质量的好坏，经营管理水平的高低等信息。

(3) 其他信息。包括银行内部公布的信息，即员工对银行的反应与评价、同业机构的动态以及社会经济方面的有关信息，如国内外政治、经济、文化、科技等方面的重大变化等。

2. 提供咨询建议

公共关系工作关系到银行的信誉和形象，关系到银行上下、内外的信息交流，关系到银行的战略目标和社会整体效应，因而，公关人员在一定程度上应成为银行的“智囊”，要不断地把收集到的各方面信息加以分析整理，向管理部门提供有关的咨询建议，使决策者能及时了解本银行在社会公众中的状况，以便做出正确的决策。一般来讲，这些咨询建议包括：公众对本银行知名度和可信度的评价；公众心理的分析预测和咨询；公众对本银行政策和行为的评议。

3. 交往沟通、协调关系

交往沟通是公关的基础，任何公共关系的建立、维护和发展都依赖于银行与相关公众的交往沟通。只有交往，才能实现信息沟通，使银行的内部信息有效地输向外部，使外部的有关信息及时输入银行内部，从而使银行与外部各界达到相互协调。协调关系，是要努力协调好银行内部关系，以及银行与外界的关系，使银行中所有部门的活动能同步化，和谐化，增强凝聚力，银行内部环境与银行外部环境相适应。

4. 舆论宣传、创造气氛

商业银行公共关系的职能之一是将银行的有关信息及时、准确、有效地传递给特定的公关对象，为银行创造良好舆论气氛。例如，通过公关活动，完善舆论气氛，引导公众舆论朝着有利于银行的方向发展，及时控制和纠正对银行不利的公众舆论，及时将改进措施公之于众，避免不良影响扩大，从而收到化消极为积极，尽快恢复声誉的效果。

5. 教育引导、社会服务

教育与服务是商业银行公关的职能之一，即通过广泛、细致、耐心的劝服性教育和优惠性、赞助性服务来引导公众对银行产生好感。在银行内部，公关部门要向员工输入公关意识，教育引导银行各部门、每一个员工都重视银行的整体形象和声誉；对银行外部各界，公关部门代表银行，通过劝服性教育和实惠性社会服务，使社会公众认同和接受银行的行为。

二、商业银行公共关系促销原则及流程

（一）商业银行公共关系促销的原则

为了实现营销目标，银行在公共关系促销中，必须把握以下原则。

1. 协调原则

公共关系是银行促销的主要手段，通过沟通、协调，促进银行与社会公众的相互了解和合作，建立和保持良好和谐的关系。一旦沟通不畅，协调不当，就会形成不利于银行正常运行、正常发展的氛围。协调是银行公共关系的主要手段和基本原则。

2. 超前原则

商业银行在举行公共关系活动前要及时搜集、掌握社会公众需求和心理偏好的变动趋势以及对银行信誉、形象的评价，以决定公共关系促销的策略。

3. 互惠互利原则

商业银行在与社会公众交往中，要兼顾双方的共同利益。本着“客户至上”、“客户在我心中”的一片诚意为公众服务，由此树立起来的良好形象和声誉，会得到社会公众的回报，从而把银行和公众的利益引向交汇点。

4. 整体效益原则

在公共关系促销中，银行在追求自身效益的同时，更要注重社会的整体利益。因为公共关系的目标，是要在社会公众中确立长期稳定的良好形象，银行在自身利益和社会整体利益发生冲突时，要首先考虑社会整体利益，这样才能博得社会公众的赞誉和支持，最终也将促进银行自身经济效益的提高。

（二）商业银行公共关系流程

一般来讲，商业银行开展公关活动，包括以下四个基本步骤，如图 10-4 所示。

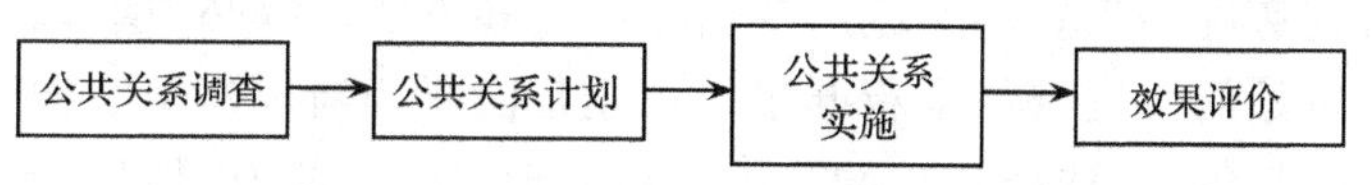

图 10-4 商业银行公共关系流程

1. 公共关系调查

公共关系调查是开展银行公共关系工作的基础和起点，其目的是要通过调查来了解和掌握社会公众对银行决策和行为的意见，据此确定公关目标，并为公关计划工作打下基础，同时也可以为银行监测环境提供判断条件，为寻找实现目标的方法提供依据。公共关系调查内容广泛，主要包括银行基本状况调查，公众意见及社会环境调查等内容。

2. 公共关系计划

公共关系是商业银行的一项长期性工作，合理的计划是公共关系工作持续高效的重要保证。公共关系计划的制定，要以公共关系调查为前提，围绕银行的整体目标来确定公共关系工作的具体目标，制定科学合理、切实可行的行动方案。如选择确定具体的公关活动对象，具体的公共关系策略，编制公共关系预算等。

3. 公共关系的实施

商业银行公共关系活动是否能取得预定的效果，不但取决于计划制定的是否可行和切合实际，而且更重要的是取决于计划的落实情况。市场是复杂多变的，在计划实施的过程中，往往会出现计划中预料不到的问题和障碍，因此，银行必须要抓好计划的实施工作，以确保目标的实现。为此，银行要正确地选择公关媒介和公共关系的活动方式。一般来讲，银行应依据公共关系工作的目标、要求、对象和传播内容以及经济条件来选择公关媒介；依据不同的公关对象和不同的公关任务以及银行自身的特点和不同的发展阶段来选择公共关系的活动方式。

4. 公共关系促销效果的评价总结

公共关系效果的评价总结，主要依据社会公众的评价，对某一公共关系促销计划实施产生的效果进行分析调查、检测，并与预期目标相比较，从中衡量和评估公共关系活动的效果。通过分析、评价，找出成功与失败之处并进行原因分析、归纳总结，能为以后的公共关系工作提供决策依据，并为银行有计划的持续性进行公共关系工作提供必要的保证。

三、商业银行公共关系促销工具

公共关系促销的核心是公共关系活动的方法和形式的策划与实施。成功的银行公共关系促销活动会起到树立银行良好形象的预期效果，而失败的公关活动则会给银行形象造成不利影响。银行公共关系促销活动的成败很大程度上取决于是否有计划和是否有创造性。当然，无论选择何种形式和方法，都必须事先筹划，根据银行在目标市场所处的位置（如是新办银行，还是已有相当规模和信誉的银行，或是处于困境中的银行等），选择独特的公关内容和形式，才能取得好的效果。

商业银行公共关系促销工具有很多，常用的有以下几种。

（一）通过新闻媒介，宣传银行形象

新闻媒介，如报纸、杂志、广播、电视等，是最重要的与公众沟通、扩大影响的渠道。新闻报道在说服力、影响力、可信度方面比商业广告所起的作用要大得多，也最容易被社会公众接受和认同，所以银行要与新闻媒介建立良好的关系，争取他们的支持。有的银行设立新闻联络员，不仅保持与新闻界的密切联系，而且主动培养记者对金融界的兴趣，随时向金融界透露本银行的业务状况，以提高公共宣传的效率。当然，更重要的是银行要不失时机地策划出价值高、可予报道的新闻，并在高质量、有社会影响的媒体上报道，这样才能引起新闻媒介的关注，成为传媒的热点。

例如，中国银行深圳分行在开展电脑代收缴水、电、电话费、煤气管道费、社会劳动保险费、高层楼宇费、代发工资、代办股款收付结算等现代生活“一条龙”服务时，曾受到有关管理部门的反对。为此，该行开展了广泛的媒体攻势，

对政府方面积极反映情况，并介绍这一服务符合国际惯例，有利于深圳投资环境的改善；组织有关部门参观、考察电脑代收费的全过程；策划和组织了与邮电部门联合召开代客户收费座谈会，把客户的意见及时反映给主管单位；并写成长篇通讯《改革带来的思考——电话代收费以后》登在《深圳特区报》上。通过这一系列活动，取得了市政府和主管单位的支持，推广了电脑代收费业务。

（二）借助社会名人和知名团体，扩大知名度

商业银行邀请名人参加开业典礼、新产品发布会等，都能达到扩大知名度的目的。

（三）积极参与和支持社会公益事业

在国外，对社会公益活动进行赞助是银行开展公关促销的主要形式。我国很多银行也积极借鉴这种做法扩大银行的影响，如赞助希望工程和孤寡老人，为慈善基金会和教育基金会捐款，热心支持所在社区建设以及赞助大型文体活动等。通过赞助活动，金融企业可以获得以下几个好处：通过设置在运动场、剧院等处的广告牌宣传了银行的名称；通过媒体报道赞助活动的过程获得免费的公共宣传，大大提高了银行的知名度；给公众一种对社会的责任感、对公益事业热情的良好印象，可以赢得公众的普遍赞誉。

例如，招商银行就积极从事捐资助学、救灾扶贫等社会公益活动，每年都要组织全行员工参加各种捐款活动。1998 年为长江流域特大水灾捐资达 786 万元，1999 年 8 月又组团赴云南进行扶贫考察。再如，华夏银行 1999 年启动“华夏银行六三扶贫工程”，帮助贵州 3 个贫困县脱贫、投资建设 3 所学校、资助 300 个贫困生上学、培训贫困地区基层干部 3000 人次、向 3000 个农户提供扶贫贷款，支持 3 个有成就的农副产品深加工和养殖业项目。这些活动都体现了银行的爱国忧民的精神，也扩大了银行的影响。

（四）主动与客户保持联系，包括口头沟通和书面沟通

如个别访谈、讲演、信息发布会、座谈会、通信、邮寄宣传品与贺卡等。在美国，有的银行把联系客户作为一项强行规定的硬指标，目的就是为了使银行形象能长期保留在客户的记忆中，这种公关活动对维系老客户、吸引新客户都有良好的作用，尤其对稳定老客户作用更大。例如，工行上海分行配合喜迎储蓄存款超过 20 亿美元的日子，诚邀客户到新坐落于浦东的世纪金融大厦参加金融一日游活动，让广大市民真正体会“身边银行”的浓浓深情。

第五节　商业银行体验营销策略

随着科技、信息产业日新月异的发展，人们的需求与欲望、消费者的消费形

态也相应地受到了影响。人们的消费需求在体验经济时代发生了新的变化。为了适应体验经济时代消费需求的变化，体验营销应运而生。

一、体验与体验经济

认知“体验”是研究体验经济、体验营销问题的前提。

1. 体验的概念

体验是个人的心理感受，是人们受个别事件的某些刺激的响应。体验会涉及人们的感官、情感、情绪等感性因素，也会涉及知识、智力、思考等理性因素，同时包括身体的某些活动。体验是人们的一种客观的心理需求，如星巴克咖啡厅。

2. 体验的基本性质

(1) 产出间接性。企业是无法直接生产体验并提供给顾客的，他们只能提供体验产生的土壤，体验只能是顾客自己产生并被自己消费的。

(2) 消费主动性。无论是在体验的生产过程中，还是在体验的消费阶段，顾客都具有较大的主动性，体验正是这种主动参与所形成的。

(3) 不确定性，或称即景性。体验强调的是顾客心理所发生的变化，不同的情景有不同的感受、不同的体验、不同的价值。

(4) 差异性。由于体验是情感性的提供物，而每个人的心智模式都不一样，所以即使同样的情景也会产生不同的体验。

3. 体验与服务的区别

体验与服务都强调生产与消费的不可分割、生产者与消费者的互动，但是，体验与服务并不相同。服务以生产者为价值创造主体，消费者的消费属于“被服务”；而体验则以消费者作为价值创造主体。可以说，体验作为产品才使营销成为真正意义的以消费者为中心的互动过程。

4. 体验经济是人类社会发展的必然结果

在人均GDP较低的时代，人们疲于追求满足温饱，无暇体会感觉，体验不可能成为商品，只有当物质生活水平达到一定程度以后，才可能出现所谓的体验经济。

5. 体验经济时代的消费需求

(1) 在消费结构上，情感需求的比重增加

在体验经济时代，人们购买商品的目的不再是出于生活必需的要求，而是出于满足一种情感上的渴求，或是追求某种特定产品与理想的自我概念的吻合，人们更偏好那些能与自我心理需求产生共鸣的感性商品。

(2) 在消费内容上，大众化的标准产品日渐失势，对个性化产品和服务的需求越来越高。

在体验经济时代，人们越来越追求那些能够促成自己个性化形象形成、彰显自己与众不同的产品或服务。消费者出现个性化回归的趋势。

(3) 在价值目标上，消费者从注重产品本身转移到接受产品时的感受

在体验经济时代，人们似乎不仅仅关注得到怎样的产品，而是更加关注在哪里，如何得到这一产品。或者说，人们不再重视结果，而是重视过程。

(4) 在接受产品的方式上，人们已经不再满足于被动地接受企业的诱导和操纵，而是主动的参与产品的设计与制造

主要表现在消费者从被动接受厂商的诱导、拉动，发展到对产品外观要求个性化；再发展到不再只满足于产品外观的个性化，而是对产品功能提出个性化的要求。

二、商业银行体验营销策略分析

1. 体验营销的定义

体验营销是企业以服务为舞台，以商品为道具，以消费者为中心，创造能够使消费者参与、值得消费者回忆的营销活动过程。如图 10-5 所示。

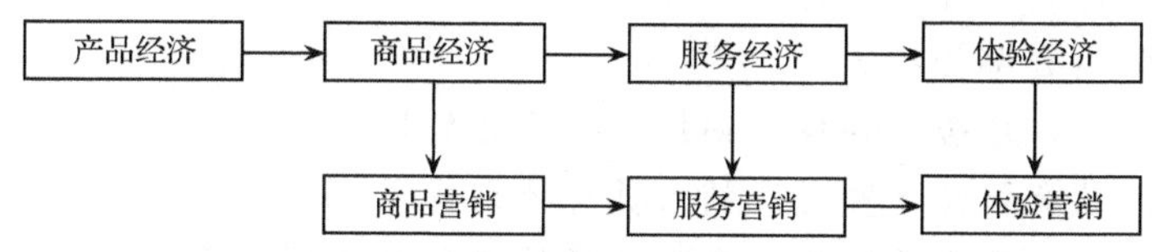

图 10-5 营销模式的演进过程

从图 10-5 清晰可见，体验营销是适应体验经济时代需求变化的必然选择。

2. 体验营销的层面

(1) 感官层面。即通过视觉、触觉、味觉和嗅觉为顾客创造审美上的愉悦、兴奋和满足。

(2) 感情层面。即通过诉诸顾客的内在感情来创造美好的消费体验。

(3) 思想层面。即通过诉诸顾客的心智来创造解决问题的体验。这一营销方式特别适用于技术产品。

(4) 行动层面。此层面的营销试图影响顾客的有形体验和生活方式。

(5) 观念层面。此层面的营销诉诸顾客自我提高和寻找归属感的愿望。

3. 商业银行体验营销策略具体内容

商业银行是以提供金融服务产品，以满足客户需求的金融行为，客户在接受金融服务的过程中，体验感受对其购买消费行为产生重要的影响，因此，商业银行应该通过有效的体验营销策略，以刺激消费者的购买消费行为。具体体验营销策略如下：

（1）营销理念以“增加客户体验”为主。努力贴近顾客，体会顾客的要求与感受，进行“情感营销”，以满足顾客的心理需求。

（2）营销重点以满足、创造顾客的个性化需求为主。努力建立“柔性生产”和“柔性营销”模式，迎合顾客个性化心理回归的趋势。

（3）营销手段应当突出顾客参与，加强企业与客户的互动。企业可以通过让顾客体验产品、确认价值、促成信赖后自动贴近产品，成为忠诚客户。不仅要强调企业和客户的互动，更要强调客户与客户的互动。塑造品牌内涵，强化顾客对产品的情感诉求。

关键概念

商业银行促销、经济广告、人员推销、团队、商业银行公共关系促销、体验营销

思考题

1. 商业银行促销可以发挥哪些作用？
2. 广告促销有哪些特点？
3. 什么是银行广告的媒体？如何选择广告的媒体？
4. 人员促销有何特点？对促销人员有什么要求？
5. 公关促销的特点是什么？在公关促销中要遵循哪些原则？
6. 怎样理解客户经理的内涵？
7. 分析客户经理在我国商业银行营销中的作用？
8. 联系工作实际讨论银行如何实行客户经理制？

案例

强势品牌下的个性化选择——商业银行营销广告的策略剖析

用市场营销的视角和方法观察分析国有商业银行的营销广告策略，可以让我们得到有益的启示。目前的工、农、中、建四大国有商业银行，其前身都是分别从事分工明确的工商企业、农业、外贸、国家重点建设的专业银行，业务领域不同，客户群体不同，产品也各有特色，不用营销策划，也不用做广告。自1995年开始，四大专业银行根据国务院的统一部署，逐步向国有商业银行转轨，相互之间的专业分工被彻底打破，相互之间的市场争夺和产品竞争日趋激烈，各家银行的营销广告也由此导入。

商业银行的本质在于提供服务，即提供个性化的金融产品和优质周到的人性化服务。这种服务能够得到认可的前提是银行首先要树立自己定位明确的企业形象，为自己树立一个独具特色的企业品牌和产品品牌。品牌代表着企业的知名度，也代表着客户的忠诚度。创建一

个品牌需要花费大量的财务代价，维护一个品牌则需要系统的、长期不懈的努力。一个口碑良好的品牌，往往导致人们在进行消费选择时更多的是凭感情而不是凭理智。

为此，在现代市场经济条件下，探讨银行品牌的建立与维护、产品的营销和广告等应有的战略定位和策略选择，无疑具有重要意义。

商业银行的营销广告，除了企业本身的形象广告外，其余的便是众多金融产品的营销广告。而广告，严格地说，也是一个营销的概念。银行做广告，实质上就是在多元化的市场中树立品牌，强化品牌，营销客户，争取客户，最后达到开拓和占据市场的目的。对于银行品牌来说，不仅是一个个单项产品的品牌，更主要的还在于建立与维护其母品牌。只有做强、做大母品牌，才能真正使一系列子品牌为各类客户所接受，这也是一个银行设计和投放广告应有的策略性选择。

首先，应着力塑造强势的母品牌。品牌，是一个企业生命的灵魂，只有不断地通过新闻、广告等各种形式的宣传，突显品牌个性，提高知名度，增加美誉度，才有可能在激烈的市场竞争中铸造一个独特的强势品牌。各家银行的竞争目前已进入了一个新的时期，制胜的关键在于如何增强其品牌的核心竞争力。

就广告传播规律而言，只有当一个企业的母品牌在市场上达到一定知名度时，才有进一步对其产品等子品牌进行推广传播的必要。显然，目前的工、农、中、建四大国有商业银行，在母品牌塑造的策略上还缺乏力度，品牌包装上缺乏特色，还没有形成类似花旗、汇丰等外资银行的强势品牌。相反，招商、民生等一些中小银行，在品牌的推广和传播上却频频出击，在新的市场竞争中形成了强烈的冲击波。

2006 年，外资银行将全面开展人民币业务，为尽快在国内市场树立其企业品牌和金融服务品牌的市场形象，从 2002 年开始，外资银行在国内，特别是上海地区的广告费用正在大幅度的逐年上升，而且其年递增率也在逐年增加。一旦外资银行的广告费用、市场份额超过中资商业银行，加上其本身已经成熟的金融产品，无疑将对中资商业银行的市场竞争力形成更加严重的威胁。

为此，四大国有商业银行不仅要选择专业的广告公司，专业的广告公司亦应站在传播战略的高度，为银行提供外脑型的专业服务，研究竞争市场格局，捕捉市场信息，拟订传播计划，制定品牌推广战略，评估广告传播效果，适时推出适应市场需求的整体营销方案。着力打造强势的母品牌形象应是当务之急。

其次，精心打造具有核心竞争力的产品品牌。目前，四大国有商业银行产品的差异化小到几乎为零，而相互之间的竞争却日趋激烈。为占有更多的市场份额，赢得更多的潜在客户，投放广告无疑将会为营销起到积极的推动作用。而在目前，由于相互之间产品差异化很小，导致各家银行的广告设计和策划方案几乎趋同，不能在消费者心中留下深刻印象。

以产品为基础的营销所关注的是销售，而不是客户的需求。这种营销策略通常采用如邮寄、广告、广播和电视等大众传播渠道来进行，有时也可能是大型产品咨询活动，其结果由于目标客户群不够明确而花费大、收益不可预见。而且，这种以产品为基础的营销举措是否有效无法得到精确度量，营销活动后的投入产出分析也难以量化。应该说，目前各家银行开展的营销活动，多采用传统的手段，重广告形式而缺乏创意内涵或重广告文案而缺乏整体策划，变换的只是画面、口号、奖项等，如抽奖活动、消费积分或价格折扣，这些手段对客户而言，刺激作用会边际递减；而广告对于品牌的贡献度，由于其与品牌内在价值的脱离而未达到应有的诉求目的，甚至陷入了为设计而设计的误区。

对于银行而言，对公业务和对私业务有着诸多的产品，如资金结算网络、重要客户服务系统、财务顾问、各类咨询服务；银行卡、个人住房贷款、个人汽车贷款、个人理财、代收代付业务以及24小时自助银行、电子银行、网上银行、电话银行等等。不论是对公或是对私业务，相对而言，都有独具核心竞争力的、能够给银行带来丰厚利润的产品。银行不可能对所有的产品投放广告。在制定营销策略时，一方面，对单项产品的宣传营销，应有重点选择；另一方面，同一类别的不同产品之间，也可以采取组合营销的手段。对于同样的产品，不同的银行其优势各不相同。只有在广告创意中找到与众不同的差异点，才能真正达到广告的营销效果。众所周知，不同品牌的矿泉水，在本质上差异化都很小。但农夫山泉抓住了“有点甜”的卖点，在黄金时段高频度的投放广告，取得了良好的促销效果；而乐百氏给顾客传导“二十七层过滤”的生产过程，深受消费者信赖，同样达到了殊途同归的效果。银行的产品广告同样如此，要找到真正吸引顾客注意力的卖点或差异点。只有这样，才有可能使用有限的财力，在母品牌的带动下，进一步打造具有核心竞争力的特色产品品牌。

资料来源：柴翔．金融时报，2003-11-17

案例讨论题

1. 商业银行营销中广告策略应考虑哪些因素？
2. 从该案例中你能得到什么启示？

第十一章

商业银行名牌形象策划与创意营销

日本商战专家中西元男曾经说过：企业形象将是市场竞争的最后一张王牌。大凡成功的企业几乎无一不是着意将企业的各种要素整合提升为一个独具特色而又一以贯之的形象。由于商业银行产品和服务具有极强的同质性，很容易被模仿，所以，商业银行的整体形象以及产品的附加因素如名牌、信誉、实力和服务质量等客户心目中的形象因素就格外重要。本章主要介绍商业银行 CIS 战略、形象设计的内容以及有助于提升商业银行形象的重要营销策略之一——有形展示的功能及有形营销环境设计、商业银行创意营销。

第一节　商业银行名牌

打造知名品牌是许多企业营销战略中的一个重要组成部分。实施名牌战略，必须从理论上认识名牌，并且在实践中投入相应资源，采用适当的策略精心培育品牌，才能不断提升名牌的影响力。

一、商业银行名牌战略

名牌，一般被认为是著名的、被公众认可、接受并受到广泛欢迎的品牌。创造名牌是品牌战略的核心，也是商业银行多种产品营销策略的最终落脚点。商业银行如果能够成为顾客认定的名牌银行，其无形资产的价值是极其巨大的。如果银行的某种产品成为消费者心目中的名牌金融产品，则其对商业银行未来业务发展的巨大促进作用也是不可低估的。

商业银行名牌的创建可以是多层次、多角度的。如名牌银行（也称为精品银行）可以是指名牌总行、名牌分行、名牌支行、名牌网点；还可以是名牌产品等。顾客一般会从金融机构的规模大小、质量高低、产品品种、数量多少，价值状况、服务质量优劣、信誉好坏等多方面，多角度地认定自己心目中的名牌。

（一）创立名牌金融产品

名牌金融产品应符合下列基本条件：①在同类产品中，为更多数的顾客所欢迎、热爱、期盼，即忠诚顾客群最大，或市场占有率最高。②最先开发、最先上市、并成功营销，知名度很高。③在市场上具有导向作用或领导地位，有较多的追随者或仿制者，能够为银行带来较为丰厚的利润。

另外，创建名牌金融产品，其品牌应在特殊性、恰当性、记忆性、灵活性上达到较高的水平；品牌特征要素必须匹配，在所有媒介上使用要统一；品牌决策应以科学研究为基础。

以招商银行“一卡通”为例，可以说“一卡通”是招商银行“科技先行”和“因你而变”的经营理念指导下的一种独创产品，它的名称简单、易记，又反映了产品“通”的特质，加上整体的、强有力的宣传，使得招商银行“一卡通“成为独具特色的知名品牌。

（二）创建名牌银行

名牌银行应具备以下基本条件：

(1) 拥有至少1～2个名牌金融产品，并以其为中心形成多品种、合理的金融产品结构，使其在数量、质量规模、效益等方面在同行业中保持领先地位。

(2) 拥有与新科学、高技术发展同步的、先进的金融理论和精良的技术设备，可以与世界上主要的金融市场和先进金融机构的主要业务进行对接。

(3) 其各种金融产品和服务的品种、数量、质量和其他营销组合因素，能够适合社会环境的变化与要求，适合市场需要与顾客要求，并具备快速、灵敏的市场应变能力。

(4) 拥有比较稳定的和逐步扩大的市场份额，具有一定的时空控制力量。例如，具有较强的融通资金的能力，可以适应不同情况下的资金流动性的需求等等。

(5) 拥有明显的人才优势。应有一支结构合理、素质高、能力强的领导者人才队伍、管理者队伍、科技信息人才队伍和员工队伍。

(6) 拥有明显的特色优势，在多方面异于、优于、新于其他银行。例如，具备总体上的质量优势；盈利稳定上升，成本明显低于同行业；员工待遇较高，工作安心；整体形象良好，顾客满意，等等。

花旗银行是全球最有价值的金融企业名牌。从1993年开始，花旗银行在全球实施“以客户为重点的管理”计划，了解客户需求，根据客户需求改善银行的服务，并将客户导向的经营和服务理念贯彻于花旗银行全球的所有机构和员工的意识中。在进行营销沟通与宣传时，极其注意能与其提供的质量匹配，决不做过高或过多的承诺，而一旦对顾客做出承诺，银行就必须保证做到。言出必行，信守承诺使花旗银行赢得了顾客的信赖，树立了良好的企业形象。

二、实施名牌战略决策应注意的问题

（1）突出名牌特征，加深顾客印象。使用银行产品的顾客，常常是根据对产品和服务的期望来识别品牌，而且不同的顾客对相同品牌的感觉及联想的程度也不相同。所以商业银行应根据顾客的期望、感觉、联想等心理特征的不同，通过各种营销推广形式，对其产品的品牌属性、利益、价值、文化或个性等加以突出，以加深顾客印象。

（2）宣传与服务质量相匹配，赢得顾客信赖。顾客对品牌认识熟悉和接受主要是在使用中形成，因此往往会把品牌特点与对产品的满意程度联系在一起。这就要求商业银行一方面在产品的销售及售后服务中加强其服务功能；另一方面通过广告或一些重要的业务活动以使顾客强化对品牌优势的感受，提高客户满意度。

（3）整合运用各种传播工具和方式，强化“一个声音、一个面目”的整体名牌形象。整合营销传播是取得营销成功的关键。商业银行必须将各种传播工具和方式进行一体化整合，并采取“一个声音、一个面目”的表现手法，使所有的传播信息均呈现出一致的模样与个性，加强传播效果，塑造强有力的品牌形象。

（4）名牌宣传和银行形象宣传相结合，相得益彰。整合营销传播理论告诉我们，在产品越来越趋于同质化的今天，商业银行单纯依靠产品在竞争中取胜已不太可能，甚至会导致失败。企业在推出产品并保证产品的品质与功能的同时，须将产品与企业形象结合起来，并通过整合的传播方式，传递给消费者，使消费者对围绕产品的附加信息如企业形象等产生认同、信赖。这样才能真正造就一个独特且牢不可破的品牌。

如招商银行“一卡通”，不仅是招商银行的一种独创产品，而且是招行经营理念的一个耀眼的闪光点，这一产品是和招商银行的整体形象紧密结合在一起的，并体现了招行及其产品与客户的关系，因此，在营销宣传时要由形象涵盖产品，由产品带动形象，将两者整合一致，向公众传递“唯有招行才有一卡通”的信息，使公众产生“一卡通是招行为满足自己需要而独创的产品”的认知，从而在公众心目中树立起“招商银行一卡通”这一品牌的牢固地位。

第二节 商业银行形象设计

现代企业间的竞争，已由单纯的产品竞争、价格竞争、促销竞争、服务竞争发展到整体形象的竞争。商业银行形象战略正是顺应这种竞争态势的要求，从塑造整体企业形象出发而制定和实施的新兴战略。以下主要介绍商业银行形象设计的内容。

一、商业银行 CIS 战略

（一）CIS 战略的概念及功能

1. CIS 战略

CI 是英语 Corporate Identity 的缩写，直译为企业特征、企业身份。CI 战略，亦称企业识别战略或企业形象战略，是指在调研和分析的基础上，通过策划和设计 CIS（corporate identity system，企业识别系统），来体现本企业区别于其他企业的标志和特征，塑造企业在社会公众心目中的特定位置和形象的战略。它具有系统性、整体性和特质性的特征。CI 战略是塑造企业良好形象的最有效的战略。

CI 的导入源于 20 世纪 50 年代的美国，IBM 为其创始者。1956 年 IBM 公司请艾·诺伊斯为其设计了一套将公司的标志、字体、符号和色彩融为一体的 CI 系统，成功地塑造了 IBM 产品的优良形象，成为世界上成功运用 CI 战略的典范。

20 世纪 60 年代以后，欧美掀起了 CI 热潮，成功设计了可口可乐等标志，"IBM 就是服务"等广告导语。20 世纪 70 年代以后，日本创造性地实践和发展了具有自身特色的 CI 理论。最早较完整地开发 CI 的企业是东洋工业公司，1970 年该公司推行 CI 计划，并更名为马自达（MAZDA）汽车公司，为日本企业识别系统的推广树立了典范。1971 年，日本第一银行和劝业银行合并成为日本第一劝业银行，并通过良好的 CI 策划，成功地推出了自己的新形象。之后许多企业纷纷利用 CI 战略，建立自己新形象，营业额大幅度上升。20 世纪 70 年代后期，东南亚一些国家的企业也导入 CI。我国企业 20 世纪 80 年代以后才开始注意 CI，如今已被越来越多的企业所熟知和运用。我国商业银行如中国建设银行、中国银行、中国农业银行等也纷纷导入 CI，并取得了显著成效。

2. CI 战略的重要功能

（1）对商业银行进行定位，着重解决商业银行的价值取向、经营方向、经营目标等问题；

（2）创造和形成统一的、独特的企业形象；

（3）改善企业形象，提高员工士气，增强商业银行凝聚力；

（4）改善商业银行与社会公众的关系，赢得信任和谅解。

（二）CI战略的特点

（1）CIS是企业理念、企业行为和视觉标志三者的有机统一体。CIS的三个子系统（MIS、BIS、VIS）之间相互联系、层层递进，形成一个完整的形象识别系统。MIS（理念识别系统）是CIS的核心和原动力，是其他子系统建立的基础和依据。但MIS又是一个较为抽象的系统，其内涵和实质必须通过BIS（行为识别系统）和VIS（视觉识别系统）体现出来。BIS是CIS的动态识别形式，它以MIS作为核心和依据。然而社会公众对于企业行为规范也不可能轻易全面掌握，还必须通过VIS传达给社会公众。VIS是CIS的静态识别系统，是企业理念精神和行为规范的具体反映，它是最直观、最具体、最富有传播力的子系统。因此，CIS是三个子系统的有机统一体，只有通过对三个子系统的策划和设计，制定系统化的CIS战略，才能有效地塑造商业银行的良好形象。

（2）CIS战略的策划必须内外结合。CIS战略不是单纯的银行标志等外部表象的塑造，它涉及银行高层决策者的理念精神和各部门的行为规范。因此，CIS战略内涵的系统性，必然导致CIS战略导入和实施的复杂性和整体性。CIS战略的策划，必须以银行内部力量为主，组成CIS策划小组，借助专业策划公司、咨询公司、大专院校等力量，共同搞好策划工作。

（3）CIS战略的实施必须依靠全体职工的共同努力。CIS战略的实施和落实，必须通过全体员工的共同努力，才能取得成功。因为银行的经营理念决不是一句空洞的口号，它必须通过全体员工的行为加以体现；规范化的内部管理制度，只有通过全体员工的自觉行动，才能得以合理地贯彻和落实；银行良好形象的塑造，是全体员工共同努力的结果。因此，实施CIS战略，必须通过教育和训练，调动全体员工的积极性，使系统化的战略变为全体员工持之以恒的整体行为。

（4）产品与服务标准化是CI战略的重要内容。花旗银行在推行CI战略过程中，力求做到全球所有营业机构和网点都能保持风格一致，采用同样的标志，为客户提供同样水准的服务。

（5）CIS信息的传播必须借助大众和非大众传媒。充分利用大众传媒传播商业银行理念精神、行为规范及企业标志等，能在大范围使公众快速了解商业银行有关信息，迅速提高银行知名度；同时，也不要忽视办公用具、服饰包装系列、企业建筑、公益活动等非大众媒介的传播。

（6）商业银行成功导入CI的关键在于其个性化和差异性。个性化和差异性是银行CI的灵魂，没有个性，就没有识别，也就没有银行形象。CIS策划和设计必须针对商业银行的资源优势，充分体现其自身特点，突出其个性和差异性，才能树立商业银行独特的企业形象。由于金融产品和服务是竞争性的，而竞争性的产品是相似的。因此竞争性产品应重在通过“包装”而不是产品本身突出差异。这种“包装”包括统一的服务、声誉、广告等营造的品牌优势。

（7）CIS战略的导入必须抓住有利时机，与银行其他活动结合起来。商业银行扩展经营领域、开辟新的目标市场、新产品上市、更改行名等，都是CIS战略导入的最佳时机。

（8）商业银行CIS战略的策划和实施的难度超过工商企业。因为银行产品如CD、存单及各种服务如结算、汇兑、储蓄等的一个重要特征是不具有专利保护，易被模仿，很难树立自己的品牌；同时，所有银行的业务种类、服务方式、操作手段、业务流程、管理措施、营业场所、经营目标等也差别不大，不易树立自己的品牌。这种金融产品的同质性，使得其附加因素如服务质量、信誉、形象等在客户心目中的地位尤为重要。另外，金融工具与服务的不可分性，使银行CIS中的行为识别比视觉识别更为重要。一旦员工的行为引起客户不满，银行形象就会大大受损。

二、商业银行形象设计的内容

商业银行形象设计，就是运用视觉设计，将商业银行的理念与事业特质、战略及其行为组织化、规范化、系统化和视觉化，以塑造独特的商业银行企业形象。商业银行形象设计包括三部分内容：

（一）商业银行理念识别系统（MIS）

商业银行理念识别系统是指商业银行的经营观念及文化精神等方面的综合。它是商业银行最高决策层的思想、文化、意识的具体反映，属于最高层次的识别系统。理念识别系统由以下要素组成：①基本要素系统：商业银行的经营哲学与理念。银行使命、精神、文化，银行的经营风格，银行的发展目标，银行的营销策略等。②应用要素系统：银行的行动纲领、经营信条、广告标语、银行行歌、警语及座右铭等。

（1）商业银行的经营哲学设计。商业银行经营哲学是指导商业银行从事经营活动的根本指导思想。现代商业银行强调以人为本，以客户为本的经营哲学，树立为客户提供安全、优质及不断创新的服务理念。如花旗银行“对于银行来说，有时最好的经营策略就是明白自己不该做什么”的经营哲学。中国建设银行“中国建设银行，建设现代生活”的经营理念。

（2）商业银行的精神文化和经营风格设计。由于银行的经营宗旨、经营信条的长期熏陶，使每个银行形成了不同的价值观念、道德规范和行为准则，从而表现出独特的银行企业精神文化和经营风格。

（3）商业银行的发展目标设计。商业银行的发展目标决定着银行未来的发展方向，目标设计既要具有前瞻性，又要具有科学性和可行性。如“令人信赖的服务质量，令人赞许的服务效率，令人满意的服务态度”是中国建设银行的目标追求。

(4) 商业银行的经营战略设计。银行的经营战略是银行经营宗旨、经营信条的具体反映，也是指导银行行为的重要依据。

（二）商业银行行为识别系统（BIS）

行为识别系统是银行对内和对外的各项活动的行为规范，促使全体员工形成共识，共同塑造良好的企业形象。它以理念识别为依据，是银行经营观念及银行精神文化的具体落实。行为识别系统是银行形象的动态识别形式，由以下要素组成：①基本要素系统：银行对内的组织、教育、管理、开发研究、员工福利、工作环境及气氛等；银行对外的市场调研、经营推广、公共关系及沟通对策、社会公益及文化活动等。②应用要素系统：银行对内对外的各项活动及其行为规范、管理制度、岗位责任、考核指标体系等。

1. 商业银行内部行为识别系统设计

商业银行内部行为识别系统设计，就是对银行内部组织制度、员工工作准则、服务态度以及管理教育等制定必需的规章制度，使之规范化、制度化。

员工是将银行形象传递给外界的重要媒体。商业银行导入 CIS 战略，通过对银行员工的教育，使其对银行理念的认知达成共识，形成共同的价值观，使银行的行为规范、工作守则成为全体员工所共有并严格执行的行为指南，从而形成一种良好的风气。

2. 商业银行对外行为识别系统设计

商业银行对外行为识别系统设计，就是通过规范各项经营活动，把银行的宗旨、企业文化渗透到业务领域中去，让客户和社会公众在不知不觉中体会到该银行的可信赖感，并认定其为自己理想的金融伙伴，从而树立良好的企业形象。商业银行对外行为识别系统设计主要包括以下内容：

(1) 金融商品和服务项目的开发和不断创新。随着金融市场竞争的加剧，客户需求的变化，商业银行要想持久地占领市场，必须注意产品创新和服务完善。

(2) 积极参与社会公益活动。具有远见卓识的企业经营者都注意强化企业的社会形象，他们积极关注所在社区的文化、体育、教育事业的发展，投身社会公益事业。美国一家调查组织曾对 463 家美国公司进行了调查，有 75%认为：慈善捐赠能改善公司形象，有 52%认为能提高员工的参与和士气。香港上海汇丰银行成立了隶属于银行的慈善基金，主要用于援助银行所在社区的困难人群，树立了汇丰的社会公益形象。

(3) 做好对客户及其他关系者的传递和协调工作。一个成功的企业不仅要得到客户信赖，还要得到当地政府、股东、同业者、地区社团、新闻界等多方面的支持，必须重视开展公共关系和广告宣传活动，向本企业的客户和各类关系者不断输入商业银行的形象信息。

（三）商业银行视觉识别系统（VIS）

视觉识别系统即通过具体可见的视觉符号对外界传达银行的理念精神和经营行为等有关信息，以便社会公众了解、接受银行所塑造的良好形象。它是银行的理念精神和行为规范的外在表现，是银行形象的直接展示，具有视觉冲击效果，能引起公众关注、记忆、联想。视觉识别系统由以下要素组成：

（1）基本要素系统。银行名称、银行标志（标准字、标准色、象征图案及其组合）、宣传标语和口号等。

（2）应用要素系统。①办公用品系列：文件纸、文件夹、信封、名片、信纸、员工证件；②广告媒体系列：报纸、杂志、广播、电视、网页等；③服饰系列：工作服、徽章、公文包、领带、领花等；④办公室内设计：办公设备及空间设计、部门牌、记事牌等；⑤包装系列：包装袋、包装盒、手提袋等；⑥外部标志：招牌、旗帜、建筑物外观及 CIS 手册等；⑦展示设计：会场布局、展示陈列、橱窗、招示牌等。

1．商业银行的名称设计

商业银行的名称往往蕴含着深刻的含义。商业银行的名称应能体现出银行业务定位和鲜明特色，给人以深刻印象。如“交通银行”、“招商银行”。

2．商业银行建筑物形象设计

由于银行的特殊性，商业银行的重要特色是外观形象，商业银行建筑物总体上倾向于庄严、稳重、气派，以体现其雄厚的财力和稳健的态势，赢得大众信任。

3．商业银行的标志设计

商业银行以信誉、形象为立身之本，其标志构成了商业银行无形资产的重要部分。

1）商业银行行徽设计

银行行徽应简洁、明快、独特而又能体现银行文化内涵。例如，建设银行行徽是由古铜钱演变而来的内方外圆造型，既有明确的银行属性，又着重体现了建设银行的方圆特性。方是严格、规范、认真；圆是饱满、亲和、融通。圆形右上角的变化，丰富了视觉上的美感，形成主体、重叠的效果，代表“中国”、“建设”两个英文字母的缩写，寓意着积累为建设之本。图形突破了封闭的圆形，呈开放型，象征古老文化与现代理念的融通，也寓意着建设银行在改革开放中体现全新的现代经营理念。

2）商业银行的标准色设计

心理学家调查认为：各种颜色对人的感觉、注意力、思维会产生不同影响。

银行视觉识别设计中对色彩的选择非常看重。商业银行标准色的选择应突出银行风格，体现银行经营宗旨和目标。例如交通银行的标准色为蓝色，象征理性、包容、平和、稳定，体现了国有商业银行的大家风范，寓意交通银行“以人为本”，像大海一样吸收容纳各方人才和资金。

3）商业银行的其他应用性形象要素设计

商业银行视觉识别系统要求银行所有对外的视觉暴露统一化，因此对银行名片、建筑外貌、营业厅布局和装饰、招牌、办公设备、服装、信封、便条和账册票据、交通工具等等，都要根据基本设计要素的要求，力求统一化、个性化。

综上所述，CIS战略是一个系统化的整体形象战略，商业银行在策划和实施过程中，必须从CIS战略内容的系统性、战略实施的组织性和计划性、战略导入的整体性等方面进行把握，不断提高战略水准，促进CIS战略的推广应用。

第三节　商业银行有形展示

一、商业银行有形展示及功能

（一）商业银行有形展示的含义

商业银行有形展示（physical evidence）是指在银行服务市场营销管理的范畴之内，一切可以传达商业银行服务特色及优点的有形组成部分。在一般产品营销中，有形展示基本上就是产品本身。而在服务营销中，有形展示的范围较为广泛，除了环境这一支持及反映服务产品质量的有力实证外，还包含所有用于传递金融服务质量与特色的有形组成部分，如服务工具设备、服务人员仪表、行为、宣传册、广告、传单等等。

（二）有形展示的分类

根据有形展示能否被顾客拥有，可将其分为边缘展示和核心展示两类：

（1）边缘展示（peripheral evidence）：是指顾客在购买过程中能够实际拥有的展示。例如，银行大厅里通常有很多包括服务指南、储户须知、笔、纸之类的边缘展示。这些代表服务的物的设计应以顾客的需要为出发点，它们是银行核心服务的有力补充。

（2）核心展示（essential evidence）：与边缘展示不同，它在购买和使用服务过程中不能为顾客所拥有。但核心展示却比边缘展示更重要，因为在大多数情况下，只有这些核心展示符合顾客需求时，顾客才会做出购买决定。如银行的级别、银行的形象、服务的质量等，都是顾客在购买服务时首先要考虑的因素。有形展示有效地解决了金融产品的无形性给银行有效推广金融产品带来的难题。有形展示作为银行实现其产品有形化、具体化的一种手段，是商业银行形象策划的有机组成部分，在银行营销过程中有极其重要的作用。

（三）商业银行有形展示的功能

（1）塑造银行形象，使客户产生认同感、信任感。有形展示是银行市场营销策略的有机组成部分，也是最能有形地、具体地传达银行形象的工具。例如，一些银行将一部分后台操作变为前台工作，将封闭式柜台改变为开放式柜台，可以向客户展示服务工作情况、提高服务工作透明度，使无形服务有形化，增加客户对银行的信任感和认同感，有助于塑造商业银行的良好形象。

（2）有形展示通过感观刺激，让客户感受到服务带来的利益。消费者购买行为理论强调，产品的外观是否能满足顾客的感官需要将直接影响到顾客是否真正采取行动购买该产品。同样，顾客在购买无形的服务时，也希望能从感官刺激中寻求到某种东西。有形展示的一个潜在功能就是给营销策略带来情趣优势。应该努力在客户消费经历中注入新颖的、愉悦的、文化性的因素，从而改善客户的厌倦情绪。因此，商业银行采用有形展示的实质是通过有形物体对顾客的感官刺激，让其感受到银行服务给自己带来的利益，引导客户产生合理的期望，从而影响客户对服务产品的需求。

（3）促使客户对银行服务质量产生优质的感觉，为消费者提供美的享受。银行服务质量的高低由许多因素决定，可感知是其中的一个重要特质，而有形展示正是可感知服务的组成部分。与服务过程有关的每一个有形展示，如服务设施、服务人员仪态仪表等都会影响客户感觉中的服务质量。优良的有形展示能使客户对服务质量产生优质的感觉。细微之处见精神。例如，营业场所为客户提供茶水、报刊，排队管理，“开放日”制度以及舒适优美的环境，无不传递着银行服务的能力以及对客户的关心程度。优质服务的第一感觉便由此而生。

（4）促进银行内部营销，促使员工提供优质服务。从内部营销的理论分析，银行员工也是银行的顾客。由于金融产品的无形性，客户难以了解其特征与优点，银行员工作为银行内部顾客也会遇到同样的难题。只有员工完全了解了银行服务，才能保证他们所提供的服务符合银行所规定的标准。所以营销管理人员利用有形展示突出金融产品的特征及优点时，也可利用同样的方法作为培训员工的手段，使员工掌握服务知识和技能、指导员工服务行为，为顾客提供优质服务。而且，做好有形展示工作，不仅可为客户创造良好的消费环境，同时为员工创造良好的工作环境，使员工感到银行关心他们的工作条件，进而激励他们为顾客提供优质服务。

二、商业银行有形营销环境设计

商业银行有形营销环境是指银行向顾客提供服务的场所，它不仅包括影响服务过程的各种设施，还包括许多无形的要素。因此 ，凡是会影响商业银行服务水平和服务沟通的任何设施都应包括在内，如建筑物、土地、装备以及所有内部装潢、家具和供应品。商业银行有形营销环境设计可以看做是一个系统工程。

（一）商业银行有形营销环境设计的理论依据

物质环境对人的态度的作用是设计师、建筑师和装饰家们都众所周知的。

物质环境，包括外部的和内部的，有很强的沟通能力。在消费之前，客户就在寻找信号（暗示）：企业提供服务的能力、服务的特点以及消费能获得的满意程度等。物质环境对消费者的影响依企业性质不同而异，物质环境对餐厅、银行、诊所和零售店的作用都很强。

20 世纪 70 年代以后，环境心理学产生并发展，它主要研究工作环境及公共场所的组织对人的心理作用。其中比较成熟的有 M-R 模式和比特内模式。

（1）M-R 模式：麦赫拉卞（Mehrabian）和拉塞尔（Russell）1974 年采取刺激-组织-回答方式（S-O-R），提出工作人员对物质环境的反应有两种相反的态度：积极与消极。所谓积极态度包括在一个地方引发的下列态度：留下来的愿望、探索和好奇、工作、重返、保持忠诚等。所谓消极态度则完全相反：不停留、不探索、不工作、不重返的想法。如图 11-1 所示：

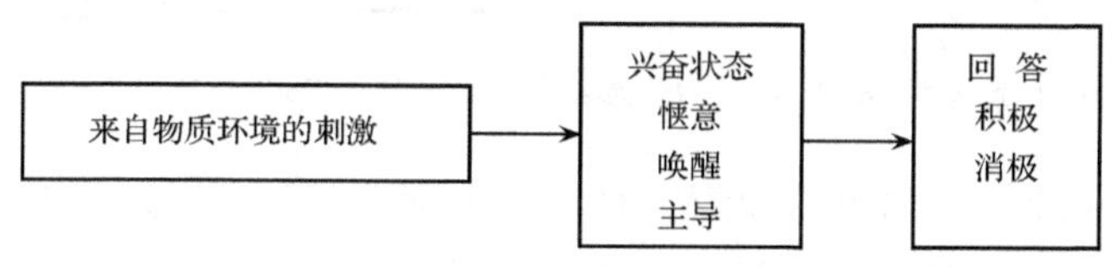

图 11-1　M-R 模式

多诺皖（Donovan）和罗西特（Rossiter）1982 年简化了 M-R 模式，并把它用于对一些销售点的调研之中，并得出两个主要结论：一是研究表明在销售点上酝酿成熟的兴奋可以使人预见消费者的态度，而不是其习惯或者购买意图；二是物质环境引起的惬意感受似乎是促使消费者在那个销售点逗留更长时间和花更多钱的主要原因。

（2）比特内（Bitner）模式：比特内模式已经成为一种较成熟的环境心理学理论，它充分研究了物质环境与人的态度之间的关系。比特内模式较 M-R 模式运用更为广泛。我们通过图 11-2 来说明比特内模式。

比特内模式表明服务景观如何作用于顾客以及从事工作的员工的能力和动机，图 11-2 指出了顾客和员工的积极/消极方式大部分是内部环境所决定的：认识、兴奋和现象。

（1）社会互动。除了作用于个人的态度，服务环境还与人际关系相关，特别是对人际接触起决定性的服务具有重要影响。例如，顾客与员工的距离、环境内部的规模、椅子或沙发的摆设都说明顾客和员工之间的关系。在银行大厅里请客

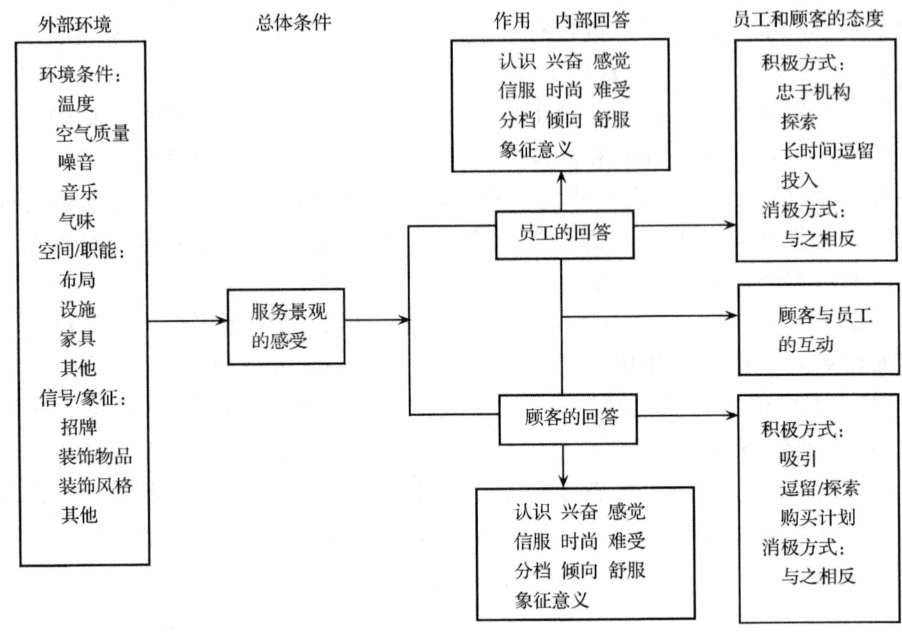

图 11-2 一个服务组织内的物质环境与顾客/员工态度的关系（万后芬，2003）

户坐下来，已经开始为积极的探索性对话做了铺垫。站着处理业务则会让人觉得时间很长，开放式柜台有利于友谊的形成和方便沟通。

（2）内部回答。环境心理学研究表明无论是顾客还是员工，对环境刺激的回答都是认识、兴奋和身体感觉。这种回答代表着他们的态度。即环境感受造成一定的兴奋、一定的信服和身体感觉，这些都影响着态度的形成。

（3）认识的回答。有一种“专门的语言”——物质环境。例如，建筑物和内部装饰、员工的着装等都是一种非语言沟通与宣传，作用于顾客的信服和评价。研究表明，商业银行的内部装饰作用于顾客对其服务的评价强度非常重要。

（4）回答。与对外部刺激的所有回答一样，态度是人员和造成他处的状态特点等因素的综合结果。个性、倾向、动机对外部变量的作用进行过滤和反应。有的人寻求物质环境给予的新刺激，有的人则尽量避免刺激。人们对一家银行的经验的记忆取决于当初促使自己进入银行的动机，也取决于其身体条件。如果客户精神焕发，时间充裕，到银行里就有兴致欣赏各种变量，并不会在意排队者的存在。一个人对来自环境的刺激的回答还取决于他对服务的预期。如果预期得到确认，当然是惬意的。

（5）总体环境。事实表明每个人接受外部环境的多重刺激，但他的态度是受这些刺激的总体决定的。来自外部环境刺激的重要性依服务种类而异，在以人际关系为基础的银行服务中，环境条件显得更加重要。

（6）环境因素。商业银行可以用来刺激或者限制顾客和员工态度的物质环境因素很多，研究表明有三个因素特别重要：①环境条件。涉及空气质量、照明、噪声、气味等，这些都是刺激人的感官因素。②布局和职能。即设备、家具、设施等的表面分布，涉及它们的规模和形态以及与空间的关系；布局的职能是这些因素对促进服务工作，即达到设计目的的能力。③信号、象征。企业外面的招牌或里面的结构可以起到宣传企业形象和服务质量的作用。这种沟通因素作用于顾客的预期，银行建筑材料的质量、地毯的铺设、墙上的字画、合适的灯光，都传递出来了这个服务网点意欲产生的效果的信息。

（二）商业银行有形营销环境设计应考虑的因素

商业银行设计理想的有形营销环境并非易事，除了需要花费大量资金外，一些不可控因素影响着有形营销环境设计。一是顾客和员工对环境的感受具有较强的主观性，难以找到一个确切答案；二是每个人都有不同爱好和需求，他们对同一环境的认识和反映也各不相同，因此设计能满足各种顾客和员工的有形营销环境非常困难。一般而言，商业银行有形营销环境的设计过程中应考虑以下几个方面因素：

（1）选择适当的地点。适当的地理位置容易吸引更多顾客。适当的地点主要指使银行接近于目标顾客集中的地区，并非单纯指银行应处于客流量较多的繁华商业区或交通便利的地方。

（2）创造个性鲜明的业务环境。业务环境是指银行提供服务的最基本条件，顾客选择银行首先要看的就是银行是否能提供其所需的业务服务。从外部看，要求建筑物坚实可靠、富有个性，招牌位置明显，文字字迹清楚；从内部看，要求服务设施齐全、柜台设置合适、员工训练有素。这些要素合并在一起形成银行富有特色的整体形象。

银行建筑传统上被设计成对称、高大的形象，并且以“方块式”为主，以突出银行坚实、牢固的形象。在城市化的进程中，人们已经厌倦了千篇一律的建筑风格，对银行的态度也是一样。国际著名建筑设计师贝聿铭设计的香港中银大厦就一改传统，以其不对称的结构和独特的风格为中银塑造了独特的形象，也成为香港的标志性建筑之一。内地的银行在建筑上少有自己的风格，大家一看到装饰很好的建筑就知道十有八九是银行，但具体是哪一家银行就没人能分辨得出。上海陆家嘴金融区的一些银行在建筑风格上开始有所创新，值得借鉴。

（3）设计富有特色的营业厅堂环境。营业厅堂是有形展示的重要组成部分，是有形展示设计的重点。因为顾客在接触服务之前，最先感受到的就是厅堂气氛，尤其是对那些先入为主的顾客，厅堂环境气氛至关重要。诸如厅堂空间的大小、布局、“一米线”的有无、排队人数多少、员工服饰个性、保安站立的位置及其仪态仪表等任意一个因素都有可能留住或失去顾客。所以商业银行要根据自身定位，深入研究“第一印象”。在厅堂环境设计中，以吸引客户为出发点，积极创新，在安全、方便、高效的前提下，创造出富有个性的厅堂氛围，如“一米线”管理、排队管理、开放式柜台等。

三、信息沟通和价格展示

（一）信息沟通展示

信息沟通是商业银行的另一种服务展示形式，这些来自银行本身以及其他引人注意的沟通信息，通过多种媒体传播、展示服务。从赞扬性的评论到广告、从顾客口头传播到公司标记，这些不同形式的信息沟通都传送了有关服务的信号，影响着银行营销策略的实施效果。

商业银行希望通过现有的服务展示，并创造新的展示来有效地进行信息沟通管理，从而使银行的服务和信息更具有形性。图 11-3 总结了商业银行通过信息沟通，进行服务展示管理所能使用的各种方法。

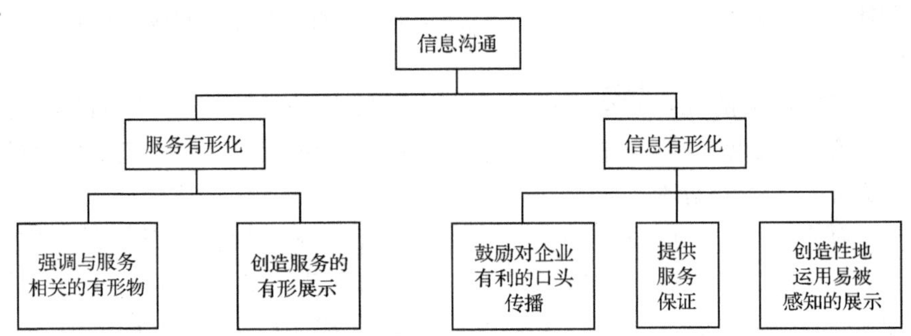

图 11-3　信息沟通与服务展示

（1）服务有形化。让服务更加实实在在而不那么抽象的办法之一就是在信息交通过程中强调与服务相关的有形物，从而把与服务相联系的有形物推至信息沟通策略的前沿。商业银行的各种有形物品，通过物化各种有关信息，实质上是在向客户传递有关信息，是服务信息有形化的重要途径。

（2）信息有形化。信息有形化的另一种方法是鼓励客户对银行有利的口碑传播。如果一个客户经常选错银行服务提供者，他就会特别容易接受其他客户提供的可靠的口头信息，并据此做出购买决定。因此，客户在选择银行时，通常要向他人询问他们的看法和态度。

（二）价格展示

价格信号是一种重要的影响客户对商业银行产品选购的因素。价格是对商业银行服务水平和服务质量的可见性展示，是客户判断商业银行服务水平和质量的一个重要依据。价格展示的信息，通过“价格过高”和“价格过低”两种方式进行传播。商业银行采用何种价格展示，应依据银行的战略定位、客户群体及产品品质等因素，科学决策，灵活运用。

第四节　商业银行创意营销

一、创意及创意营销

（一）创意的含义

创意，通俗地说，是指创造出新的意见或思想，就是以企业营销目标为中心，对各类基础资料进行收集、分类和分析，然后在此基础上，借助艺术思维进行加工，创造形成一个或一系列的想法和构思。

这些想法和构思能够称之为创意，应首先达到以下两点：

(1) 能够激发顾客的消费动机，使其产生消费行为，进而达到企业的促销目的。这就是要求这些想法和构思要符合企业所处的营销时机和营销目标受众的心理需求；

(2) 具有引领消费者消费思维的功效，并且要求其立意新颖，表现手法及用语独特、巧妙，别具匠心。即这些想法和构思既要符合消费者的心理需求，也要符合企业所处的环境、文化背景，还要符合企业营销目标的要求。

（二）创意营销的含义

提到创意营销这个概念，可能多数人更多地会想到广告创意，尤其是广告文案创意，现有的关于创意方面的著作和国际知名的创意大师也大多源于广告领域。如果要求将这个概念再扩展一下可能部分人还会想到品牌形象创意或者是产品促销创意等营销传播与推广方面的创意活动。创意营销是指涵盖了企业市场营销理念、市场分析、市场战略和市场营销组合策略等全部市场营销行为，将创意思维和创意活动贯穿于企业整个市场营销的全过程。

二、商业银行创意营销

（一）商业银行创意营销定义

传统商业银行营销的方式，主要有以下几种：“一对一”的营销，即营销人员“一对一”地与客户接触，向其推销银行产品；展示会营销，即营销人员在某一固定场所全天候开展银行产品咨询服务；说明会营销；座谈会营销。本节所说的商业银行创意营销并不是摒弃以上几种方式的营销，而是商业银行要有一种新思维、新思想、新事物，创造性地改变传统销售方式，让客户对银行新的销售方式更感兴趣。

商业银行营销的目的是：通过满足客户的需求和愿望，实现商业银行的经营目标。不仅要满足顾客的需求，而且要使其满意。而商业银行创意营销要以此为根本出发点。商业银行创意营销的关键在于投身市场实战体验，对营销模式进行冷静透视与深入剖析，对市场逻辑进行严密考证与推敲演绎，对营销思维进行大胆假设与创新突破。应用好创意营销，可以在实际业务开展中展现出无穷魅力，可以轻快地踏上银行事业的一个又一个新台阶。

（二）商业银行创意营销的内涵

1. 创意理念是商业银行创意营销的先导

成功的创意，离不开先进的理念指导。而一个银行要想真正成功地进行创意营销，重要的一点就是要培养适于商业银行发展的创意理念。例如，宝马公司就是以“尊重每一名员工，相信每一个人都有创造力”的理念来激励员工，从而使宝马公司获得“杰出创新企业管理奖”，成就了宝马的创意营销辉煌。

2. 创意产品是商业银行创意营销的前提

一个产品首先需要提供给消费者的是它的功用性，好的品质是创意得以发挥的载体，“优质产品＋独特创意”才会吸引人的眼球。苹果“Ipod”的成功就是最好的证明。“Ipod”融技术与艺术于一体，为苹果公司带来滚滚财源，并使其成为数字娱乐业的新宠。商业银行只有开发出自己的创意产品，才能开展有效的创意营销活动，从而达到银行的经营目标。

3. “真诚服务＋严格执行”是商业银行创意营销成功的保证

创意难得，但让创意真正得到展现，让创意变为财富的过程更为复杂和现实。好创意仅是成功的开始，成功营销需要的是顾客的认同，需要数字来说明问题。商业银行营销创意就是要体现个体特性、深入人心的震撼力。只有真诚地为顾客服务，严格地执行创意营销的各个环节，注重细节管理，才能确保商业银行创意营销整体成功。

三、商业银行营销创意的来源

我国加入 WTO 后，许多外资银行进入国内市场，银行业竞争日趋激烈，银行各类产品的市场份额也在悄然发生变化，商业银行要争取更多的市场份额，要获得更多地利润，就必须最大限度争取顾客的认可。另外，随着人民生活水平的不断提高，人们更为关注的是银行产品的质量及其附加值。

商业银行传统促销手段的没落要求企业改进现有的营销手段，进行创意思维，通过商业银行创意营销活动，获取竞争优势。这种情况下，银行营销的目的从满足消费者需求转为首先要创造客户需求，然后才是满足需求。这就要求商业银行在产品开发中要对产品进行定义和研发、了解市场、了解竞争对手、了解目标客户，并根据市场、用户和竞争状况去完成新产品的创意；在产品开发出来以后，应在市场的开拓和推广、激发客户需求方面，通过有创意性的渠道和促销策略争取更多的顾客。

客户的需求是商业银行市场营销活动的出发点，也是营销创意的源泉。商业银行应该既培养市场营销人员个体创意能力，随时随地培养员工的创造性思维，鼓励员工有创造性的营销创意，又要进行团体创意，达到“1＋1＞2”的效果；同时，营销创意也不仅仅是营销部门的事情，需要来自商业银行内各部门的共同努力与协作，如领导层的支持、人力资源部门的配合、商业银行外部调查公司、广告公司的出谋划策等。只有这样，营销人员才能更好地把握好客户的需求，产生优秀的营销创意，从而在与竞争对手的竞争中保持优势。

四、商业银行创意营销策略

商业银行的产品运营，分为后端产品生产和前端产品销售。商业银行创意营销策略的制定，应从这两个大的方面着手制定。

（一）后端创意营销策略

后端营销，是在以研发制造为核心的部门，负责对金融产品进行定义和研发的前期市场调查，即了解市场、了解竞争、了解目标客户，并根据市场、用户和竞争状况去完成新产品定义。后端营销主要涉及两项工作：一是完成新产品定义，为研发人员开发产品奠定基础；二是对现有产品生命周期进行管理——什么产品何时上线，什么产品何时下线，产品如何定价，产品如何完善或改进。在这一阶段，主要的策略包括：

1. 产品开发创意策略

产品开发主要包括新产品开发、产品组合设计、产品品牌策略以及产品包装等方面的创意活动。产品创意能够帮助银行摆脱与同类产品间的竞争，开辟新的客户市场。

商业银行的市场营销活动围绕着满足市场需求展开，而商业银行满足市场需求的手段就是为市场提供金融产品的服务。产品是商业银行联系客户的纽带，产品战略的成功与否对商业银行营销活动的成败关系重大。要进行有创意的营销活动，要使商业银行的产品在市场上制造出令人称奇的营销效果，首先就要从产品创意着手，将创意融于产品战略中。

例如，美国最具创新力之一的3M公司允许所有员工在工作时间内用15%的时间研究个人感兴趣的项目，同时，3M公司仔细审核后备新产品的潜力，每年向员工和开发组成员颁发“金牌奖”，奖励有创意的新产品。

2. 产品定价创意策略

商业银行在产品开发出来之后，进入市场之前要为其确定一个合适的价格，产品价格在提高产品竞争力，促进产品销售方面有着重要的作用。从理论上讲，定价应该合理地反映成本，并运用科学的方法来加以确定。事实上，很多情况都并非如此。美国爱荷华大学教授雷慈在分析了679种品牌的情况后发现：品质与价格之间的关系几乎等于零。雷慈教授的分析结果告诉我们：大部分产品的定价与成本无关。实际上产品的价格大都是参考同类竞争产品的价格，并依据产品定位而决定的。所以，产品定价不仅仅是一门科学也是一门艺术，同样需要我们发挥创造力，进行创意思维。

在市场营销学理论中，产品的定价方法和战略主要有成本导向定价、需求导向定价和竞争导向的定价方法；有折扣定价、区域定价、心理定价、差别定价等不同的定价策略。通常情况下，商业银行会根据定位来确定产品价格的，原则上，当产品定位在高级奢侈品时，应定高价；当产品定位在大众普及品时，应定低价。在新产品上市时，有的商业银行选择首先以低价占领市场，然后提高价格获取利润；有的商业银行相信价格“高开低走”比“低开高走”更容易开拓市场。可见，产品定价并没有一个统一的方法和既定的标准，甚至也可以不以产品成本为底线。产品定价已经成为商业银行市场营销的有力武器，通过富有创意的产品定价可以在开拓市场、抵御竞争等方面产生良好的结果。

（二）前端创意营销策略

前端营销是商业银行以销售和服务为核心，营销人员进行市场的开拓和推广，激发客户的需求，进行的创意营销活动。前端市场营销人员及时将客户的需求，反馈到后端营销部门，以帮助后端营销了解各个目标市场的动态和客户需求，主要的创意营销策略有：

1. 渠道创意策略

渠道创意策略指商业银行在开辟新渠道、设置渠道结构等方面的创意活动。要求相关市场营销人员能够基于产品的特性、目标消费者的特点以及政府政策、运输条件等其他营销环境的限制，突破传统营销渠道固定模式的约束，运用创意思维，寻找能够将自己的产品以最快的速度、最低的成本、最便捷的方式传递给目标客户的分销渠道。

2. 促销创意策略

促销是早期市场营销活动的主要内容，是现代市场营销的重要组成部分，也是市场营销创意活动最为活跃的部分。促销包括广告促销、公共关系促销、销售促销和人员推销，能够起到宣传产品、促进购买的作用。创意对于促销的意义尤为重要，甚至已经出现了很多从事创意思维活动的专业广告公司和营销策划公司，专门为企业的促销活动出谋划策，提供创意思维成果。商业银行的促销创意应该从激发客户的需求出发，尊重客户，不伤害客户的感情，尤其是在跨国营销中，更应该尊重东道国国家和地区的国情，尊重当地人们的风俗和习惯。

3. 品牌管理创意策略

20 世纪 50 年代初，尼尔·鲍顿首次提出“市场营销组合”概念。后来，麦卡锡将其归纳为“4P”营销组合策略。从那时起，营销学的主流观点一直都把产品作为营销组合策划的对象，“4P”策略的谋划都是围绕着产品来进行的，产品营销是传统营销的核心。20 世纪 90 年代以后，随着营销理论和实务的发展，营销对象正在逐渐由产品转变为品牌，品牌营销成为当代营销的核心，品牌竞争成为市场竞争的关键，品牌管理创意成为营销创意的重要环节。品牌管理创意就是要将创意应用到商业银行品牌管理各环节，使商业银行面对琳琅满目的竞争品牌，能够通过具有创意的传播渠道和方式将独特、个性的品牌形象传递给消费者，以建立品牌的知名度、美誉度和忠诚度。

关键概念

名牌、CIS 战略、商业银行有形展示、创意营销

❖ 思考题

1. 商业银行如何实施名牌战略?
2. CI 战略对商业银行营销有何作用?
3. 简述 CI 战略的内容?
4. 什么是有形展示? 商业银行为什么要重视有形展示?
5. 简述商业银行有形营销环境设计要考虑的主要因素。
6. 简述 CI 战略的特点?
7. 信息沟通展示有几种形式?
8. 如何理解商业银行的创意营销?
9. 商业银行如何实施创意营销策略?

☞ 案例

活跃的拉塞尔国家银行新形象

引言

银行（LSB）成立于 1894 年。该银行地处伊利诺伊州伊利诺伊峡谷，有职员 36 人，资产超过 7200 万美元。该银行可以满足 30000 多人的金融服务需求。

该地区居民平均年收入 30000 美元。居民们注重行为举止、有很强的职业道德意识并能支持当地的学校和社区。

该地区三大支柱产业：农业、制造业和服务业。服务业为领先的行业。虽然伊利诺伊峡谷的人口在1980～1990年下降了10%，但最近的数据表明人口有增长的趋势。

该地区的金融机构运作健康而又稳定。根据银行的调研报告，金融服务的主要市场和次要市场已经饱和。由于激烈的竞争和紧张的市场，拉塞尔国家银行需要寻求一种办法向公众宣传其积极进取、富于创新的“活跃的新形象”。下面讲述银行为什么决定需要新的标志以树立新的形象。

背景

拉塞尔银行研究了竞争对手的形象广告。示例1展示了该银行竞争对手的优势和弱点。

示例1　竞争力比较

优势	弱点
厄尔卡储蓄/贷款银行	
· 地位稳定； · 设施位置适宜； · 引人注目； · 名字/标志无市场限定。	· 特点不鲜明； · 参与社区活动不够； · 标志缺乏活力。
拉塞尔银行	
· 引人注目； · 积极进取； · 积极参与社区活动； · “Cavilier”标志是社区的象征。	· “拉塞尔”一词有市场限定之意； · 位置不佳； · 名字与LSB相混淆； · 缺乏一致性。
佩里第一国民银行	
· 位置适宜； · 有标志； · 良好的一致性； · 优势广告。	· 将被大银行收购； · “佩里”一词有市场限定之意； · 缺乏特点。

拉塞尔国家银行在其市场范围内调研了竞争对手，做到知己知彼。例如，了解到另一家银行将被收购，该信息有助于拉塞尔国家银行明确自身要面对的竞争对手以及在市场所处的位置。一家银行引人注目说明竞争对手很难在这一社区取而代之。

拉塞尔国家银行标志分析

该银行长短期目标就是要通过收购和可能建立新的分行进行地理上的扩展。因此，拉塞尔国家银行需要以新的面貌适应新的环境，向新的市场进行渗透。

现有银行标志既有长处也有短处。长处在于将银行的建筑与标志融为一体，有助于人们将银行与其位置联系起来。现有标志还有助于人们明确银行在社区所发挥的奠基石作用。

另一方面，现有标志由于其艺术细节难以复制且制作成本高昂，标志的样式也已过时，加之银行的宣传材料中标志的使用未保持一致、与拉塞尔国家银行竞争对手的名字容易混淆，不适应现有市场以外新的银行环境（由于拉塞尔这个名字及其建筑），而且也无法反映出银行希望突出的活跃的新形象。

由于现有标志短处多于长处，所以制作新标志的想法得到了批准并准备着手改动。银行设计的新标志更新了银行形象，使得银行进一步的扩展成为可能，同时还提高了银行收益。下面讲述银行如何开展这一活动。

营销组合

定位是战略计划的主要工作。银行的目的是要提高银行及现有产品在客户中的知名度。在更新银行形象的过程中，也会涉及银行形象以及文化等诸多其他因素。与整体形象更新活动有关的另外两个目标是留住客户、奖励提供优质服务的雇员。银行采用了这样一种定位，即企业生存的理由就是要让客户满意。

目的

银行认为要达到其增加收入和回报股东的目的，就要通过留住老客户并争取更多的客户。因此营销计划包括推出银行新的标志提高银行底线的办法。

此次活动的目的就是以盈利的方式在拉塞尔国家银行现有及潜在的商业和零售客户中推出新的标志，并在该银行的主要和次要市场地理范围内加强银行的形象。

银行资产/负债委员会（ALC）认为其消费分期付款贷款有望增加4%，银行消费分期付款贷款组合总体增长25%。多个部门的职员参与了实施营销计划，包括营销、客户服务、一线员工和高层管理人员。雇员们通过银行内部快讯或日历/快讯了解了这次活动以及银行的目标。

涉及的步骤有：制定营销计划、编撰制作标志标准及使用指南的复制手册、为银行所有材料设计统一的外观、开展促销活动、提高银行在现有和潜在客户中的知名度、明确此次活动潜在的风险。

为了在现有的客户中提高银行知名度，银行

- 直接邮寄给活期存款ATM（DDA）客户一张印有银行新标志的磁卡；
- 向在银行营业厅的客户和驱车过往客户赠送挂历、袖珍日历、钢笔和铅笔；
- 向客户提供印有银行标志的记事本；
- 在寄给客户的结算单信封里插入宣传页和新的信息；
- 在银行内制作标志；
- 向分行雇员发送可佩戴的徽章，上面写有“注意到发生的变化了吗?”，鼓励客户询问与新标志有关的事宜，鼓励雇员谈论此事；
- 设计可固定的粘胶物（由塑料制成，可固定在玻璃上而无需粘胶或胶水，而且可移动以便在多种场合发放）。

为了在目标市场潜在客户中提高知名度，银行决定将这次推出标志提高知名度的活动与事先明确的银行产品联系起来。银行资产/负债委员会决定该产品针对新车购买者市场。营销计划中包括印刷广告和电台插播节目的详细日期。在整个活动中一直在宣传银行的汽车贷款率，银行还努力加强与当地汽车销售商之间的关系。目的是提高消费分期付款贷款组合间接贷款的比例。

拉塞尔国家银行和当地电台还联合推出了称之为“娱彩之夏”的活动。该活动结束时中奖的客户可获得一辆轿车。这次活动作为整个形象活动的一部分效果很好。在这个小镇一般只能收听到几个电台，但多数客户能收听到 AM 或 FM 电台。银行还要求当地的商人们分发能粘贴在汽车保险柜上印有新标志的小标语，然后由电台宣布可以在那儿找到这些小标语。整个夏天，电台都在播出那些贴有惹人注目的小标语的汽车牌照号，赢得大奖的客户要在限定时间拨打电话。客户们喜欢这样的竞争，还有人在夏季之末获得了汽车大奖。为了使客户保持兴趣，整个夏季那辆被当做大奖的汽车在节假日期间都会到不同的地点展览，而汽车上就有银行新的标志。

监测

为了吸引大家的注意，银行还用很大的一幅挂历标上活动的具体日期和事件。同时，每两周出一期称为“特别事件”的快讯，分发到所有雇员手中让每个人掌握最新情况。

为了保证新的标志在所有银行材料上能保持一致，银行还专门指定营销部门为“监督人”。所有印有新标志的材料要送营销部门审批。拉塞尔国家银行标志复制手册包括使用标志的指南和规则，以确保标志使用的一致性。

评估

银行使用新标志约两年之后，非常满意新标志在客户中的知名度。虽然并没有对知名度进行正式的调查，新形象活动成为其他营销工作的催化剂，这些营销工作都在客户中产生了强烈的反应。

例如，随着新标志帮助建立起来的银行新形象，银行又推出了一系列针对新市场的新产品。制定了 Mighty Bucks 计划，即向有孩子的年轻家庭提供储蓄计划。新的形象激励银行将重点放在细分市场并且更有针对性地进行营销。以前银行多数客户年龄较大，而新的营销工作已经带来了大量的年轻客户以及他们的家庭成员。

新的标志还有助于银行实现地理上的扩展。银行购进邻近城市的一家分行，发现新标志因其新颖的外观帮助银行打入了新的市场。自从有了新标志以后，拉塞尔国家银行再也不是过去的银行了。

银行还计划在另一个城市开设分行。

结论

尽管很难精确地计算出新标志给银行创造了多少价值，但银行营销经理认为新标志在很大程度上帮助银行改变了营销工作的方向。

银行营销经理还认为，新标志是银行提高其他工作的重要起点。例如，新产品（如借记卡和银行电话服务）、吸引新雇员加入更加先进的银行以及银行拥有更加漂亮的外观来进行新的广告活动。

银行的口号“依靠我们……”与新标志相得益彰。

人们认为拉塞尔国家银行创建新形象的活动是成功的。

资料来源：（美）玛丽·安娜·佩苏略. 银行家市场营销. 张云，何易译. 北京：中国计划出版社，2001

第十二章

商业银行客户关系营销管理

商业银行关系营销，是一种综合使用现有市场营销工具、方法、技术与技巧并加以有效管理的独特方式，是商业银行进行营销管理的重要方面，它对于创造、发展、维护良好的客户关系具有重要作用。本章从关系营销的产生及实质入手，介绍了商业银行关系营销的定义、特征、分类及商业银行关系营销战略等。当今，以“客户为中心”的理念业已成为主流，并形成了一整套经营模式，其精髓的完美体现就是客户关系管理（customer relationship management，CRM）。本章重点论述了商业银行客户关系管理内涵：①经营管理理念；②技术、手段和系统；③商务应用，明确了商业银行客户关系管理在商业银行营销中的地位与作用。商业银行客户关系管理的内容主要有销售管理、营销管理和客户服务管理。商业银行的营销重点是外部市场（客户）营销，营销的目的是通过外部营销获得收益，内部营销的成功是外部营销成功的前提。

第一节　商业银行关系营销

一、关系营销及实质

（一）关系营销产生的历史背景

现代市场营销的发展，大致可划分为几个阶段：20世纪50年代，消费者营销；60年代，市场营销的核心是产业市场营销；70年代，是社会营销；80年代，服务营销；90年代，关系营销受到更多的关注，被称为90年代及未来的营销核心。

关系营销（relationship marketing），由美国市场营销学家杰克逊在20世纪80年代中期提出，是把营销活动看成是一个企业与消费者、供应商、分销商、竞争者、政府机构及其他公众发生互动作用的过程，其核心是建立和发展与这些公众的良好关系。企业与各方通过互利交换及共同履行承诺，实现各自目标。企业与顾客之间的长期关系是关系营销的核心，保持和发展这种关系是关系营销的重要内容。要实现关系营销的目标，企业必须提供优质的产品、良好的服务和公平的价格；同时与各方加强经济、技术及社会等各方面的联系和交往。

关系营销的出现是同经济的发展状况和市场的新特点相适应的。

1. 感性消费时代的到来

感性消费的一个显著特征是消费者要求商品能成为满足其寄托情感、展示个性、愉悦等感性需要的道具。这种消费需要的提出，显示市场消费需要的发展已进入一个新的时代。

2. 市场细化加剧和目标市场模糊化

随着市场竞争的日益加剧，特别是消费者需求的日益多样化使得企业的市场细分工作越来越困难。在这样的情况下，一方面要想选准一个清晰稳定的目标市场非常困难。另一方面，细分市场实质上是静止地看待市场，被动地适应市场，过分追求目标市场的清晰甚至精确。然而时至今日，随着消费选择性的多样化，消费个性的强化以及消费意识和行为的模糊化，使得目标市场已经无法清晰，模糊市场已成为客观存在，并将随着现代市场形势的发展而不断强化。

3. 传统的促销方法已不能传递充分满足消费者需要的信息，其影响力逐渐减弱

以广告为例，有资料表明，人们对广告的信赖程度下降。我国的情况也将如此，虽然目前广告业正处于急剧增长时期，但是事实告诉我们：广告和促销仅为营销的一部分，广告可以加强产品在市场上的地位，但无法创造新的地位。

4. 信息技术的飞速发展

关系营销的顺利进行是以相关各方的信息沟通为前提的，信息技术的长足进步大大降低了信息传递的成本，为企业开展关系营销提供了强大的技术基础。

（二）关系营销的概念及其与交易营销的区别

关系营销一词从20世纪80年代开始进入营销界，后经不断的研究和发展，关系营销逐渐成为继服务营销之后营销界的热门话题。贝里曾给出了关系营销的早期定义，他认为：关系营销就是吸引、维系以及通过多种服务组织形式发展与顾客的关系，同时也指出对顾客的吸引仅仅是关系营销过程的第一步。后来，许多营销学专家给出了各自丰富的定义，但是基本上没有离开关系营销的实质，即致力于与顾客建立和维持一种良好的关系，以谋得长期的利益。综合各家的观点

来看，关系营销指企业着眼于长远利益，通过互利交换和共同履行诺言，建立、保持并加强与顾客之间的关系，以使关系各方都实现各自的目的。

随着营销理论和实践的发展（图 12-1），关系营销的重要性日益提高。从 20 世纪 90 年代之后可以称之为关系营销的时代，并且这个时代也逐渐显现了自己的特点：①企业与顾客之间的关系的本质发生了变化，从以交易为目的转向了以建立与顾客的长期忠诚关系为目的；②企业之间相互作用的整个市场变得更加广泛了，顾客市场中还要算上正在得以发展和加强的持久关系的其他外部市场，诸如供应商市场、人才市场、参考市场、影响市场以及国际市场等；③对质量、顾客服务和市场活动的认识需要整合在一起，关系营销导向的注意力就是集中在这二者的合理组合和保证它们的潜力得以释放出来。

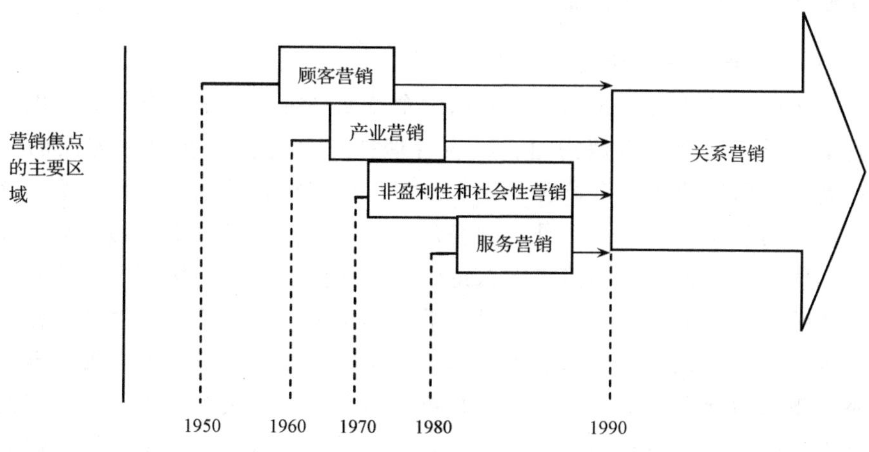

图 12-1 营销重点的变动

资料来源：艾德里安·佩恩. 服务营销. 北京：中国人民大学出版社；London：Prentice Hall，1997. 30

作为一种营销战略，关系营销是营销战略两极序列的一极。在序列的另一极，营销的重点放在了与特定的顾客进行一次性交易，而不是有意发展任何持久的顾客关系。这种营销战略被称为交易营销，通过与其相比，我们便很容易发现关系营销与交易营销的区别（表 12-1）。

表 12-1 关系营销与交易营销的区别

交易营销	关系营销
· 企业强调市场占有率 · 市场风险大 · 着眼于单次交易	· 企业强调顾客回头率、忠诚度和满意度 · 市场风险小 · 着眼于顾客记忆

续表

交易营销	关系营销
·产品特色导向 ·短期利益 ·对顾客服务重视较少 ·有限的顾客承诺 ·中等的顾客接触 ·质量主要涉及产品 ·认为没必要了解顾客的文化背景	·产品利益导向 ·长远利益 ·高度重视顾客服务 ·高度的顾客承诺 ·高度的顾客接触 ·质量意味着一切 ·认为非常有必要了解顾客的文化背景

二、商业银行关系营销及特征

（一）商业银行关系营销的定义

默林·斯通等认为，关系营销应从两个方面理解：一是从营销者角度，关系营销是指市场营销学、营销沟通、顾客管理技巧与过程等在以下方面的广泛运用：找到你所列出的每一个顾客；建立公司与这些顾客的交易关系；管理这些事关顾客与公司利益的关系。二是从顾客角度，关系营销可以描述为：我们如何找到您；如何认识熟悉您；如何与您保持联系；如何尽可能地保证您想从我们这儿得到和能够得到的全部；检查我们对您承诺的实现情况。关系营销的关键内容是收集、分析、追踪顾客信息的能力。马丁·克里斯托弗等则认为，关系营销的聚合点是以市场为导向，把服务与质量有机地结合起来；关系营销的着眼点是赢得顾客与拥有顾客；关系营销的目的是把服务、质量、营销三者紧密结合起来，把赢得顾客与保有顾客统一起来。

因此，所谓商业银行关系营销指商业银行以吸引和留住长期的忠诚客户为目的，通过综合运用市场营销学、管理与商务沟通、信息管理、客户管理等多方面的理论、方法与技巧，把产品质量、客户服务、营销活动和情感有机地结合起来，专注于发展、维护、增进与客户的信任关系，建立客户忠诚的营销活动过程。其重要目的，一是把商业银行的市场营销、客户服务和全面质量融为一体，成为关系营销的导向；二是加强商业银行与其客户和其他利益相关者的亲和力，故又叫做亲和力营销，即在营销运作过程中，允许客户强调他们在某个组织中的身份，并把群体的身份附加在他们的个人身份上。同时，鼓励他们去追求自己所选择的享受生活的途径和表达他们的社会身份。外国的一些银行就发行一种称为亲和力卡的特殊信用卡，如某某著名大学的校友卡。这种营销有利于把产品/服务与客户的生活方式意愿联系起来，而具有很强的亲和力。如以商业银行营销主管为联络人，建立以著名人士为中心的校友会、同学会、企业家联谊会等。关系营销的要素包括：关系主体（如客户经理），关系客体（如客户），联系媒体（如电话、电子邮件），关系内容（如业务、信息），联系方法（如直接联系、间接联系），联系频率（如时间间隔、次数），关系成本，关系结果等。

（二）商业银行关系营销的特征

（1）商业银行关系营销比传统的、强调一次销售和俘获新客户的交易营销更加进步，但不一定有助于提高利润。二者的区别如表 12-2 所示。

表 12-2　商业银行交易营销与关系营销的区别

交易营销	关系营销
· 专注一次销售 · 产品特征取向 · 时间短 · 不重视对客户的服务 · 对客户有限的承诺 · 一般性接触客户 · 只关注某些方面的质量	· 专注保留长期客户 · 产品效益取向 · 时间长 · 非常强调对客户服务 · 对客户很多的承诺 · 高度接触客户 · 关注所有方面的质量

（2）商业银行关系营销的重点思路是：在寻找、找到、选择、明确目标客户的基础上，通过以发挥公共关系职能（创造新闻、宣传/特别活动、社团关系、游说/演讲、商业银行形象、投资关系等）为主的多种方式方法，熟识客户，与其建立、保持、发展和管理商业银行与新老客户的长期的、信任的、互利的、密切的关系，为客户提供其所需和所希望得到的一切，保证实现承诺，以达营销目标。

（3）商业银行关系营销强调三点：动态营销与静态营销相结合、开创市场与分享市场相结合以及关系促销与产品促销相结合。

（4）商业银行关系营销突出两个方面：一是把客户看成独立的个体，根据每个客户的个性化需要，有针对性地提供个性化服务；二是抓好品牌管理，在客户心目中建立起一套与商业银行的产品/服务、商业银行形象相关的观念、态度和积极行为。

（5）商业银行关系营销的一项典型业务是财务资金外包业务服务（treasury and financial outsourcing service），即商业银行以其独有的信息资源、人才资源为基础，以契约形式，承接客户企业财务资金管理部门的全部或部分业务，如财务管理（应收应付账款、外汇买卖等），现金管理（支付、头寸、外汇现金风险等），资金管理（投资、负债、风险等）。既利于企业精简机构、降低成本、增加灵活性、集中精力于主业，又利于稳定双方的合作关系。

（6）商业银行关系营销的重要性主要在于争取新客户的成本远远高于保持老

客户的成本。具体益处是：提高客户的持久性与忠诚水平，保持较高的客户营利能力（客户购买多、吸收新客户成本较低、销售成本降低）。

三、商业银行关系营销分类

（一）商业银行关系营销的类型

（1）按照商业银行与客户的关系方向划分，分为：正向关系营销，即从商业银行目标出发开展的营销；反向关系营销，即根据客户要求开展的营销。

（2）按照商业银行营销活动的表现划分，分为：以被动的营销行为和以设备型服务为主的静态营销；以主动的营销行为和以人员型服务为主的动态营销。

（3）按照商业银行营销活动的范围划分，分为：内部营销、外部营销和整合营销。

（二）商业银行客户关系营销

这里的客户泛指购买和使用商业银行产品和服务的个人、机构，具体包括使用商业银行产品和接受商业银行服务的消费者、企业、其他金融机构、政府、社会团体等。

在一般情况下，商业银行保持一个老客户的费用远远低于争取一个新客户的费用，这是因为老客户的重复购买能缩短购买周期。商业银行与老客户形成的特定的关系，有利于商业银行制定工作计划；相对固定的老客户群能减少各种不确定因素的干扰，使商业银行决策效率更高。随着市场竞争的加剧，各类广告信息爆炸；同时，广告的信任度在大幅度下降。一方面，人们在进行购买决策时，越来越重视亲朋好友的推荐，提高客户对本银行产品的忠诚度，争取老客户的推荐是吸引新客户的重要途径。另一方面，当老客户使用某产品或服务感到满意时，他会对生产该产品或服务的商业银行产生好感，客户也容易接受该商业银行的其他产品和服务。

商业银行客户关系营销正是根据客户的不同特点，在对其进行了价值测定以后，将目标客户划分为不同的层次进行管理。主要原因是商业银行的利润并非来自它所有的顾客，而相对集中于它的少数顾客，有数字统计表明：企业80%的利润来自20%甚至更少的顾客。基于这种原理，商业银行在进行关系营销时，应评价不同类型的客户，合理分配银行的营销资源，建立与客户价值相适应的关系。

（三）商业银行内部关系营销

商业银行的内部关系是指商业银行组织机构内部各组成元素之间的相互关系。内部市场营销是关系营销的重要组成部分，也是传统营销所忽视的部分。

1. 重视员工的关系

员工关系是商业银行营销关系的基础，没有良好的员工关系，商业银行就无法搞好其他的各项关系，更无法参与市场竞争。人乃商业银行之本，商业银行应切实关心员工的利益，培养员工的自豪感，增加商业银行自身的向心力和凝聚力。同时，员工是贯彻营销策略的最直接的一个环节。员工对商业银行、对营销策略的态度如何，直接关系到商业银行营销的成败。

2. 重视部门间关系

一个部门和其他部门共同的活动很可能会影响商业银行的成本行为和经营差别化，从而带来竞争优势，因为：①部门的整合可以节约成本；②相互联系可以使相关部门的信息得以共享；③部门的配合有利于提高营销活动的效率。

把不同而又相关的部门组合起来能带来竞争优势，这已成为企业界的共识。要产生正向的协同效应，目前所要做的是正确理解整合以及培养部门整合的能力。对于整合含义的理解，不应停留在表面，不是相关部门的简单相加，而应具体考虑人员的分工、职能的界定、信息的共享等多方面的切合。商业银行要识别和挖掘既相互区别又相互联系的部门活动之间的关联，并对这些部门的目标与政策进行统一协调，而不至于当存在利用协同效应的机会时束手无策。

（四）商业银行竞争者关系营销

市场经济是一种竞争经济，任何一个企业，不管是有意识抑或无意识，都必然要被卷到竞争中来。一方面，社会生产的发展、商品的丰富，从根本上改变了市场供求的基本格局，买方市场的形成导致卖方竞争日益激烈；另一方面，随着顾客收入水平提高、购买能力增强，消费需求越来越多样化，消费者越来越成熟，消费的选择性增强，对企业的要求日益提高。这些都使得企业所面临的竞争强度不断增强。

竞争的激化，使得商业银行必须在人力、物力、财力等方面投入更多，以取得优势战胜竞争对手。现实中的活动，几乎没有一家企业能够由企业组织内部提供生产所需的全部资源，也无法以一己的力量对抗环境的压力。随着市场竞争的日益激烈和市场营销策略的广泛使用，人们逐渐发现，许多精心策划的市场营销的组合计划付诸实施后，往往难以达到预期目标。在这种背景下，重新审视商业银行处理与竞争者关系的哲学已被提到日程上来。阐述如何处理与竞争者关系的问题，已成为商业银行关系营销学的任务之一。

（五）商业银行影响者关系营销

商业银行的影响者包括政府、企业、商业银行所在的社区及新闻媒体、公共事业等其他的一些公众团体，他们对银行的生存和发展有着重要的影响。

1. 政府

政府关系是影响者市场上最重要的关系之一，这是由政府本身的特殊性决定的。政府是国家权力的执掌机关，政府对经济生活进行干预是当今世界各国通行的做法。出于国家整体利益的考虑，政府往往要通过立法、行政和经济手段对国民经济进行宏观调控和管理。商业银行在政府的宏观控制之下，与政府各有关职能部门有着各种形式的联系。因此，商业银行的营销活动必然要受政府行为的影响。如商业银行必须接受政府的领导和管理；政府通过制定有关制度和政策，以影响某个商业银行的发展和竞争水平；政府直接作为供应方或购买方影响商业银行业竞争；政府可能通过法规、补贴或其他方法影响商业银行现有产品和替代品之间的竞争等。

因此，在处理与政府的关系上，商业银行应该持积极的态度，遵循国家法规，协助研究国家所面临的各种问题的方法和途径，和政府积极合作帮助政府实现宏观目标，以取得政府的支持和信赖。这样有助于创造良好的营销环境，保证商业银行营销的成功。我们认为，如果商业银行能和政府积极地进行合作，树立共存共荣的思想，那么国家就可以制定出明确的营销政策，这将有助于国家对营销活动调节的合理化，避免相互矛盾的现象，帮助商业银行营销人员创造和分配价值，而不是阻碍营销活动的进行。此外，随着国际市场的拓展，商业银行还必须加强与东道国政府部门的沟通和联系，遵守东道国的法律法规，树立和改善商业银行的形象，获得本国和东道国政府的支持。

2. 社区

社区是指以地缘为纽带而连接聚集的若干社会群体组织，所以社区关系又称为地区关系或区域关系。社区是商业银行外部环境的重要组成部分，对商业银行的生存和发展有重大影响。

社区是商业银行组织的所在地，是商业银行发展的“根基”，并为商业银行提供了可靠的后勤保障系统，如水、电、交通、治安、消防以及日常商品、托儿所、学校、医院等内部员工的日常消费均取自社区。同时，社区公众还可能是商业银行产品/服务的消费者，由于他们是商业银行产品/服务的第一接触者，商业银行可通过他们及时了解产品/服务的缺陷和不足，以采取措施，及时改进。此外，社区是长期聚集而形成的若干社会群体，因而也形成了一定社会风气和文化氛围，这对商业银行的发展会产生重要影响。

3. 其他社会公众

除了政府和社区公众外，商业银行还受其他一些社会公众的影响，主要有工商职业团体、新闻媒介、宗教团体、社会名流等。他们对商业银行的影响同样不能忽视，在特定情况下，某一社会公众可能会起着特别重要的作用。例如，在阿拉伯国家，宗教团体的作用就特别突出，甚至超过了政府。

四、商业银行关系营销战略

（一）商业银行关系营销的层次

商业银行为了培养与客户的长期关系，在服务方式应用的范围和类型上会有所不同，主要可以分为三个层次，级别越高，潜在的回报越高。

1. 商业银行一级关系营销

商业银行一级关系营销又常被称为频率营销或保持性营销，它是指营销人员主要使用价格刺激来鼓励客户与银行进行更多的交易。就如同超级市场经常向顾客提供打折、购物优惠卡或者额外的赠券等好处，航空公司向累计飞行达到一定里数的旅客提供免费旅行。但是，商业银行一级关系营销的短期性比较明显，而且依靠价格因素起主要作用，是很容易被竞争对手模仿的。因而，一级关系营销也就不具有长期的竞争优势，只能作为频率性的或短期的营销方式来使用。

2. 商业银行二级关系营销

商业银行二级关系营销比一级关系营销主要靠价格维系客户的方式优越得多，它主要是强调个性化服务，把潜在客户、新客户变成关系客户。它并不是放弃了价格因素的重要性，而是在财务性关系基础上寻求与客户建立社会性的联系。商业银行二级关系营销强调商业银行的营销人员了解客户的想法和需要，注意客户的细节，例如，记住客户的名字或将客户资料存入客户信息数据库，以备随时调用。商业银行应该赞同支持营销人员与客户建立良好的社会关系，虽然这种社会关系通常不能克服高价或劣质服务，但是它能在客户缺少转换交易伙伴的强烈动因的情况下，与客户保持联系。

3. 商业银行三级关系营销

商业银行三级关系营销比上述两者在营销范围和使用的资源上更是提高了一个层次，它不但有社会性的和财务性的营销方式，而且通过结构性、系统性的联系来巩固与客户的关系。所谓结构性、系统性是指这些服务经常被设计成一个服务价值的传递系统，而不仅仅依靠个人与客户建立关系的行为。如果商业银行三级关系营销实施地好，将会增加客户转向竞争银行的机会成本，因为他们将放弃很多东西。同样，也会吸引更多的竞争银行的客户，因为他们将得到更多的东西。商业银行三级关系营销的服务经常以技术为基础，并能为客户提高效率和产出，当面临价格差别较大时，社会性联系就不能维持稳固的关系了。但是如果竞争对手不提供客户所需的技术服务，而本商业银行却提供了以技术为基础的结构性关系营销，那么客户就不会轻易转变视线。

总之，商业银行三个层级的关系营销依次加大了为维护与客户的关系的投入，并且也是一个比一个更有效的。三者之间不是互相排斥的（图 12-2)，商业银行可以根据自身的资源和市场的特点选择适当的关系营销方式。

（二）商业银行客户关系营销的类型

按照商业银行与客户关系的水平不同，商业银行客户关系营销可以分为五种类型：

（1）基本关系。这是指商业银行与客户之间发生的起码的交易关系。在客户

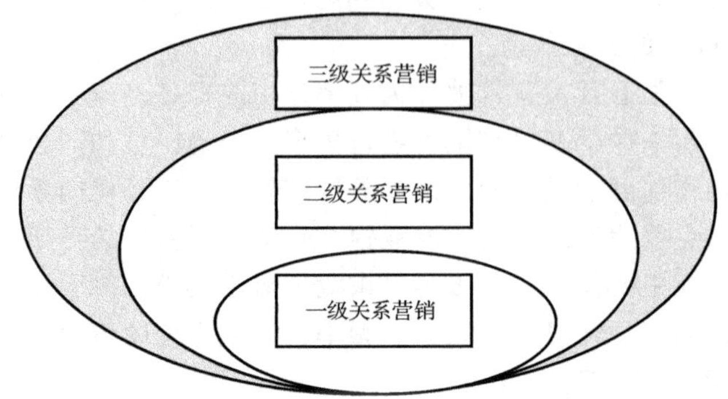

图 12-2 商业银行关系营销层次之间的关系

与商业银行的服务接触后，商业银行不再做出任何努力去联系客户，不做服务后的调查和咨询等工作。一般来讲，这种关系适用于客户数量较多且单位产品或服务的边际利润很低的时候，因为再做过多营销关系努力就会增加很大的成本，这是得不偿失的。

（2）被动式关系。主要是指当商业银行售出产品或服务之后，一旦有客户找上门来咨询或提出不满意见时，商业银行有专门负责接待和处理此事的相关部门。

（3）负责式关系。指商业银行对售出的产品或服务在客户方面的感受表现出负责的态度。商业银行会通过各种途径了解产品或服务是否达到客户的预期，并且收集客户有关改进产品或服务的意见，把这些信息及时反馈给商业银行各相关部门。

（4）主动式关系。商业银行的服务营销人员经常主动地与客户取得联系，询问客户对产品或服务的感受情况，并征询客户对商业银行的各方面意见，或是提供新服务和产品的信息，促进新产品和服务的销售。

（5）伙伴式关系。这是指商业银行与客户之间高度亲密和平等的关系，一项产品或服务的设计、实施到最后销售出去，都需要商业银行和客户的共同参与。例如，商业银行开办“个人投资理财”业务，需要按照客户的要求进行投资项目的开发与实施，并与客户保持紧密的联系。这种营销关系适用于客户很少、但产品和服务的边际利润很高的业务。

商业银行可以根据客户数量的不同与产品边际利润的不同，采取不同水平的营销关系，如图 12-3 所示。

（三）商业银行关系营销战略

一项服务传递的目的地是客户，客户之于服务就好像射击之于靶子一样，没有靶子射击便失去了意义。但是，在关系营销中，客户的含义并不单单是服务的

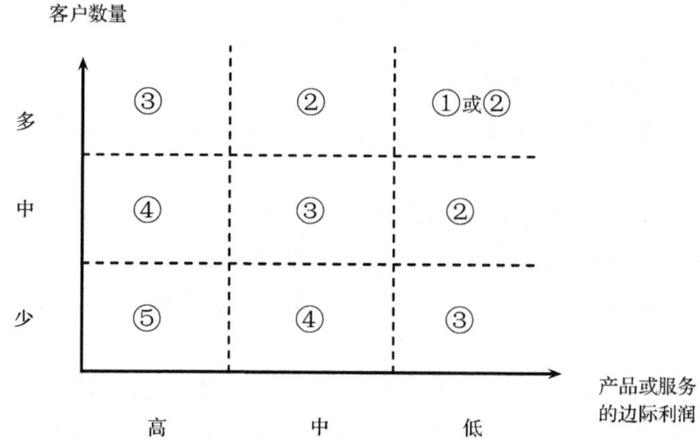

图 12-3　商业银行与客户的营销关系

①基本关系；②被动式关系；③负责式关系；④主动式关系；⑤伙伴式关系

靶子，客户不但是服务的使用者，而且是服务的生产者，也是使其他客户成为服务生产者和服务使用者的影响力。

按照客户的忠诚度及其与商业银行之间关系的密切程度，可以将客户市场划分为五个不同的层次：潜在客户、新客户、现有客户、支持者客户与积极宣传者客户。这五个层次按其忠诚度由低向高形成关系营销阶梯，在实际操作中许多商业银行所从事的活动只是将注意力放在了较低层次的吸引新客户和潜在客户身上了，而不是重点发展与客户之间的关系，使之成为企业的真正的客户。

吸引新客户和维系老客户正是商业银行关系营销不可或缺的两个组成部分，并且维系老客户更为重要。如果这个环节没有被重视起来，则必然引起大量的客户流失。客户不断流失，商业银行要付出很大的代价，包括：

(1) 说服新客户需要增加一定的费用。

据估计：争取一个新客户较说服一个老客户再次消费至少多花 6 倍的费用，如果要想重新争取到一个因不满意而离开的客户，则至少要多花 25 倍的费用。商业银行还要向新客户提供初始服务，做大量的重复的前期宣传，这些都会导致商业银行经营成本的增加。

(2) 老客户流失带走了大量的营业额。

多次光顾的客户比初次登门的客户，可多为商业银行带来 20%～85%的利润，失去 20%的老客户意味着带走 80%的市场。

(3) 因不满意而离开的客户会给商业银行形象带来巨大的负面影响。

研究表明：抱怨的客户会将一次不愉快的经历告诉 11 个人，而这 11 个人又会向别人诉说，最终甚至会有 60 多人知道此事。这种类似核裂变式的反应，给商业银行的形象造成的伤害是巨大的。商业银行必须拿出一定的资金去弥补其形象的下降，从而使商业银行的经营成本又一次增加。

(四) 确定商业银行客户关系需要

商业银行在选择关系营销方式时，最重要的是确定客户关系需要。一般要弄清楚以下问题：

(1) 我们希望与哪些客户建立并保持关系?

(2) 这些客户的行为、态度、需要及其感知如何?

(3) 这些客户的相对重要程度如何? 如何按照重要程度把客户进行分类排序?

(4) 我们当前的政策和营销能力能够在多大程度上满足这些客户的需要?

(5) 我们的竞争对手都提供哪些具有竞争力的产品与服务? 我们如何据此进行市场定位?

(6) 总体上，客户对我们的产品与服务及关系有什么经验或体验?

(7) 我们的员工如何看待自己在商业银行与客户关系中的作用?

(8) 显示客户关系成功的标志是什么 (客户满意度、市场份额等)?

(9) 我们如何进行市场细分并采用关系营销方法来满足客户的需要?

(10) 究竟有哪些细分市场? 它们的相对稳定程度如何? 我们可以选择哪些关系营销策略?

第二节 商业银行客户关系管理

客户关系管理思想与理论起源于 20 世纪 80 年代初，经过了 20 多年的不断发展，客户关系管理理论和实践不断演变发展并趋向成熟，目前已基本形成了一套较为完整的管理理论体系和一种实用的管理应用软件。特别是自 20 世纪 90 年代初起，随着 4C 营销理论思想的产生和传播，它着重强调了企业在其营销过程中必须特别关注消费者的需求和欲望，只有深刻探究和领会到消费者真正的需求和欲望，企业才能获得最终的成功。自此，客户关系管理的思想、方法和手段迅速得到企业界的广泛认同。进入 21 世纪，在电子商务时代背景下，客户关系管理无论在理论发展、实践需要，还是在技术方法、手段工具等各方面均得到迅速地提高。特别是借助现代计算机信息技术和方法，各种各样的客户关系管理软件应运而生，并得到广泛运用和推广，这为客户关系管理在企业营销实践中的应用提供了良好的理论基础和技术基础，推动了客户关系管理水平和工作效率的大幅提高。

一、商业银行客户关系管理内涵

（一）客户关系管理基础概述

1. 客户关系管理产生的历史背景

客户关系管理的思想萌芽最早产生于20世纪80年代初，由于市场竞争的加剧和以开发新顾客为主的销售成本的不断提高，企业开始注意到长期客户关系对于企业的重要性，企业销售人员所扮演的角色及其作用也随之发生一些变化，即从单纯追求销售额转向发展客户关系。在此阶段，服务营销、关系营销等成为营销理论和实践的发展重心，并得到企业的广泛重视和推广。

进入20世纪90年代，美国及欧洲市场竞争和企业营销的变化支持了这样一种观点：在工业品市场和组织市场上，营销战略制定者最关心的应该是长期客户关系的管理。这就要求经理们必须认识到，战略优势的获得，源自于互动关系方法的采用，即对客户关系生命周期的管理，而不是对产品生命周期的管理。此外，在这一时期，一个重要的变化是许多企业销售工作的中心开始转向大客户的管理。

在重视客户关系的管理的同时，企业维持客户关系所耗费的资源和成本也在呈现快速增长的趋势。即随着企业与客户人际接触和人际沟通的频繁，企业的工作强度和难度日益增加，费用提高。这时，如果没有一个根据企业战略导向和客户销售潜力建立的专门化的管理方法、手段或系统，客户关系管理的提升、企业竞争优势的获得和企业成长、及企业经营效果与效益之间的矛盾则无法解决。在计算机信息技术发展的90年代末，依靠计算机技术的支持，为了解决存在的上述问题和提高工作的效率，数据库营销出现并发挥了重要的作用。

在以“客户的管理”、“客户关系的管理”、“服务营销”、“关系营销”、“大客户的管理”、“数据库营销”等相关概念、营销思想、理论及方法和手段不断出现和应用的背景下，随着电子商务时代的到来，借助IT技术的发展，国外许多专业软件商相继推出了以客户关系管理命名的管理软件系统，有一些企业开始实施以客户关系管理命名的信息系统。至此，在新的营销理念、企业管理需要和IT技术发展等因素的推动下，现代意义上的企业客户关系管理正式开始兴起。

目前，对客户关系管理的认识和研究可以从三个层面进行：

（1）从营销哲学的角度，认为客户关系管理是把客户置于决策出发点的一种营销哲学，它认为企业营销活动的实质是真正“满足客户需要”，要求企业必须重视和加强与客户的互动关系，并在此基础上，获得企业和客户的双赢；

（2）从企业战略管理的角度来理解，认为客户关系管理是企业战略管理中重要的组成部分，它旨在通过企业对客户关系的引导和维护，以获得某种战略优势，并最终达到企业最大盈利的战略目标；

(3) 从技术系统开发角度，认为客户关系管理是在IT时代产生的一种技术和应用软件，这一管理应用软件的运用，可以帮助企业建立和落实现代市场营销最新理念，实现企业战略管理思想和规划，提高企业核心竞争力。

总体上，我们认为：客户关系管理发展到今天，它既是一种商业哲学或营销观念，又是一个管理系统和方法，同时，也是一套实用的管理应用软件。

2. 客户关系管理产生的经济学背景

客户关系管理的产生和发展源于三方面的动力：企业经营管理理念的更新、需求的拉动和信息技术的推进。

1）企业经营管理理念的更新

企业经营管理的基本理念是随着市场经济的发展和社会经济环境的变化而不断演变的，其大致演化过程如下（图12-4）。

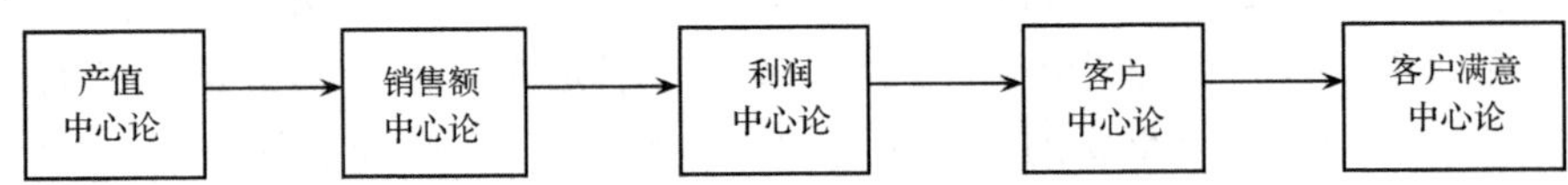

图12-4 企业经营管理理念演变的5个阶段

从图12-4中可以看出，最初企业所处的市场环境为卖方市场，产品销售基本上不存在竞争，只要生产出产品就能卖得出去，企业管理的目标是如何更快更好地生产出产品。后来，市场出现了竞争，企业生产出的产品如果卖不出去，就无法实现资本循环。为了实现从商品向货币的转换，取而代之的是“销售额中心论”，企业一方面提高产品的质量，另一方面强化促销，所追求的目标是产品的销售额。随着市场竞争的激烈，企业发现，在单纯追求高销售额的同时，由于生产成本和销售费用越来越高，利润反而下降，这绝不是经营者所期望的效果。因此，企业转而追求利润的绝对值，通过在生产和营销部门的各个环节上最大限度地削减生产成本和压缩销售费用，来实现利润最大化。但众所周知，成本是由各种资源构成的，相对而言它是一个常量，不可能无限制地去削减。当企业对利润的渴求无法或很难再从削减成本中获得时，他们自然就将目光由内而转向了客户。为此，企业开始从内部挖潜转向争取客户，进入了以客户为中心的管理。由于需求构成了市场，也构成了企业的获利潜力，而在市场上需求运动的最佳状态是客户满意直至客户忠诚，客户的满意与忠诚就是企业效益的源泉。

可以说，直到企业真正将客户需求的满足及其满意程度作为经营管理的中心理念时，一个“客户导向”的时代才真正地到来了。

2）需求的拉动

需求构成了市场，也构成了企业的获利潜力。市场中的最佳状态是客户满意，客户的满意就是企业效益的源泉。

建立以客户为中心的业务流程是必要的，但是目前很多企业都存在这样的现象：销售、市场和服务部门的信息化程度越来越不能适应业务发展的需要。第一，企业的市场、销售和客户服务部门难以获得需要的客户互动信息；第二，来自市场、销售、客户服务等部门的信息分散在企业内，这些分散、孤立的信息使得企业无法对客户有全面的了解，各部门难以在统一的信息基础上面对客户。这就要求企业提高市场、销售和服务的日常业务的自动化和科学化，使得各部门对面向客户的各项信息和活动能够集成，实现对面向客户的活动的全面管理，最大限度地满足客户需求，让客户满意。这是客户关系管理应运而生的需求基础。

3）技术的推动

通讯信息技术和网络的飞速发展使得上面的想法不再停留在梦想阶段。信息技术和互联网不仅为我们提供了新的手段，而且引发了企业组织架构、业务流程和整个社会管理思想的变革，它的诸多特性使客户关系管理的研究有了更深入的发展。

3. 客户关系管理的核心思想

客户关系管理的核心思想就是把客户群体看做企业的外部资源，并尽可能纳入企业的控制范围内，进行客户的资源价值管理。实现客户的资源价值管理，要从客户细分和客户生命周期管理两方面着手。

1）客户细分

在客户需求变化多端的情况下，相当大的一部分收入来自少数最有价值的大客户，我们称其为“峭壁原理”。峭壁越陡，则关系营销的成本耗费越省。对于银行业来说，全球银行业80%的利润来自于20%的“金牌”客户，我国银行业却是60%的利润来自于10%的“金牌”客户，那么，只要与这些数量很有限的客户建立起学习型关系，就起码可以维持60%左右的利润。

传统的理念认为：“客户就是上帝。”客户关系管理倡导“并非所有的客户都是上帝”，“客户天生就是不平等的”，要对客户进行细分，针对不同的客户实行差异化服务。根据美国数据库营销研究所 Arthur. Hughes 的研究，客户数据库中有三个要素，即最近一次消费（recency）、消费频率（frequency）和消费金额（monetary）。这三个要素构成了客户分类最好的指标，即通常所说的 RFM 模型。在推行客户关系管理时，就要根据 RFM 模型的原理，了解、预测客户行为差异，并以其为主轴进行业务流程重组。

2）客户生命周期管理

客户关系生命周期（customer relationship life cycle）由著名的服务营销教授格鲁诺斯提出。他认为可以把客户关系发展过程看做一个生命周期。客户生命周期是指企业与客户维持关系的整个过程，一般分为初始阶段、购买过程和消费过程三个阶段，如图 12-5 所示。

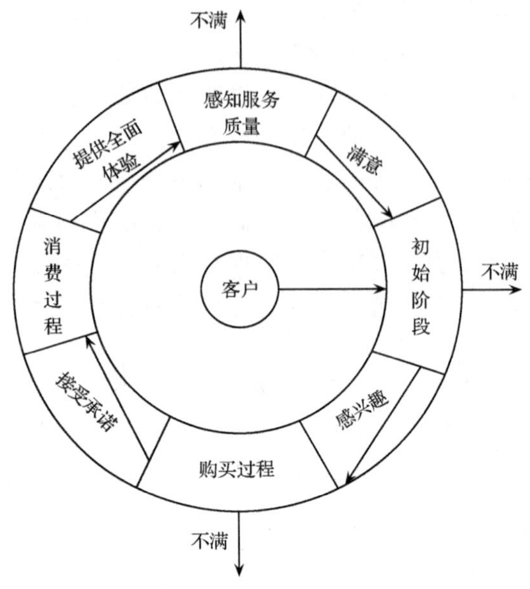

图 12-5 客户生命周期阶段

客户关系管理的核心就是在整个客户生命周期中都以客户为中心，可以对客户的整个生命周期有一个更为全面的了解。在整个客户生命周期过程中，客户的价值体现在下面几个方面：首先是“挽留客户”，这关系到客户停留在企业的时间长短；其次是客户光顾的频率，这关系到企业的利润；最后是获得客户和挽留客户所花的成本。

4. 客户关系管理的应用价值

客户关系管理的理念就是要把客户作为企业价值链中的重要组成部分。它运作于企业市场、销售、客户服务与支持等与客户有关的领域，一方面通过提供更快速和周到的优质服务吸引和保持更多的客户，另一方面通过对业务流程的全面管理降低企业的成本，最终帮助企业造就一个获利稳定的经营基础。企业利用客户关系管理可以在提高效率、拓展市场、保留客户和提高效益四个方面（图 12-6）大大改进，提升企业的竞争优势。

（二）商业银行客户关系管理的定义及其内涵

客户关系管理的概念，是由美国著名的研究机构 Gartner Group 在 20 世纪 90 年代最先提出的。Gartner Group 指出，客户关系管理是迄今为止规模最大的 IT 概念，它将看待客户的概念从独立分散的单个部门提升到了企业的层面，虽然与每个客户的具体交互行为是由每个部门来完成的，但是企业要对客户负全面的责任。

为了实现商业银行客户关系管理，商业银行与客户联系的每一个环节都应实

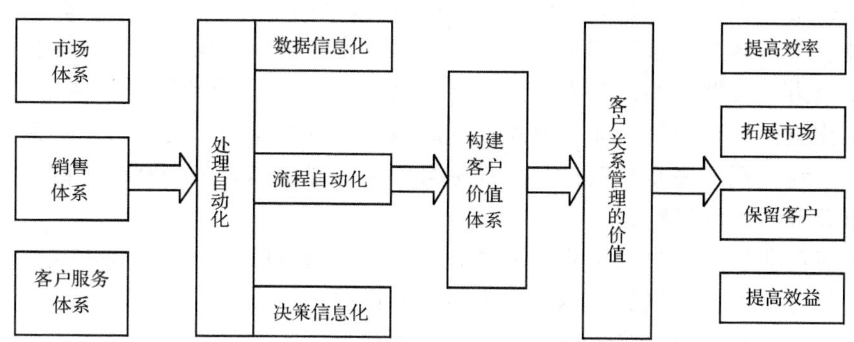

图 12-6　客户关系管理的应用价值

现自动化管理。营销自动化在此扮演着重要的角色，它是连接商业银行前台和后台办公以及商业银行部门之间共享客户信息的最根本环节。它与销售、客户服务以及后台办公一起构成了商业银行的客户关系管理。

客户关系管理这个词已经在国内外流行多年，就像其他新名词一样，人们试图去解释它，定义它，期望对它有一个基本的概念性把握。有关商业银行客户关系管理的定义有很多。不同的人从不同的角度总会有不同的看法：

定义 1：客户关系管理并不是一个产品，也不是一个产品组合。客户关系管理是触及商业银行内许多独立部门的商业理念，它需要一个新的以客户为中心的商业模式，并被集成了前台和后台办公系统的一整套应用系统所支持。此定义指出，客户关系管理是指导商业银行经营的一种商务管理理念，还指出整合的应用系统能够确保更令人满意的客户体验，而客户满意度直接关系到商业银行能否获得更多的利润。

定义 2：客户关系管理是商业银行在营销、销售和服务业务范围内，对现实的和潜在的客户关系及业务伙伴关系进行多渠道管理的一系列过程和技术。此定义指出了客户关系管理的业务领域为营销、销售和服务。其目的是管理客户以及伙伴关系，并指出客户关系管理的管理手段，即过程和技术。其缺点是将客户关系管理弱化为过程和技术。

定义 3：客户关系管理是商业银行的一项商业策略，它按照客户的分割情况有效地组织商业银行资源，培养以客户为中心的经营行为以及实施以客户为中心的业务流程，并以此为手段来提高商业银行的获利能力、收入以及客户满意度。此定义明确指出客户关系管理是商业银行的一种商务应用模式，而不是某种 IT 技术。同时，指出以客户为中心的经营机制的建立是实现客户关系管理目的的重要手段。其不足之处是只字不提技术的概念，好像客户关系管理同技术毫无关系。

其实，还有很多客户关系管理的定义，都强调了客户关系管理的某个侧面，虽然这些定义无所谓绝对好，也无所谓绝对差。综合现有各种观点，我们在此给出的商业银行客户关系管理定义为：商业银行客户关系管理，是商业银行为提高核心竞争力，贯彻以客户为中心的发展战略，结合先进的计算机网络信息技术，通过优化企业组织结构和业务流程，开展系统的客户研究，进行富有意义的交流沟通，最终实现提高客户获得、客户保留、客户忠诚和客户创利的目的而进行的一整套管理活动和过程。

要对商业银行客户关系管理的概念有一个更深刻的理解和认识，我们还应对商业银行客户关系管理的内涵有一个很好的把握。

商业银行客户关系管理内涵一：经营管理理念。

客户关系管理是商业银行为提高核心竞争力而树立的以客户为中心的发展战略。客户关系管理作为目前全球经营界的焦点，首先体现为触及商业银行内所有独立的职能部门和全部业务流程的商业理念。在此理念和思想的指导下，商业银行将建立全新的以客户为中心的商业模式，通过集成商业银行内部各系统，最终实现提高客户获得、客户保留、客户忠诚和客户创利的目的。

商业银行客户关系管理内涵二：技术、手段和系统。

客户关系管理是在商业银行改进与客户相关的全部业务流程的过程中所采用的先进的信息技术、软硬件系统和优化的解决方案。随着互联网技术的发展，商业银行实施客户关系管理，将进一步突显先进技术与传统资源结合给商业银行带来的强大优势。

商业银行客户关系管理内涵三：商务应用。

客户关系管理是商业银行以客户为中心，开展系统的客户研究，进行富有意义的交流沟通，达到提高客户满意和忠诚，进而提高业务效率和利润水平的商务实践。商业银行客户关系管理作为一种旨在改善商业银行与客户之间关系的新型管理机制，它实施于商业银行市场营销、销售、客户服务等与客户有关的业务领域，通过优化资源配置和协调关系，确保客户关系的稳定发展和客户价值的不断增值。

因此，为保持竞争优势，商业银行必须投资于客户关系管理这一自动化管理系统，同时要建立新的业务模式。相信客户关系管理这一重要的商业银行经营战略，将有效地提高商业银行的市场竞争能力。建立长期优质的客户关系、不断挖掘新的销售机会，进而不断提升商业银行的获利水平。

（三）商业银行客户关系管理在商业银行营销中的地位与作用

客户关系管理的出现，使得以客户为中心的经营理念从空洞的口号走向了能够进行量化的操作，并把抽象的理论运用到企业的实际运营中来。近 20 年来，IT 技术尤其是互联网的飞速发展，给客户关系管理添上了翅膀，借助于先进技术，人人都能够成为营销高手。

在客户关系管理环境下，从整个市场的商机预测、获得和管理，到营销流程的管理以及实时营销等等，传统营销行为和流程正不断得到优化和实现自动化。个性化和“一对一”成为营销的基本思路和可行做法，而最初在与客户接触中企业需要实际测量客户的需求，并针对具体目标受众开展集中的营销活动。实时营销的方式转变为电话、传真、Web网站、E-mail等的集成，它旨在使客户以自己的方式、在方便的时间获得他所需要的信息，并形成更好的客户体验。营销人员在获取商机和客户需求信息后，及时与销售部门合作以激活潜在的消费行为，或与相关职能人员共享信息，改进产品或服务，从速从优满足客户的需求。

可以说，商业银行客户关系管理的应用无论是在竞争力提升方面，工作效率改进方面，还是在经营成本的控制方面，都给商业银行带来了显著的好处。客户关系管理的实施成果经得起销售额、用户满意度、用户忠诚度、市场份额等“硬指标”的检测，它为商业银行新增的价值是看得见、摸得着的。商业银行客户关系管理的主要作用和效果如下：

（1）完善的商业银行客户关系管理系统可用来创建和改善商业银行与客户之间的关系，并通过相关技术来知晓客户的特殊偏好，从而维持与客户的长期关系，进而为其提供量身定制的产品和服务。

（2）完善的商业银行客户关系管理系统能更有针对性的对目标客户开展营销活动，避免盲目性，提高营销活动的目的性和有效性，从而降低营销成本。

（3）完善的商业银行客户关系管理系统能提供个性化的在线服务体验，通过分析客户过去的在线和离线交互活动，从而根据相关数据交付产品和提供相应服务。

（4）完善的商业银行客户关系管理系统能判断客户的价值，判断利润的来源，判断相关的客户业务流程，从而改进相关的营销策略，提高最有价值客户和潜在价值客户的满意程度。

简言之，引进先进的信息技术，实施高效的商业银行客户关系管理系统，实现“一对一”和交互式的客户服务、大规模的客户化定制服务、客户关怀和亲密接触服务等真正意义上的客户关系管理，已成为商业银行应对各种冲击和挑战，全面提升自身竞争优势，并在日益激烈的竞争环境中胜出的利器。

二、商业银行客户关系管理的内容

作为为软件系统定位的客户关系管理，其主要应用于企业的营销部门，并通过数据仓库与ERP系统集成，辅助企业的整体决策，就目前客户关系管理系统来说，它由三部分组成：客户关系管理软件、呼叫中心（call center)、数据仓库(data warehouse)，如图12-7所示。

商业银行客户关系管理的内容主要有销售管理、营销管理和客户服务管理。

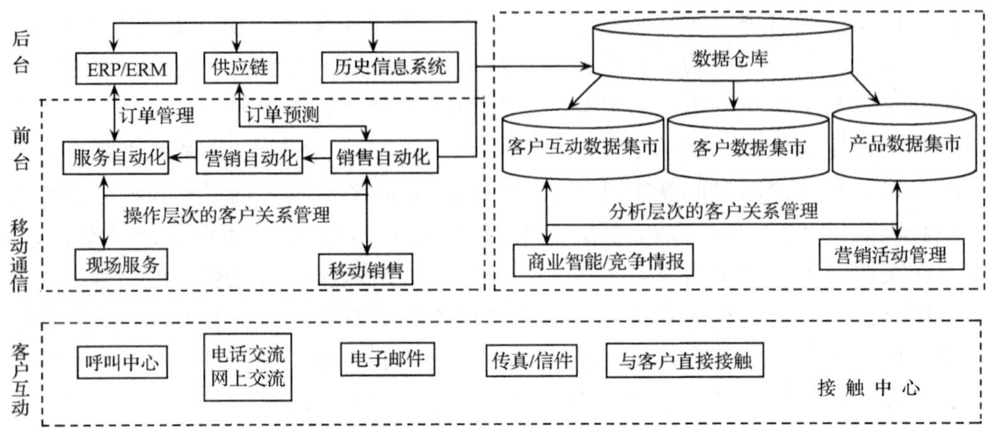

图 12-7 客户关系管理系统结构图
企业资源管理研究中心（AMT）. www. amteam. org

（一）销售管理功能

销售管理模块管理商业机会、账户信息及销售渠道等方面。它支持多种销售方式，并确保销售队伍总能把握最新的销售信息。

在采用 CRM 解决方案时，销售力自动化（sales force automation，SFA）在国外已经有了十几年的发展，并预计将在近几年在我国获得长足发展。早期的销售力自动化只是用于解决销售的应用软件，但从 20 世纪 90 年代初开始，其范围已有很大扩展，它从全局的角度出发，并提供集成性的方法来管理客户关系。就像销售力自动化的字面意思所表明的，销售力自动化主要是提高专业销售人员活动的自动化程度。它包含了一系列的功能，以提高销售过程的自动化程度，并通过向销售人员提供各种工具，来提高其工作效率。

例如，一些客户关系管理产品所具有的销售配置模块允许系统用户（不论是客户还是销售代表）根据产品部件确定最终产品，而用户无须知道这些部件是怎么连接在一起的，甚至不需要知道这些部件能否连接在一起。由于用户无须技术背景即可配置复杂的产品，因此，这种销售配置工具特别适合在网上应用。自助的网络销售能力使得客户可通过互联网选择、购买产品和服务，使得商业银行可直接与客户进行低成本的、以网络为基础的交易。

销售管理模块一般包括以下主要功能：

- 日程安排；
- 机会、账户及合同管理；
- 动态销售队伍及区域管理；
- 绩效跟踪的“漏斗状”管理；

- 可以进行产品的配置、报价、打折及销售订单的生成；
- 最新的信息刷新；
- 通过营销百科全书实现交互式及极具竞争力的智能销售；
- 采用市场引导的“销售自动化”解决方案；
- 现场推销，电话销售，渠道销售和基于 Internet 的网上销售；
- 企业集成功能可以实现与其他系统的整合。

（二）营销管理功能

营销管理模块可以使营销专家分析客户数据和市场信息，策划营销活动和行动步骤，更加有效地拓展市场。

在客户关系管理系统中，营销自动化模块是客户关系管理的最新成果，作为对销售力自动化的补充，它为营销提供了独特的能力，如营销活动（包括以网络为基础的营销活动或传统的营销活动）计划的编制和执行、计划结果的分析；清单的产生和管理；预算和预测；营销资料管理；“营销百科全书”（关于产品、定价、竞争信息等的知识库）；对有需求客户的跟踪、分销和管理。营销自动化模块与销售力自动化模块的不同在于，它们提供的功能不同，这些功能的目标也不同。营销自动化模块不局限于提高销售人员活动的自动化程度，其目标是为营销及其相关活动的设计、执行和评估提供详细的框架。很多情况下，营销自动化和销售力自动化模块是补充性的关系。例如，有效的营销活动能成功地探知客户的需求和偏好，发掘新的销售机会。为了使得营销活动真正有效，应该及时地将这些信息提供给执行人员，如销售专业人员，从速、从优地向市场提供或改进产品或服务，从而诱发潜在消费并能更好地满足客户的需求。在客户生命周期中，营销自动化与销售自动化虽然具有不同的功能，但它们常常是互为补充的。

营销管理模块一般包括以下主要功能：

- 现有客户数据分析；
- 通过预见的相关行业客户的数据，提高决策的成功率；
- 通过对自己和竞争对手的数据进行分析，策划有效的营销策略；
- 支持整个企业范围的通信，并提供个性化的市场信息；
- 评估和跟踪多种营销策略；
- 实现全面的营销管理自动化。

（三）客户服务功能

客户服务管理模块可以使客户服务代表有效地提高服务质量，增强服务能力，从而更加容易捕捉和跟踪服务中出现的问题，并迅速准确地根据客户需求来解决营销调研、销售推广、销售提升等各个环节中的问题，从而延长客户的生命周期。此外，服务专家通过分解客户服务的需求，并向客户建议其他的产品和服务，来增强和完善每一个专门的客户解决方案。

很多情况下，客户的保持和客户利润贡献度的提高依赖于提供优质的服务。在目前的市场环境和条件下，客户只需轻点鼠标或打一个电话就可以方便、迅速地转向商业银行的竞争者。因此，商业银行提供客户服务的优劣是能否保留客户的关键。在商业银行客户关系管理系统中，客户服务与支持主要是通过呼叫中心和互联网来实现的，所以，在满足客户的个性化要求方面，它们的速度、准确性和效率都将会令人满意。客户关系管理系统中的强有力的客户数据使得通过多种渠道（如互联网、呼叫中心）的纵横向销售变得可能，当把客户服务与支持功能同销售、营销功能比较好地结合起来时，就能为商业银行提供更多的营销机会，向已有的客户销售更多的产品。客户服务与支持的典型应用包括：客户关怀；纠纷、订单跟踪；现场服务；问题及其解决方法的数据库；服务协议和合同；服务请求管理等。

客户服务模块一般包括以下主要功能：

- 客户关怀；
- 通过访问知识库实现对客户问题的快速判断和解决；
- 纠纷、次品、订单跟踪；
- 支持通用的电话、电子邮件、Web、传真和交互语言应答（IVR）排队；
- 广泛支持合同和资产管理；
- 客户服务历史纪录管理。

三、商业银行数据仓库管理

（一）关于商业银行数据仓库管理

数据仓库管理主要功能是处理不同数据源搜集的数据，以保证数据的正确性，将数据经过转换、同构，存于数据仓库中，并查找合适的查询和分析工具、数据挖掘工具、OLAP 工具对信息进行处理，为客户关系管理软件及呼叫中心服务，另外它也可以利用商业银行核心系统 ERP 中的数据。

1. 客户信息的存储与整理

客户数据的有效存储关系到后续数据使用的便利性，因此如何适当、安全地存储和整理数据是个重要的环节。涉及各种客户信息数据存储的子系统有：

- 数据库（data base）；
- 数据仓库（data warehouse）；
- 客户数据集市（customer data mart）；
- 产品数据集市（product data mart）；
- 知识库（knowledge base）。

2. 客户信息的分析与提取

客户关系管理实施成功更为重要的阶段，在于对客户信息数据的有效处理和分析。通过对信息的深层分析和精要提取，使商业银行理解客户行为及其购买方式，发现适合不同客户的多样化的销售形式；进而以分析结果为依据实现商业银行业务过程和内部组织结构的调整。为了实现这一目的，相应的子系统有：

- 数据挖掘（data mining）；
- 学习机制（learning machanism）；
- 回归分析（regression analysis）；
- 商业智能（business intelligence）等。

3. 客户信息的应用与维护

客户信息的应用是数据收集、存储、分析的最终目的，因此通过友好的用户界面，及时、安全、便捷地将整合性的客户信息与知识呈献给最终使用者，使客户信息发挥其应有的价值。另外，为了更好地利用客户信息，还应对客户信息进行不断的更新与维护。在此，对应的子系统有：

- 数据可视系统（data visualization）；
- 报表系统（reporting）；
- 在线分析处理系统（OLAP）；
- 随机查询系统（random query）；
- 信息维护系统（information maintenance）等。

（二）商业银行客户数据库建立

1. 积极运用客户联系技术/关系技术（如电信联系技术）

收集、掌握、积累、分析、理解、利用客户信息，并把其转化为知识（可行动的信息）和行动，向员工传授，以提供针对客户需要的产品/服务，吸引客户。建立商业银行客户信息库和与其客户可以共享的信息/知识系统以及以信息网络为基础的客户驱动的信息结构，以保证信息流到真正需要它的地方。

创建商业银行客户信息库一般有四个步骤：

（1）把客户分为现有客户、预期客户和流失客户三类；

（2）把各类客户的最近情况与购买服务的频率等数据分别输入信息库；

（3）把每位客户在一年左右时间内与商业银行等金融机构发生各种联系的细节输入信息库；

（4）输入客户的其他信息。

2. 商业银行客户信息/知识的类型

包括：①通过商业银行员工与客户之间相互交谈获得的信息——谈话性信息/知识。②通过观察客户接受商业银行金融产品/服务的全面活动，或者直接考察客户实际情况而获得的信息——观察性信息/知识。③通过分析、预测获得的信息——预测性信息/知识。如果考虑到商业银行的营利机会和通过客户知识增长来驱动价值创造，为创造竞争优势，就要随着时间的变化，逐步利用四个层次的客户关系管理信息：营销或销售的报表分析、产品与服务信息、客户信息及客户知识。

3. 研究商业银行客户信息源（表 12-3）、信息现实、信息未来变化等

其重点是客户全面信息、竞争对手全面信息和市场格局信息。要加强与商业银行客户的直接接触。

表 12-3 顾客信息源

基本的/反应性信息源	促进性/支持性信息源
对客户的服务	选择客户进行针对性的提问
技术支持	对接受本银行的产品/服务的客户进行观察
要求/反悔/投诉	检查客户满意度
营销人员情况汇报	监察市场走向

资料来源：布赖恩·L. 乔伊纳. 第四代管理. 北京：中信出版社，2000. 83

4. 实施客户信息战略

其模式是：第一步，制定明确的商业银行企业战略；第二步，明确客户要求，以客户利益决定对信息管理的投入和利用信息的方式；第三步，设计数据库所服务的业务流程，确定利用数据库做什么；第四步，设计客户信息系统（CIS）的应用程序；第五步，把数据与技术结合起来；第六步，进行信息开发。主要是分析客户资料库数据信息，进行客户开发。如发现某客户的定期存款到期或贷款付清，表示该客户有一笔可以转作其他投资的资金。及时传达给该客户一些重新投资的资料，可能留住该客户。顾客信息战略及其管理的一般内容如表 12-4所示。

表 12-4 客户信息战略与管理

	确定建立客户信息库及客户关系管理所需要的全部信息	负责人	参加者
联系审查	审查公司与客户之间的所有联系点及联系内容与结果，为加强联系、提高收益，提供信息源和可能机会	关系营销经理	营销代表、服务代表
内部数据分析	对营销数据库进行正式分析，检验其内容、范围、人数、年龄、相关性及数据的准确性	关系营销经理	系统人员、营销代表
客户资料的数量与质量审查	检查你的系统和相关的联系审查中数据的可利用性，这些数据现在已用于客户与公司的交流，但还未引起注意	关系营销经理	系统代表、营销代表
加强数据	以上工作的开展可能表明需要加强内部系统方面的数据	关系营销经理	系统代表、营销代表

续表

	确定建立客户信息库及客户关系管理所需要的全部信息	负责人	参加者
数据战略开发	必须开发出不断保持关键数据的战略，以明示谁做、如何做和如何衡量/度量频率	关系营销经理	营销人员
外部数据	包括地理、社会、人口及生活方式等，可通过调查获得，以覆盖现有各种客户资料，或增加潜在的新客户名单	营销经理	关系营销经理、营销人员
与客户相关的其他内部数据	包括客户对早期促销的反应、客户服务记录与调查等	关系营销经理领导，系统人员执行	系统人员
把自己的数据库与合资伙伴的数据库合并，以共享资源	这种现象越来越普遍，因为公司可以找到彼此不竞争的伙伴，一起联手开发市场。有时，为识别有问题的客户，也可以与竞争对手联营共享数据库	系统经理	系统人员
预测	客户数据库的发展趋势要考虑消耗和补充的动态变化、自己的策略和可能的竞争主动性	营销经理	关系营销总经理顾问、营销分析人员

资料来源：（英）默林·斯通等. 关系营销. 上海：上海远东出版社，1998. 221

5. 建立健全客户信息档案（customer information facility，CIF）

奠定客户管理基础。客户信息档案是以顾客为中心的大型客户资料数据库，集客户个人基本信息、客户单位基本信息和他们的业务资料（各类账户）为一库。分析各个客户的贡献（利差、收费等）。

四、商业银行呼叫中心

商业银行呼叫中心即客户关系管理系统的客户联系中心

（一）关于呼叫中心

我们知道营销渠道的主要功能是充当消费者和厂商之间的信息沟通渠道，对于商业银行等服务业来说，产品本身和服务不可分离，服务功能主要通过渠道实施，因此，通过建立一个类似于信息中心的职能部门，把消费者的各种咨询意见和服务反馈信息进行集中处理，不仅提升了服务的效率，也提升了服务的档次，并成为吸引客户的重要的营销渠道，这就是呼叫中心的意义。

呼叫中心（call center）是一种基于电脑电话集成技术（计算机与通信网集成）的一种新的综合信息服务系统。成功的管理者称其为“公司一切业务的数据化大门”。具体地说，是指拨打一个电话号码后，通过自动语言应答系统或人工的坐席代表，就可以获取存放在计算机数据库的各种信息和服务。如目前较流行的“110”、“185”、“186”、“189”、“114”等都是典型的例子。由于市场竞争的需要，呼叫中心在银行业得到越来越广泛的应用。据介绍，目前国内的所有商业银行都在建立呼叫中心及相关业务，做得较好的如深圳招商银行，客户可以使用电话通过招商银行“一卡通”进行查询、转账等业务。中国人民银行正在开发的“信贷登记咨询系统”也类似于呼叫中心，但它是一个面向企业的应用系统，面向个人用户的查询系统还没有开发。近一两年以来，呼叫中心在金融服务业其他领域也被广泛应用。如已经逐渐被券商所采纳，成为券商提升服务功能和吸引客户的重要手段。但由于投资额大，呼叫中心作为证券商集中处理股民投资问题的工具，在证券营销中的地位和作用还没有得到应有的重视。

（二）商业银行呼叫中心的构成

商业银行呼叫中心由电脑电话集成服务器、交互语言应答系统以及服务代表终端等组成，以支持各个渠道的客户服务及交互行为。

主要构成要素有：

（1）电话管理员。主要包括呼入呼出电话处理、互联网回呼、呼叫中心运营管理、图形用户界面软件电话、应用系统弹出屏幕、友好电话转移、路由选择等。

（2）开放连接服务。支持绝大多数的自动排队机，如Lucent、NorteL、Aspect、Rockwell、Alcatel、Erisson等。

（3）语音集成服务。支持大部分交互式语音应答系统。

（4）报表统计分析。提供了很多图形化分析报表，可进行呼叫时长分析、等候时长分析、呼入呼出汇总分析、座席负载率分析、呼叫接失率分析、呼叫传送率分析、座席绩效对比分析等。

（5）管理分析工具。进行实时的性能指数和趋势分析，将呼叫中心和座席的实际表现与设定的目标相比较，确定需要改进的区域。

（6）执行代理服务。支持传真、打印机、电话和电子邮件等，自动将客户所需要的信息和资料发给客户。可选用不同的配置使发给客户的信息具有针对性。

（7）自动拨号服务。管理所有的预拨电话，仅接通的电话才转到座席人员那里，节省了拨号时间。

（8）市场活动支持服务。管理电话营销、电话销售、电话服务等。

（9）呼入呼出调度服务。根据来电的数量和座席服务水平为座席分配不同的呼入呼出电话，提高了客户服务水平和座席人员的生产率。

（10）多渠道接入服务。提供Internet和其他渠道的接入服务，充分利用话务员的工作间隙，收看电子邮件、回信等。

（三）呼叫中心成为商业银行营销新手段

经济全球化进程的加快，外资银行的不断涌入以及信息技术的广泛应用，都给如今的中国金融业带来了严峻的挑战。为了吸引更多、更有价值的新客户，同时留住原有老客户，各家商业银行都在寻求快捷、高效、优质的服务方式，以提高服务品质和服务形象。

从中国目前银行业的发展情况来看，各商业银行所能提供的金融产品其实基本上是一致的。所以从争夺客户的角度来讲，商业银行间最重要的竞争因素便集中到了“服务”上。专业调查表明，对某一银行服务不满意的客户中25%的人会在其后的两年内退出这家银行，而要赢得一个新客户，商业银行的花费则至少是维持一个老客户的5倍。

呼叫中心就是顺应这一潮流应运而生的。作为银行实现“服务为本”经营理念、争取客户的有力工具，呼叫中心通过计算机技术和电话语音技术的结合，为客户提供集中和规范化的服务。它通过与商业银行业务系统衔接，可为商业银行客户提供各种金融服务，如业务查询、转账、交易等等。

但呼叫中心并不是简单的电话银行，它能比电话银行提供更多的服务。比如它就提出了一种全新的座席概念，即除了像电话银行语音应答方式以外，还可随时将客户的电话转到人工座席，并且根据客户级别的高低，采取分级处理，大客户优先级别较高，等待时间就会大大缩短，也会受到业务水平较高人员的接待。

建立呼叫中心的目的，除了保留已有客户，吸引新客户外，还包括拓展与客户的关系，获取并分析客户的需求，向客户提供理财建议，推荐和销售金融产品，在中央银行政策有调整或本银行开发出新业务时，向客户提出新的投资建议以及节省运营成本等。呼叫中心既提供了便捷的服务，同时也大大降低了成本，原来需要亲自到商业银行办理业务的客户，如今无需出门就可以通过电话来完成。

呼叫中心是商业银行服务手段革新的创举，发展呼叫中心使我国商业银行的营销模式发生根本的转变：它使商业银行从柜台营销转变为运用先进通信手段的营销；从以金融产品为中心，转变为以商业银行客户为中心；从被动式服务，转变为主动式营销。呼叫中心克服了柜台营销辐射半径短、经营成本高、服务时间短、服务质量难把握的局限性，而是一切以客户为中心，提供多样化、个性化服务，从而成为商业银行的盈利中心。

（四）商业银行呼叫中心的主要功能

提供电子自动化金融服务。使客户在一天24小时内，均可在没有银行人员协助的情况下，随时以呼叫中心的方式来完成某些业务交易，达到个人理财的目标。

使处理商业银行交易与推销银行服务并重。通过现有的科学技术，呼叫中心不但能处理传统营业网点的业务，还可提供营业网点没有的其他业务，兼顾业务交易与服务销售的多重任务，为商业银行带来更多的利润。

能提供24小时不间断服务。通过电子自动化设备，呼叫中心能提供24小时不间断服务，延长商业银行服务时间。从成本的角度考虑，商业银行要开办一个24小时营业的网点，除了业务人员要采用三班轮班制，薪金成本大幅度提升外，其余房舍投资与水电开销亦所费不菲。因此开设呼叫中心不仅延长了商业银行的营业时间，更能节省大笔的薪金和支出，实为商业银行扩展营业据点和服务层面的一种有效手段。

扩大客户范围。呼叫中心与传统的银行分行和办事处不同，它不但能接触到银行本身的客户，还可以向其他银行的客户提供一些服务，如有偿提供商家和其他银行关于银行信用卡的黑名单等。因此呼叫中心能扩大客户的范围，并争取向其他商业银行的客户积极推销本行业务，为本行吸纳新客户和更多的资金。

据统计，目前美国已有银行呼叫中心6.95万个，营业额122亿美元。预计2003年其呼叫中心的数量将发展到7.8万个，营业额超过307亿美元。美国媒体曾有报道说，在北美，有一批银行业务收入迅速增长，而另一些银行业务收入则迅速下跌。分析原因，才知前者都建立了呼叫中心，而后者没有。由于美国存在着激烈的商业竞争，保住“老上帝”和请进“新上帝”便成为银行的主要任务。呼叫中心，无疑是实现这一目标的重要手段之一。时至今日，在美国已很难找到没有呼叫中心的银行了。

在我国，呼叫中心如今也越来越被广大银行决策者和专家所认可。几乎所有的商业银行都在积极筹建呼叫中心及相关业务，工商银行、建设银行、招商银行、交通银行、华夏银行等更是捷足先登。呼叫中心的开通，为这些银行极大地拓宽了服务领域，取得了良好的社会效益和经济效益。可以预见，随着越来越多银行的跟进，呼叫中心还将在我国银行业中发挥出更大的功效。

第三节　商业银行整合营销传播

一、关于整合营销

（一）整合营销的概念

整合营销（integrated marketing）是一个20世纪90年代开始产生并流行的市场营销学新概念，对此几乎每一个市场营销学学者都在著作、文章中提出了独具个性的定义，到目前为止，尚没有一个公认的、权威的概念定义。它最早由约翰·麦克特瑞克（John Mckitterick）于1957年提出；20世纪90年代以整合营销沟通（integrated marketing communication，IMC）形式出现；后开始扩展为整合营销。1995年，Paustian　Chude首次提出了整合营销概念，他给整合营销下了一个简单的定义，整合营销就是“根据目标设计（企业的）战略，并支配（企业各种）资源以达到企业目标”。菲利普·科特勒教授在《营销管理》第九版中从实用主义角度揭示整合营销实施的方式，即企业里所有部门都为了顾客利益而共同工作。这样，整合营销就包括两个层次的内容：一是不同营销功能——销售、广告、产品管理、售后服务、市场调研等必须协调；二是营销部门与企业其他部门，如生产部门、研究开发部门等职能部门之间的协同。

近年来，我国的学者也开始对整合营销进行了研究，并结合我国国情提出了自己的定义。伍士林认为，“整合营销是以整合企业内外部所有资源为手段，重组、再造企业的生产行为与市场行为，充分调动一切积极因素，以实现企业目标的、全面的、一致化营销”，并主张整合营销应当把“企业一切活动，包括采购、设计开发、生产、外联、公关、销售等，不管是企业经营的战略策略、方式方法，还是具体的实际操作，进行一元化整合重组，使企业在各个环节上达到高度协调一致、紧密配合，共同进行组合化营销”。伍士林的基本思路是以整合为中心，整合企业的营销渠道、营销方式、营销管理和企业内外的商品流、物质流、信息流，实现系统化管理，协调统一企业内各层次、各职能部门、各岗位以及总公司、分公司、子公司、材料供应商、产品分销商之间的行动，依托企业营销的规模化与现代信息技术的广泛运用，谋求供应商→生产商→分销商→顾客整条价值链的最优化。

尽管对于整合营销的定义仍存在很大争议，但它们的基本思想是一致的，即整合营销指以顾客需求为中心，提供产品或服务，同时为产品或服务提供者带来长远的经济效益，贯彻于其中的就是波特教授所说的产品/服务价值链。在《竞争优势》中，波特对价值链做了开创性的研究。波特指出，“每一个企业都是用来进行设计、生产、营销、交货以及对产品起辅助作用的各种活动的集合”，“一定水平的价值链是企业在一定产业内的各种活动的组合”。波特还列出了产品的价值系统如下：

供应商价值链→企业价值链→渠道价值链→买方价值链

从中可以看出，影响顾客利益的不仅仅是企业内部的各种活动，还包括供应商及渠道中的各种活动。从另一个角度考虑，整合营销可以视为是对产品价值链的整合。显然，整合营销不应仅仅局限在企业营销部门内部或企业营销部门与其他职能部门之间，它还应扩展到企业外部，即延伸到供应商和各个下游分销渠道。所以，整合营销应当包括两方面：一是企业内部整合营销，二是企业外部整合营销。企业应当首先实现各种营销手段、营销部门与其他职能部门之间的内部整合，然后以此为基础从更广的范围进行价值链上企业、供应商、分销商和顾客之间的整合。虽然菲利普·科特勒教授关于整合营销的定义得到普遍的认同，但也只是表述了企业内部的整合营销，广义的整合营销应该是：产品价值链上所有部门和企业都为服务于顾客利益而共同工作，其结果才是完整的整合营销。

整合营销有两方面的意义：①保证提供产品或服务的各个环节的质量，以实现顾客价值的最大化；②更有效地管理各种相关资源，以发挥高效的经济效益。因此，整合既有利于顾客，又有利于企业。

（二）商业银行内部营销与外部营销

鉴于商业银行的营销战略制定与实施的核心是为客户创造价值，客户分为内部客户和外部客户，而商业银行营销是针对客户的，所以，商业银行营销就依据其战略安排分为商业银行内部营销和商业银行外部营销（图 12-8）。

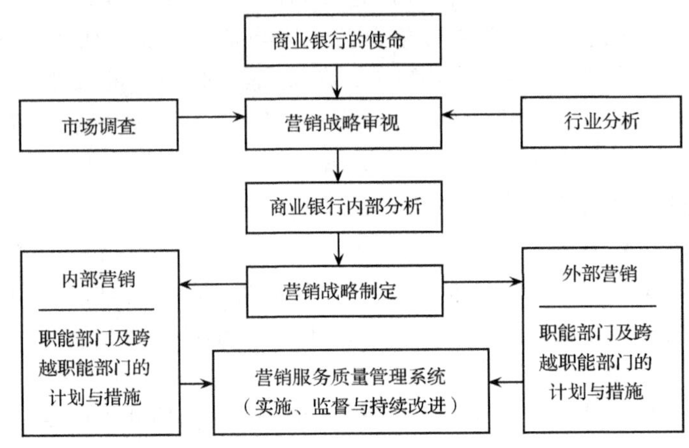

图 12-8 商业银行关系营销战略框架

二、商业银行内部营销

（一）商业银行内部营销的含义

内部营销（也称为内部整合营销）指商业银行内部每一个员工都以一致的信念为外部客户提供服务，塑造客户对该产品/服务甚至该商业银行的忠诚度，促使客户不断购买该产品/服务，为商业银行带来长远、稳定的经济效益。

1. 商业银行内部营销的要素

1）在何处、向谁进行内部营销

显然，内部营销就是在商业银行内部，即内部市场上运用营销手段，其对象是面向商业银行内部的员工，即内部顾客。

商业银行内部的员工之间、部门之间都互为顾客。

2）营销什么

商业银行内部营销的内容主要有：

（1）营销本商业银行的金融产品/服务（如果本银行的员工不购买自己银行的产品/服务会是什么结果）。

（2）向员工传达有关信息：商业银行的远景信息（它是什么和怎样的？它做

什么？为什么要这样做和怎样做？谁是它的顾客?)；“第一次就要做正确”、“全面质量管理”、“本银行可以提供满足顾客期望的产品/服务”等观念性信息；承诺性信息，如客户对本商业银行及其产品/服务的期望是什么，本银行的业务（产品/服务）标准是什么，达不到标准会有什么结果。

（3）以外部营销成功为目标，服务于员工，对员工进行筛选、培训、激励，并关心、认同、肯定员工的良性行为。促进商业银行内部各方面相互协作、携手，创造内部营销氛围。

3）如何营销

主要是：设计、组建现代化商业银行营销组织架构，使内部各种联系形成网络。例如，建立关系管理型营销组织（客户经理制）、学习型组织；完善管理沟通与营销沟通，把内部关注点导向那些需要变革的内部活动上，以利于外部营销顺利开展；全员培训；不断创新；等等。

4）为什么要进行内部营销

内部营销的最终目的是使外部顾客对我们的商业银行感到满意、喜爱、信任，并不断地购买我们的金融产品/服务，成为我们的忠诚顾客。

2. 商业银行内部营销的定义及特点

商业银行内部营销是指商业银行在其内部从营销管理的视角管理其人力资源，把员工当做顾客，通过领导/管理性服务和加强内部沟通，创造员工满意，吸引、开发、激励、留住胜任的员工，为商业银行外部客户提供满意服务，以保证外部营销成功的营销活动。

商业银行内部营销特点如下：

（1）内部营销不是一项独立的活动，而是隐含在质量机制、客户服务计划以及营销战略之中。

（2）内部营销由正式的有组织的活动伴之以一系列不很正式的首创活动所构成。

（3）信息交流（沟通）是内部营销成功的关键。

（4）内部营销在独特化竞争战略中发挥着至关重要的作用。

（5）内部营销在减少职能部门之间的冲突方面具有重要作用。

（6）内部营销是一个实验性过程，目的是引导员工自己得出如何行为的结论。

（7）内部营销是渐变、进化的，并导致各种壁垒的缓慢消除。

（8）运用内部营销的目的是推动商业银行革新精神的发扬。

（9）如果最高层承诺支持、全体员工相互合作、管理风格开放，内部营销会更为成功。

（10）内部营销成为商业银行企业文化的组成部分，其效果会更好。

（二）商业银行内部营销的管理

1. 内部营销的有效管理，要确定基本战略

例如，中国工商银行就提出“总行为全行服务、上级行为下级行服务、管理者为员工服务、员工为客户服务”的大服务战略。

2. 要以商业银行企业文化的理论为指导，进行商业银行营销文化的建设

树立起商业银行为国家经济建设服务、为客户服务的强烈意识和“服务第一”的价值观。

3. 全面实施客户经理制，完善“后台支持前台”的营销组织体系和运行机制

以客户、客户需求变化、满足客户需要为导向，健全、优化商业银行营销组织结构。

4. 建立、完善商业银行的内部管理沟通体系和完整的营销沟通网络系统

健全沟通制度和优化沟通机制。以管理沟通的理论为指导，使商业银行与其各种利益相关者、商业银行领导者与员工、员工们相互之间等各方面都能够进行良好的沟通。要及时调整或创新业务流程，以适应客户需要的变化。

5. 以商业银行发展战略、营销战略为指导，加强商业银行人力资源管理与开发

(1) 高级管理人员要努力做到：商业银行服务管理层（地区经理、区域经理、分支机构经理等）都应置于统一的激励机制之中；商业银行服务管理的职责不应限于清楚业务目标和被动地接受管理指令，还应参与对他们的利益具有直接影响的管理决策；要建立一个有效的业务机构管理层和一个双向交流系统。

(2) 重点是对商业银行员工按照其与客户的关系进行分类（表 12-5 (a)(b)），再分别按类型与特点进行管理和培训，以保证员工发挥最大努力，达到最大产出。要突出三点：①树立内部顾客观念；②确保全体员工的行为与商业银行使命、战略、目标一致，并相互协调，合作共事；③每一个员工都代表商业银行的形象。使员工既能够适应、胜任各自营销岗位的工作，又能够为其抓住成功机会准备条件。

(3) 特别要提高各级管理者的营销管理能力和全体营销服务人员的综合素质。

(4) 通过内部营销激励员工可以采取以下措施：认真考虑营销员工对于自身需求和所处环境的态度；强调每个员工发现并解决问题的责任感；营销员工可以参与目标与职责的制定；提供合适的奖励；建立一个具有共同意义的目标体系，使员工能够分享机构的营销目标；提供适当的培训。

表 12-5 员工分类与分析

(a) 员工分类

项目	参与营销活动	不直接参与营销活动
经常或定期与客户接触	直接接触者（一线营销服务员工）	间接参与者（接待人员、电话接线员、门卫等）
不经常或从不与客户接触	施加影响者（科研开发、内勤人员等）	隔离无关者（人事、数据处理人员等）

(b) 员工分析

项目		员工做好工作的愿望	
		高	低
员工能力	高	理想的员工	需要激励的员工
	低	需要培训的员工	产生主要问题的员工

三、商业银行外部营销

（一）商业银行外部营销的含义

外部营销（也称为外部整合营销）是指企业与处于价值链上游的各原材料供应商、处于价值链下游的各分销商以及消费者之间的整合。外部整合营销仍是以客户为中心，强调企业与外部的协作将有助于实现客户价值最大化，同时也将有助于企业、原材料供应商和分销商的资源、工作有效整合，从而为他们带来经济效益最大化。

商业银行外部营销是相对于商业银行内部营销而言的，是商业银行运用营销手段于外部市场所进行的营销活动。实际上，商业银行外部营销就是人们一般情况下所说的商业银行市场营销。我们平时所讲的市场营销理论与方法，在外部营销方面都可以应用。

（二）商业银行外部营销的重点

在制定正确的竞争战略的基础上，商业银行外部营销要突出如下重点：

1. 重视质量营销

商业银行外部营销要建立营销质量的“持续提高”机制。重点是在每个营销服务环节加强质量管理，持续提高营销服务质量，使质量差距不断缩小，使营销服务质量在客户心目中的地位不断提高。

2. 关注客户的价值链

客户价值链就是客户为给自己创造价值而在特定环境中所进行的一系列活动和所采取的一系列措施。商业银行提供的优质产品和超值服务就是向客户价值链系统提供的一系列输入。商业银行及其各级主管和客户经理要深入研究客户在其价值链的各个环节上的行为模式，弄清客户从商业银行提供的金融产品/服务中获得了什么价值，弄清客户在特定的时间、地点到底希望利用金融产品/服务做什么，才能清楚商业银行提供的金融产品/服务何以与客户价值链相得益彰。如果商业银行提供的金融产品/服务不能与客户价值链中的各项活动、前后顺序、联系环节相吻合，则一切都是徒劳。商业银行营销的关键是把自己的价值链与客户的价值链恰当衔接，既可以为客户创造价值，又可以为自己降低成本。

3. 商业银行客户关系管理

4. 建立营销服务质量管理反馈与监测系统

主要包括以下步骤与内容：

(1) 进行客户服务基准的调研。重点从区域性的客户投诉资料、现有客户访谈、各个分支机构客户投诉记录、流失客户的访谈等风险问题分析入手；

(2) 对照服务标准和客户需要，分析、诊断服务中存在的问题。包括：低于标准的服务、被破坏的客户关系、问题因由、关键的问题等；

(3) 士气监测，重在员工态度调查；

(4) 建立风险问题反馈系统；

(5) 进行服务质量状况的监控，采取改正措施；

(6) 循环评审。

四、商业银行整合营销

商业银行整合营销 (integrated marketing)，即促进商业银行与其客户和其他关系利益人发展品牌关系、注重沟通互动、整合各种营销方法的一种营销模式。它强调如何塑造品牌关系、维护和强化品牌关系（客户关系）的永久价值，重在品牌价值、品牌资产的无形资产的管理，重视商业银行的每一位员工影响客户的潜在能力和品牌信息，通过加强品牌关系提高品牌价值。它与传统营销相比，具有三个特点和不同的重点（表 12-6）：把营销重点从争取客户转变为保持和增强客户群；强调与客户和其他关系利益人进行双向沟通，其品牌资产方程式是：沟通→品牌关系→品牌支持度→品牌资产；视营销为商业银行管理的哲学而非一项功能或一个部门。

表 12-6 整合营销与传统营销的差异点

传统营销重点		整合营销重点	
交易	顾客	关系	关系利益人
营销传播工具的组合	大众传播媒体（单向传播）	品牌信息的策略一致性	互动（对话、双向沟通）
问题营销	根据去年计划做调整	任务营销	自主性活动企划
单一职能组织	单功能专业能力	跨职能组织	强调核心能力
大众营销	与一般代理商合作	数据库驱动营销	与传播管理代理商合作

资料来源：(美) 汤姆·邓肯，(美) 桑德拉·莫里亚蒂. 品牌至尊. 廖宜怡译. 北京：华夏出版社，2000. 22

商业银行整合营销以外部营销为出发点追溯商业银行内部管理（内部营销），以发现营销机会。通过分析客户价值链和如何利用商业银行提供的产品/服务（价值），对商业银行内部进行工作设计、工作环境、工作程序、人力资源管理与开发等方面的创新和变革。

商业银行整合营销要求高层管理者全力配合和支持，要求制定营销关系战略和建立相关的框架体系（表12-7），要建立一个真正整合的组织结构和一个可以同时传达信息与倾听关系利益人声音的沟通渠道。

表12-7　商业银行关系营销战略框架

战略要素	要　素　内　涵
战略决策	以全面营销为导向，建立战略体系，制定营销协同计划，确定商业银行使命、目标市场、营销目标
共同理念	以客户和满足客户需要为中心，视营销费用为投资，通过使客户满意的服务为客户创造价值
风格特点	最高层（象征性地、具体性地）真正地支持营销活动，前后台的有效沟通与协作，对营销行为的肯定
程序制度	客户信息、竞争者信息的处理，营销策划与监控系统，营销导向的考绩与奖酬制度，财务报告制度等
人员素质	营销人才的招聘，营销培训规划与投资，人力资源开发，营销知识、技能的提高
组织结构	客户导向型组织结构，客户经理制，对营销一线的有效授权，后台专家发挥才能等

商业银行整合营销要从整体上思考如何行动，建立营销服务体系，以利于满足客户需求。营销服务体系也称为商业银行客户服务体系，它取决于如下重要因素：领导层、管理层的重视和一致支持，商业银行规模、产品/服务分布的区域，商业银行企业文化永远以客户为中心，商业银行内外的信息沟通方式、技术，客户对金融产品/服务的要求、期望，竞争对手的服务战略与服务状况，等等。服务提供组织（如客户经理部）具有群组（TEAM＝Together Everyone Achieves More）特征，即其中的每个成员可以最大限度地表现并发挥个人才能。图12-9是一个满足客户需求的模型，其中管理者的4个因素在特定的环境中相互作用，保证银行与客户保持一种良好的关系。

该模型中，知识是营销及其服务的基础，商业银行营销人员掌握市场、客户的信息、知识越多，越能更好地把相关因素整合起来，以客户容易理解的方式与客户沟通，满足目标客户的需要。理想是银行的长远目标，为银行勾画出发展蓝图，确定银行使命和宗旨，通过战略加以实现。银行总体价值观影响银行的组织行为。创造性与创新以知识为基础，以信息、情报为依据，通过创新思维，实施创新工程和知识管理工程，开发比竞争对手更能满足顾客需要的产品/服务。最终赢得顾客信任，达到营销成功的目的。

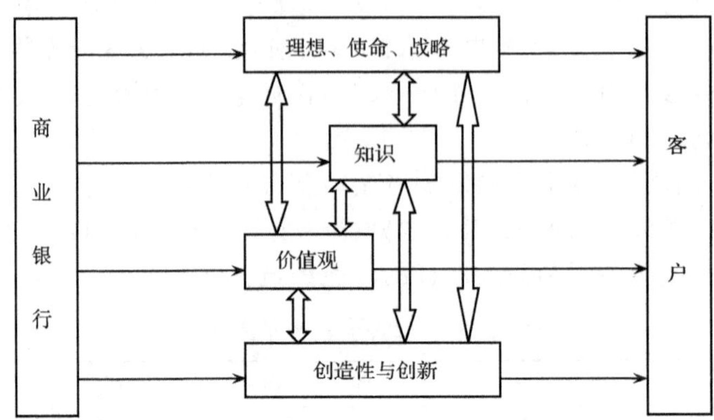

图 12-9 客户需求满足模型

关键概念

商业银行关系营销、客户生命周期、呼叫中心、商业银行内部营销、商业银行整合营销

❖ 思考题

1. 商业银行关系营销的要素是什么?
2. 商业银行关系营销具有哪些特点、分为哪些类型?
3. 商业银行客户关系营销的基本类型有哪些?
4. 商业银行客户关系管理的定义及其内涵是什么?
5. 商业银行客户关系管理在商业银行营销中的地位与作用是什么?
6. 为什么要加强商业银行客户关系管理? 其主要内容是什么?
7. 整合营销的概念?
8. 商业银行内部营销的要素是什么? 其管理的要点是什么?
9. 商业银行外部营销管理的含义和重点是什么?

☞ 案例

时尚 ·品位 ·丽人卡

1908 年 3 月 8 日，1500 名妇女在纽约市游行，要求缩短工作时间，提高劳动报酬，享有选举权，禁止使用童工，她们提出的口号是“面包和玫瑰”。面包象征经济保障，玫瑰象征较好的生活质量。

随着社会的不断发展，女性层次的划分也越来越明显。时尚白领女性已经成为备受关注的一族。她们的经济性与自主性已逐渐超越传统的思维。对于现代时尚白领女性而言，“面包”已经不再是她们追求的主要对象，她们希望获得更多的“玫瑰”。时尚女性生活质量标准来源于社会环境的不断改善。美容、购物、健身、休闲娱乐成了时尚女性生活的主要元素。原来，由于社会生产力水平低下，美容产品较少，购物环境较差，健身、休闲娱乐更是罕见。后来，尽管美容产品林立，购物环境有所提高，健身、休闲娱乐场所增多，但美容、购物、健身所需费用仍然很高，一般的现代女性仍然享受不到。随着时代不断发展，如今，现代时尚女性除美容、购物、健身之外，还需要相互交流、沟通的空间。女性思想固有的保守性、私密性，使她们在一般的场所难以启齿交流、沟通。

对于现代女性来说，如果有这样一张专门的银行卡，拿着它既可以享受一般的银行卡服务，又能在健身、美容、购物时享受贵宾服务，并且有打折优惠，肯定是一件令人高兴的事。3月8日北京的时尚白领女性就可以拥有这样的银行卡，它的名字如同其粉红色的卡面一样令人心动——华夏丽人卡。

华夏丽人卡是华夏银行专门为现代时尚女性量身定做的银行卡。由华夏银行携手全国几千家高档女性服装品牌（ESPRIT、SISLEY、BENETION等）、化妆品品牌（欧莱雅、美宝莲、羽西等）、美容健身俱乐部（舍宾、青鸟等）高档合作商户共同对持卡人提供贵宾式的服务，并对持卡人进行一定的折扣优惠。

华夏丽人卡是具有所有金融功能的女性通用贵宾卡。所有华夏丽人卡持卡人可在全国所有舍宾连锁俱乐部享受形体训练、美容和服务等项目的折扣优惠；可享受E龙公司在全国8个中心城市2000余家特约商户的折扣优惠服务，享受与E龙VIP卡相同的待遇；可在全国所有东方爱婴中心享受孕期训练、早教、咨询等项目的折扣优惠。不仅如此，华夏银行还将对持卡人举行各种受年轻时尚女性关注的活动、讲座、交流、资讯服务；网上丽人卡俱乐部给持卡人提供各种时尚女性关注的服务以及论坛等自由交流的平台。

目前华夏银行已经在国内20个大中城市设立了150余家分支机构，华夏丽人卡已经在温州、青岛、无锡、重庆和石家庄5个城市进行了试点推行，取得了良好的发行效果。当地许多大的商户也都愿意与华夏银行在这方面合作。2002年初，华夏丽人卡还因其独具匠心的设计，荣获VISA国际组织授予的2001年度“优秀创意奖”，得到国际组织的推崇。3月8日将在北京隆重推出。不久的将来，华夏银行将在全国推广华夏丽人卡，使越来越多的现代时尚女性进入到时尚、品位的“薪”天地。

案例讨论题

1. 华夏丽人卡开发的基础是什么？
2. 华夏丽人卡是如何建立客户关系的？

第十三章

商业银行交叉销售策略

第一节 商业银行交叉销售理论

一、商业银行交叉销售的概念

大多数光顾过麦当劳或是肯德基的人都有这样的经历：在你点完你想要的鸡腿汉堡和饮料之后，餐厅的服务员一般都会问您："需要加一份新炸的薯条吗？"同样在银行业领域，一家银行的客户已经使用了该行的住房按揭贷款服务，通过分析判断，适时向该客户推荐他可能需要的汽车贷款服务。在当今社会，交叉销售应用十分广泛，几乎渗透到各行各业，交叉销售不仅是一种销售方式，也是一种营销哲学，即充分利用一切可能的资源来开展营销，最大限度地赢得顾客，与合作伙伴共享市场。

"交叉销售"的概念最早可以追溯到1965年，首先在国外商业银行得到普遍应用。进入21世纪后，交叉销售理论的研究及实践应用获得快速发展，其原因：一是市场竞争的日益激烈，商业银行营销的主要目标放在了客户的发现和培育；二是信息技术的日趋成熟，在客户信息的搜集、储存等方面，提供了强有力的技术支持。因此，交叉销售的应用在实践中更加具备了可行性。

交叉销售（cross selling）的代表性定义：①Nash和Deighton认为，"交叉销售就是鼓励一个已经购买了某公司A产品的顾客购买其B产品"。②Yasar F. Jarrar和Andy Neely认为，"交叉销售是借助客户关系管理来发现现有顾客的多种需求，并为满足他们的多种需求而销售多种不同的产品或服务的一种新兴营销方式”。③Kamakura 等人认为，“交叉销售是指努力增加顾客使用同一家公司的产品和服务”。

交叉销售从狭义上讲，是一种以企业与客户的现有关系为基础，以客户为中心，发现客户多种需求，向其销售更多的产品，满足其多种需求的营销方式。从广义上讲，它更是一种营销哲学。

交叉销售可以应用于多种不同的行业，如家电业、银行业、保险业、旅游酒店业、信息通信等。其前提是企业知道顾客是谁，他购买了什么产品或服务，有哪些具体的消费属性。其核心是数据库的应用，关键是与特定顾客高效率的沟通，结果则是更多的销售和利润。企业借助数据库来锁定某个特定的顾客，了解顾客消费属性和购买历史，进而采取明智的营销战略和策略，来满足顾客需要，赢得竞争优势，提高营销效益。

目前，交叉销售在银行业和保险业的应用最为广泛，因为这些行业具有特殊性，能把客户的资料及时转化成的数据用来分析顾客的需求，作为市场调研的基础，从而为顾客提供更多更好的服务；同时可以用来进行有目的的交叉销售，这在商业银行混业经营趋势明显的情况下，对商业银行的发展转型至关重要。

所谓商业银行交叉销售，是指在商业银行现有客户资源的基础上，识别和发现客户的潜在需求，从而有针对性地销售或定制银行提供的多项金融产品和服务。客户资源包括银行现有的、可以开发或正在开发的客户，也包括合作伙伴的客户资源。

进入 21 世纪以来，美国银行业在交叉销售软件方面的投资增多，由此带来的最大利益，当属企业服务效益和营销效益的显著提高。例如，呼叫中心可借助集成预测分析和服务自动化软件，向银行客户开展实时推荐，从而招揽更多的顾客，赢得更富吸引力的营销机会，推出更多的金融产品和服务，为企业带来更多的利润收入。

二、商业银行交叉销售的理论基础

交叉销售在实践中得到了广泛应用，其理论基础主要有：

（1）关系营销理论。由于市场竞争的日益激烈，商业银行开发新客户的难度越来越大，成本越来越高，现有客户的维护和巩固就成为商业银行的首选目标，而关系营销的重点是发展和留住真正的客户，并建立和客户之间的长期、稳定的客户关系，提高客户的忠诚度和增加银行的利润。实现客户交叉购买的前提是银行和客户之间的稳固关系的建立与维护，而关系营销为建立这种关系提供了重要的理论依据。

（2）客户细分理论。Parsons 等人指出，“鉴别有利润的细分市场对于交叉销售努力十分重要”。细分市场的规模及客户交叉购买的动机，应满足商业银行赢利性的目标。如果细分市场规模过小，或者细分市场目标顾客交叉购买愿望较弱，则对这种目标市场实施交叉销售，因难以收回成本而对商业银行的赢利性造成不利影响。因此，细分市场顾客的赢利性是商业银行实施交叉销售的一个关键，商业银行通过对细分市场赢利性的分析，有利于在交叉销售实施过程中合理科学地配置银行的营销资源。

三、商业银行交叉销售的技术支持

（一）交叉销售与客户关系管理

交叉销售方式在很大程度上是以数据库营销为基础，是对客户关系管理的深度挖掘和应用，或者说是客户关系管理的一个派生功能。客户关系管理是选择和管理有价值客户及其关系的一种商业策略，它要求以客户为中心的企业文化来支持有效的市场营销、销售与服务流程，为企业实现有效的客户关系管理。它既是一种市场导向的企业营销理念，同时也是面向顾客优化市场、服务、销售业务流程，增强企业间集成协同能力，加快顾客服务的响应速度，提高顾客满意度和忠诚度的一整套解决方案。客户关系管理的核心思想是将企业的客户（包括最终客户、分销商和合作伙伴）作为企业最重要的企业资源，通过完善的服务和深入的客户分析来满足客户需求，保证实现客户的终生价值。

利用客户关系管理系统，企业能搜集、分析和追踪每一个客户的信息，从而能够对个别客户的需求做出反应，最终在适当的时间，通过适当的渠道，向特定的用户提供个性化的产品和服务。

（二）客户关系管理数据库对于实施交叉销售的作用

客户关系管理是辨识、获取、保持和增加“可获利客户”的理论、实践和技术手段的总称。它既是一种国际领先的以“客户价值”为中心的企业管理理论、商业策略和企业运作实践，也是一种以信息技术为手段，有效提高商业银行收益、客户满意度和雇员生产力的管理软件，其对交叉销售的作用表现在以下几个方面：

（1）整合客户、企业和员工资源，优化业务流程。客户关系管理一方面将资源分门别类存放，另一方面可以对资源进行调配和重组，从而能使资源发挥最大的功效。

（2）提高商业银行、员工对客户的服务能力。在客户产生购买欲望和服务请求的第一时间甚至更早，能迅速找到最合适的员工来准确处理、负责该业务。

（3）提高商业银行销售收入。客户关系管理帮助识别客户价值的差别化和需求的差别化，便于明确目标，采用最合适的方法对最具价值的客户和最具成长性的客户不断创收，开发一般客户和潜在客户，对低于边际成本的客户找到问题所在和原因。

（4）改善商业银行服务，提高客户满意度。服务管理是客户关系管理的核心业务组成部分，客户关系管理有效避免了销售组织和服务组织之间的壁垒，减少了部门壁垒所带来的内耗，促使组织内的每一个成员都实行市场营销。

（5）规范商业银行管理。应用客户关系管理，销售和服务组织就能更加规范地遵守商业银行管理，执行市场营销策略。每一位员工和经理都清楚自身岗位的职责、权限、资源、流程和规范。

（6）提供客户、业务评估和商业银行决策支持。客户关系管理提供了多种数据挖掘、统计、分析、预测工具和方法。如分析销售收入来自于哪些优质客户、预测未来销售趋势、测评客户满意度等，以制定企业的营销策略。从管理学的角度来考察，客户关系管理源于市场营销理论。营销理论是客户关系管理的理论基石，客户关系管理是客户营销理论的一个实践。20 世纪 80 年代，营销理论发生了从以企业为主的 4P 即产品（product）、渠道（place）、促销（promotion）、价格（price），到以客户为焦点的 4C 即客户（customer）、成本（cost）、便利性（convenience）、沟通（comunication）的转变。近来，美国学者又提出了 4R 理论，即关联（relevancy）、反应（response）、关系（relationship）、回报（reward）。4R 营销理论的最大特点是以竞争为导向，体现并落实了关系营销的思想。4P、4C、4R 三者不是取代关系，而是完善、发展、交叉的关系。

客户关系管理是交叉销售的技术支持，交叉销售是商业银行实施客户关系管理的重要工具。有效的客户关系管理为交叉销售提供了一个发挥作用的平台，商业银行通过客户关系管理进行客户数据集中处理，更好地理解客户的价值、行为及其与企业的关系。而且，客户数据对所有产品部门开放，各部门可借助客户数据来调整自己的战略战术，从而使交叉销售更加行之有效。交叉销售战略要取得理想的效果，采取协调整合、集中处理的客户关系管理解决方案是至关重要的。同时交叉销售是一种培养稳固的顾客关系的重要工具。随着市场竞争的日益加剧，客户的高服务预期和低退出成本，导致企业与客户的合作关系愈加难以维系，出现摩擦的概率越来越高。为了把新服务带来的利润收入掌握在自己手中，进而建立客户的持续性忠诚，银行必须实施有效的客户关系管理后台解决方案系统，把运行数据转化成可操作的营销战略、战术，积极主动地服务客户满足客户需求。切实有效的客户关系管理是一种客户导向的营销战略，借助它，银行可以建立客户忠诚和渠道忠诚，强化客户与银行的互利关系，增加盈利收入和市场份额。在客户关系管理中，交叉销售有助于银行避开饱和的竞争市场。由于客户从银行那里获得更多的产品和服务，客户与银行的接触点也就越多，银行就越有机会更深入地了解客户的偏好和购买行为，因此，银行提高满足客户需求的能力就比竞争对手更有效。

实施客户关系管理改善服务是入世后金融业可持续发展的出路。对于我国金融业而言，与客户进行良好的沟通，真正提供以“客户为中心”的产品和服务是竞争成败的关键。金融企业向现有客户交叉销售不同的产品和服务，最终目标是使销售边际成本下降，同时使客户数量与规模效益并行增加。

四、商业银行交叉销售的作用

20 世纪 90 年代以来，美国、欧洲等大型银行之间的收购兼并不断在国际金融市场掀起巨澜。大量的合并、收购活动完成后，尤其是美国主要的商业银行并购了投资银行以后，银行业进入金融混业经营的新阶段，不仅在原有的传统商业银行业务领域继续拓展，而且将触角直接伸向原来禁止进入的投资银行业务领域。

在这个进程中，交叉销售是商业银行和投资银行并购之后采用的主要经营方式，也成为美国金融业展开混业经营、提升核心竞争力的市场利器和重要手段。花旗集团、富国银行等金融巨头在这一领域的成功，更让我们对交叉销售这一新兴营销方式在中国金融业的应用前景充满信心。交叉销售对金融业的影响主要体现在以下两个方面。

（1）提高顾客满意度和忠诚度，树立良好的商业银行形象，产生口碑效应，降低顾客流失率。交叉销售是一种以银行与客户的现有关系为基础销售另一金融产品的营销战略，这就要求银行实施客户导向战略，以作为交叉销售成功的有力支撑。面对越来越多的金融产品和服务，客户的预期在提升，他们期待着有量身定做的金融产品或服务来供自己享用，希望从供应商那里得到更多的价值，还企盼着能简洁便利地得到所需的金融产品和服务，而且这些产品和服务的个性化特色能够更鲜明一些。商业银行通过交叉销售提高了市场营销工作的精准度，同时也提高了顾客满意度和忠诚度。客户购买产品越多，银行与客户之间越容易建立信任和依赖关系，而这种关系越强，客户越不容易流失，银行也就有更多的信息和机会交叉销售其他的产品和服务。当客户购买产品一旦达到一定数量，银行和客户间的关系常常就会由量变到质变，由此而建立的关系会使以后的交叉销售更加容易。同时银行与客户相互适应使客户产生较大的转换成本，因此结束与银行的关系将不具有吸引力，因而，客户保留率提高，并使得竞争对手对该客户的吸引力减少，提高了客户的利润率，最终可实现提高金融企业已有客户的忠诚度并且以更低的成本接触潜在客户。

（2）降低成本，增加商业银行利润。实践证明，将一种产品和服务推销给一个现有客户的成本远低于吸收一个新客户的成本。美国富国银行的经验表明：对现有客户进行交叉销售的成本只占争取新客户的 1 成，对现有客户进行交叉销售也自然成为许多银行增加投资回报的捷径。交叉销售每多售出一项产品收入随之增加，但行销成本并没有显著提高。在成本节约上，通过交叉销售，可以削减重叠的机构和人员，消除业务重叠，可以以更低的价格组合提供多种金融产品。交叉销售还可节约交易成本，降低交易费用，减少学习成本，实现管理资源和现金流量的充分利用，提高资产回报率。在效益改进上，利用合并各方的客户基础、经销渠道，通过交叉销售每个并购成员的不同产品给另外成员的消费者，在没有增加相应成本的前提下，提供更有利的多重产品和服务组合，或整合复杂的销售和市场计划，提升目标消费者市场的份额，大幅增加收益。

据美国西北银行估计，对顾客销售 2 个产品，每年可从他身上获利 22 美元；销售数增至 4 个，获利增至 113 美元；销售数增至 6 个，获利额将跃升至 147 美元；一旦销售数达 9 个以上，获利额将激增为 391 美元。在经营多样性上，实行交叉销售，往往伴随着业务的多元化和客户群体的多样化，尤其是当兼并与被兼并金融机构处于不同业务、不同市场，且这些业务部门的产品没有密切的替代关系，兼并双方也没有显著的投入和产出关系时，交叉销售不但增加了企业的市场份额，而且可以轻而易举地进入有吸引力的新市场，增加了提供金融产品和服务的宽度。在金融脱媒的潮流下，传统商业银行业务的成长空间有限，而非传统商业银行业务则颇具发展潜力，美国银行中间业务的收入呈两位数增长。同时，随着投资银行的竞争加剧，商业银行从个别金融产品中获利的机会将越来越少，未来银行将主要靠全面的金融服务赢利，包括从风险管理到并购在内的一切服务。在规模与范围经济上，通过交叉销售，在经营管理、拓展顾客范围、技术开发、信息共享和经济资源配置等方面能够产生规模经济效益，由一个整合后的金融集团提供一整套金融服务，可以获得比由管理的公司分别提供一种金融服务之和更高的利润，其中的综合效益来自金融产品的设计与使用，例如金融机构维护客户关系的人力资源、信息服务、形象广告等固定成本，可由数种金融商品共享，而促销产品的成本及信用风险的管理成本同样可由数种产品共享。

通过运用交叉销售，银行一方面提高了顾客忠诚度和满意度，不仅可以使顾客重复购买，而且可以产生口碑效应，也提升了银行形象，吸引更多的消费者惠顾，另一方面降低了银行成本，增加了银行利润，从而使银行走上了可持续发展的道路，形成良性循环。对于我国金融机构特别是商业银行来说，它们现有的庞大客户群和服务网点提供了实施金融产品交叉销售的最佳操作平台。

总体而言，推进交叉销售的现实意义在于：第一，交叉销售可以提高市场营销工作的精准度；第二，可以提高顾客满意度和忠诚度（客户调查表明，大约70％的客户表示愿意把大多数金融业务交给同一家银行来管理）；第三，可以给银行创造更多的利润与销售额（如美国银行的新顾客中有 20％～40％是通过原有顾客推荐而赢得的）；第四，可以提升银行形象，保障银行可持续发展的重要战略。因为当一个客户接受交叉销售这种营销模式时，该客户就变得更有利可图，更能给银行带来非同一般客户的利润收入，这是不言而喻的。

第二节 商业银行交叉销售的实现形式

一、商业银行交叉销售的实现形式分析

（1）客户经理根据业务经验和对自己分管客户的了解，为现有客户提供更多种类的产品，这属于较低层次的交叉销售形式。

（2）配套销售，即把几种常用且互相关联的现有产品打包在一起进行销售，既可为客户节省费用，又可以为客户提供一站式的金融服务，并且还可以提供统一的对账单据方便客户使用。

（3）开发复合性的金融产品，这是产品创新的重要方向，即根据客户的实际需求，设计并开发整合多种产品和服务功能的复合型产品，实现原有基本产品的高效组合销售，如香港地区目前非常流行的理财型按揭贷款产品、建设银行深圳分行推出的“存贷通”个人贷款增值账户等。

（4）营销管理人员通过富有成效的市场调研和对现有客户的定量、定性分析，更加精确地掌握顾客需求，寻找细分目标市场，挑选出对企业有价值的优质顾客和潜在目标顾客群，制定专门营销方案，进而开展交叉销售。

（5）采用数据挖掘的方法，即由信息系统自动推荐最恰当的交叉销售产品或服务方案，以指导客户经理开展交叉销售。

（6）通过寻找和本银行服务目标顾客类型相同或相近的其他银行，建立双方战略合作关系，以更好地吸引现有和潜在的顾客，更好地开拓共同的市场。两个银行建立交叉销售伙伴关系，能使各自的潜在客户量翻一番。三个合适的战略伙伴将能使各自的客户量增长四倍，而且都无需额外费用。

交叉销售的本质是卖方与买方建立并利用长久的关系。银行要运用交叉销售技巧扩大销量，就应制定一套有效的制度消除制约因素，至少应具备以下六个条件：一是管理哲学，即从银行管理人员到基层员工，都要把交叉销售牢记在心；二是人员素质；三是教育与培训；四是激励机制；五是信息系统，金融机构通过整合的客户信息资料库，搭建统一的客户信息平台，进而搭建高效的客户关系管理系统；六是内部与外部沟通，这也是至关重要的一项工作，因为一个银行必须将它所有的产品信息及时传达给所有的员工及顾客。

二、商业银行交叉销售的实施程序

商业银行交叉销售的实施程序主要包括以下四个步骤：

（1）整合顾客信息。整合顾客信息为识别交叉销售机会以及实施和评估交叉

销售提供信息基础，通过对现有顾客信息的搜集，使商业银行能够形成对客户的整合观点。

（2）识别交叉销售机会。识别交叉销售机会是整个交叉销售实施过程中的核心步骤，商业银行必须确定交叉销售的关键性问题，即哪些顾客需要哪些产品。

（3）实施交叉销售。在识别交叉销售机会之后，商业银行还需要制定正确的营销策略，通过协调各部门之间的沟通与合作、培训和有效激励销售人员来实施交叉销售。

（4）交叉销售的效果评估。交叉销售实施过程的最后一个步骤是对交叉销售实施的效果进行评估，即对交叉销售实施过程中的效率进行评估，避免资源不必要的浪费，并发现在交叉销售中存在的问题。

商业银行交叉销售的实施程序如图 13-1 所示。

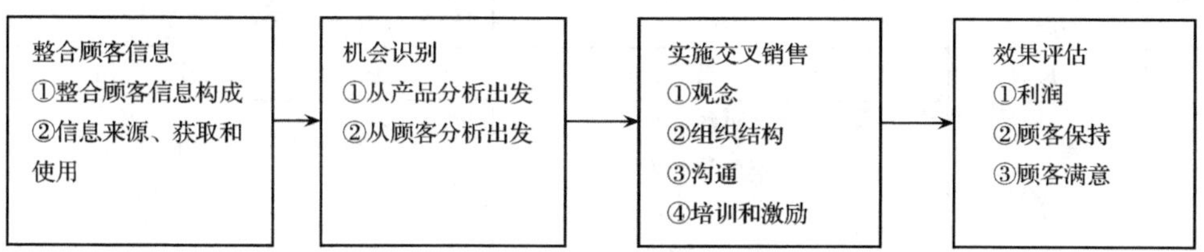

图 13-1　交叉销售实施程序

资料来源：汪涛，崔楠．金融业的交叉销售研究——实施过程、案例及探讨．管理科学，2005，(6)

三、交叉销售在商业银行的运作模式

商业银行的交叉销售主要采取主动营销和被动营销两种模式。

（一）主动营销

主动营销是指商业银行在辨识其产品和服务的正确消费对象之后所进行的各种交叉销售努力，可以是为某一类特有的产品寻找适合的顾客，也可以根据顾客的需求提供适合的产品。

根据商业银行当前及未来的产品销售需求走势，从产品和顾客两个角度，可以将主动营销划分为“以产品为主的营销”和“以顾客为主的营销”。

1. 以产品为主的营销

以产品为主的营销是指为现有的产品寻找潜在的目标顾客，是当前银行高利润金融产品的主要销售模式。

2. 以顾客为主的营销

以顾客为主的营销是指根据顾客背景及新近发生事件所捕捉到的信息，判断顾客的产品需求，从而有针对性地进行产品或服务设计，满足顾客需要。随着竞争日渐激烈和市场空间不断缩小，以顾客为主的营销方式必将成为未来商业银行营销的主流。

根据顾客信息的来源，以顾客为主的营销可分为：

(1) 基于事件的营销。引发销售机会的事件有内部和外部两种事件。外部事件信息指发生在商业银行外部环境的事件信息，可以通过外部资源来获得；内部事件信息的获得则可以通过商业银行数据仓库进行数据挖掘来实现。

(2) 基于背景的营销。对顾客背景的深入了解也可引发有效的交叉销售行动，商业银行可以从顾客的职业、人生阶段及行为特征等背景资料中，寻找各种交叉销售的机会。

表 13-1 和表 13-2 分别就基于事件的交叉销售和基于背景的交叉销售举例如下。

表 13-1　基于事件的交叉销售举例

事件	来源	交叉销售行动
"十一"长假	政府公告、报纸、电视	旅游保险、意外事故保险
结婚	顾客年龄资料 结婚用品购买	住房贷款、保险等
搬家	地址变动 移居到更好的地段	家庭保险、升级财富管理
小孩上学	顾客背景资料估计	教育基金、教育贷款
定期存款	定期储蓄到期	储蓄保险、基金产品

表 13-2　基于背景的交叉销售举例

背景	特征	交叉销售行动
教师/公务员	工作、收入稳定	发放信用卡或升级已持有金融产品
临退休人员	未来收入降低	保本基金和医疗保险
旅行爱好者	频繁的信用卡异地消费记录	旅游保险、寿险计划
时尚追求者	频繁购买时尚产品的信用卡记录	提高信用额度，个人贷款
高收入阶层	银行存款、职位和收入信息	证券投资、发放白金卡

资料来源：高充彦，刘建南．交叉销售在银行业的应用研究．管理评论，2006，18 (8)

（二）被动营销

被动营销是指商业银行并不主动采取销售行动，而是当顾客来到营业网点或通过电话银行、互联网银行联络购买其金融产品时，不失时机地捕捉交叉销售的机会。被动营销是商业银行金融产品的重要销售模式，尤其对尚未建立或已经建立却不能有效使用自己数据仓库的商业银行，被动营销占据金融产品销售的主导地位。

顾客的每一次主动到来，都是商业银行难得的同客户沟通并进行被动营销的机会。由于到银行营业网点办理业务的客户，大多是基于方便等原因并对该银行抱有一定信任度的顾客，他们的主动到来，可使商业银行大大节约寻找顾客的精力和成本。在一次满意的服务体验之后，顾客通常更易于接受银行客户经理的产品营销建议。如果能将营业网点的分支机构由过去的成本中心转化为利润中心，将柜台服务人员转变为身兼服务与产品营销于一身的客户经理，通过在柜台直接进行高利润金融产品的交叉销售，将使商业银行获取更多的利益。

此外，交叉销售还可以采用整合营销、关系营销、联盟营销等多种现代营销方法。

第三节　交叉销售在我国商业银行中的实践

一、交叉销售对我国商业银行的影响

从我国当前经济发展形势来看，银行、证券、保险、信托等不同金融机构之间的业务交叉十分活跃，如货币市场基金的发行、商业银行有望设立基金等，这些交叉创新的发展会很快触及分业经营的底线，特别是金融控股公司的大量涌现，对我国银行业的改革来说是新的机遇和挑战。而中国工商银行、交通银行、中国银行、花旗银行等金融巨头在这一领域的成功，更对交叉销售这一新兴营销方式在中国商业银行的应用产生了促进示范作用。交叉销售对我国商业银行的影响主要体现在以下两方面：

(1) 交叉销售要通过借助客户关系管理整合相关商业银行的信息系统，而营销效率的提高和及时、准确的客户情报，可以帮助银行有效拓展业务。按传统观点，银行与其他金融机构有着不同的商业模式，商业银行和其他金融机构利用自己的资源和信息平台，通过各自的销售渠道开展业务。商业银行在向客户提供借款账务管理的同时，也可以进一步向客户提供有关理财等金融服务的建议。如果商业银行能够利用共同的整合后的客户关系管理信息系统，将不同业务融于同一销售渠道之中，则可以更为合理地利用资源，获得规模经济的商业模式。对于我国银行来说，庞大的分支系统与服务网点提供了实施零售金融产品交叉销售的最佳操作平台；同时，对于客户来说，很多日常必需品式的金融产品，如果通过银行分支系统实施一次到位的操作，将会更加方便快捷。

(2) 交叉销售也有利于商业银行客户的深层次挖掘及潜在客户的开发。例如，美国第四大银行——富国银行仿效沃尔玛，注重把几件产品捆绑在一起销售，既节约成本，又向客户让利。该行把自身客户看做巨大的增长机会，80%的银行业务和盈利增长来自向现有客户销售更多的产品，而销售成本仅相当于吸引

新客户的10%。

富国银行的一位副总裁也曾说："客户拥有一家银行的产品数量越多，对这家银行的依赖就越大，该客户流失的可能性也就越小。"在交叉销售的过程中，客户不会简单地把银行提供产品和服务看做纯粹的交易，往往重视友谊、情分、关系、尊重和其他因素，愿意为此多付出代价。因此，通过数据挖掘等技术对客户信息进行细分，再进行有针对性的产品和服务的交叉销售，最终可实现提高银行已有客户的忠诚度并且以更低的成本接触潜在客户。

二、我国商业银行开展交叉销售应注意的问题

目前，我国已经确定了"完善金融机构规范运作的基本制度，稳步推进金融业综合经营试点"的发展方针，为我国商业银行的发展指明了方向，也为商业银行开展交叉销售奠定了制度基础。我国商业银行在开展交叉销售的过程中应注意以下几个方面的问题。

1. 加快产品创新，提供个性化金融产品和服务

目前我国商业银行的金融产品存在严重的产品同构化现象，加剧了同业间的盲目竞争。因此，商业银行一方面要对已有的个人金融业务品种、功能进行整合完善，根据自身的金融资源优势加以改造利用；另一方面要在深入挖掘分析顾客需求的基础上，加快产品创新步伐，开发出个性化产品，为客户提供个性化服务。

2. 整合营销渠道，方便顾客购买

银行要对已有的客户数据库进行深入分析，明确产品之间、客户之间的关联度，以实现找对产品、找准目标市场并实现销售的目的。为了应用交叉销售，更充分有效地争夺顾客，商业银行应建立多载体、多层次、全方位的分销渠道。除了要完善传统的营业机构，使其直接面对客户开展个人业务营销外，还要通过理财中心、电话银行、网上银行、手机银行及自助服务终端等多种渠道和手段，方便顾客对金融产品的购买和使用。

3. 重视交叉销售管理制度的设计

交叉营销的主要功能就在于拓展客户资源，促进主业发展，稳定销售队伍，提升银行利润率。因此，商业银行要从制度设计入手，实行支持交叉销售良性发展的跨业务部门的整体客户关系管理策略。此外，交叉销售还应在更多层面上与团体、个人客户建立关系，增加交叉销售的机会；也可通过战略联盟的形式与其他机构进行资源整合，更为充分有效地利用现有的客户资源。

关键概念

交叉销售、主动营销、被动营销

❖ 思考题

1. 分析交叉销售的理论基础?
2. 分析交叉销售和客户关系管理的关系?
3. 商业银行如何实现交叉销售?
4. 商业银行交叉销售的程序包括哪些步骤?
5. 商业银行交叉销售的运行模式有几种类型?
6. 举例说明交叉销售在我国商业银行中的应用?

☞ 案例

中国工商银行的交叉销售

交叉销售是花旗银行等国际先进的商业银行经营战略的重要组成部分，也是“以客户为中心”的经营理念的具体体现。中国工商银行在向先进的零售银行迈进的过程中，通过交叉销售提升客户对银行的忠诚度和贡献度，增强银行的持续盈利能力。目前中国工商银行在个人金融业务产品上已经实现了交叉销售，如具有存款联动机制的存单质押贷款。

交叉销售在中国工商银行有五种表现形式：

(1) 面对营销任务或推介新产品时，客户经理可以做到根据业务经验和对自己分管客户的了解，为现有客户提供更多种类的产品。

(2) 配套销售是目前最重要的交叉销售形式。一方面，中国工商银行很多产品有天然的配套销售机制，如申请个人贷款或购买基金的客户，同时必须开立活期存折或灵通卡等交易账户；贷款发放到个人账户的，如客户不全额提取，则同步增加了工商银行的存款余额。另一方面，为推介新业务，与原有产品进行组合是一个非常有效的方法，如为灵通卡客户免费开通个人网银和电话银行服务；又如代理销售业务与质押贷款的结合。中国工商银行向客户提供的个人质押贷款的质押物即为本行销售的国债、保险、理财产品等，这些产品在代理销售的同时，可以告知客户以后如资金需要周转，可以继续用这些产品申请质押贷款，产品“可质押”也是代理销售营销的亮点之一。

(3) 复合型产品。如中国工商银行的理财金账户实现了多币种活期户、定期、基金、保险等多种账户的集中管理。

(4) 营销管理人员制定的交叉销售方案。中国工商银行对拥有该行个人住房贷款的客户提供按揭服务，为满足装修、购买车位等后续需求提供方便融资通道。

(5) 合作伙伴营销。如联名卡成为发挥合作伙伴营销效力的重要载体。中国工商银行与海航联名推出的信用卡就广受欢迎。中国工商银行还多次与上海大众等知名汽车厂商联合开展汽车贷款促销计划，促进了双方业务目标的实现。

资料来源：中国工商银行个人金融业务部课题组．个人金融业务产品交叉销售研究

案例讨论题

1. 中国工商银行目前最重要的交叉销售形式是什么?
2. 为什么合作伙伴营销是一种双赢模式?

第十四章

商业银行营销组织与风险控制

商业银行的营销组织是实施营销战略、评价与控制营销活动的基础，它在现代营销管理活动中的地位十分重要。本章将从营销组织的基本理论入手，介绍商业银行营销组织的特征、演变以及营销组织的模式与发展。

风险管理是商业银行营销管理的核心内容之一。它在商业银行的业务经营过程中占有非常重要的地位。通过营销风险管理，银行可以减少由于业务、市场变化和操作失误造成的损失。本章主要介绍了商业银行营销风险的类型及风险识别，探讨了营销风险预警机制的建立和营销风险的处理。

第一节　商业银行营销组织

一、组织与组织理论

作为经营货币与信用的特殊企业，商业银行营销组织是随着现代银行营销组织的产生、发展而不断演变的。

（一）商业银行营销组织含义

商业银行的营销组织是银行为了实现特定的营销战略目标，更好地发挥营销功能，通过不同营销职位及其权责的确定，并对它们之间的关系进行协调与控制，合理、迅速地传递信息，从而将营销人员所承担的任务组成一个有机整体的科学系统。利用营销组织可以把银行营销活动的各个要素、各个部门、各个环节在时间上与空间上相互联系起来，加强分工与协作，促使营销活动更加协调、有序地开展。可以说，营销组织是贯彻银行的营销方针与战略、实现营销目标的重要保证。作为现代营销活动的重要组成部分，健全而有效的营销组织是每个商业银行不可缺少的。

（二）商业银行营销组织的特征

商业银行为了实现其经营目标，在营销工作中必须以客户为核心，从客户的需求出发开展营销。这也对营销组织提出了严格的要求。作为一个有效的营销组织，应该具有以下几个基本特征。

1. 目标适应性

商业银行营销组织设立的目的是为了更好地开展营销活动，以实现它所制定的战略目标。营销战略目标种类繁多，如市场目标（如满足市场需求、客户对产品的要求等）、销售目标（如销售量、营业额及其增长率等）和财务目标（如投资收益率、短期利润目标等），它们是营销活动的最终利益所在，也是一切营销工作紧紧围绕的中心。因此，银行建立营销组织时首先必须考虑营销目标与营销战略。只有这样，建立起来的营销组织才能做到与目标一致，与任务相统一，否则，就会浪费人力、财力、物力，达不到预期的效果。

2. 多功能性

现代营销部门完全不同于原先的推销部门，它是一个充满活力的多功能机构，其活动涉及许多方面，如信息处理、营销决策、市场拓展、产品开发等。为了把握不断变化的市场，营销部门必须要有专门人员对市场状况进行调查，取得大量资料并进行整理分析，组建营销网络，安排分销渠道，同时要对这些机构建立控制机制，并大力开展广告宣传，通过各种媒体等不同方式将银行与银行产品推向市场。为了提高银行的竞争力，营销部门必须在调研的基础上，积极参与新产品的开发研究，以吸引更多客户。由此可见，营销是一项十分复杂的活动，多功能性也是营销组织不同于其他部门的一个重要特征。

3. 高效性

高效性主要体现在速度与数量两方面。商业银行的营销组织要能够迅速及时地贯彻执行它所制定的营销战略方针。银行的营销目标及战略计划为市场营销活动指明了方向。在它们的指导下，银行应将营销的内容与项目视为整体仔细分析，形成一系列必须按时保质保量完成的工作，并将这些工作分门别类，按专业化分工的方法形成相应的部门，从而建立起适当的组织体系，合理安排营销人员高效地执行计划。

当然，高效性不仅指执行计划速度要快，还体现在数量上，即要强调市场份额的不断扩大与利润的不断增长。营销组织要能及时开发出新的金融工具，并动员各方面力量迅速将新产品推向市场，通过广告宣传、上门推销等活动让客户了解产品的性能与特征，吸引客户，从而不断开拓市场，同时使银行实现盈利性目标。

4. 低成本

商业银行营销活动必须要考虑成本，而且市场状况瞬息万变，竞争激烈，成本的高低对银行来说至关重要，故在设计营销组织时便应尽量体现低成本的原则。一方面，机构设置要尽量简化，降低成本；另一方面，要利用各种有效措施与激励机制，充分发挥各类营销工作人员的主动性与创造性。为此，银行应不断提高员工的技术水平与专业知识，强调营销管理的系统性，加强员工之间的交流，真正实现组织合理、费用节约、关系协调、信息畅通，促进营销工作的扎实开展。

5. 畅通性

在现代市场竞争中，信息传递显得日益重要，营销活动也不例外。在瞬息万变的市场中，既有来自银行内部的信息，又有来自外部的信息；既有原始的信息，又有经过加工的信息，而且营销信息的时效性极强，生成速度快。因此，营销部门应该建立有效的信息网络，保证信息在不同层次间的畅通，以便及时、准确地传递信息，将有关资料迅速送到需要这些信息的人员手中，为决策提供科学依据。另外，通过对信息的传递，银行可以对营销计划的执行情况进行控制，控制的结果又作为新的信息反馈到有关部门，再通过新的决策对计划进行调整与修正，从而体现营销活动的合理性与科学性。在现代技术日新月异的今天，银行应该充分利用先进的通信设施，有组织地收集与传递信息，以保证信息的及时性与准确性。

6. 灵活性

作为商业银行直接与外界相联系的组织，营销部门应该能够很快地适应外部环境的变化，也就是说，要具备较大灵活性。因为市场是一个动态的整体，客户的需求、其他竞争对手的经营、国家的宏观环境等各个方面都处在不断的变化之中，而这些变化都会直接或间接地影响到银行的营销活动乃至整体经营状况。因此，营销部门必须善于发现市场中的各种变化，同时应针对外部环境的变动迅速调整其营销策略，从而使营销工作能够适应市场需要。可以说，一个机动性强、灵活性大的营销组织是银行经营成功的重要保证。

二、商业银行营销组织的控制

商业银行营销组织的控制是对营销组织进行管理的一项重要内容。它是指银行营销部门在执行营销计划的过程中，接受内外部有关信息，对计划的执行情况进行监督，将原定的计划目标、操作过程与营销部门实际情况进行对比，找出偏差，分析原因并采取有关措施消除偏差，防止发生类似失误的一系列管理活动。

（一）商业银行营销组织控制的必要性

当前，许多银行对营销组织缺乏有效的控制，没有建立起一套适当的控制制度，这就严重影响了商业银行营销功能的正常发挥，因此，加强商业银行营销组织的控制有着重要意义。

（1）对营销组织进行控制可以正确地实施银行的营销战略计划。营销的战略计划是引导银行开展营销工作的有效工具，营销组织的管理者要运用一套工作程序或工作制度对营销组织日常活动中的每一个环节进行跟踪，以确保营销活动按照计划中既定的管理意图逐步进行，使合理的计划得到正确实施。

（2）对营销组织进行控制有利于营销计划的调整。营销组织制定的计划是建立在对现状分析、对将来预测的基础上，而在实施计划的过程中，实际情况却不一定能与计划假定完全保持一致。因为现代经济与金融的发展十分复杂，许多不确定因素及意外事故都会使原先制定的计划与现状发生偏离，如果银行仍然按照原定的计划实施，则可能会使营销活动遭受巨大损失，银行的原定目标便得不到实现。因此，银行必须要对营销组织的活动进行必要的控制，对计划本身或其实施过程进行调整，使它与实际情况相适应。

（3）对营销组织实施控制有助于及早发现问题，减少事故出现的可能，找到更好的管理办法。例如，对新产品开发部门选择的新产品进行控制可以避免因开发决策失误而导致企业投入巨额经费却收益甚微的情况；通过对营销网点的控制，可以防止出现企业盲目追求市场覆盖面的增大而忽视了对市场占有率进行合理分析的局面，对于那些效益不好的网点应进行及时的调整以削减不必要的开支；通过对营销组织的审计可以发掘出营销组织与其他部门之间及营销组织内部各单位在工作中存在的不良现象，从而寻找改善营销组织整体效能的途径。

（4）对营销组织进行控制还能起到激励作用，如对于优秀的营销人员实行奖励便会对那些不能完成正常销售指标的人员起到一个鞭策作用，使其潜能进一步得到发挥，更积极地开展工作，实现企业的营销目标。

可见，控制是营销组织管理的一个重要阶段，它与计划及组织的联系非常密切。然而，从当前我国银行营销活动来看，许多银行对营销组织的控制仍不甚有效，甚至还没有建立起一套适当的控制制度，这就严重影响了银行营销功能的正常发挥，因此，加强银行营销组织的控制是目前提高银行营销组织运行质量的当务之急。

（二）商业银行营销组织控制的方法

商业银行营销组织的控制方法大体可以分为现象观察法、专题报告法、预算控制法、盈亏分析法、组织审计法等多种方法，而在实际应用中为了保证其合理、灵活、有效地实施，可根据实际情况，加以综合运用。

（1）现象观察法。这种方法主要是管理人员直接到现场进行观察，了解营销组织的运行，如和营销人员直接交谈，掌握他们的思想动态、对组织机构的看法、对营销活动的意见等。现象观察是从营销领域获取原始信息的一种重要手段，经常被各种营销管理组织所采用。它的优点是可以及时掌握第一手资料，准确性极高，并可获得其他方法无法得到的信息，为进一步改善营销组织提供依据。这种通过现场收集来的信息，还可以用以验证其他方法所得到的信息的真实性。此外，在运用这种方法的过程中，营销管理人员经常与下级营销人员接触，可以加强人们之间的交流，融洽营销部门之间的关系，使营销人员受到鼓励。当然，观察法得到的只是原始信息，必须要经过有关人员的分析才能使资料的价值得到充分体现。另外，观察法也会受到时间、地点以及观察者的知识、能力、经验等的限制。

（2）专题报告法。这种方法是指对取得的原始数据进行整理，从而形成系统的信息，作为对营销组织评价及采取改进措施的依据的方法。由于银行营销控制人员的时间、精力是有限的，如果大部分信息都是采用现象观察的方法从大量原始数据中查找就会显得费时费力，这就要求有关部门对原始资料进行适当的分析与整理，提出能够反映偏差、揭示原因、表明发展趋势的报告，以供管理决策层参考。报告一般由下属部门或基层工作者提供，也可以在主管人员的领导下组织一些经过训练的人员，成立专门小组对营销组织进行分析与调查，从而提出专题报告以改善企业的营销活动。为了使报告能够为控制活动提供有效数据，报告人员必须解决好这样几个问题：①报告的目的、要求是什么？②向谁报告？③什么时间进行报告？④采用什么方式进行报告？

（3）预算控制法。这种方法是在营销组织具体开展有关活动之前即对分配给他的各项活动费用（如营销人员的推销费、广告费等）进行一定的计划限制的方法。它可以把营销组织的活动集中引向增收节支，减少不必要的费用开支以取得更好的经济效益。预算还可以作为衡量银行营销组织有关部门绩效的标准，对于超过预算限度所发生的费用开支，控制部门要认真查找原因。营销组织预算控制应该与整个银行的目标相一致，但又要避免管得过细过死，防止单纯地以上年度的收支水平作为制定下年度的预算的唯一标准。为了做到这一点，营销部门的预算可以采用弹性预算，即将费用划分为固定费用与可变费用，对于后者可以体现较大灵活性，随着营销业务的数量而变化。

（4）盈亏分析法。盈亏分析法被广泛地运用在计划、预测及控制中。在实际的计划实施过程中，由于各种条件的不断改变，营销费用与营销收入也处于变化之中，我们可以对照营销目标检查与评价盈亏情况以分析其偏离目标的程度，揭示应该采取什么样的矫正措施，保证营销目标的顺利实现。盈亏分析可以从以下四个方面着手：①销售额分析，即将营销组织的实际销售额与计划中制定的销售额进行对比。它又可通过计算总的销售额及按地区划分的销售额来分析营销组织的整体效能及分销组织设置是否合理。②营销费用分析，即对于营销组织的费用开支数额及营销费用率（即营销费用占销售总额的比率）进行计算分析。一般来说，营销费用率是有一定的幅度限制的，如果超过了该幅度就要寻找原因，分析营销组织的哪个环节出了差错而导致费用上升。③市场占有率分析。市场占有率对企业的利润水平有较大影响，是银行营销的一个重要目标。通过分析营销机构在特定目标市场上市场份额的变化，控制部门可以为组织的调整提供依据。④客户态度分析。客户意见、批评、建议都是对营销效果的一个重要反馈，它代表了企业在客户心目中的形象。通过对它们的分析可以使银行采取措施更好地树立它在社会上的声望。

(5) 组织审计法。组织审计法是指对营销部门在特定的营销环境中实施营销战略能力及执行情况、营销部门的组织机构、职权划分、报告制度、管理观念及与其他部门之间的关系等进行一个全面的评估。具体包括以下几个方面：①检查营销主管及营销人员的权责范围及其划分程度，分析他们的日常营销操作是否按既定的原则进行组织，营销部门内部是否做到权责明确并能相互协调。②检查营销部门的职工培训、监管、评价及激励等方面的活动是否正常有序地进行，从而为营销人员素质的提高、积极性的发挥提供保障。③检查营销部门与其他部门（零售业务部、投资部、信托部、财会部等）之间的关系，判断各部门之间是否进行通力合作，从而为整个营销组织的协调、有效运行提供参考依据。当然，对营销组织的审计要立足于银行的目标计划，通常要由专门的审计人员定期进行。合理的组织审计无疑会大大提高银行营销组织的应变能力，使它在复杂的环境中更好地发展。

（三）商业银行营销组织控制的程序

对于商业银行营销组织的控制有着一定的程序，具体程序步骤如下：

(1) 确定控制对象。营销组织的活动多种多样，如果对各个方面都进行控制，则会因内容过多、范围过广而花费大量的成本支出，因此，银行营销控制人员必须事先有选择地确定控制的内容与范围，如营销人员的工作绩效、销售收入、成本与利润、市场调研的效果等。在确定控制对象时尤其要注意控制成本，即要使花费在控制活动上的费用小于控制所能带来的效益，否则，控制就会丧失其意义。

(2) 设置控制目标。这是将营销组织的控制与营销计划连接起来的一个重要步骤。由于控制与计划是紧密相连的，控制是保证计划的实施并为下一步计划提供依据，因而计划的修正与调整是控制不可缺少的内容。控制目标一般要与整个营销计划的目标相一致。

(3) 建立控制标准。控制系统在有效运行之前必须要建立起一套测量营销活动效果的客观依据，这便是建立控制标准的过程。通过建立控制标准可以将所设置的控制目标定量化与具体化。控制标准（如销售人员的工作效率、广告的效果、成本利润、计划完成期等）应是可以测定与考核的。同时，控制标准必须是客观的，要考虑到产品、地区、竞争力之间的差别，例如，不同竞争状况等等。

（4）衡量营销绩效。这是指营销组织的控制部门，运用控制标准去评定实际营销活动的成效，从而为今后的改进活动奠定基础。衡量绩效包括对实际活动的成效评价及对未来活动成效的预测，此阶段工作是要将实际营销活动与控制标准进行对比，也就是对计划的执行进行追踪检查，并且是既要分析总体执行情况，又要考察各个分阶段的任务完成效果。当然，预测也十分重要，根据实际情况来预计未来并采取有针对性的措施以避免将来可能出现的偏差，这将更加有助于掌握营销活动的主动权。

（5）分析偏差原因。当把营销组织的有关活动与控制标准进行比较衡量之后，我们就会发现营销活动中产生的偏差。对于这些偏差，有关人员应该认真分析其产生的原因。通常偏差的产生会有两种情况：一种是由于实施过程中有关营销人员的失误所导致的；另一种是计划本身存在的问题，如计划制定者考虑欠周全而使营销组织机构设置不合理，或者由于环境的变化而使原来的计划不适应新的情况。在实际工作中这两种原因经常会交织在一起，使得情况更为复杂化。如果控制部门对这些问题不加分析或分析不细致，就很容易造成控制失误。因此分析偏差产生的原因，对于健全搞好营销活动具有十分重要的意义。

（6）采取改进措施。当找到产生偏差的原因后，控制部门应针对不同的原因采取不同的改进措施。如果偏差是由局部的组织不完善所造成，可以通过改变营销组织的结构或调整有关人员的工作加以纠正；如果是由于计划制定不周造成，则必须要对原计划进行补充，使其更加完善；如果是由于环境改变而导致原先的计划脱离实际，则应对计划进行修正，直至制定新的计划。通常，采取改进措施应越快越好，这样可以减少营销活动中可能出现的更大损失。

（7）再评估。采取了改进措施进行调整之后，控制系统还要进行再评估。如果这些措施并不能很好地改进营销组织的活动，就需要进行再次分析，从而找到更加有效的办法，提高金融营销组织的适应性。

总之，商业银行营销组织的控制对于保证营销工作的正常开展十分重要，但它是一项非常复杂的工作，银行必须从实际出发制定合适的标准，对营销组织实施有效的控制，从而使营销活动更加科学、合理。

三、商业银行营销组织的演变

作为经营货币与信用的特殊企业，商业银行营销组织是随着现代企业营销组织的产生、发展而不断演变的。现代营销组织的演变经过了一个漫长的过程。在20世纪30年代之前，销售部门并未被人们所重视，它在整个企业中的地位可以说是无足轻重的。随着经济的不断发展，营销部门在整个企业内部的地位、与其他部门的关系及本身的组织结构等方面都发生了巨大变化，目前，它已成为企业的一个重要组成部分。这个发展过程我们大致可以划分为以下几个阶段：

商业银行营销组织的演变

第一阶段：传统上人们对银行营销未给予足够重视，认为它并不是银行经营过程中至关重要的，营销活动对银行本身的利益有较大贡献，但对整个经营活动来说则并非必不可少。那时营销经理不参加银行最高权力层的决策活动，其地位也相对较低。在这一阶段，营销部门在整个银行组织中只是人员服务部下属的一个部门，如图 14-1 所示。

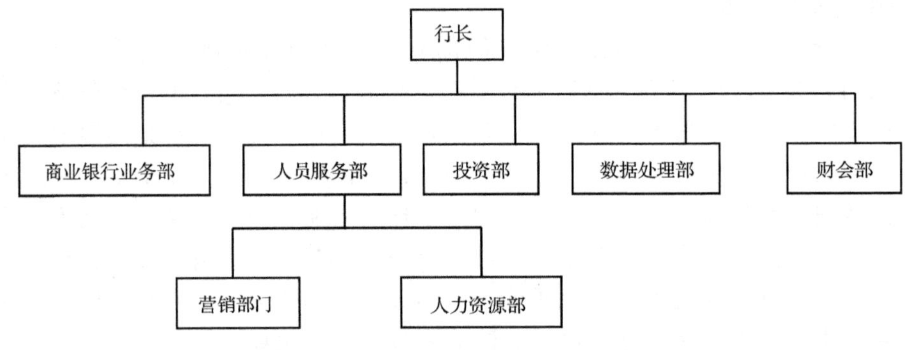

图 14-1 早期的银行组织结构

第二阶段：随着金融业竞争加剧，人们开始认识到营销对银行经营的不可缺少性，但还没有把它放在决定性位置。在这一阶段，营销部门经理可以直接向行长汇报，但其权力仍受到较大限制，高层管理人员往往通过其部门（如人员服务部）来表明其立场，此时银行组织结构如图 14-2 所示。

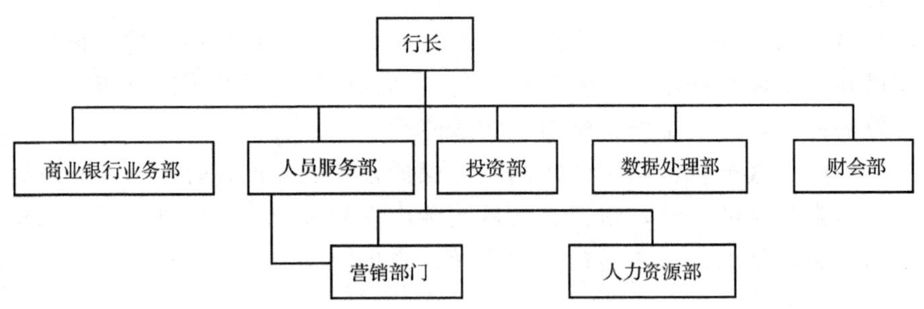

图 14-2 第二阶段的银行组织结构

第三阶段：二战以后，尤其是 20 世纪七八十年代以来，银行业务规模迅速扩大，银行之间的竞争也日趋白热化。金融管制的放松又使得金融业的创新活动蓬勃发展。人们意识到营销活动不仅是必要的，而且是银行业务经营的基础。营销部门的地位得到进一步提高，营销经理可以直接与行长沟通。营销部门在银行总体战略的制定中发挥了越来越大的作用，它使银行经营更加科学、更加有效。在这一阶段，营销部门与其他各部门之间的结构关系如图 14-3 所示。

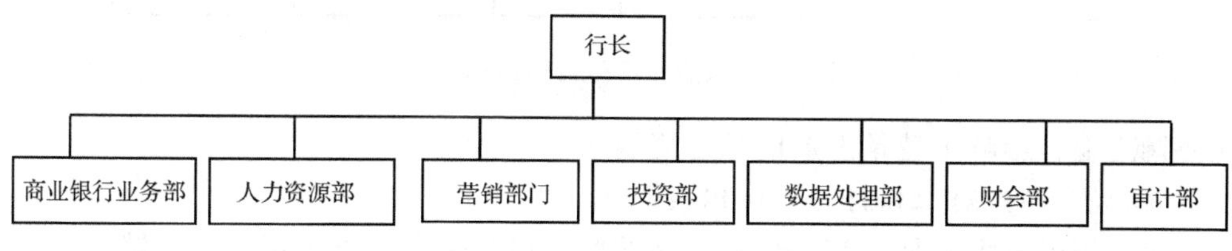

图 14-3　二战后的银行组织结构

四、商业银行营销组织模式

银行营销组织模式是随着金融营销活动的发展而不断走向完善的。根据营销组织的特征、金融产品的职能、金融活动领域的范围、地理位置及其相互关系形成了多种多样的银行营销组织模式。而在实际营销工作中，由于市场的复杂性，银行可能会将这些模式相互融合、综合运用，出现混合型的组织模式。但从根本上划分，银行营销模式可分为以下几种：职能型营销组织模式、产品型营销组织模式、区域型营销组织模式与市场管理型营销组织模式。

（一）职能型商业银行营销组织模式

这种组织模式是最早被采用、目前应用最广的营销组织模式之一。它是指按照营销工作的不同职能（如营销行政、市场调研、新产品开发、销售、广告与促销、客户服务等）来划分部门。由营销行政部门负责营销领域的日常具体行政事务，如人事管理、费用控制等；市场调研部门主要负责改善市场机会及营销活动的市场调查研究；新产品开发部门负责根据市场调研部门提供的信息设计出满足市场需求的金融产品；广告与促销部门则提供有关推广金融产品信息、广告宣传、媒体技术等服务，并与外部保持密切联系，以增加本企业与其产品的知名度；营销服务部门主要负责向客户提供各项售后服务，接受客户的投诉案件。在这种模式中，营销经理是最高层次，负责金融营销战略的制定及营销预算决定等关键性事项，同时他也要做好营销各职能部门的协调工作，而各职能部门则要向其营销主管负责，其规模大小可以根据企业的具体情况来确定。该模式的结构如图 14-4 所示。

职能型营销组织模式的优点是各职能部门分工明确，以特殊专长来处理不同的营销工作，而且管理也较简单。但它也有以下缺点：各个职能部门容易形成各自为政的局面，过分强调本部门功能的重要性，从而使得营销经理的大量精力放

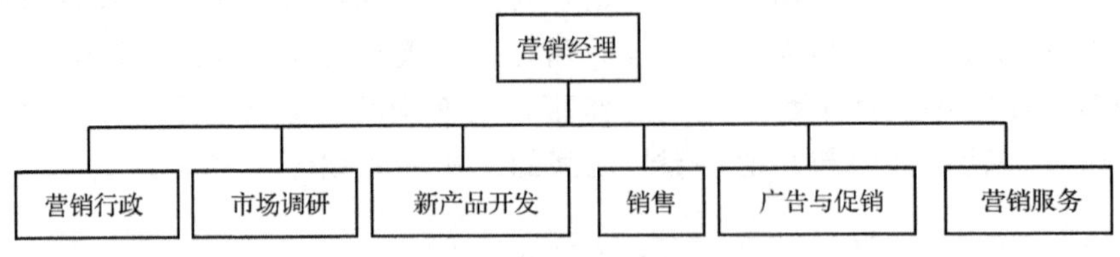

图 14-4 职能型银行营销组织模式

在协调之上，影响了营销发展的长远规划。

（二）产品型商业银行营销组织模式

对于规模较大或拥有较多金融产品的商业银行来说可以采用这种营销组织模式。它是一种为了适应竞争激烈化、产品创新多样化的现实而出现的营销组织结构，其在纵向上仍然保留了功能型的业务分配，而在横向上则设置产品经理，按照不同种类产品进行管理。其基本结构如图 14-5 所示。

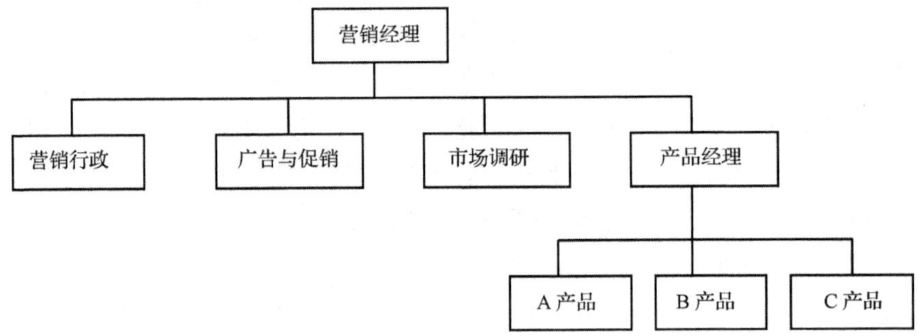

图 14-5 产品型银行营销组织模式

其中，产品经理的主要职责是制定产品的营销策略与计划，分析其执行情况，评定效果并采取必要措施对其进行控制。具体说来有以下几方面工作：①为产品制定总体长期发展战略。②编制各产品的年度计划。③采取一定措施实施计划，包括激发销售人员与代理商对金融产品的兴趣，配合广告促销部门制定广告方案，共同推进产品促销等。④与市场调研经理密切联系，随时了解市场的动态，从而抓住时机，改善产品服务，设计出满足市场的新产品。

产品型营销组织模式中因为有专人负责，使各种产品都不会被忽视，产品成长较快，并可集中精力管好各个具体产品，尤其是在市场营销中占到较大比例的金融产品。同时，它也可针对市场上出现的问题迅速做出反应，为开发新产品而协调好各方面的力量。但该模式也有以下缺点：①成本较高，由于是专人负责一种或几种产品，因而对银行营销部门的人员配置以及开销的要求就较大。②整体性较差，主要是各产品的负责人可能致力于其所管辖的产品管理而忽视了整个市场的状况。③产品经理的权力有限，通常产品经理没有足够的权力去充分行使其职责，而不得不依赖于广告、推销及产品开发等其他部门的合作。

（三）区域型商业银行营销组织模式

随着对金融业务管理的不断放松，金融服务区域范围的不断扩大，许多银行的销售决不仅限于本地区，而是在整个国家乃至不同国家中开展业务。在这种情况下，区域型营销组织模式便自然而然地被一些银行所用。这种模式是按照不同的地区来设置营销力量。其结构如图 14-6 所示。

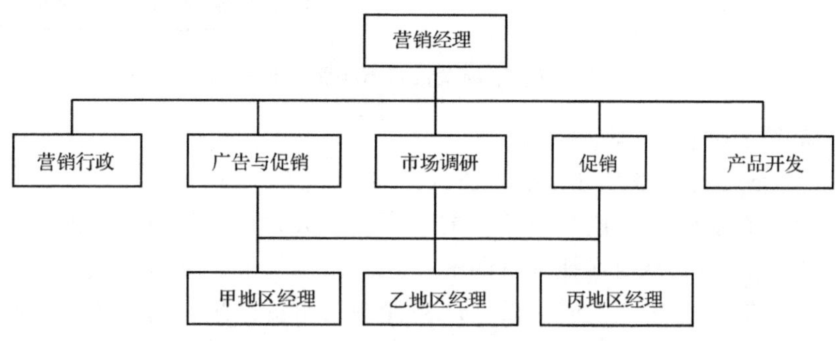

图 14-6 区域型银行营销组织模式

在该模式中，地区经理掌握本地区的市场环境、客户及竞争对手的状况，配合企业总体的战略计划，为金融产品在本地区打开销路制定年度计划与中长期计划，并负责贯彻执行，同时要协调好上下级之间的关系，充分调动本地区的各方力量，最大限度地利用市场机会开展营销工作。区域型营销组织模式可以在一定程度上减少营销费用，便于有关人员了解所在地区的特殊环境，加快市场开拓步伐，对于营销人员的工作绩效也容易进行衡量与评价。

（四）市场型商业银行营销组织模式

在激烈的市场竞争中，以客户为中心、以市场需求为导向调整企业的经营战略，努力为客户提供多功能、全方位的优质服务是商业银行营销活动的宗旨，因此该模式便应运而生了。这种模式是以市场细分作基础的。当然，市场细分的标准多种多样，通常金融企业是将整个市场划分为个人客户市场与企业客户市场，针对不同客户还可以继续划分。例如，企业客户按规模可以分为大型企业、中型企业和小型企业等；个人客户按不同的偏好、消费习惯、消费水平可划分不同类型等。该模式的结构如图 14-7 所示。

在这种模式中，市场经理对自己负责的市场发展状况进行分析预测，制定发展战略及年度计划，不断提高产品的市场占有率。

可见，市场营销模式并非着眼于营销职能、区域或产品本身，而是以市场为中心，针对不同的细分市场、不同的客户群体的需求开展营销活动，它与现代市

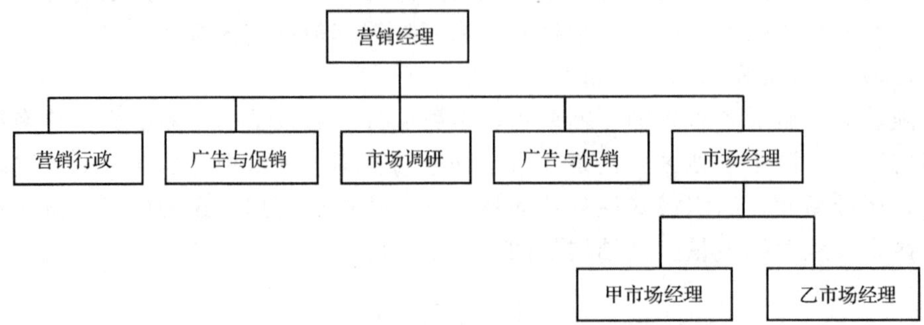

图 14-7　市场型银行营销组织模式

场营销观念最为吻合。

（五）混合型商业银行营销组织模式

随着金融企业经营规模与业务范围的不断扩大，单一的组织模式已不能再适应竞争的需要。为了相互弥补各自的缺点，就出现了混合型的模式：①产品—市场型模式，即银行营销部门同时设立产品经理与市场经理，前者负责产品销售及利润规划，后者致力于市场的培育开发，其结构如图 14-8 所示。②产品—职能型模式，它将各职能部门与不同产品相互交叉，其结构如图 14-9 所示。

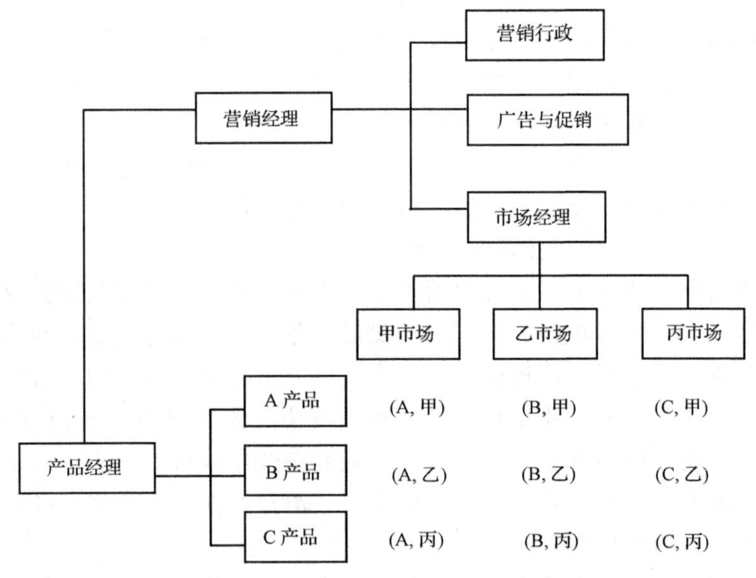

图 14-8　产品—市场型银行营销组织模式

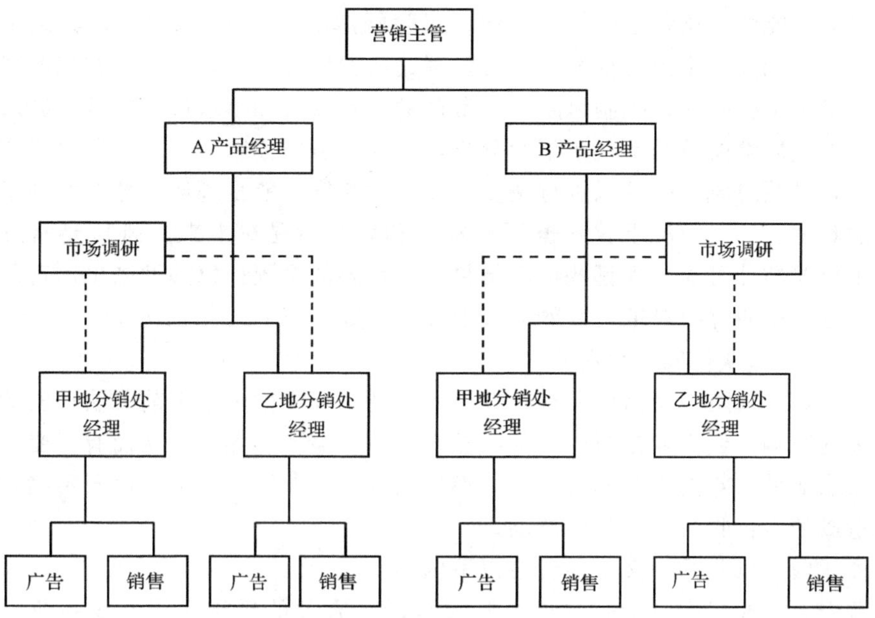

图 14-9　产品—职能型银行营销组织模式

第二节　商业银行营销风险控制

一、商业银行风险及分类

（一）风险的定义

要理解商业银行的风险，必须先了解一般意义上的风险概念。经济学界对风险的定义较多，概括起来主要有：①风险是可测的不确定性；②风险是指出现损失的可能性；③风险是指发生某一损失的不确定性；④风险是对客观情况未来结果的客观疑虑；⑤风险是一种无法预料的、实际后果可能与预测后果存在差异的倾向；⑥风险是指损失出现的机会和概率；⑦风险是指潜在损失的变动幅度等等。

上述对风险的定义可划分为“主观说”和“客观说”两大流派，前者强调“损失”和“不确定性”，而后者认为“风险是可以用客观尺度加以衡量的客观存在的事物”。一般来说，大多数学者倾向于“主观说”。

由于固有的不确定性，风险既难以准确定义，又难以精确测量。一般来讲，风险具有以下几种性质：①很难预知性。风险的产生不具备明显规律性，是事先很难预知的不确定因素。②结果的不确定性。风险有可能带来损失，也有可能带来收益。前者称为风险损失，后者称为风险收益。人们往往认为风险就是资财遭受损失的可能性，这种看法是片面的。风险既然源于"不确定性"，其结果就可能低于也可能高于事前的预期，只有正视这两种风险结果，才能够在充满风险的经济环境中把握机遇，控制风险，尽量避免风险损失和争取风险收益。③难以度量性。度量风险的目的不在于事后分析，而在于事前控制。因此在风险尚未发生之前，就必须对风险的结果进行测度，而这种测度只能是预测，这就增加了测量风险的难度。一般情况下，根据历史资料和现实情况对未来的风险要素进行预测，不仅要估计可能出现哪些风险结果，更重要的是预计每一种结果出现的情形和可能性，以便寻找对策，有的放矢地控制风险。

（二）商业银行风险的定义

商业银行风险，是指商业银行在营销活动过程中，由于事前无法预料的不确定因素的影响，使商业银行的实际收益与预期收益产生偏差，从而有蒙受经济损失或获取额外收益的机会和可能性，换句话说，商业银行风险是由于不确定性因素而造成的银行收益或价值的波动。

商业银行风险的含义主要包括以下内容：

首先，商业银行风险来源于与其经济活动有关的经济实体，如商业银行本身、居民、企业、其他商业银行、非银行金融机构、中介机构以及政府等；其次，商业银行风险与其收益一般是成正比的，风险愈高，蒙受经济损失的概率愈大，但获取超额利润的可能性也随之增加；再次，商业银行风险可以与经营过程中的各种复杂因素相互作用，可以使经济系统形成一种自我调节和自我平衡的机制；最后，商业银行风险不仅包括可计量的风险，而且还包括不可计量的风险。

（三）商业银行营销风险的分类

商业银行作为最重要的金融机构之一，不管处于计划经济体制、转轨经济体制，还是市场经济体制之下，经营管理中不可避免地涉及风险控制。银行风险成因颇多，多则十余种，少则三四种，但不管其成因如何，它们都是在银行的货币经营与信用活动中，实际收益与预期收益发生背离，存在不确定性而可能造成损失的一种现象。

商业银行在经营过程中，面对着各种复杂的环境也面对着各种不同的风险。图 14-10 展示了商业银行可能遇到的风险。

如图 14-10 所示，商业银行面临的第一级风险是系统风险。系统风险是由银行所面临的客观经济环境发生变化而造成的风险，如一个国家的经济衰退引起的商业银行的客户普遍业绩下降，还款能力下降，给银行带来损失，就是一种系统风险。系统风险是银行无法控制的，而且所有的银行都面临着相同的系统风险。

在金字塔的中间，是商誉风险、竞争风险和制度风险。它们对银行的经营影响也很大，银行可以影响但却不能控制它们，我们称它们为第二级风险。

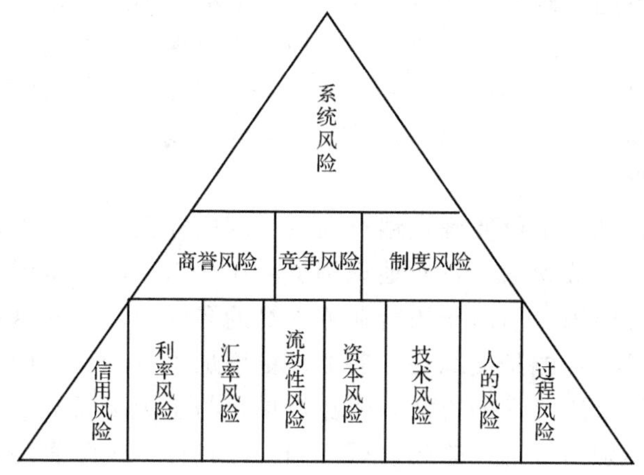

图 14-10　商业银行营销风险金字塔

最下面是信用风险、利率风险、汇率风险、流动性风险、资本风险、技术风险、人的风险、过程风险等。这些风险银行是可以控制的，称之为第三级风险。我们讲的银行风险管理，一般就是针对这第三类风险。第三类风险大体上可以归结为信用风险、市场风险和操作风险。

信用风险是指由于债务人违约而导致贷款和债券等资产丧失偿付能力所引起的风险。不同的资产具有不同的违约风险，其中贷款的信用风险最大，如 2008 年美国次贷危机引发的全球金融风暴。影响信用风险的关键因素包括：借款人的还款意愿和能力、资本实力、借款企业的经营环境、贷款类型（担保或抵押贷款）、商业贷款与其他行业贷款的比例关系、贷款时运用的信用标准等等。随着商业银行业务的逐渐多样化，不仅与传统贷款业务有关的信用风险仍然是商业银行的一项重要风险，而且贴现、同业拆放、证券包销、担保等业务中涉及的实际信用风险与或有信用风险更是商业银行应该关注的风险。

市场风险主要是由于市场条件（如利率、宏观经济指标、股市等）发生了变化，给银行未来收益带来的不确定性。利率风险、汇率风险、资本风险、流动性风险等都属于市场风险。

操作风险主要是因为人的因素、技术因素、安全因素或操作程序等其他因素给银行经营带来的损失。技术风险、过程风险和人的风险属于操作风险。

二、商业银行风险识别

风险识别是从商业银行外部纷杂的风险环境和内部经营环境中识别出可能对银行经营带来意外损失的风险因素，它是商业银行风险管理的第一步，也是最重要的一步。因为风险识别为风险度量、风险分析、风险评价与风险控制等确定了方向与范围，如不能正确地识别风险因素，就根本谈不上有效的风险管理。

风险识别这一环节的工作，要求对各种可能出现的风险进行系统的、连续的识别与分类。风险是多种多样的、错综复杂的，无论是潜在的还是实际存在的，静态的还是动态的，内部相关的还是外部相关的，风险是否客观存在等，都要做系统的分析与归类。

通过风险的识别，不仅要确定银行经营管理中存在哪些风险，还要找出引起这些风险的原因。一般说来，正确地识别了存在什么风险，也就意味着找到了引起这些风险的主要原因。但由于银行业务本身的多样化和引起这些风险原因的复杂性，而且各种风险可能是交织在一起的，更增加了辨别风险的难度，因此，识别银行风险时必须采用科学的方法，避免简单化与主观臆断。

由于风险的类别与引起风险的原因不同，在具体的风险管理过程中，往往运用以下三种方法识别和分析银行风险。

（一）专家意见法

专家意见法主要有两种形式：一是集思广益法；二是德尔菲法。

（1）集思广益法又称头脑风暴法，通过召开调查讨论会的方式，召集有关专家发表对某个未来问题的意见和看法，再集中起来做出评价和结论。该方法主要分为三个步骤：一是使专家明白预测问题的目的、意义、内容和范围；二是到会专家通过讨论的形式发表意见，并做出种种预测；三是将各种预测加以综合和统一。

（2）德尔菲法是美国著名的咨询机构——兰德公司于20世纪40年代提出的。商业银行运用该方法进行风险识别和估价时主要采取以下步骤：一是由商业银行根据调查内容制订风险调查表，请有关专家进行回答；二是专家根据商业银行提供的有关资料，背对背地完成风险调查内容的填写；三是商业银行通过汇集整理专家们的意见，并进行反馈，让他们再提出意见；四是经过多次反馈使意见逐步收敛，最后得出基本一致的结论。

（二）筛选—监测—诊断法

筛选—监测—诊断方法主要包括下列紧密相连的三大环节：一是筛选。商业银行对其内外部各种潜在的风险因素进行分类，确定哪些风险因素是最有可能发生的，哪些还有待进一步研究，哪些明显是不重要的。通过筛选过程，使商业银行排除干扰，将注意力集中在最可能发生的风险因素上面；二是监测。商业银行依据某种经济风险及其后果，对涉及这种风险的过程、产品、现象或个人进行观测、记录和分析，当筛选结果得出后，必须对这些结果进行观测、记录和分析，掌握这些结果的变动范围和变动趋势；三是诊断。根据商业银行的风险症状或其后果与可能的起因关系进行评价和判断，找出可疑的起因并进行仔细检查。只有对商业银行面临的风险进行正确诊断，才能真正达到对风险进行识别与估价的目的。

上述分析过程大多要依据一定的逻辑思维进行考察。较具权威的观点认为，上述三大环节均使用相同的元素：疑因估计、征兆鉴别和仔细检查，只是顺序不同而已。该观点可用图 14-11 表示。

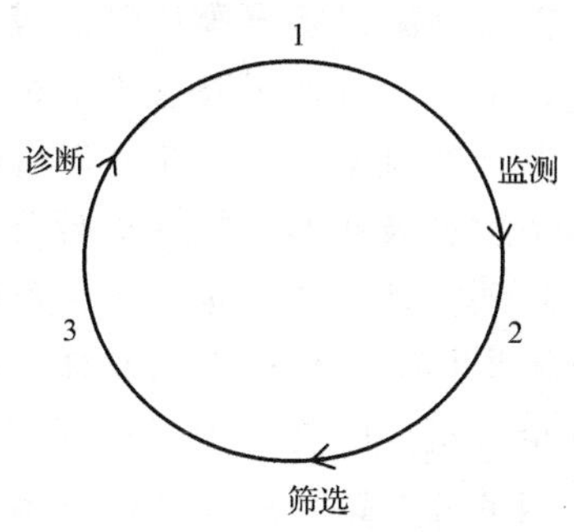

图 14-11　风险识别过程

筛选：仔细检查—征兆鉴别—疑因估计

监测：疑因估计—仔细检查—征兆鉴别

诊断：征兆鉴别—疑因估计—仔细检查

（三）故障树

该方法利用图解的形式将大故障分解为各种小故障，或对故障的原因进行分解，由于分解后图形是树枝形状，分解愈细，树枝愈多，故形象地称之为“故障树”。由于该方法简单明了，便于迅速发现存在的问题，因此，它在许多领域得到了广泛的应用。商业银行在进行风险识别时，故障树也是一种十分有效的方法，此时的故障树实际上是银行风险树，它能将商业银行所面临的主要风险分解成为许多细小的风险，当然也可将产生风险的原因层层加以分解，排除无关的因素，从而准确地找到对商业银行产生真正影响的主要风险及原因。图 14-12 是某商业银行贷款风险分析故障树的示意图，各个分枝还可以进一步分解。在对商业银行其他风险进行识别和估价时，也可适用故障树的方法加以分析。

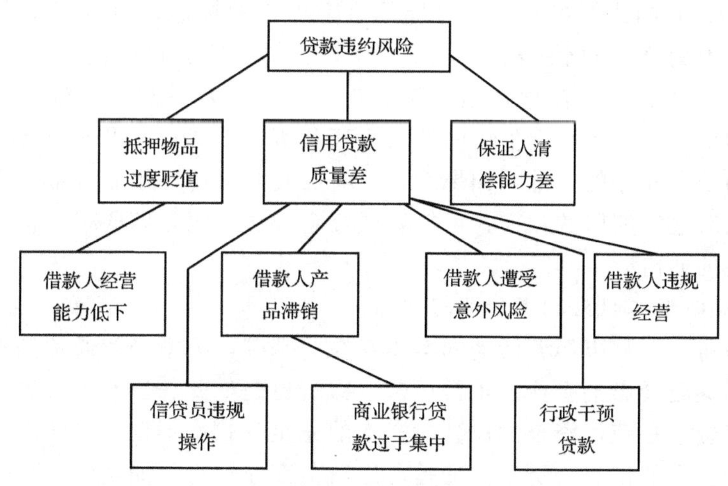

图 14-12　银行贷款风险分析的故障树

三、商业银行营销风险预警机制的建立

当今，我国金融体制改革日益深化，商业银行风险日趋增大。因此，建立健

全商业银行金融风险预警机制已成为当务之急。根据现代风险管理理论，结合中国实际，中国银行业风险管理的核心是建立金融风险预警系统。

所谓金融风险预警，是指对金融市场运行过程中可能发生的金融资产损失和金融体系遭受破坏的可能性进行分析、预报，为金融安全运行提供对策和建议。金融风险预警指标体系是由各种反映风险警情、警兆、警源及变动趋势的组织形式和具体指标等构成的有机整体。商业银行是国民经济的循环系统中的总枢纽，一旦发生危机，必将对国民经济产生强烈冲击，甚至影响到社会的稳定。因此，建立我国的商业银行金融风险预警机制是当务之急。商业银行金融风险预警指标体系由八大部分组成，它们共同构成一个完整的预警指标系统。

（一）反映货币流通状况的指标体系

货币流通中，可能会因通货膨胀、物价上涨或货币供给量过多而引起货币贬值。虽然商业银行作为债权人和债务人的统一，这种风险的损失会相互抵消一部分，但对存贷差较大的银行来说，货币风险将会严重减少其部分本金。同时，在通货膨胀的冲击下，银行的资金来源将会萎缩。因此，货币风险是商业银行金融风险监测预警中不可忽视的重要内容。建立反映货币流通状况的指标体系是商业银行的重要职责。它主要包括：各层次货币供应量增长率、货币流动性比率、广义货币供应量 M2 与 GDP 的增长率之比。这组指标反映了货币供应量本身的变化情况及其与国民经济发展的关系。各层次货币供应量增长率的大幅度提高，不仅会造成通货膨胀的压力，而且会导致货币政策的宏观低效率。若货币供应量 M2 相对于 GDP 的比例提高，则可能是金融深化的标志，也可能是金融风险增长的先兆。因为 M2 过快增长一方面意味着储蓄存款的过快增长，如我国至 2009 年 1 月底银行储蓄存款余额达 48.16 万亿元；另一方面则意味着银行不良贷款的急剧增加。一旦社会信用中的某一环节遭到破坏，就可能引起整个银行信用系统的崩溃和秩序的紊乱。如果 M2 的增长大大超过实际货币需求的增长，则会引起人们对通货膨胀的预期，可能导致资金外流，国际储备减少，最终诱发对货币投机性的冲击。

（二）反映资本风险状况的指标体系

资本是每一个从事经营活动的实体存在的基础，无本经营通常是不能被接受的。资本的缺乏会影响企业的正常运营，银行更是如此。虽然银行的经营主要依靠负债，但资本是获取资金的保证。资本的充足率状况不仅可以体现银行的信用程度，维持公众的信心，更重要的是可以防范商业银行可能遇到的金融风险，冲减商业银行经营中所产生的风险损失。鉴于资本在银行经营中的重要作用，资本风险预警应位居重要地位。它包括四个指标：资本充足率、核心资本充足率、同一借款户贷款余额比例、最大十家客户贷款比例。其中，资本充足率和核心资本充足率属于安全性的综合指标，是重中之重。它们既反映财务基础，又反映资产的风险状况。比值越大，则资本的安全性越高。各商业银行应对其核心资本和附属资本数额予以高度重视，核心资本不足或连续的资本亏损都可能致使该银行终止经营。按目前的规定，这两项指标应分别大于8%和4%。贷款的集中程度（即后两项指标）是反映贷款投放安全与否的重要指标。其比值越大，说明银行资金贷款越集中，承担的风险也就越大。因为对任何一家企业的贷款或某一行业的贷款过于集中，都会给商业银行的经营带来风险。若风险量分散于许多个客户身上，则商业银行资本运营的安全性会大大提高。

（三）反映信贷收支状况的指标体系

对商业银行来说，信贷资金运行和运作状况是决定其经营成败的关键环节。若负债远远大于资产，且无良好的投资环境，资金会积存在商业银行内无法生利，从而影响其经营效益和资产生息速度，不利于参与竞争；若资产远远大于负债，则保留于银行内的资金会减少，影响它应付提款尤其是短期流动资金提款的能力。因此，商业银行在监测风险时应把这一因素考虑进去。它由五个指标组成：资产流动性比率、存款余额增长率、贷款余额增长率、短期资金贷款比例、中长期资金贷款比例。

这组指标体系监测的是商业银行信贷资金的流动性、负债状况和资产状况，其中，信贷资金的资产状况又可分为贷款总量指标和贷款结构指标。它们主要为衡量商业银行调控能力的大小及增减变化提供依据。资产流动性比率是反映商业银行资产流动性强弱的指标，对监督和评价商业银行的资产流动状况，考核银行是否具备足够的资金储备以防范市场风险具有重要意义。要对商业银行的信贷收支状况进行监控和预测，不仅要对其存贷款的流动性及总量增长水平加以监测，还要对其贷款结构进行监测和调节。其中首要的是要对居民储蓄的增长水平有一个清醒的认识，因为各种储蓄率实际上反映了投资和消费（或者从另一方面说是储蓄和消费）是否保持了合理的平衡。在国民收入等于C+I（或C+S）时，若储蓄量过大，储蓄增长率过高，势必会影响消费。在投资环境不尽如人意的情况下，这些资金积压于银行体系中，不利于银行自身的发展及经济形势的稳定，可能引发金融风险。

（四）反映国际业务状况的指标体系

1994年外汇管理体制改革以来，商业银行体系的国际业务发生了重大变化，许多原来没有外汇资金的银行开始办理外汇业务。这对于提高我国商业银行的整体竞争能力是很有必要的。但国际业务是一项高风险的业务，从实际操作来看，其风险十分广泛，国家宏观经济政策的实施不当、经营管理人员的决策失误、交易过程中的舞弊乃至各种细小的通信技术故障等都可能带来极大的经济损失。我国随着经济开放度的提高，商业银行所面临的经营环境更加复杂，国际收支、外债规模等的变动都会对其国际业务有所影响，继而影响国内经济的稳定。国际业务风险的监测和预警指标体系包括：经常项目逆差占 GDP 比重、短期外债占外债余额之比、负债率、偿债率、最后清偿率、外汇余额存贷比例、外汇短期及中长期资金贷款比例、外汇借入资金比例、外汇借出资金比例、外汇不良贷款比例等。

它们分别反映了商业银行经营国际业务所面临的宏观金融环境（前五项指标）及体现的具体业务状况（后五项指标），为商业银行监测金融风险产生的外部环境及内部因素提供了切实可行的预警工具。经常项目差额是反映国际收支状况的主要指标，若一国经常项目长期处于逆差状态，且逆差额占 GDP 比重过大，说明该国出口不畅，进口过速增长，国内经济发展的资金不足，对国外资本流入依赖性较强，容易导致商业银行的货币危机或债务危机。第二和第三项指标反映了一国的负债状况。其中，第二项指标反映外债结构，是衡量一国资本流入结构是否合理的标志。其数值越大，表明目前的还债压力越大。如果没有足够的外汇储备作为后盾，极易引起债务危机。1994 年的墨西哥金融危机和 1997 年的东南亚金融危机中受害国家的受害原因之一即是这项指标严重超过了警戒线。负债率的高低说明了一国经济在总体上对外债的负担能力，由于外债的还本付息总是要靠提高国内资金积累和控制消费的增长速度来扩大出口以保证支付，因此负债率应保持在一定的水平上。如果负债率过高，势必需要强制压缩消费，提高资金积累率，会影响国内经济的稳定增长。目前，国际公认的负债率的警戒线为 50%。偿债率和最后清偿率可用来考察资本项目对外支付的潜在要求，其中短期外债占国际储备的临界值为 50%。

后五项指标是商业银行在操作具体的国际业务时所需掌握的风险指标。其中，外汇余额存贷比例指商业银行外汇资金运用占其外汇资金来源的比重，它和外汇短期及中长期资金贷款比例一起反映了商业银行国际业务中外汇资金的流动性。前者比重越大，且后者比重越小，说明外汇资金流动性越大。由于国际形势、贷款人或机构所在国家政治局势发生变动或贷款者经营不善，不能如期履约偿付贷款，便形成了外汇不良贷款风险，其风险来源大于国内不良贷款的风险来源。因此，商业银行在经营国际贷款业务时须审慎考察贷款者的信誉、偿债能力及其所在国家政治、经济的稳定状况，尽可能规避这类风险。

（五）反映利率风险的指标体系

利率风险指由于利率变化或银行及其他金融机构的协定利率跟不上市场利率变化，致使资产收益与价值相对于负债成本与价值发生不等量变化而造成商业银行损失收入或资产的风险。20 世纪 80 年代以来，商业银行进入风险管理的时代，对利率风险的规避已被提高到前所未有的高度。因为市场利率的波动，不仅会造成商业银行持有证券的资本损失，还会对商业银行收支的净差额产生较大的影响。一方面，利率的上升（或下降）迫使商业银行在出售（或购入）资产时产生巨大资本损失。当市场利率上升时，长期证券价格趋于下跌，那么所持现金的机会成本将加大，在这种情况下，长期贷款原定利率如果较低，银行就会蒙受损失，存款资金也可能开始流失；相反，当利率下降时，证券价格上涨，资产购入成本加大，也会存在利率风险。另一方面，如果商业银行持有的浮动利率负债（或资产）超过其浮动利率资产（或负债），则利率的上升（或下降）会减少商业银行的净盈利。具体监测指标有实际利率、利率风险率等。

在市场经济条件下，利率的作用相当广泛。从微观角度讲，它对于个人收入在消费与储蓄之间的分配，对于企业的经营管理和投资的积极性等有直接影响；从宏观角度讲，它是资金的供求、物价水平的升降、国民收入分配格局的变动、汇率及资本的国际流动的重要经济杠杆。所以，利率是社会资金供求状况最灵敏的指示器。通过对由名义利率和通货膨胀率推导出的实际利率的监测可以预知债权人所承担的市场风险。利率风险率反映的即是商业银行在市场利率发生变化时所承担的风险，它是利率敏感性资产和利率敏感性负债之比。若该比率等于1，说明银行收益不受市场利率变化的影响。若该比率大于1，说明银行利率敏感性资产大于利率敏感性负债，当市场利率下降时，银行收益减少，表现的是负缺口资金；反之，银行收益则增加，表现的是正缺口资金；若该比率小于1，说明银行利率敏感性资产小于利率敏感性负债，当市场利率下降时，银行收益增加；反之，则减少。因此，银行要降低利率风险，必须尽量使该比率接近于1。

（六）反映债券市场风险的指标体系

随着我国证券市场的发展与完善，债券逐渐成为一种重要的筹资手段和投资工具，但同任何金融资产一样，债券也存在风险。对商业银行来说，债券市场越捉摸不定，它们所承担的风险就越大。我国目前处于经济体制和金融体制的转轨时期，债券市场的发展面临考验。而且，证券在市场上价格的变化，与企业的经济活动密切相关，持有证券者若预测到企业经营利润下降，证券价格则看跌；若预测到企业经营利润上升，证券价格则看涨。通过证券市场上证券价格的升降，可以预测企业经济活动和利润水平。债券市场风险是由于债券价格、购买力、再投资收益率等的变化而使商业银行资产或收入遭受损失的可能性。它可由债务收益率的标准差、风险系数等指标衡量。这些指标反映了债券市场的总风险、持续期风险和收益再投资风险。其中，持续期是价格波动的最初指标，而基于最终收益率的波动计算而得的系数，可较好地反映债券收益再投资的风险。

（七）反映流动性风险的指标体系

商业银行若缺乏足够的流动性准备来随时应付即期负债的支付贷款需求，会引发挤兑风潮或使银行信誉丧失。这种可能性一旦转化为现实，商业银行的损失和在社会上的恶劣影响就难以弥补和消除。流动性风险是商业银行经营中随时可能出现的风险，也是各种风险损失发生后的最终表现。商业银行的流动性包括资产流动性和负债流动性。流动性风险产生的原因，也大体上直接来源于资产和负债两个方面，且最主要的压力来自于活期（短期）负债部分。此外，商业银行的内部管理制度和内控制度不健全，从事违规交易导致资产损失又无力弥补，从而削减或失去清偿能力，也是造成流动性风险的重要原因。根据我国的具体情况而建立的适合我国商业银行实际运行状况的流动性风险预警指标有：流动性风险比率、余额存贷比例、库存现金比例、拆入资金比例、拆出资金比例、借入资金比例、备付金比率、总偿付能力。

流动性风险比率是从总体上反映商业银行流动性风险的大小，该比率越大越好。其他指标则从各个侧面反映了商业银行的流动性风险。健全的流动性管理包括良好的管理信息系统、流动性集中控制、在备选方案下对净融资需要的分析、资金来源的多元化和应急计划。银行应通过资产、负债双管齐下，即通过对负债的管理增强存款的稳定性，减少流动性需求；通过对资产组合结构的调整来适时地满足流动性需求。银行还应该做到融资的多样化——不管是对资金的来源还是在确定负债的到期日长短上。总之，银行应保留充足的流动性资产。

（八）反映经营风险的指标体系

商业银行是以货币为主要经营对象的高风险行业，所面临的经营风险主要是指在银行的经营管理中由于管理制度出现漏洞或管理者及员工的不当或犯罪行为等主客观因素致使银行经营成本上升、收益率下降并给银行造成损失的可能性。此处选取的这组指标体系目的在于衡量商业银行的经营成本、收益及损失状况及其损益指标完成情况。主要有：存款年平均成本率、负债成本率、应收利息率、贷款收息率、资产利润率、损益指标完成率。

前两项指标反映商业银行的经营成本，第三到第五项指标反映其收益及损失状况，第六项指标则反映了损益指标的完成情况，它们互相配合，可监测各商业银行经营的全过程和结果。存款年平均成本率及负债成本率的比率越小，说明银行的经营成本越低，相应的收益率就会较高；反之，则表明银行经营管理不善，成本较高。应收利息率和贷款收息率反映了银行应收未收和实收利息的状况。因到期应收未收的利息有可能形成利息损失，造成银行赔息风险，因此收息率的大小就比较重要。第四项指标的比率越高，表明商业银行贷款质量越好，回收率越高，遭受损失的风险就越小；反之，则风险越大。资产利润率和资产损失额（率）是相对的两个概念，分别反映了商业银行的经营成果——盈利或亏损的程度。资产利润率是一项衡量商业银行盈利情况的重要指标，比率越高，说明资产的获利能力越强。损益指标完成率是对银行整个会计期间经营结果考察的总指标，各银行应尽量达到并快于预定进度。

我国在实际操作时可实行宏观、中观、微观的风险监测预警：由中国人民银行总行、各商业银行总行等组成宏观预警系统，由现行跨经济区的人民银行分行、各省商业银行等组成中观预警系统，由基层商业银行和合作银行等组成微观预警系统，三个预警系统分工协作，自上而下实行监控。当金融风险预警系统中某一项指标偏离正常水平（超过警戒值）时，就把它当做金融风险将在某一特定期间发出的预警信号。在预警期内，达到警戒值的指标越多，发生风险的概率就越大。其方法是：首先确定风险预警指标体系中所列指标的权数大小，然后将各个预警指标所对应的预警值采用加权平均法得到发生风险的概率，该比率越大，表明金融风险越大。

商业银行是一个特殊的高风险行业，一些系统或非系统的因素都可能使潜在风险转化为现实的风险。在我国金融体制不断发展和完善，金融创新不断深化，商业银行面临风险日益增大的情况下，建立风险预警指标系统，有的放矢地预警、防范风险，提高我国商业银行抵御风险的能力是必要的。

四、商业银行风险的处理

商业银行风险的处理是指商业银行采取各种措施对风险进行预防、规避、分散、转移、抑制和补偿。

（一）风险预防

风险预防是指商业银行对风险设置多层预防线的方法。商业银行可以设置以下几层风险预防线。

1. 充足的自有资本金

商业银行抵御风险的最终防线是保持充足的自有资本金。所以，从风险预防的角度来考虑，银行的开业资本必须具备相当的规模。各国金融当局对商业银行的资本充足性都有明确的规定，并将其作为金融监管的重要内容。《巴塞尔协议》也提出了资本风险资产的最低比例，并对资本的定义和组成、风险资产的权重等提出了比较规范的计算方法。

2. 适当的准备金

商业银行的经营特点决定了银行的自有资本毕竟很小，单靠自有资本来防范风险往往力不从心，因此，商业银行抵御风险的主要措施是在资产份额中保持一定的准备金。法定准备金（专业银行按照中央银行规定的存款准备金比率计提交存中央银行的那部分存款）和超额准备金（商业银行所保有的准备金中超过中央银行所规定的法定准备金的那一部分）是基本的准备金，被称为第一线准备金。它们既可以随时应付提款的要求，又可以及时满足临时性贷款的需要。

但是，由于第一线准备金是非盈利资产，保留过多就意味着银行放弃了一部分盈利的机会，所以银行还将某些流动性较大的盈利资产当做第二、第三线准备金，如短期政府债券、短期贷款、可转让的定期贷款等，这些资产容易转让或按约收回现金，灵活性较强。

以上这些周转用的准备金都只起防患于未然的作用，一旦风险损失发生，还需要有一种能够依靠自身能力弥补损失而不影响银行正常运行的准备手段，即专项准备金。常见的专项准备金有贷款坏账准备金与资本损蚀准备金，前者专门补偿贷款本金的损失，后者则用来补偿因灾害、失窃、贬值等引起的资本损失。

准备金管理是一项需要精细把握、灵活调度的工作。第一线准备金的基本管理要求是将其保留在必需的最低限度以内。第二、第三线准备金的基本管理要求是资产的形式与期限应该同可能出现的资金需求的形式与期限相适应。

（二）风险规避

风险规避是指银行在经营过程中拒绝或退出有风险的经营活动。商业银行常用的风险规避策略有以下几种。

1. 避重就轻的投资选择原则

即在各种可供选择的投资项目中，应注意选择风险较小的项目，避免风险过大的投资。在权衡风险和收益时，要在兼顾二者的前提下优先考虑风险因素。

2. “收硬付软”、“借软贷硬”的币种选择原则

即在国际业务中，对将要收入或构成债权的项目选用汇价稳定趋升的“硬”货币；对将要支付或构成债务的项目选用汇价明显趋跌的“软”货币。这种策略的前提是能够准确地预测汇率波动的方向，同时，也与谈判时银行的地位和实力有关。

3. 扬长避短、趋利避害的债务互换策略

即两个或多个债务人利用各自不同的相对优势（这些相对优势恰是对方的相对劣势，但又是对方急需满足的要求），通过金融中介机构互相交换所需支付债务本息的比重或利率种类与水平，达到彼此取长补短、各得其所地避开风险的目的。主要的互换业务有货币互换和利率互换两种。

4. 资产结构短期化策略

即降低资产的平均期限或提高短期资产的比重。资产结构短期化的好处是：既有利于增加流动性以应付信用风险，又有利于利用利率敏感性来调整资产负债或利率定价来处理市场风险。它避免了长期性资产所特有的一系列风险。

（三）风险分散

风险分散是指商业银行通过实现资产结构多样化，尽可能选择多样的、彼此不相关或负相关的资产进行搭配，以降低整个资产组合的风险程度。商业银行分散风险的具体做法有以下几种。

1. 资产特征多样化

即力求银行资产的形态、种类、期限、利率、风险、税收、政府管制等各方面都有所差异。

2. 授信对象多样化

即银行的授信对象既有企事业单位，也要有各级政府和个人；既有大企业，也要有中小企业；既有中低收入阶层，也要有高收入阶层。同时，还要兼顾到各个地区和各个行业。

3. 信贷资金份额化

即对单一客户的授信额度要控制在一定范围之内，将单项资产在总资产中的份额限制在极小的比例之内。若有巨额的贷款需求或证券筹资，则尽量邀请其他银行组成银团共同贷款或投资。在国际业务中，还要注意货币种类的多样化和授信国别的多样化等。风险分散策略可以用一句谚语来生动地描述："不要把所有鸡蛋放在一个篮子里。"一般而言，实施这种策略要以规模经营为前提。规模经营是多样化的基础，分散经营是多样化的内容。

（四）风险转移

风险转移是指当风险分散之后仍有较大的风险存在时，就利用某些合法的交易方式和业务手段将风险转嫁出去。商业银行转嫁风险的具体做法有以下几种。

1. 提前或推后结算结汇

即当预计本币将要贬值、外币将要升值时，国内销货商要设法提前收款，出口商要设法推迟收汇。当预计本币将要升值、外币将要贬值时，则国内购货商要设法提前付款，进口商要设法推迟付汇。这种提前或推后的做法，应当符合交易规则，为交易对方所承认或接受。

2. 调整合同契约条件

如进口商将进口原料卖给生产厂家时要求以外币计价，就将外汇风险转嫁给了生产厂家。对于因汇率变动而造成的风险损失，可以通过提高国内本币销售价格的方式将风险转嫁给消费者。

3. 多头与空头

即银行在预计外汇将要升值时做多头，预计外汇将要贬值时做空头，从而把风险转嫁给交易对手。这种做法的前提是对汇率变动方向的预测十分准确，否则就会遭受双倍的风险损失。

（五）风险抑制

风险抑制是指当风险无法转嫁出去时，则要在银行自身的经营过程中予以消除或缩小。商业银行常用的风险抑制手段有以下几种。

1. 掉期交易

即商业银行在进行外汇交易时，通过将相同货币、相同金额而方向相反、交割期限不同的两笔或两笔以上的外汇交易结合起来进行的方法来避免外汇风险，也就是在买进或卖出即期外汇的同时，以卖出或买进远期外汇的方法来防范外汇风险。

2. 期货交易

即当前达成成交合约并事先约定结算的利率或汇率，以后的结算不受利率或汇率变动的影响。

3. 期权交易

即投资者支付一定的费用，签订期权合约，取得在合约规定的期限内按照协定价格买进或卖出一定数量证券或外汇的权利。由于期权交易的直接对象不是物（证券或外汇），而是买卖证券或外汇的权力，所以购买期权以后既可以执行，也可以不执行。购买期权时，期权买方要支付一定比例的期权费，它一般占协议金额的1％～2％。

（六）风险补偿

风险补偿是指商业银行采取各种措施对风险可能造成的损失加以弥补。商业银行常用的风险补偿方法有以下几种。

1. 合同补偿

即在订立合同时就将风险因素考虑在内，如将风险可能造成的损失打入价格之中，订立抵押条款和担保条款等。

2. 保险补偿

即通过存款保险制度来减少银行风险。存款保险制度要求所有经办存款的机构（投保机构）根据存款额大小按一定的费率将保险费交给某一保险机构。当投保机构无力支付存款时，该保险机构在一定限度内代为支付。商业银行可以利用存款保险制度来降低或消除因挤兑风潮而使银行倒闭的危险。

3. 法律补偿

即利用法律手段对造成银行风险损失的法律责任者提起财产清理诉讼，尽可能地挽回一部分损失。

关键概念

商业银行营销组织、商业银行风险、信用风险、金融风险预警、利率风险、风险预防、风险分散

❖ 思考题

1. 什么是商业银行营销组织？它有哪些特征？
2. 现代银行营销组织有哪些典型模式？
3. 商业银行营销风险的类别如何划分？如何识别？
4. 如何建立商业银行营销风险预警系统？
5. 我国商业银行风险应怎样处理？

☞ 案例

日本大和银行巨额亏损案

1995年对于国际银行业似乎是一个多事之秋，巴林银行的倒闭引起了整个银行业的震动。此后不久，日本大和银行在无法补救的情况下对外宣布其亏损，再一次震动了国际银行界。对大和银行事件的分析有助于我们认清其发生的特定政策背景，从中汲取经验教训。

一、大和银行巨额亏损案始末

大和银行是日本排名第12位的大型国际性商业银行。大和银行巨额亏损案的直接责任者井口俊英是大和银行纽约分行主管交易的执行副总裁。他在长达11年的时间里，累计隐瞒了高达11亿美元的巨额亏损。1995年9月25日，在井口俊英自我坦白之后，大和银行回天无力，被迫对外宣布其亏损。此举震动了国际银行界。

井口俊英从1976年开始在大和银行纽约分行工作，3年后就被提升为交易部主任，负责前台交易、后线结算及债券保管。显然，这违背了资金交易中的前线与后线相互分离、相互监督的风险管理原则，为井口俊英从事违规交易提供了机会。事实上，这一点与巴林银行事件中尼克·里森的情况十分类似。自井口俊英1984年在美国的政府债券市场上亏损20万美元后，他开始利用监管前线和后线的职务之便篡改客户账目，把客户账上的债券出售，然后造假账说明这些债券并未卖掉。据井口俊英检举，他的两个同事也因交易失败而进行了同样的隐瞒勾当。

年复一年，假账和亏损越积越多。然而无论是日本的大藏省、美国的联邦储备银行还是大和银行总行竟然无人知晓。负责监督检查大和银行账目的会计和审计人员也未发现。只是在井口俊英主动坦白时，大和银行才发现其所作所为。经调查核实后，井口俊英被解雇。

于是，有关方面的金融监管机构迅速开始推卸责任。然而不容否认的是，日本大藏省曾经于一年前检查过大和银行的纽约分行，却未查出任何问题。美联储最后进行的一次调查是在1991年末，当时也是无功而返。近年来，各国金融监管当局开始强调加强国际性银行的内部风险管理，表现在大和银行纽约分行，就是开始准备将资金交易的前线交易业务和后线结算业务分开。在监管机构尚未对大和银行纽约分行的内部控制机制进行有效审查之前，井口俊英预感到难以再继续下去了，只好主动坦白。

二、大和银行事件是在特定政策环境下缺乏必要风险管理的必然产物

这次大和银行事件亏损的11亿美元相当于大和银行总资本的8%左右。尽管大和银行资金雄厚，不至于像巴林银行那样被收购，然而此次事件对日本银行业的影响却不容忽视。它反映了在特定政策背景下日本银行业普遍存在的问题。大和事件宣告了自20世纪80年代以来日本向国际证券市场扩张的努力基本遭到失败。

事情可以追溯到二战结束时。当时日本通过一项法律即《证券交易法》，其中第六十五条严令禁止日本的银行参与国内证券业。该法案类似于美国的格拉斯—斯蒂格尔（Glass—

Steagull）法案。显然，这在保证存款人的利益不受市场大幅波动影响的同时，也限制了日本银行业的利润来源渠道，并使其在与非银行金融机构的业务竞争中处于不利地位。为此，日本银行业的唯一选择，就是积极、拓展国际证券交易业务，并通过国际渠道进行国内证券投资，同时希望以此培训人才，积累经验，等待国内金融管制放松后大展拳脚。于是，从20世纪80年代起，在日本的银行界涌起了一场大力拓展国际证券业务的潮流。也许是欲速则不达，在这场国际证券业务的扩张中，由于膨胀过快，常常使得日本银行业从事资金交易的海外分支机构缺乏国际证券交易监管控制的经验，这也为事件的发生提供了可能。

随着日本经济的起飞及其在世界舞台上重要地位的确立，20世纪80年代末，在放松金融管制的国际背景下，日本的银行业努力通过种种渠道或试图绕过《证券交易法》的限制，积极促使日本有关当局废除第六十五条。当时大多数的银行在东京经营数额很小的证券交易。因数额较小，监管机构几乎忽视这种交易的存在。

同时，许多日本银行开始将其在海外的分支机构作为对国内人员进行培训的基地。由于其海外分支机构的业务量并不大，因此，所谓的培训，一般只是在国外政府证券市场或外汇市场上做大约3年左右的交易，因而一些欧美同行常常认为日本银行业的证券交易活动“完全是业余操作”。这一方面表现为交易人员在高风险的金融市场交易中缺乏必要的素养和经验，另一方面也是指这些海外交易机构缺乏必要的风险管理机制。

大和银行纽约分行的上述高达11亿美元的损失引人注目并非偶然。追溯过去，早在20世纪80年代后期，大和银行设在纽约的另一家交易机构——大和银行资本管理部就已经造成了不小的损失，可谓已经露出了冰山之角，但并未引起有关方面的关注和重视。大和银行资本管理部主要投资于日本的证券市场，尤其集中于政府债券及欧洲债券。由于在实际运行中委托其进行交易的客户很少，因此顺理成章地，这一部门为了生存而允许交易员参与市场的投机性炒作，与东窗事发的井口俊英相比，大和银行资本管理部从事的交易量稍微小一些。但十分相似的是，他们都认为是由于进行了必要的风险管理而遭受了重大的损失。1991年和1992年，大和银行总行不得不对其注入新的资本以维护其正常运行。1994年初，大和银行资本管理部的大部分交易被迫宣告停止。有关调查表明，其他日本银行的海外机构也有同样经历，只是程度不同而已。

三、日本金融管制放松后银行拓展国际证券业务面临的新挑战

随着日本国内金融业的发展及受国际金融自由化趋势的影响，日本国内的金融管制正在逐步放松，其中就包括逐步放松《证券交易法》第六十五条关于禁止商业银行从事国内证券业务的限制。1994年12月，已经有6家商业银行通过其在日本的分行获得了经营债券业务的许可证。在此政策推动下，日本银行业的证券交易规模进一步扩大。作为日本金融体系的一个特色——银企关系紧密，使得不少日本银行有机会承销一些企业发行的债券。1995年4月至12月间，由银行承销的企业债券达到46亿美元，占市场份额的14%左右。同时，银行所从事的政府债券交易也在继续扩大。

显然，对于日本银行业来说，金融管制的放松为其提供了新的业务发展空间。日本银行业证券交易方面大力发展的业务，就是积极帮助日本企业到海外筹资，以及帮助国外企业到日本国内金融市场筹资。尽管如此，国际证券业务对于日本银行业来说依然是一个充满风险

的领域。日本银行业至少在以下两个领域面临着挑战；一是如何有效地协调国外分支机构和国内机构的业务；二是在国际证券业务的快速膨胀过程中，如何加强风险管理。日本的金融监管当局和日本银行业的总行也要相应加强对分支机构的监管和控制，否则将有可能再次发生井口俊英之类的事件。

分析路径及提示：

我国《商业银行法》规定，商业银行不得从事国内证券业务。因此，商业银行在证券业务方面，只能着重发展国际证券业务。可以预计，随着我国银行业海外机构的不断增多，国际证券业务必然会得到一个较大的发展。从大和银行事件中，我们至少可以汲取如下教训：

(1) 在拓展海外证券业务时，应把建立必要的风险管理制度排在第一位。大和银行事件表明，如果不遵守一些基本的风险管理原则（如前线和后线分离等），就有可能酿成较大的案件。

(2) 国际证券业务是一项高风险的业务，因而必须始终十分强调加强对业务人员的职业道德及业务培训。

(3) 国内金融监管机构和海外分行的总部要积累国际证券业务监管控制的经验，加强对海外分支机构国际证券交易业务的监管。

(4) 要加强与海外分支机构所在地的金融监管当局的合作，及时加强沟通，争取防患于未然。

案例讨论题

1. 从案例中我们知道大和银行倒闭主要是由于风险管理不当，应如何规避风险？

2. 从大和银行事件中，我国商业银行应汲取哪些教训？

主要参考文献

藏景范. 2001. 金融安全论. 北京：中国金融出版社
陈泓贵. 2000. 现代商业银行业务创新. 成都：西南财经大学出版社
陈进，付强. 2002. 网络银行服务. 北京：清华大学出版社
戴相龙. 1998. 商业银行经营管理. 北京：中国金融出版社
邓超明. 2007. 创意——信用卡营销制胜之道. 广告大观，1：62，63
樊志育. 1995. 市场调查. 上海：上海人民出版社
范红军. 1997. 谈服务行业的几种定价策略. 价格月刊，8：39，40
菲利普·科特勒. 2001. 市场营销管理（第十版）. 北京：中国人民大学出版社
菲利普·科特勒. 2006. 市场营销管理. 上海：上海人民出版社
傅晓霞. 2007. 交叉销售——我国银行业营销运作的新模式. 青海金融，51，52
高充彦，刘建南. 2006. 交叉销售在银行业的应用研究. 管理评论，18（8）：28～32
葛晨霞. 2003. 我国商业银行客户关系管理业务流程重组研究. 西安交通大学硕士学位论文
郭欣，王秀芝，郑奕君. 2002. 客户服务与管理. 广州：广东经济出版社
郝渊晓. 1997. 论专业银行商业化过程中的营销管理. 陕西金融，（1）
郝渊晓. 2004. 市场营销管理学. 第4版. 西安：陕西人民出版社
何永祺，张传忠，蔡新春. 2001. 市场营销学. 大连：东北财经大学出版社
洪珍玲. 1998. 现代商业银行营销概论. 北京：中国经济出版社
胡怀邦，郝渊晓，马源平. 2007. 物流管理学. 广州：中山大学出版社
胡其辉等. 2001. 企业定价决策. 大连：东北财经大学出版社
金麟，张向菁. 1999. 金融创新与金融营销. 世界经济文汇，3：45，46
李海洋，牛海鹏. 1996. 服务营销. 企业管理出版社
李怀斌，于宁. 2002. 服务营销学教程. 大连：东北财经大学出版社
李克美. 2003. 念好服务创新“四字经”. 现代商业银行，（9）：178
李业. 2003. 营销管理. 广州：华南理工大学出版社
林桦，潘平子. 2002. 金融产品营销. 北京：中国时代经济出版社
刘凤军. 2004. 入世后我国商业银行的挑战及其营销趋向. 市场营销导刊，（2）
刘冀生. 1995. 企业营销战略. 北京：清华大学出版社
刘世平，姚玉辉. 2003. 金融交叉销售. 数字财富，（5）：58，59
刘永章，叶伟春. 1998. 商业银行营销管理. 上海：上海财经大学出版社
刘永章，叶伟春. 2001. 银行营销. 上海：上海财经大学出版社
刘忠燕，娄数本. 2002. 商业银行经营管理学. 北京：中国金融出版社
卢泰宏. 2002. 行销中国. 成都：四川人民出版社
陆剑清. 2002. 金融营销管理. 北京：立信会计出版社
罗斯. 1999. 商业银行管理. 唐旭，王丹等译. 北京：经济科学出版社
（美）玛丽·安娜·佩苏略. 2001. 银行家市场营销. 张云，何易译. 北京：中国计划出版社

(美) 迈克尔·R. 所罗门. 1999. 消费者行为. 张莹等译. 北京：经济科学出版社
钱旭潮，袁海波，丁源. 2004. 客户关系管理. 北京：科学出版社
钱用道. 2003. 关于经营基层网点的思考. 现代商业银行导刊，(9)
商世文，肖世文等. 2003. 商业银行差异化营销. 上海：上海译文出版社
沈蕾，邓丽梅. 2003. 金融服务营销. 上海：上海财经大学出版社
宋炳方. 2000. 银行客户培育与维护. 北京：经济管理出版社
孙国辉. 2003. 国有商业银行营销存在的问题及其对策. 市场营销导刊，
孙国辉，李煜伟. 2008. 金融企业营销管理. 北京：北京大学出版社
(美) 汤姆·邓肯，(美) 桑德拉·莫里亚蒂. 2000. 品牌至尊. 廖宜怡译. 北京：华夏出版社
(美) 唐纳德·R. 莱曼，拉塞尔·S. 温纳. 2000. 产品管理. 魏立原，黄向阳译. 北京：北京大学出版社；香港：科文 (香港) 出版有限公司
万后芬. 2003. 金融营销学. 北京：中国金融出版社
汪涛，崔楠. 2005. 国外交叉销售研究综述. 外国经济与管理，(4)：43～49
汪涛，崔楠. 2005. 金融业的交叉销售研究——实施过程、案例及探讨. 管理科学，(6)：59～66
王方华，吕巍. 2003. 企业经营战略. 上海：复旦大学出版社
王珂英，刘颖. 2003. 我国商业银行中间业务产品定价研究. 山西财政税务专科学校学报，5 (5)：20～23
王丽莉. 2007. 国内商业银行服务营销的问题与措施探析. 天津商业大学学报，7：22～24
王卫东. 2001. 现代银行全面风险管理. 北京：中国经济出版社
王先玉. 1999. 现代商业银行战略营销与营销管理. 北京：中国金融出版社
吴炳康. 2001. 论培育我国商业银行市场营销理念. 中国金融，(11)
吴健安. 2007. 市场营销学. 第3版. 北京：高等教育出版社
奚君羊. 2003. 银行营销管理. 上海：立信会计出版社
夏德仁. 2002. 金融市场学. 大连：东北财大出版社
筱璘. 1998. 商业银行营销实务. 北京：中国金融出版社
谢平. 2002. 中国商业银行改革. 北京：经济科学出版社
徐薪. 2001. 浅谈外资银行的竞争优势及其在中国的营销策略. 武汉金融，(3)
徐云建，宋炳方，王鹏虎. 1999. 银行客户开发与管理. 北京：中国金融出版社
(英) 亚瑟·梅丹. 2000. 金融服务营销学. 王松奇译. 北京：中国金融出版社
闫涛蔚，郝渊晓等. 2003. 电子商务营销. 北京：人民邮电出版社
杨丹霞，郝渊晓，葛晨霞. 2008. 商业银行 CRM 在中国的应用和发展. 西安邮电学院学报，6
(日) 野口吉昭. 2003. 客户关系管理实施流程. 杨鸿儒译. 北京：机械工业出版社
余丽霞，朱明. 2006. 论国有商业银行服务营销战略. 天府新论，(2)：78～80
张波. 2003. 顾客流失分析. 经济管理，(11)
张金鳌. 2002. 二十一世纪商业银行资产负债管理. 北京：中国金融出版社

张丽华．2002．商业银行经营管理．北京：经济科学出版社
张桥云．2002．现代商业银行经营管理．成都：西南财经大学出版社
张文贤．2002．市场营销创新．上海：复旦大学出版社
赵辉，丁玉岚，陈玉平．2003．商业银行市场营销策略．北京：中国金融出版社
周平．2003．银行服务特点对银行营销影响．现代商业银行导刊，(10)
周小全．2002．国有商业银行建立和完善营销体系的考虑与建议．中国金融，(1)
邹亚生．2006．银行营销导论．北京：对外经济贸易大学出版社
Mishkin F S．2002．The Economics of Money，Banking，and Financial Markets．北京：北京大学出版社
http：//www．bankcomm．com（交通银行）
http：//www．cb．com．cn（《中国经营报》）
http：//www．cmbchina．com（招商银行）
http：//www．cmmo．com．cn（《销售与市场》杂志）
http：//www．emkt．com．cn（中国营销传播网）
http：//www．financialnews．com．cn（《金融时报》金时网）
http：//www．hxbank．com．cn（华夏银行）